THEORY AND APPLICATION OF
RISK MANAGEMENT
FOR
BUSINESS

企业全面风险管理

理论与实践

第二版

主编 杜莹芬　　副主编 时杰

经济管理出版社
ECONOMY & MANAGEMENT PUBLISHING HOUSE

图书在版编目（CIP）数据

企业全面风险管理：理论与实践/杜莹芬主编．—北京：经济管理出版社，2014.12
ISBN 978 – 7 – 5096 – 3476 – 9

Ⅰ.①企…　Ⅱ.①杜…　Ⅲ.①企业管理—风险管理　Ⅳ.①F272.3

中国版本图书馆 CIP 数据核字（2014）第 266140 号

组稿编辑：申桂萍
责任编辑：申桂萍　宋　凯
责任印制：司东翔
责任校对：陈　颖

出版发行：经济管理出版社
　　　　　（北京市海淀区北蜂窝 8 号中雅大厦 A 座 11 层　100038）
网　　　址：www. E – mp. com. cn
电　　　话：（010）51915602
印　　　刷：北京银祥印刷厂
经　　　销：新华书店
开　　　本：787mm × 1092mm/16
印　　　张：18.5
字　　　数：464 千字
版　　　次：2014 年 12 月第 1 版　　2014 年 12 月第 1 次印刷
书　　　号：ISBN 978 – 7 – 5096 – 3476 – 9
定　　　价：49.00 元

前　言

　　"企业"在英语里的另一个意思就是冒险，风险始终伴随各种类型企业的发展进程。早期的企业受制于经济发展水平和认识管理水平，企业风险管理的产生只具备必要条件。20 世纪初，随着工业化进程的深入，全球金融市场的建立、科学管理的诞生、垄断企业的大量出现为风险管理创造了充分条件。企业风险被分成可控风险和不可控风险，可控风险又可以分为财务风险与经营风险，杜邦财务体系就是企业风险管理正式作为一项管理活动出现的标志。进入 20 世纪 50 年代以后，跨国公司成为国际贸易和国际资本流动的主力军，尤其是 20 世纪 90 年代以后，人类社会迎来了空前的全球化进程，这个进行中的全球化进程刺激了世界经济一体化的进程，不仅为各国经济发展带来了巨大机遇，也同时带来了巨大的风险，企业风险管理也进入了涵盖战略、业务、财务和规则等的全面风险管理。2001 年的"安然事件"就是在这个背景下出现的，安然公司利用跨国公司全球化业务的特点，隐匿公司的风险，包装操纵利润，引发了监管部门、公司业界和理论研究对全面风险管理的重新思考和再定位。如果说"安然事件"暴露出来的只是企业面临的内部控制风险的话，那么 2008 年 9 月爆发的全球金融危机就充分暴露出了企业的外部风险，或者说系统性风险。

　　1992 年中国才正式走入市场经济，2001 年加入世界贸易组织，中国才算真正意义上参与全球化进程。伴随市场经济和全球化进程发展起来的中国企业，在短短 20 多年时间里，已经在全球化进程中取得了举世瞩目的进步，2014 年英国《金融时报》发布的全球 500 强企业排名中，中石油首次超过美国埃克森石油公司，成为全球市值最大的企业，前 10 强中国企业有 3 个。中国企业巨大的发展也伴随着巨大的风险，为了抓住前所未有的发展机遇和应对前所未有的发展风险，2006 年，国务院国有资产监督管理委员会出台了《中央企业全面风险管理指引》（以下简称《指引》），财政部会同证监会、审计署、银监会、保监会制定了《企业内部控制基本规范》（以下简称《规范》），自 2009 年 7 月 1 日起在上市公司范围内施行，鼓励非上市的大中型企业执行。风险管理和内部控制两者的关系，用形象的比喻说是：《指引》重点指引企业管理者"抬头看路"，《规范》重点侧重企业管理者"低头拉车"。《指引》和《规范》的出台，为我国企业的风险管理提供了科学的理论框架。

　　本书就是按照我国企业所面临的风险管理的具体实践，根据《指引》和《规范》的具体要求，参考国内外企业风险管理的理论研究，组织专家学者编写的。本次修订的第二版对第一版框架做了调整，增加了新的章节，更新了每章的案例，增加了风险管理的理论研究综述，以期达到理论与实践相结合、学、研、用相结合。

　　本书第二版共有 12 个章节，分为三个篇章：理论部分、管理应用部分和企业应用部分。理论部分包括第一章和第二章，概述了企业风险管理与内部控制的相关理论发展历程和理论前沿。管理应用部分从第三章到第九章，针对一般企业的一般风险管理问题展开，包括《萨班斯法案》、内部控制报告、企业风险管理架构、企业风险管理识别和分析、评估与度量、风险管理策略与方案以及风险管理执行、监督与改进等内容。企业应用部分从第十章到第十二章，针对特殊企业的风险管理问题展开，包括资源型企业的风险管理、商业银行风险管理与高技术企业风险管理等内容。具体分工是第一章、第二章、第三章、第五章由杜莹芬研究员撰写，第四章由齐飞博士撰写，第六章、第七章由时杰博士撰写，第八章、第九章、第十章由何丽梅博士撰写，第十一章由江燕红博士撰写，第十二章由王洪伟博士撰写。本书在每章分别有章首案例和本章案例，增强可读性，在每章还附有复习思考题，供读者学习思考。

本书理论顶天，实践立地，内容新颖，观点清晰，自 2006 年第一版出版以来，广受好评，既可作为各类企业管理人员、咨询机构、财会人员的参考书，也可作为高等院校相关专业的教学参考书。

生有涯、学无涯，作者研究水平和视野有限，差错和不妥之处还望广大读者批评指正。

目　　录

第一篇　理　论　部　分

第二篇 管理应用部分

第三篇　企业应用部分

第一篇
理论部分

第一章　风险与风险管理

本章提要

人类发展的每个脚印都充满了风险。何为风险？风险有何特征？如何计量？本章将对风险进行轮廓式描述。企业经营作为人类活动的一部分，同样面临着各种各样的风险。从便于风险管理的角度，本章将企业风险分为战略风险、财务风险、市场风险和营运风险，并分别对它们进行介绍。面对风险，企业经营者将采取各项措施进行风险控制和管理，以达到实现企业战略的目的。本章还将介绍风险管理的发展历史、管理目标以及管理流程。

章首案例

当你看到图1-1中这样上下起伏的价格波动曲线之时，在任何一点做出买或者卖的决策时，你都难免会为之操心。但是，每天都有无数人宁愿冒此价格变动之险，有走运的，也有失败的。长期资本管理公司（LTCM）的倒闭便是一例。它由华尔街精英、政府前财政官员及诺贝尔经济学奖得主组成，是曾经红极一时的金融业巨子。然而，在20世纪末的世界金融动荡中，它也难逃一劫。中航油（新加坡）公司的期货亏损事件则显示石油价格变动所带来的巨大损失。

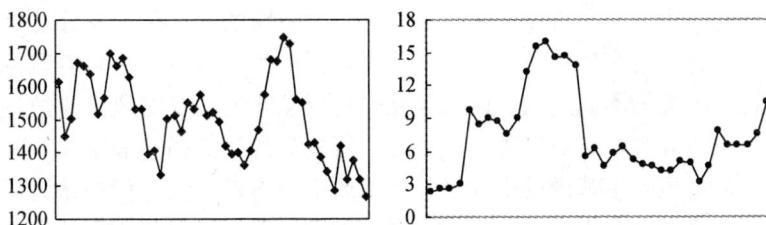

图1-1　变幻莫测的世界

注：左图为2002~2004年上证综合指数走势图；右图为1970~2005年OPEC原油价格走势图（单位：美元/桶，扣除汇率和通货膨胀因素影响）。

实际上，关于冒险的故事，古已有之。《三国演义》记载：诸葛亮驻守阳平关时，派魏延领大军攻魏，留万人守城。但司马懿却带领二十万大军绕开魏延，直取阳平关。诸葛亮直到司马懿离城六十里时方才发觉。可此时已晚矣，既无法召回魏延，也无法率军赶往魏延军中。无奈之下，诸葛亮叫军中偃旗息鼓，大开城门，令部分军士出城洒扫。司马懿率军临城，观此情景，细想诸葛素日谨慎持重，疑城中必有伏兵，故不敢草率行动，而引兵退守。其实，初览《三国》至此，难免会为诸葛先生捏一把汗。万一司马懿不上当，诸葛亮则必败无疑。可以说，当时诸葛亮摆"空城计"也是一次非常大的冒险。

聪明的金融投机者们和诸葛亮都愿意迎险而上，这是为什么？

让我们从了解风险开始。

第一节 风 险

风险始终伴随着人类的生活。当我们不带伞而出门时，将面临下雨被淋湿的可能；当我们选择乘坐交通工具远行时，难免担心交通事故的发生。那么，到底什么是风险？风险包括哪些种类？如何刻画风险的大与小？以及风险都具有哪些特征呢？本节将对有关风险的基本知识进行系统的梳理。

一、风险的概念与本质

我们很清楚，天下雨是客观存在的事实。但是，什么时候下雨？雨将下多大？会不会淋湿衣服？又会不会导致身体不适？如果没有特别准确的天气预报，我们通常无法预知。同样，船上的货物是否会被海上风暴所吞噬？在出港之前，我们也不得而知。但是，我们可以知道，这种风暴产生的损失一般不会影响到没有货物在船上的人们。这样，特定的事物，对于特定的人群，在事务未发生之前，就构成了风险。实际上，风险一词就是对人类面临的各种灾难或危险产生的不利结果所进行的一个比较具有"学究"味道的描述。

但是，对于风险的严格定义，学术界还存在一定的争论。最早提出风险概念的是美国学者海恩斯（Haynes），他在 1895 年所著的《经济中的风险》（Risk as An Economic Factor）一书中对风险进行了分类并对风险的本质进行了分析，并将风险定义为损害或损失发生的可能性。但是，由于研究视角的不同，学术界对风险的定义就存在分歧。

有关风险的研究主要有风险客观说和风险主观说两个视角。持风险客观说的学者认为风险是客观存在的损失的不确定性，因而风险是可以预测的。在对风险事故进行了足够观察的基础上，可以用客观概率对这种不确定性进行较为科学的描述和定义，并且用金钱来衡量各种结果。而持风险主观说的学者虽然承认风险的不确定性，但却认为风险主要是来自于主观。因为个体对未来不确定性的认识同个人的知识、经验、心理状态等主观因素有关，所以不同的人面对相同的风险时会做出不同的判断。还有部分学者不同于上述分类，而持有风险因素结合说。他们认为人类行为是风险发生的重要原因之一，风险是每个人和风险因素的结合体。但是，多数人认为风险因素结合说是前面两种学说的交叉。

传统上对风险的定义都是和损失联系在一起的。比如，法国学者莱曼在其著作《普通经营经济学》中，将风险定义为"损失发生的可能性"。德国学者斯塔德勒也认为风险是"影响给付和意外发生的可能性"。他们都认为，损失发生的可能性或者说概率越大，风险就越大。另有部分学者是从损失的不确定性来看待风险的，认为事件发生损失越不确定，风险越大。和"损失可能性"的角度不同，这种观点认为损失发生的概率在1/2时，风险最大，然后依次向概率为0和概率为1两端递减。

实际上，从不确定性而言，风险事件带来的可能是损失，也可能是收益。所以，对风险更一般的定义为实际结果和预期结果的偏离。预期结果也有两种含义：一是人们心目中希望的结果；二是统计科学意义上的预期结果，有最有可能发生的结果和平均意义上的结果两种形式。只要实际结果和预期结果有可能发生偏离，便产生了风险。

由于本书目的是分析企业经营中将面临的风险以及如何对风险进行管理，在对各学派和观点进行比较分析后，从损失和不确定性两个维度，风险可以定义为由于事件结果客观存在的不确定性而导致人们遭受损失的多少以及这些损失发生的可能性的大小。

从本质上而言，风险就是速度，确切地说是人的反应速度与事物的变化速度之比。譬如说，一座大山以每年一厘米的速度向上抬高，住在山上的人却一点也不觉得危险。而一颗子弹以每秒钟一千米的速度向近在咫尺的人飞来，却是极其危险的事情。因此事物变化的速度越快，人的反应速度越慢，风险就越高，反之风险就越低。市场上也是如此。因为风险和报酬是成正比的，为了追求卓越的报酬，就需要寻找高风险的地方，而风险高就总是意味着价格的变化速度快。速度越快，人或企业需要的反应速度就越快，因为反应速度高了才可能避免受到潜在威胁的伤害。因此对每个人或企业来说，都有一个取舍的问题，就是只有风险高的地方利润才高，可以实现短期内资金的快速增值，但与此同时人的反应速度和工作强度也被迫需要大大提高。

二、风险的特征

不确定和损失是定义风险的两个维度，同时也是风险所具有的特征。

1. 不确定性

不确定性是风险的基本特征，在有些场合中两者还相互替代使用。但是，风险和不确定性之间是存在差别的。如美国学者佩弗尔（Irving Pfeffer）认为，风险是一种客观存在，不论人们是否已经觉察到，它是以客观的概率来测定的，而不确定性则是由个人的心理状态产生的，仅仅当人们对某种事件加以注意时才有。

不确定性通常定义为由于对未来事件是否发生以及发生的程度缺乏足够的认识，而产生的一种怀疑状态，这也是主观上的不确定性。比如，当我们购买股票时，对它在未来一周内的价格走势还无法预测，认为它既有可能上涨10%，也有可能下跌5%，这便产生了不确定性。这种主观上的不确定性是因人而异的。由于人们所掌握的资料不同，所具有的分析问题的能力不同，对同样的事情，一个人不确定性程度的高低会和另一个人不同。比如，一般股民可能认为股票的波动幅度会很大，但是对于熟悉公司运营情况，并已获悉公司未来一周将要发布内幕信息的公司管理层而言，也许就能比较准确地判断其股票价格的变化。而且，主观不确定性也会随着时间的推移而发生变化。因为越临近事件的发生，当事人所掌握的信息越充分，做出判断的变化幅度也就越小。

另外一种不确定性是由一些不可预测的偶然性因素导致的，因而也是客观存在的。这被称为客观上的不确定性。无论人们的认识程度如何，对于这种不确定事件的未来结果都是无法判断的。比如，当我们将一枚质地均匀的硬币抛向空中，让它自由掉下，那么在硬币掉下来之前，人们无法确定硬币的哪一面朝上。因为硬币触地的实际结果与抛硬币的力量、方向、旋转程度、风向、地球引力的大小等因素都可能相关，具有完全随意性。但是，对部分客观上的不确定性，完全可以从统计的角度加以认识。比如，当扔硬币的次数足够多时，我们就有充分的理由相信每次投硬币后，其正面朝上的可能性都为 1/2 左右。

总之，考虑极端情况，可以将不确定性从程度上分为如图 1-2 中所示的三类。

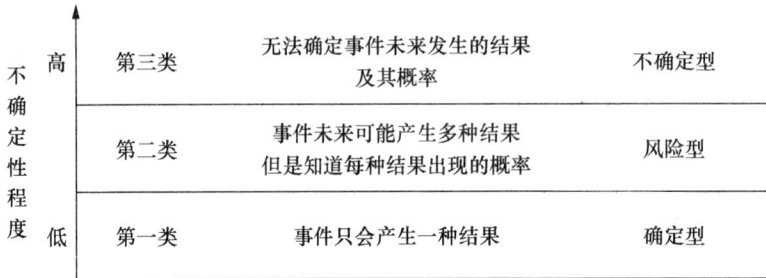

图 1-2 按不确定性程度对事件进行分类

如果未来事件的发生是必然的，那么这种情况就属于确定型的。《韦伯斯特新词典》对确定性的解释就是"一种没有怀疑的状态"。相对而言，决策者在情况完全明朗的情况下，做出决策就相对容易得多。

从第二类和第三类的区别中，也可以看到风险型和不确定型的不同。第二类不确定性水平较低，当事人不仅知晓事件可能出现的结果，并且每种结果出现的概率也是确定的。比如，在购买双色球彩票的时候，虽然无法获知所买彩票是否能够获奖，但是通过计算，却可以知道获奖或者不获奖的概率。

而对第三类中的不确定型事件，其未来出现各种结果的概率也无法判断。比如，同样是购买彩票，对于甲足球彩票的中奖情况便很难进行概率判断。因为在一场足球比赛中，每个队员的状态，他们之间的配合，甚至天气因素的影响，都很难进行定量的概率分析，所以比赛结果的概率分布也无法计算得到。

2. 损失

损失是指非故意、非计划、非预期的经济价值减少的事实。损失的要素之一是经济价值的减少，它是以货币单位进行衡量的。要素之二是非故意或者非预期。比如，固定资产受自然灾害而报废属于损失，但是对有计划的固定资产折旧则不能认为是损失。

损失是风险的另一个基本特征，但损失和风险也是两个独立的概念，并不存在绝然的对应关系。有无风险和有无损失可以组成四种不同的情况。有风险同时有损失是最直观的风险存在状况。比如远洋运输存在风险，而一旦船只遭受风暴严重袭击，则发生了损失。无风险同时无损失是一种理想状况，是对风险很小的一种近似描述。比如，购买短期国债者一般认为不存在政府违约的风险，而且可以获取固定的收益。根据风险的一般定义（实际结果对预期结果的偏离），则有可能出现有风险，但不存在损失的情况。比如，预期项目投资收益为 10 万元，但是实际情况和预期不一致，只有 6 万元收益。可以说，这个项目存在风险，但是没有造成损失。无风险而有损失的情况在现实生活中经常存在，即确定的损失。

在有损失的风险事件中，损失又可以分为直接损失和间接损失。直接损失是风险事故对标的本身所造成的破坏，是风险事故导致的初次效应。而间接损失是风险事故的后续效应，也就是由直接损失所造成的破坏。比如，空难的发生直接导致人身和财产损失，是直接损失。但是由此而引起的外出旅行者对乘机的恐惧进一步导致今后航空客运收入减少则是一种间接损失。

三、风险的计量

在日常生活中，经常可以听到关于应该乘坐飞机还是汽车的争论。争论的焦点之一便是哪一种交通工具风险大。有人认为经常听到甚至看到汽车车祸的发生，而报道的飞机失事情况很少，所以乘坐汽车风险更大。但是，另一方则认为，不少人虽然经历了汽车车祸，但仍然可以保留生命，但是飞机一旦出现坠毁事故，很少有人能够逃生，所以乘坐飞机的风险更大。那么，面对这样的争论，学术上是如何做出判断的呢？也就是说风险大或者小是如何进行衡量的呢？风险计量问题将在本书第四章进行详细的阐述，本节只是为了方便读者更好地理解风险的含义，而对风险计量问题做一个简单介绍。

根据风险的定义，它是由损失的大小和损失发生的概率两部分组成，所以对风险进行度量的关键指标也包括两个：损失幅度和损失概率。损失幅度是指在一定时期内，某一风险事故一旦发生，可能造成的最大损失数值。损失概率是指损失发生的可能大小。为了得到这两个数据，经常运用概率和数理统计的方法进行先验性判断。

比如，有三只股票可以购买，它们目前的价格都为100元，在未来一定时期内（假设一年内）的收益情况和概率分布都互不相同，分别如表1-1所示。

表1-1　三只股票的收益情况

股票1		股票2		股票3	
收益或损失	概　率	收益或损失	概　率	收益或损失	概　率
+10元	0.5	+1元	0.5	+10元	0.01
-10元	0.5	-1元	0.5	-10元	0.99

首先对股票1和股票3进行比较，可以很清楚地看到，股票3损失10元钱的概率为99%，远远大于股票1中50%的概率；而股票3获取10元钱收益的概率仅为1%，又远远小于股票1中50%的概率。在损失幅度（10元）相同的情况下，损失发生的概率越大，其所面临的风险也越大。所以，股票3的风险大于股票1的风险。

但是，对于股票1和股票2，从统计量角度看，它们的期望值水平相同，都为0元钱。而且发生损失的概率都为50%。但是在损失幅度上，股票1远高于股票2。所以，计量风险水平的时候，仅仅考察损失概率是不够的，还必须比较损失幅度。所以，从这个角度而言，股票1具有更高的风险。

根据损失的大小和损失发生概率的大小，可以组成四种情况，分别对应了不同的风险程度。它们的组合如图1-3所示。

只要损失不严重，不管发生的概率高还是低，都属于低风险事件，如象限Ⅱ和Ⅲ所示。如果损失的后果很严重并且发生的概率很高，则属于高风险事件，如象限Ⅰ所示。但是，对于损失严重很大，而发生概率不是很高的事件，则需要依靠经验和专业技术进行判断。比如，对于百年一遇的洪水，虽然发生的概率很低，但是由于其带来的损失太大，所以平时还是需要做好充分的防范工作，以降低风险水平。

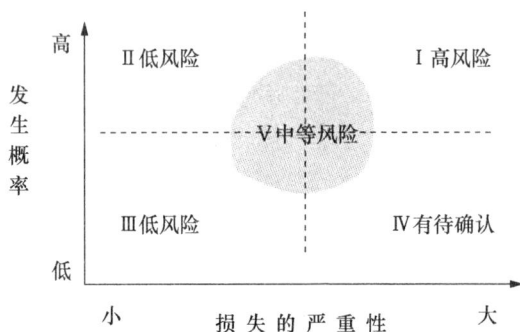

图 1-3 风险的四种情况

四、风险的分类

基于有效分析和管理风险的目的，需要对风险进行合理的分类。从不同的角度，可以有不同的分类方法。

1. 动态风险和静态风险

动态风险是由于企业外部环境变化而带来的损失可能性。企业外部环境变化主要是宏观经济、产业发展、竞争对手以及客户等因素的变化，这些变化不可控，但是它们均有可能为企业带来潜在的经济损失。比如，科学发展观的提出和落实，对那些高投入、高消耗并带来高污染的企业，便是致命的打击。

而静态风险是指在经济环境没有变化时发生损失的可能性，往往是由于自然客观因素或者人为不遵守规章制度造成的。比如自然界的洪涝灾害、地震、火灾等以及人为的偷盗、诈骗、呆坏账等带来的损失。

动态风险和静态风险划分的标准是外部社会经济环境是否发生变化。二者的区别之一是动态风险的影响范围会大于静态风险，后者往往只对少数当事人产生影响。区别之二是静态风险对社会带来的是实实在在的损失，而动态风险往往是对社会一部分人有弊而对另一部分人有益。比如消费者偏好的改变会使对产品的需求在不同的厂家之间变换。所以，从风险管理的角度看，加强静态风险管理更具有合理性和必要性。

2. 纯粹风险和投机风险

莫布雷（A. H. Mowbrag）最早将风险分为纯粹风险和投机风险，以后得到了众多学者的赞同和采用。

纯粹风险是指只有损失机会而无任何利益的危险。人们通常概念中的风险——自然灾害以及意外事故，都属于纯粹风险，比如疾病、火灾、交通事故，以及失窃等。相反，投机风险是指既有损失可能性，也有盈利可能性的风险。比如，购买股票或者外汇所面临的资本市场风险就属于投机风险。人们对纯粹风险是避之唯恐不及，而有一部分人为了追求高回报而甘愿承受投机风险。

二者的区别之一是：纯粹风险只能产生有损失和无损失两种结果，而投机风险可以产生有损失、无损失和有利益三种结局。区别之二是纯粹风险的风险事故及其损失程度一般可以通过大量的统计资料进行科学预测，而投机风险则很难做到这一点。因为投机风险很大程度上是受到了宏观环境的不可控因素影响。

很多时候，纯粹风险和投机风险又会交织在一起。比如，房屋所有者在购买房屋之后，一方面将会面临房价上涨或者下跌的投机性风险，另一方面还要面临房屋遭受火灾等损失的纯粹风险。

3. 可分散风险和不可分散风险

有的风险可能会影响到整个人类，比如环境污染问题或者世界范围的经济危机问题等。而有的风险是可以通过足够多地参与者进行联合而分摊的，比如个别人所面对的疾病风险或者交通事故风险。

在资本市场中，风险的可分散性体现得非常明显。比如，紧缩的宏观调控政策基本上会给每个企业带来一定程度上的不利影响。但是，对个别产业的政策调整，则会由于不同产业或者不同企业受到的影响不同，从而可以通过持有"一揽子"公司的股票对此政策变动产生的可分散风险进行抵消。比如，同时持有煤炭企业和发电企业的股票，则可以分散国家调整电煤价格带来的投资风险。

区分可分散风险和不可分散风险具有很大的必要性，因为它将影响风险管理中联合或者风险分担是否有效。比如，对于普通疾病可以通过多人联保的形式，来减少个别主体在患有疾病的情况下无钱医治的风险。但是对于在某一范围内普遍传播的疾病，则无法通过此范围内的分担而减少这种疾病带来的风险。所以，可分散风险是风险管理的重要内容。

4. 其他风险分类方法

风险还可以按照其所涉及的范围分为基本风险和特定风险；按照风险是否由于精神或者心理状态所产生分为主观风险和客观风险［格林（M. R. Greene）］；按照潜在损失形态划分为财产风险、人身风险、责任风险和信用风险；按照形成损失的原因分为自然风险、社会风险、经济风险和政治风险等。

第二节　企业风险

企业在生产经营和实现目标的过程中，存在着诸多影响目标实现的不确定性因素，它们构成了企业面临的风险。国务院国有资产监督管理委员会发布的《中央企业全面风险管理指引》中对企业风险的定义是：未来的不确定性对企业实现其经营目标的影响。

一、企业风险发生的可能性

企业目标的实现会面临各种风险，主要是因为企业是一个开放的系统。从筹集资金设立企业，到机器设备采购、原材料采购，再到组织人员进行生产，最后将产品销售给客户，收回成本，创造利润，每一个环节都面临着一定的不确定性。

我国《公司法》规定，设立股份公司时，到招股说明书规定的截止期限，如果发行股份尚未募足，认股人可以要求发起人返还所缴股款并加算银行同期存款利息。可以说，企业从它诞生的过程中，就将面临风险的考验。而在企业成长、成熟的每一个过程中，风险都将与之为伴。据美国《财富》杂志报道，美国大约有62%的企业寿命不超过5年，只有2%的企业存活达到50年，中小企业平均寿命不到7年。可见，对企业而言，具有"灭顶之灾"的风险亦不在少数。

企业风险到底来自何处？首先，企业正面临着巨大的宏观环境不确定性，而在全球化的今天，这种不确定性还在加剧。比如，欧盟反倾销政策对中国的纺织、玩具、塑料制品等行业中几乎所有企业都曾产生过严重的影响；中东局势的稳定程度可能会影响到全世界石油价格的走势。其次，企业管理层所制定的战略与其所处环境的适应性也是企业风险的一大来源。比如无锡尚德公司一心谋求发展太阳能技术，符合当前环境对清洁能源的需求，获得成功。而在我国有一批小型煤窑，技术简陋，意识落后，具有重大安全隐患，不符合人本精神，最终遭到政府的彻底关闭。最后，企业风险还会发生在日常运营过程中。因为工人操作不当而发生安全事故，因为管理措施不到位而导致存货被偷盗，因为激励机制不合理而引发员工不满情绪甚至离职，因为会计信息系统不畅通而导致财务信息虚假披露等，都属于企业运营过程中必须面对的风险事件。

可以说，风险存在于任何一个企业的任何发展阶段。

二、企业风险的分类

对风险的分类方法在很大程度上也适合于企业风险的分类。比如，企业风险中也包括基本风险和特定风险。在企业向银行借贷时，企业将面临利率上调或者下调的风险，这是基本风险，对其他企业同样存在。而企业还将面临到期不能还本付息的清偿能力风险，这种风险属于对该企业的特定风险，而且不同企业偿债风险的大小各不相同。另外，每个企业都会面临原材料毁损的纯粹风险和产品价格涨跌的投机风险。

刘新立（2006）[①] 将企业风险分为危害性风险（Hazard Risk）和金融风险（或财务风险，Financial Risk），如图 1 - 4 所示。她认为，企业危害性风险就是指对安全和健康有危害的风险，它们都是纯粹风险，也是传统上"风险管理"的主要对象。而金融风险是指企业所面临的商品价格、利率、汇率、法律或流动性等方面所产生的风险。作者又进一步将风险所带来的损失分为直接损失和间接损失。

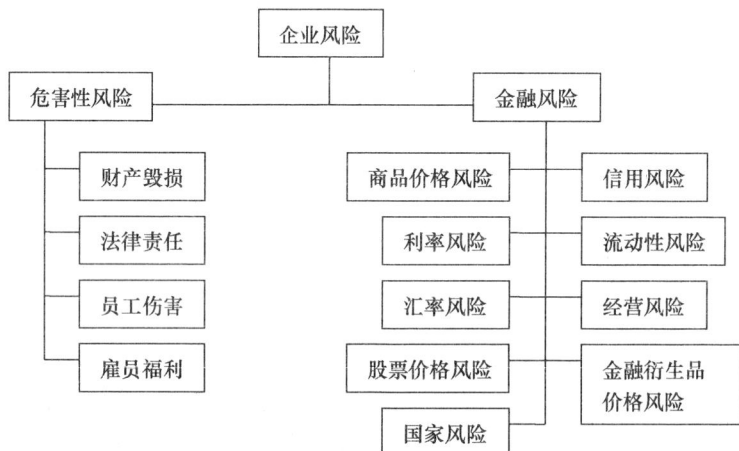

图 1 - 4　危害性风险和金融风险

---

① 刘新立. 风险管理 [M]. 北京：北京大学出版社，2006：24.

从风险发生的可能性看，风险可以分为几乎肯定、极可能、可能、低和极低五类；从风险对企业造成的影响程度看，可以将风险分为灾难、重大、中等、轻微和近乎没有五类；而从风险处理方法的效果角度分析，可以将其分为极度过头、过头、适中、低效以及近乎没有效果五类。企业应注重防范和控制风险可能给企业造成损失和危害，也应把机会风险视为企业的特殊资源，通过对其管理，为企业创造价值，促进经营目标的实现。对各种分类的具体解释如表 1 - 2 所示。

表 1 - 2　从风险发生的可能性、损失影响程度和处理方
法效果三角度的分类

风险发生的可能性	
几乎肯定	在未来 12 个月内，这项风险几乎肯定会出现至少 1 次
极可能	在未来 12 个月，这项风险极可能出现 1 次
可能	在未来 2 ~ 10 年内，这项风险可能出现 1 次
低	在未来 10 ~ 100 年内，这项风险可能出现至少 1 次
极低	这项风险出现的可能性极低，估计在 100 年内出现的可能性少于 1 次
风险对企业造成的影响	
灾难	令企业失去继续运作的能力（或占税前利润达 20%）
重大	对企业完成其策略性计划和目标，造成重大影响（5% ~ 10% 税前利润）
中等	对企业完成其策略性计划和目标，在一定程度上造成阻碍（至 5% 税前利润）
轻微	对企业完成其策略性计划和目标，只造成轻微影响（至 1% 税前利润）
近乎没有	影响程度十分轻微
风险处理方法的效果	
极度过头	处理方法能直接针对该项风险，但相信会令企业业绩"倒退"或成本过高
过头	处理方法能直接针对该项风险，但由于需要投入大量资源或将其他资源转到处理该项风险上，会对企业的效率造成影响
适中	处理方法有效针对该项风险，同时并不影响企业的效率
低效	处理方法针对该项风险的效果不理想，或投入处理该风险的资源不充分或对投入的资源未适当利用
近乎没有效果	处理方法的效果十分低，可能是由于企业根本没有处理方法，又或处理手法不当

为了加强对企业风险管理的分析，将风险管理的任务和责任落实到各部门和业务单位，强化风险管理执行力，国有资产监督管理委员会从战略风险、财务风险、市场风险、营运风险等方面对企业风险进行了分类。接下来本书将对各种企业风险进行分析讨论。

三、战略风险

企业战略风险研究是战略研究和风险研究的交叉学科。在这个领域，如何对战略风险进行定义也是争论的焦点之一。比如，Michael H. Lubatki（1990）将战略风险定义为：企业将其收益与宏观经济和产业经济波动进行隔离的可能性。而 Sidney Barton（1990）则将战略风险定义为：当企业面临破产等不确定性经营后果时进行决策所面临的风险。Robert

Simons（1998）又认为，战略风险指的是一个未预料的事件或一系列事件，它们会严重削弱管理实施其原定企业战略的能力。还有学者认为企业战略风险是企业战略层的风险，是整个企业范围的风险。

结合企业风险概念，战略风险可以定义为不确定性对企业战略目标实现的影响。理解战略风险需要注意：一方面，战略风险是未来影响企业的各种不确定性事件，已经发生的确定型事件不能作为企业战略风险。另一方面，尽管企业战略因素来源广泛，但并不是每个事件或可能性都构成战略风险，只有当这个事件或偶然性影响到战略目标的实现时，才可以称为战略风险。

战略风险具有动态性、特质性、主观性、不可消除性等性质①。动态性主要是由于战略实施过程具有较长的周期，更强调时间的变化，在不同的时点上，企业战略风险也很有可能发生变化。而特质性是说不同的企业由于其规模、阶段、目标、各种资源以及管理能力不同，因而战略风险的含义也不尽相同。企业战略管理者个人的管理经验、社会阅历以及他们的风险偏好等个性都会影响到他们对战略风险的认识，特别是在对战略风险事件发生概率的判断上，所以说战略风险具有很强的主观性。另外，战略风险只能控制，而没有办法消除。

战略风险的构成因素是企业风险发生的必要条件（见图1-5）。有学者根据企业内外部系统的层级特征将战略风险分为产业风险和企业风险两个层级，也有研究认为战略风险产生于创业风险、运作风险和竞争风险。但是，我们认为这两种分类方法都可能混淆战略风险和其他企业风险。实际上，如何有效利用已有资源以满足外部环境需要对企业的生存和发展至关重要。所以，可以将企业战略风险的构成因素分为战略环境风险、战略资源风险、战略定位风险以及战略执行风险。

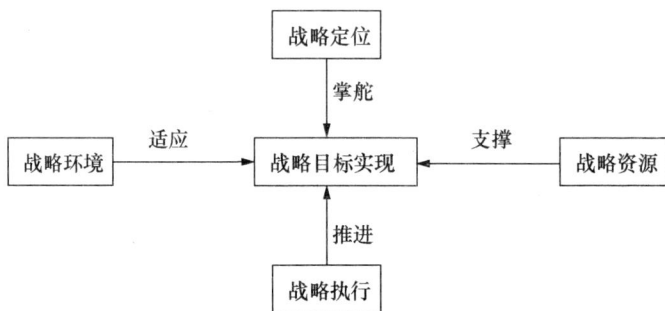

图1-5 战略风险的构成因素

战略环境是企业赖以生存的土壤，包括政治经济环境、法律制度环境、技术发展环境和行业竞争环境等。战略资源是企业所具有的关键性资源，对于不同的企业，它既可以是企业独家掌握的先进技术，或者数量庞大的客户资源，也包括特殊的运营模式等。而战略定位工作需要深入分析企业所处的环境和所具备的资源，找到有效利用资源满足环境需要的切入点，制定企业生存的使命和目标。战略执行是保证企业资源利用方式符合战略定位要求。以上四方面因素中的任何一种不确定加大，都将增加企业战略目标实现的风险。

---

① 李汉东．企业战略风险与风险管理［J］．太平洋学报，2005（11）：46-52.

如果将企业比喻成在大海中航行的船只，那么海浪和风向便是企业的战略环境，船只的大小、水手的多少和经验则是战略资源，航线的确定就好比战略定位，而如何及时调整风帆以朝着确定目标前行就是战略执行。

四、财务风险

财务风险是指在各项财务活动过程中，由于各种难以预料或控制的因素影响，使企业的财务收益与预期收益发生偏离，从而使企业有蒙受损失的可能性。

从时间性上考虑，财务风险可以分为短期财务风险和长期财务风险。前者要求公司用较快的变形能力，即资产的流动性来化解；后者要求公司保持较高的盈利能力，即用资产的获利性来化解。从业务对象上考虑，企业财务风险又可以分为债务风险、信贷风险、担保风险、利率风险和汇率风险等。如果从财务管理职能角度进行划分，企业财务风险包括筹资风险、投资风险和收益分配风险等。

1. 筹资风险

筹资风险包括增加企业资金成本和降低企业偿债能力两类风险。

企业可以通过权益融资和债务融资两种方式筹集资金，它们往往在控制资金成本和增强偿债能力方面是相对而行的。权益融资能够增加企业的偿债能力，但是往往股东需要较高的资金回报；而债务融资由于可以抵扣一部分税收而降低了融资成本，但是过多的债务可能使企业无法支付本息而濒临破产。如何有效管理企业资本结构，是企业财务风险管理的重要内容。权益融资还将面临政府监管风险和市场行情风险，而债务融资也将面临利率变动风险。

商业信用融资是企业另外一种筹集资金的渠道。一般而言，商业信用筹资期限短、灵活性强，可以有效避免利率波动风险。但是，到期无法支付可能会严重破坏企业形象，甚至导致与供应商的关系恶化，影响企业正常生产经营。

2. 投资风险

投资风险是指由于项目不确定因素导致投资报酬率无法达到预期目标的风险。投资决策是建立在一系列假设前提基础上的，当实际情况与假设情况可能出现不一致时，便会形成投资风险。

根据企业投资对象可以将企业投资风险分为实体资产投资风险和金融资产投资风险。实体资产投资风险一般来自于企业外部环境变化和内部经营管理等因素，而金融资产投资风险主要是由金融资产收益不确定性引起的。

信贷风险是投资风险中非常重要的一类风险，它是指贷款人或合同的另一方因不能履行合约而使公司产生经济损失的风险。常见的信贷风险包括：贷款未能回收，应收账款未能回收，债券跌价（因信贷评级的减值或债务人未能履行付款义务），买卖金融市场产品而未能兑现，企业因合资、合作、联盟、外包等经济活动而产生或暴露的信贷风险等。

3. 收益分配风险

股利是投资者收回投资、获取收益的重要途径，所以投资者会形成一定的股利分配预期。如果公司股利分配没有达到投资者的预期，可能会导致投资者低估公司价值、抛售公司股票甚至联合罢免管理层等举措，对生产经营活动带来不确定影响。但是，如果公司过多分配股利，会降低公司现金拥有量，一方面导致部分投资项目缺乏资金；另一方面还可能引起债务危机。所以，公司管理层需要制定合理收益分配政策，做出完善的资金筹划，引导投资者形成合理预期，保持投资和分配之间的平衡。

五、市场风险

市场风险包括产品市场风险、金融市场的风险等。产品市场风险是指因市场变化、产品滞销等原因导致跌价或不能及时卖出自己的产品。金融市场的风险包括利率风险、外汇风险、股票与债券市场风险、期货、期权与衍生工具风险等。

按照企业参与的产品市场类型，可以分为供给市场风险和需求市场风险。供给市场风险主要来自获取关键设备、主要原材料和人力资源的不确定性，包括供给数量和价格。例如，某些行业需要的机器设备如果需要进口，则面临外国政府以防止技术泄露为由而进行阻挠的风险。而近几年，国际石油价格一路飙升，给国内众多化工企业和运输企业带来了原材料价格风险。同样，企业投资必须考虑是否可以吸引足够的技术人才和管理人才。而发生在珠三角的"民工荒"则说明，即使在劳动力资源非常丰富的中国，企业也必须面对缺乏足够普通劳动者的风险。

需求市场中消费者需求改变、产品更新换代、竞争程度加剧、营销渠道不畅以及品牌形象降低等都会增加企业市场风险。人们对随时随地进行沟通的需求使固定电话正逐渐被移动电话所取代，而 VoIP（Voice over Internet Protocol）的兴起使传统移动通信运营商面临前所未有的挑战。毫无疑问，电信运营牌照的增加以及允许外商投资中国基础电信业，都将降低电信业利润率。目前农村市场逐渐成为我国电信业的新兴增长点，对于没有完善的农村市场营销网络的运营企业而言，只能临渊羡鱼，错过发展时机。最后，品牌对企业获取市场优势非常重要。中国联通在 C 网和 G 网上的品牌内耗便是它在市场竞争中处于不利局面的一个重要因素。

六、营运风险

营运风险是指企业内部流程、人为错误或外部因素而令公司产生经济损失的风险，它包括公司的流程风险、人为风险、系统风险、事件风险和业务风险等。

（1）流程风险：指交易流程中出现错误而引致损失的风险，流程包括如：采购、合同订立、销售、定价、记录、确认、出货/提供服务、收款等环节。科学的流程不但可以降低企业的运营成本，还可以有效降低舞弊的出现。例如，集中采购制度一方面可以增加与供应商的谈判能力，降低进货价格；另一方面也可以降低下属单位经办人接受商业贿赂的风险。

（2）人为风险：指因员工缺乏知识和能力、缺乏诚信或道德操守而引致损失的风险。此类风险在企业中经常发生。比如，财务人员可能由于没有对会计准则理解透彻而导致会计处理不符合准则要求，他们还有可能通过不正当渠道私自泄露财务信息而增加公司在资本市场的风险。

（3）系统风险：指因系统失灵、数据的存取和处理、系统的安全和可用性、系统的非法接入与使用而引致损失的风险。在信息化非常发达的今天，企业生产经营活动越来越依赖于计算机系统，但是一旦系统出现问题，风险将难以估计。2002 年 7 月 23 日上午 11 时，首都机场电脑系统出现故障，尽管在 12 时 30 分故障就得到排除，但还是造成了 6000 人延误班机。

（4）事件风险：指因内部或外部欺诈、市场扭曲、人为或自然灾害而引致损失的风险。1982 年，美国发生了一名患者服用强生公司生产的泰乐诺胶囊而中毒身亡的事件。虽然事后调查表明事故责任不在强生公司，但是危机发生后，强生公司在美国止痛药市场上的份额还是由 35.3% 急降至不足 7%。这足见事件风险对公司的影响是何等之大。

（5）业务风险：指因市场或竞争环境出现预期以外的变化而引致损失的风险，所涉及的问题包括市场策略、客户管理、产品开发、销售渠道和定价等领域。

第三节　风险管理

企业风险无时无处不在，而且风险还可能给企业带来经济损失，有时甚至是灭顶之灾。面对风险，企业是无动于衷任其发展，还是应该有所作为有效控制？如果想对企业风险进行控制，又该如何进行呢？

一、风险管理的含义

风险管理作为一门新兴学科发展较晚。在风险管理学形成和发展的过程中，学者们对其出发点、目标、手段和管理范围都有一个认识的过程，并形成不同的侧重点。何文炯认为代表性观点有美国学说和英国学说两种。美国学者一般从狭义角度解释风险管理，把风险管理的对象确定为纯粹风险；而英国学者则把重点放在经济控制方面。[①]

1. 风险管理的定义

目前比较具有典型的风险管理定义包括以下几种。威廉斯等在《风险管理与保险》中将风险管理定义为一种全面的管理职能，用以评价和处理某一组织的不确定性和风险的影响和原因[②]。前国际内部审计师协会（IIA）主席伍顿·安德森（Urton Anderson）认为企业风险管理就是通过确认、识别、管理和控制组织潜在的情况和事件，为实现组织目标而提供适当保证的程序。普华永道会计师事务所的观点是：有效的风险管理可以识别威胁、控制损失（预防损失并减少损失发生的严重性）、防范未经授权使用资金，并对伤害采取保护措施。而中国内部审计师协会在最新发布的第 16 号内部审计具体准则中，将风险管理定义为：对组织目标实现的各种不确定性事件进行识别与评估，并采取应对措施将其控制在可接受范围内的过程。

我们认为，相对较为全面的定义来自 COSO 最新发布的《企业风险管理——总体框架》，它认为企业风险管理是一种流程，在一个实体进行战略决策和执行决策过程中，由董事会、管理层和其他人员实施，为确定可能影响实体的潜在事件，对风险进行有效管理，使其处于偏好内，以便提供关于实体目标实现的合理保证。

理解这个定义需要注意以下几方面：首先，风险管理是一个流程，是降低和控制风险的一系列程序，涉及对企业风险管理目标的确定、风险的识别与评价、风险管理方法的选择、风险管理工作的实施以及对风险管理计划持续不断地检查和修正的一个过程。其次，

① 何文炯. 风险管理 [M]. 北京：中国财政经济出版社，2005：15.
② 小阿瑟·威廉斯，迈克尔·史密斯，彼得·杨，等. 风险管理和保险 [M]. 马从辉等译，北京：经济科学出版社，2000.

风险管理不仅仅是企业风险管理委员会或者企业管理层的职责，实际上，风险管理的工作需要几乎所有员工的参与。最后，该定义表明了风险管理的目的并不是不惜一切代价降低风险，而是尽量使风险减低至可以接受的范围内。而且，企业风险是无法彻底消除的，对企业经营目标的实现只能做出合理而非绝对的保证。

风险管理和一般管理、保险管理、危机管理等其他类型管理都存在一定差别。可以说，一般管理的对象涵盖了企业所面临的所有风险，包括投机风险和纯粹风险。而风险管理者的职责则通常限定在纯粹风险的范围内。风险管理和保险管理的区别主要也在它们的管理对象上：保险管理强调可保风险，而风险管理需要同时处理可保风险和不可保风险①。危机管理是为了处理国际政治方面和社会经济方面的意外事故而采取的政策和措施，显然不同于以维护经济单位业务活动生活安定为出发点的风险管理②。

2. 风险管理的必要性

风险是有成本的，而且这种成本会导致企业价值的降低，与企业目标相背离，所以需要进行风险管理。

企业风险成本是指由风险的存在和风险事故的发生所导致的企业经济利益流出，包括风险损失成本和风险控制成本。企业纯粹风险可能会导致自有财产损失，或者需要对员工进行赔偿，甚至有时需要承担对顾客或者其他第三方的责任，这些都需要企业支付相应的费用。风险的存在还可能使其承担者，如管理层或员工，处于焦虑状态，而影响工作情绪，降低劳动生产率，甚至有时会因此而放弃高回报的投资机会，从而间接损害了公司利益，增加了风险损失成本。再如，企业如果积极采取控制风险的措施，可能需要事先采购一定的预防设备，需要安排专人定期检测与维护，也可能需要外部咨询等。这些具体事件都可以归结为企业风险控制成本。

可以看出，正是因为风险成本的存在，导致企业风险对企业目标的偏离。因此，风险管理是必要的。

二、风险管理的历史演进

风险伴随着人类发展的每个过程。从某个角度看，人类史同时也是一个灾难史，包括自然灾害和人为灾害。而同时，人类面临风险也表现出充分的主观能动性，积极进行风险控制和风险管理的活动。

1. 早期人类风险管理

早先的人类面临生存的风险和挑战，表现出惊人的智慧。原始人为了控制野狼袭击的风险，他们将火燃烧在山洞口；为了抵御生病的危险，神农氏尝遍百草以求良药。而大禹治水的传说所讲述的也是一次成功的风险管理，即如何管理黄河可能年年泛滥带来的风险。工具的发明则是人类管理风险史上的一大成就。一方面，人们利用工具可以降低遭受野兽进攻的危险；另一方面，工具使得人类获取食物更为容易，降低了食物供给的不确定风险。可以说，正是自然界不断使人类暴露于风险之中，才促进了人类的进化。

保险意识也随着人类的风险管理活动而逐渐强化。大约 1700 年前，我国商代的商人们在长江上从事货物水运时，采取了将一批货物分装在几条船上的措施，以避免货物在贩

---

① 顾孟迪，雷鹏. 风险管理［M］. 北京：清华大学出版社，2005：41.
② 何文炯. 风险管理［M］. 北京：中国财政经济出版社，2005：17.

运过程中因意外事故而全部损失的危险。而古埃及也盛行互助基金组织。参加组织的成员不幸身亡时，由生存的成员所缴纳的会费支付丧葬费或救济其遗属。

2. 近代风险管理

随着工业革命的深入，企业规模不断扩大，机器设备大量使用，工业生产安全风险亦逐步扩大。一方面，严厉的工厂管理制度使得工人长期处于疲劳状态，易发生操作失误，增加了风险发生的频率。另一方面，由于生产活动更加集中，单件事故引起的损失可能远远大于手工作坊时期的事故损失。1906 年，在吸取多次事故教训的基础上，美国钢铁公司董事长凯里将"质量第一、产量第二"的经营方针改为"安全第一、质量第二、产量第三"。足见当时对风险问题的重视。

金融风险在这一段时期也被人们深刻认识。"南海泡沫"便是早期资本市场风险事故的一次典型案例。公认会计师的出现则是人们管理此类金融风险的一种尝试手段，因为股东期望获取更多可靠信息以减少由于对企业认识不足而带来的投资收益不确定性。

3. 现代风险管理

1929 ~ 1933 年的世界性经济危机摧毁了众多发达资本主义国家持续了 10 多年的繁荣，但是也使人们空前认识到风险管理的重要性。1931 年，美国经营者协会明确了企业风险管理的重要意义，并设立了保险部门作为美国经营者协会的独立机构。企业中的风险管理经理也是这一时期的产物。但是，在 20 世纪 30、40 年代，企业风险管理的对象主要集中在可保风险部分。

1953 年的一场安全生产事故催生了企业风险管理的全面展开。那年 8 月 12 日，美国通用汽车公司自动变速装置厂发生了一场大火，导致了 3000 万美元的直接经济损失。如果算上因此而引起的公司汽车生产停顿和通用汽车的卫星厂生产停滞，带来的事故总经济损失达到 1 亿美元之巨。事故之后，研究机构加强了对企业风险管理的学术研究，同时也促使各大中企业纷纷设立风险管理部门和风险经理，专门从事风险管理工作。

而布雷顿森林体系瓦解之后，金融风险管理更加受到重视。特别是在 20 世纪 90 年代发生的巴林银行事件、日本大和银行事件以及美国奥林治（Orange）县破产事件等，使得金融风险管理地位突出。我国近几年发生的多起中央国企在期货市场遭受损失事件，也促进了相关政府部门加强企业风险管理政策的出台。

4. 风险管理研究的发展

早在法约尔（Henri Fayol）的《一般与工业管理》一书中，他就提出需要将风险管理活动纳入企业经营活动的范围。但是，首先提出"风险管理"概念的是在 1956 年由拉塞尔·格拉尔发表的《风险管理——成本控制的新时期》一文中。随后，1963 年梅尔和赫奇思的《企业风险管理》以及 1964 年威廉姆斯和汉斯的《风险管理与保险》这两本书标志着风险管理学系统研究的开始。1975 年，风险和保险协会（RIMS）成立，并由专家讨论通过了"101 条风险准则"，标志着风险管理达到一个新的水平。1992 年和 2004 年由美国反虚假财务报告委员会的发起组织委员会（COSO）发布的《内部控制综合框架》和《风险管理综合框架》都是对风险管理研究及实践的良好总结与发展。

对于刻画与管理金融资产的风险，从马柯维茨的《资产组合的选择》一文开始，经过哈洛资产配置模型，到夏普等提出的"资本资产定价模型"（CAPM），再到套利模型、期权定价模型等，以及在险价值理论（VAR），这一领域的研究逐渐完善与成熟。

三、企业风险管理的目标

风险管理是企业经营活动的一部分，企业风险管理的目标也是为了实现企业的整体目标。理论界和实务界对企业经营目标并无定论，有利润最大化、企业价值最大化、利益相关者的利益最大化等主张，而且实践中还有部分管理层追求企业销售收入或者规模最大化。目前，被较广泛接受的是企业价值最大化理论，而利益相关者理论更具有全面性和前瞻性。

从企业价值最大化的角度考虑，企业风险是通过风险损失成本和风险管理成本两种方式来影响企业现金流的期望值和变动水平，从而影响企业价值。但是，在特定的风险类别中，风险损失成本和风险控制成本是一种此消彼长的关系。比如，对同样的运输物品，如果增加投保费用支出，则可以减小风险事件发生所造成的损失（因为可以从保险公司获取补偿）。企业内部控制制度设计亦是如此。一套更加复杂的内部控制体系，就比如增加每笔会计账项的复核次数，可能需要增加人工成本，或许还会带来生产效率的损失，但又确实能够帮助降低企业的风险。企业风险成本越大，企业价值则越小。所以，从价值最大化角度出发，企业风险管理的目标就是实现包括风险损失成本和风险控制成本在内的风险总成本最小（点 E）（见图 1-6）。

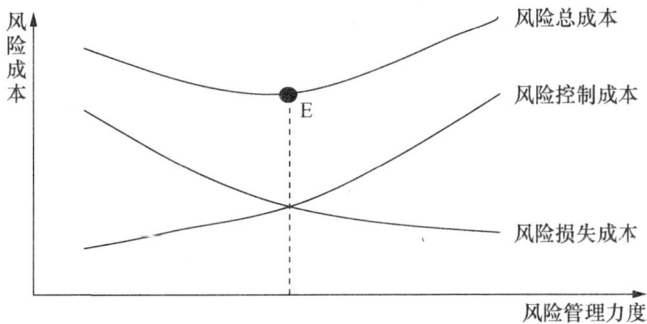

图 1-6 风险成本与风险管理力度

但是，为了构建和谐企业，仅仅考虑股东价值最大化是远远不够的。利益相关者理论要求企业管理层不断扩大包括股东、公司员工、债权人、用户以及社会公众在内的利益。所以，从更加宽泛全面的立场考察，企业风险管理的目标是最大化企业各利益相关者的利益。其中，最大化股东利益的风险管理目标已经阐述，以下分别说明企业风险管理与其他利益相关者价值之间的关系。

（1）确保员工人身安全，降低员工职业发展不确定性。对于威胁到员工生命安全的隐患，企业应该不惜代价予以克服。而且，企业需要制定合理的生产事故应急措施，尽量减少安全事故发生所造成的人身危害。增加员工利益的风险管理还包括为员工提供一个具有适度挑战性的职业发展平台，增强员工对未来发展的自我预期性。

（2）确保借贷资金安全，降低企业机会主义行为。通常，企业管理层（更多成分是股东利益代理人）在债务融资后，会通过投资高风险项目，实现由债权人向投资人的价值转移。但是，从长期来看，企业的这种投机行为会导致其在资本市场信誉下降，债权人会相应提高风险溢价水平，最终影响企业利益。

（3）确保产品使用安全，降低产品责任承担风险。2006 年，戴尔和联想的笔记本电脑都发生过电池爆炸事件。虽然这些电池产品供应商都是索尼公司，但是戴尔和联想两家公司都必须面对客户的高额索赔，而且还极大地损害了公司本身的形象。

（4）确保不损害社会公众利益，降低社会风险成本。由于产品的公有性，会产生私人成本收益与社会成本收益不对称的情形。比如，上游化工厂发生爆炸并污染河道，企业本身可能只承担了工厂资产毁损和人员伤亡成本，但是并没有补偿下游居民因河水受污染而承担的损失。所以从这点看，企业风险管理目标是实现包括企业私人风险成本和社会风险成本在内的总风险成本最小。

归纳而言，企业风险管理的目标就是实现所有风险承担者所面临的风险损失成本和风险控制成本最小。

四、企业风险管理流程

为了有效控制风险，企业经营者在风险管理过程中一般需要遵循一定的步骤，完成一系列活动。国有资产监督管理委员会《中央企业全面风险管理指引》提出的风险管理基本流程包括：

1. 收集风险管理初始信息

实施全面风险管理，企业应广泛、持续不断地收集与本企业风险和风险管理相关的内部、外部初始信息，包括历史数据和未来预测。比如为了控制企业市场风险，管理者需要搜集有关宏观经济形势、产业发展、竞争对手状况以及消费者偏好改变等各方面的信息，由此确定企业可能面对的需求变化和市场竞争程度的变化。如果一种新的替代技术已经出现，而风险管理者没有觉察到，可能导致产品滞销的风险事件发生。

收集信息是一项持续、动态的工作。由于外部条件不断发生变化，企业所面临的风险也会相应变化。一种风险被控制，另一种风险可能又会产生；或者某种风险会发生性质和程度上的变化。所以，风险管理初始信息收集工作需要制度化。

2. 进行风险评估

在掌握充分信息的基础上，企业需要对各项业务管理活动及其重要业务流程进行风险评估，包括风险辨识、风险分析和风险评价三个步骤。风险辨识是指查找企业各业务单元、各项重要经营活动及其重要业务流程中有无风险，有哪些风险。风险分析是对辨识出的风险及其特征进行明确的定义描述，分析和描述风险发生可能性的高低、风险发生的条件。风险评价是评估风险对企业实现目标的影响程度、风险的价值等。

在风险评估过程中，需要定性方法与定量方法相结合。其中定性方法包括问卷调查、集体讨论、专家咨询、情景分析、政策分析、行业标杆比较、管理层访谈、由专人主持的工作访谈和调查研究等。定量方法可采用统计推论（如集中趋势法）、计算机模拟（如蒙特卡罗分析法）、失效模式与影响分析、事件树分析等。

依据风险评估结果，结合企业风险承受能力，可以按损失程度对风险进行分类。比如，对企业财务风险，可以分为致命风险、严重风险和一般风险[①]。如果一项风险事故发生，会导致企业破产，那它就属于致命风险；而可能带来较大财务困难但不至于破产的风

---

① 顾孟迪，雷鹏. 风险管理［M］. 北京：清华大学出版社，2005：41.

险则属于严重风险；如果风险损失的发生可以由企业现有的资产或者收入进行补偿，则可归为一般风险。

3. 制定风险管理策略

风险管理策略是指企业根据自身条件和外部环境，围绕企业发展战略，确定风险偏好、风险承受度、风险管理有效性标准，选择风险承担、风险规避、风险转移、风险转换、风险对冲、风险补偿、风险控制等适合的风险管理工具的总体策略，并确定风险管理所需人力和财力资源的配置原则。

风险管理策略可以分为控制性风险管理措施和财务性风险管理措施两种。前者通过减少风险事件发生的概率以及限制已发生损失的继续扩大，使风险损失最小。后者通过获得风险事故发生后弥补损失的资金，消除和减少因巨大随机损失所造成的财务波动。

4. 提出和实施风险管理解决方案

根据风险管理策略，企业需要针对各类风险或每一项重大风险制定解决方案。风险管理解决方案一般包括解决风险的目标、组织保障、业务流程、条件或手段等资源、具体应对措施以及风险管理工具等。

如果决定实施自担风险的解决方案，则需要建立备用金或专用资金。对某种风险损失决定采用保险的方法，管理层就需要选择承保人，设定适当的保险责任条款。而采用损失预防的方法对付特定风险，需要针对其涉及的各管理及业务流程，制定涵盖各个环节的全流程控制措施。

5. 风险管理的监督与改进

在前述各项风险管理活动进行时，企业都应该对它们的实施情况进行监督评价，以检测其有效性。检测的方法包括压力测试、返回测试、穿行测试以及风险控制自我评估等。检测的目的是考察风险管理活动是否达到预设目标以及使风险管理适应新的变化。对检测过程中发现的风险管理缺陷，需要进行及时的改进。

实际上，上述各项风险管理流程并不一定按顺序发生，有可能交叉进行。比如，进行风险评估时，可能发现对某一具体风险还缺少部分信息，则又需要搜集相关信息。而在风险管理方案实施的同时，也会加深管理人员对风险的认识。

本章案例

百年老店的违规交易

1995 年 3 月 9 日，世界各地的新闻媒体都以最夺目的标题报道了一个相同的事件：巴林银行破产了。

巴林银行有 200 多年的辉煌历史，1763 年由弗朗西斯·巴林爵士创建于伦敦。英国的皇室显贵都是它的顾客，包括英国女王伊丽莎白二世和查尔斯王子在内。破产前夕，巴林银行总资产逾 94 亿美元，所管理的资产高达 460 亿美元。由于巴林银行的卓越贡献，巴林家族先后获得了 5 个世袭的爵位，这可算得上一个世界纪录。但是，1995 年它却毁于一位名叫尼克·里森的普通交易员。

里森于 1989 年 7 月 10 日正式到巴林银行工作，并由于工作出色而在 1992 年出任新加坡分行期货与期权交易部门的总经理。那时，巴林银行有一个账号为"99905"的错误账号，以处理交易过程中因疏忽造成的错误。1992年夏天，伦敦总部全面负责清算工作的哥顿·鲍塞给里森打了一个电话，要求里森另设立一个"错误账户"，记录较小的错误，并自行在新加坡处理。在咨询了负责办公室清算的工作人员之后，一个名为"88888"的"错误账户"便诞生了。但之后不久，伦敦总部又要求还是按照原来办法，所有错误通过"99905"账号向伦敦总部直接报告。可问题就在于，错误账户"88888"并没有删除，而为里森提供了日后搪塞错误和制作假账的机会。最终，5个幸运数字却给巴林银行带来了极大的不幸。

1992年2月17日，为了掩盖交易员金（King）所犯错误，里森用错误账号"88888"承接了40口日经指数期货空头合约，使巴林银行的这个账户暴露为风险头寸。之后，里森又用这个账户来掩盖其好友及委托执行人乔的错误。担心一旦这些错误被伦敦总部发现，里森连自己的工作都保不住。于是，为了赚取足够的钱来弥补所有损失，里森承担了越来越大的风险，因为他进行了大量的跨式头寸交易。如果当时日经指数剧烈变动，他将遭受极大损失。幸运的是，到1993年7月，里森已经将错误账号"88888"由亏损转为略有盈余。但不幸的是，里森并没有就此收手，而是继续在期货市场上进行投机操作，并酿成悲剧。

归纳而言，里森的损失主要来自三方面：日经225指数期货、日本政府债券的空头期货合约以及鞍马式选择权。[①]

1. 来自日经225指数期货的亏损

1995年1月17日，日本大地震后，股市下跌，里森的损失惨重。但他认为股票市场对神户地震反应过激，股价将会回升。于是在1月16～26日再次大规模建多仓，以期翻本。其后，里森日经225期货头寸从1995年1月1日的1080张9503合约多头增加到2月26日的61039张多头（其中9503合约多头55399张，9506合约5640张）。据估计其9503合约多头平均买入价为18130点。经过2月23日，日经指数急剧下挫，9503合约收盘价跌至17473点以下，导致累计亏损480亿日元。

2. 来自日本政府债券的空头期货合约的亏损

同时里森还认为日本政府债券价格将会下跌，因此在1995年1月16～24日卖出大量日本政府债券期货。里森在"88888"账户中未套期保值合约数从1月16日的2050手多头合约转为1月24日的26079手空头合约。但在大地震后，日本政府债券价格出现了普遍上升的趋势，使里森日本政府债券的空头期货合约在这期间出现了1.9亿英镑的亏损。

3. 来自鞍马式选择权的亏损

里森在进行以上期货交易时，还同时进行日经225期货期权交易，大量卖出鞍马式选择权。但是日经225指数出现大跌，里森作为鞍马式选择权的卖方出现了严重亏损。到2月27日，期权头寸的累计账面亏损已经达到184亿日元。

就这样，到1995年3月，巴林银行的亏损额达到9.16亿英镑。3月9日，英格兰银行及法院批准国际荷兰集团接管巴林银行全部资产与债务的协议，为有230年历史的巴林银行画上了句号！

回顾整个巴林事件的过程，可以发现这样的损失是和无数个风险失控联系在一起的。

---

① 引自 http://www. bbs - futures. com. cn/Article/news4/news42/200610/Article_ 12078. html.

比如，巴林银行交易和清算角色的混同使得里森能够身兼两职，为他掩盖客户失误提供了方便。又如，巴林银行董事长彼得·巴林对资产负债表稽查的漠视也是里森能够掩盖损失的一大因素。甚至包括英格兰银行在内的监管机构对巴林银行外汇资金比例控制睁一只眼、闭一只眼也是罪魁祸首之一。

正如里森所说："有一群人本来可以揭穿并阻止我的把戏，但他们没有这么做。我不知道他们的疏忽与罪犯级的疏忽之间界限何在，也不清楚他们是否对我负有什么责任。但如果是在任何其他一家银行，我是不会有机会开始这项犯罪的"。

如果你是当时巴林银行的董事长，你会怎么做？

思考题及答案要点

1. 2001 年的美国"9·11"事件、2003 年的"非典"事件以及 2005 年的印度尼西亚海啸等一连串的天灾抑或人祸，不得不令我们反思：人类的风险意识和风险管理水平都在增强，但是面对危机，为何表现得如此脆弱？风险真能被管理和控制吗？你认为呢？

答案要点：

（1）人类是在克服一次次风险中成长和成熟的。

（2）风险是没有办法永远消除的。

（3）但是风险管理为人类降低了很多风险。

2. 简述 4 种企业风险分类角度。

答案要点：

（1）基本风险和特定风险。

（2）战略风险、财务风险、市场风险和营运风险。

（3）可控风险和不可控风险。

（4）危害性风险和金融风险。

3. 让你参加一项赌博游戏：你自己扔骰子，如果 6 点的那面朝上，你将赢取 10 元钱，否则，你将支付 1 元钱。你会参加吗？如果输赢规则不变，而将赌注提高 1000 倍（即你或者赢 10000 元或者输 1000 元），你还会参加吗？为什么？

答案要点：

（1）根据风险收益、损失和概率计算，第一种风险具有正的期望值。

（2）第二种风险虽然也具有正的期望值，但是对于可能发生的 1000 元损失，不是每个人都能承受的。所以，这次游戏因人而异。

推荐读物

1. ［美］小阿瑟·威廉斯，迈克尔·史密斯，彼得·杨. 风险管理与保险［M］. 马从辉，刘国翰，译. 北京：经济科学出版社，2000.

2. ［美］弗兰克·奈特. 风险、不确定性与利润［M］. 安佳，译. 北京：商务印书馆，2006.

3. ［意］克里斯蒂安·戈利耶. 风险和时间经济学［M］. 徐卫宇，译. 北京：中信出版社，2003.

4. 顾孟迪，雷鹏. 风险管理 [M]. 北京：清华大学出版社，2005：41.

5. 刘新立. 风险管理 [M]. 北京：北京大学出版社，2006：24.

6. 何文炯. 风险管理 [M]. 北京：中国财政经济出版社，2005：15.

7. COSO. 企业风险管理——整合框架（Enterprise Risk Management—Integrated Framework）[R]. 2004.

8. 国务院国有资产监管管理委员会. 中央企业全面风险管理指引 [R]. http：//www. sasac. gov. cn.

第二章 内部控制和风险管理理论与实践的新进展

本章提要

内部控制和风险管理理论的出发点是针对人的有限理性假设。内部控制与风险管理的关系，形象地说在企业管理中风险管理是"抬头看路"，内部控制是"低头拉车"。随着公司治理不断发展和企业经营环境不确定性增加，内部控制和风险管理逐渐由独自演进向嵌套融合发展。自 2008 年爆发世界金融危机以来，弥补企业内部控制存在的缺陷，加强对企业内外部风险的管理，更是成为企业界、学术界和监管层关注的焦点和热点问题，内部控制和风险管理相互嵌套、融合统一于风险管理渐成趋势。本文拟对近年来（尤其是2011 年以后）相关学者、专家以及业界针对内部控制和风险管理的相关研究进行综述和评价，力求总结其发展规律、展望其前沿方向，为内部控制和风险管理更好地融合发展提供一些有益帮助。

章首案例

日本高铁"新干线之父"十河信二[①]

第二次世界大战后，日本经济迅速恢复并发展。东京、名古屋、大阪很快成为带动整个日本经济发展的"火车头"。当时连接这些地区的东海道铁路线只占日本铁路总长度的3%，却承担着全国客运总量的24%和货运总量的23%。1957 年，日本运输省设立了由专家学者组成的"日本国有铁路干线调查会"，就如何增强铁路线运输能力问题进行探讨。次年 12 月，日本内阁会议批准了建造往返于东京、大阪间超特快列车新干线的方案。

这个方案最初遭到各方反对。在日本学界，许多学者认为铁路建设是"夕阳产业"，不能适应将来以汽车为主要交通工具的时代。还有一些激进的知识分子，如东京大学教授今野源八郎、著名作家阿川弘之等，干脆把新干线计划称为"战舰大和第二"，认为新干线与第二次世界大战时耗费巨资修建却毁于自杀式进攻的"大和"号军舰一样，劳民伤财、意义不大。在铁道业界，由于日本没有建设过这样的铁路，甚至连试验都没搞过，再加上业界正在为连年的赤字、事故、罢工"三大苦恼"头痛，因此，从总工程师到普通职

---

① 引自：日本高铁"新干线之父"十河信二，http://www.cb.com.cn/life/2011_0523/212200_2.html.

员，都不相信新干线的可行性。欧美国家也嘲笑落后的日本人竟然要重新捡拾已经被他们淘汰的运输方式。这时，一位重要人物出场了——时任日本国铁总裁十河信二力排众议，坚持要兴建一条新干线。

假账骗来财政拨款

说起这位日本国铁总裁，他与中国也有些渊源。早在日本侵华战争前夕，十河信二就到了中国东北。他不仅积极推动"满铁"建设，参与关东军发动的"九一八"事变，成为对华战争的坚定"扩大派"，还在中国广袤的黑土地上感受了铁路系统对未来经济影响的重要性。十河信二曾主持在中国东北推出最高时速为130公里的"亚洲号"列车，车上配有俄罗斯少女担任服务员的豪华餐车。要知道，当时大多数普通列车的平均时速仅为40公里。

有评论说，十河信二在中国东北对铁路列车的感受，是那些身处狭小日本国土的同行们永远难以体会到的。中岛幸三郎在《十河信二传》中认为，正是由于这段经历，十河信二才会在日后力促新干线建设。

高桥团吉在《岛秀雄创造新干线的故事》里说，十河信二非常知道用人的重要性。1955年担任日本国铁总裁后，凭着自己的经验，十河信二启用了因为1951年樱木町车站交通事故而引咎辞职的国铁车辆局局长岛秀雄，让其担任铁路总工程师。"如果没有岛秀雄，十河信二是无法完成首条新干线计划的"，这句话就是后人对岛秀雄的一个评价。当然，后来则是岛秀雄无法忍受十河信二的政治品行而离开了他。

善于权谋的十河信二为了促成日本第一条新干线，还不惜大耍手腕。后来，他在《有法子——十河信二自传》中不无得意地披露，面对国会议员的纷纷质疑，他一方面辩称新兴建的铁路时速只有200公里，"只是在进行原有铁路的改造工作"，另一方面利用媒体大做广告，最终争取到新干线项目。

当根据岛秀雄的设计方案，会计师计算出建设这条新干线需要3000亿日元时，十河信二意识到这远远超出日本政府的承受能力，国会肯定不会通过这笔预算。于是，他大胆地命令会计师做了一份假账交上去，欺骗国会说只需要1972亿日元，而且有办法从世界银行那里拿到贷款。接下来，知道世界银行明确禁止投资新干线这种试验性项目以后，十河信二又把国铁在其他项目上的开支挪用过来秘密用于新干线项目，让世界银行相信新干线的修建非常顺利。随后，他通过老朋友、财务大臣佐藤荣作的帮忙，于1961年5月顺利地从世界银行拿到8000万美元的贷款。在这个过程中，十河信二被评论为"旁若无人般推进着新干线建设"。不过，这也只是新干线建设费用的15%。

没被邀请出席庆典仪式

新干线从1959年4月20日开工建设，建到一半资金就用完了。1963年5月19日，十河信二因为需要承担大幅超出预算的责任，无法连任已经做了8年的国铁总裁。这时，他对池田勇人首相说："好了，世界银行的钱都借了，你看着办吧。"

对于十河信二的种种手腕，池田勇人也是知道的。不过，由于借了世界银行的巨款，日本国家的主权信用问题让他别无选择，只能从国库中拿出巨额资金用于新干线。最终，花费了3800亿日元的世界上第一条高速铁路——从东京到大阪的"东海新干线"在1964年10月1日正式运营通车。

据有贺宗吉在《十河信二》一书中披露，因为种种内幕，日本国铁感到兴建这条新干线并不干净、透明，特别是继任总裁曾是兴建新干线的反对者，所以新干线通车庆典仪式在东京车站举行那天，79岁的十河信二没被邀请出席，只能孤寂地坐在家里看电视转播。但当天上午，国铁还是邀请他到国铁总社参加了开业纪念庆典，并且颁赠了天皇赐予的"银杯"。

国铁如此对待"新干线之父"，事后遭到媒体痛批。到了1973年，日本国铁在东海道新干线东京车站18、19号站台上兴建了"东京车站新干线建设纪念碑"，上面竖有十河信二的胸像以及他喜欢的"一花开，天下春"座右铭。1981年，97岁的十河信二因为肺炎在国铁中央铁道医院去世。

时至今日，人们对十河信二仍是众说纷纭。有人说他"用一双肮脏的手建成了新干线"，有人把他看作"日本铁路发展史上划时代的功臣"，更多的人感到很难用"成败"二字给他定论。

第一节 内部控制和风险管理由独立演进 向嵌合发展历史回顾

在2004年之前，随着企业面临的内外部经济环境变化和企业理论的不断演进，内部控制和风险管理基本按照独立的发展规律不断演化，两者之间虽然相互影响，但彼此基本保留了独特的演进路径。

进入21世纪后，随着全球经济一体化的加快，企业面临内外部环境不确定性增加，公司治理理论不断发展，促使内部控制和风险管理由各自独立演进向嵌套融合发展，内部控制和风险管理融合统一于风险管理渐成趋势。2004年，美国防虚假财务报告委员会发布了《企业风险管理框架》，从企业风险管理角度提出了八要素内部控制理论，由此进入了内部控制和风险管理由独立演进向嵌合发展的新阶段——全面风险管理。下面对内部控制和风险管理的历史演进路径进行简要论证分析。

一、企业内部控制的独立发展演进阶段

目前学术界比较流行的看法是，内部控制至今为止共经历了四个发展阶段，即内部牵制时期（20世纪40年代之前）、内部控制制度时期（20世纪40年代至70年代）、内部控制结构时期（20世纪80年代至90年代初）、内部控制整体框架时期（20世纪90年代以后）。我们认为，在第四个阶段初期（20世纪90年代之后，2004年之前），内部控制开始初步与风险管理融合发展。因此，内部控制的独立发展演进阶段主要包括以下四个时期。

（1）内部牵制时期。从原始的组织诞生开始，直至20世纪40年代，内部控制的发展基本上停留在内部牵制阶段。这一阶段内部控制的着眼点在于职责的分工和业务流程及其记录上的交叉检查或交叉控制。内部牵制主要通过人员配备和职责划分、业务流程、簿记系统等来完成，其目标主要是防止组织内部的错误和舞弊，通过保护组织财产的安全来保障组织运转的有效性。

（2）内部控制制度时期。20世纪40~70年代，内部控制的发展进入内部控制制度阶

段。这一阶段内部控制开始有了内部会计控制和内部管理控制的划分，主要通过形成和推行一整套内部控制制度（方法和程序）来实施控制。内部控制的目标除了保护组织财产的安全之外，还包括增进会计信息的可靠性、提高经营效率和遵循既定的管理方针。

（3）内部控制结构时期。20 世纪 80～90 年代初，内部控制的发展进入内部控制结构阶段。这一阶段开始把控制环境作为一项内生要素与会计制度、控制程序一起纳入内部控制结构之中，并且不再区分会计控制和管理控制。控制环境反映组织的各个利益关系主体（管理当局、所有者和其他利益关系主体）对内部控制的态度、看法和行为；会计制度规定各项经济业务的确认、分析、归类、记录和报告方法，旨在明确各项资产、负债的经营管理责任；控制程序是管理当局所确定的方针和程序，以保证达到一定的目标。

（4）内部控制整合框架初期。这个阶段是内部控制和风险管理融合的初始阶段，风险管理中的风险评估，被认为是一项重要的内部控制要素。1992 年 9 月，美国反虚假财务报告委员会的发起组织委员会（COSO）发布了一份报告——《内部控制：整合框架》，提出了内部控制的三项目标和五大要素，标志着内部控制和风险管理开始初步融合。内部控制的目标包括合理地确保经营的效率和有效性、财务报告的可靠性、对适用法规的遵循。内部控制要素包括：①控制环境，包括员工的正直、道德价值观和能力，管理当局的理念和经营风格，管理当局确立权威性和责任，组织和开发员工的方法等；②风险评估，即为了达成组织目标而对相关的风险所进行的辨别与分析；③控制活动，是为了确保实现管理当局的目标而采取的政策和程序；④信息与沟通，是为了保证员工履行职责而必须识别、获取的信息及其沟通，信息系统中包括会计信息系统；⑤监控，即对内部控制实施质量的评价，主要包括经营过程中的持续监控、个别评价或者两者的结合（COSO，1992）。

对于上述内部控制各阶段的演进规律，我国有关学者围绕内部控制系统的运行机制、内部控制系统的构建等内容提出了一些新的观点，并进行了有益的探索。李凤鸣（2002）① 指出，我们的祖先很早就具有管理国家、控制社会发展的才能和途径。西周时期，上计制度已萌芽；到了秦代，严密的上计制度和御史监察制度已实行。这两种制度是监督控制社会经济和政治发展的重要监督制度。因此，内部控制并非舶来品，我国很早就有其事实上的存在。吴水澎、陈汉文和邵贤弟（2000）②，朱荣恩（2001）③，杨雄胜（2005）④ 曾以外国研究文献为基础系统分析了内部控制产生与发展的过程，厘清了内部控制的演变轨迹。谷祺、张相洲（2003）⑤ 提出的内部控制的三维系统观认为，内部控制是由制度、市场、文化三个维度构成的有机系统，制度控制、市场控制、文化控制是企业内部控制系统的三种典型控制机制，而企业实际运行的内部控制系统则是以制度、市场、文化为维度的三角形平面区域中的一个点，是制度控制、市场控制、文化控制三种机制的有机结合。内部控制的三维系统观认为，制度控制是内部控制系统的基础，同时强调文化控制对组织战略目标实现具有重要作用。杨有红、胡燕（2004）⑥ 指出，内部控制系统局限性的克服不仅依靠系统本身的完善，还依赖于公司治理与内部控制两者间的有效对接。

① 李凤鸣. 内部控制学 [M]. 北京：北京大学出版社，2002（8）.
② 吴水澎，陈汉文，邵贤弟. 企业内部控制理论的发展与启示 [J]. 会计研究，2000（5）.
③ 朱荣恩. 建立和完善内部控制制度的思考 [J]. 会计研究，2001（1）.
④ 杨雄胜. 内部控制理论研究新视野 [J]. 会计研究，2005（7）.
⑤ 谷祺，张相洲. 内部控制的三维系统观 [J]. 会计研究，2003（11）.
⑥ 杨有红，胡燕. 试论公司治理结构与内部控制的对接 [J]. 会计研究，2004（10）.

还有其他一些学者，从经济学、管理学的角度开拓内部控制研究的新视野。思路与途径虽有所不同，但有一点是共同的，即现代内部控制虽然仍以权力制衡为出发点，但突破了"纠错防弊、保障生存"的局限，向着"改善现状、关注发展"的方向迈进，以促进不断革新的有机组织自我调整、自我优化、持续发展。

二、企业风险管理的独立发展演进阶段

学术界一般认为，真正意义上的风险管理理论和实践始于 20 世纪 30 年代的美国，60 年代在美国工商企业界发展为一种现代化的管理手段，70 年代以后，全球性的企业风险管理运动兴起，90 年代以后，整体层面的风险管理思想出现并逐渐得到推广。国内学者从国外风险管理的历史发展轨迹进行了阶段划分，严复海等（2008）[①]、王农跃（2008）[②] 等将风险管理分为传统风险管理、现代风险管理和全面风险管理三个阶段，曹元坤、王光俊（2011）[③] 将国外风险管理大致分为两个阶段，即基于保险和财务层面的风险管理阶段和基于整体层面的风险管理阶段。不难看出，上述风险管理理论与实践阶段的划分，几乎与风险管理方法与模型的独立发展阶段同步而行。

国内的风险管理研究起步较晚，但发展迅速。起初风险管理的思想主要体现在金融、采矿、设备维护与更新、自动仪表的可靠性分析等领域，随着企业所处环境的复杂性和不确定性增加，企业风险管理的研究与应用得到了各界的广泛关注。周士富（1980）[④] 撰文介绍风险决策的方法——贝叶斯法和决策树法，初步引进了西方国家企业风险预警的办法。佘廉（1989）[⑤] 首次提出了企业逆境管理理论，并创立了企业预警管理体系，强调对于企业战略目标来说，企业预警管理（追求风险的降低和规避）同传统的企业成功管理（追求绩效的改善）同等重要。目前，国内企业风险预警研究主要集中在企业财务风险预警方法和模型的创新和具体运用上，旨在希望通过方法和模型创新来增强风险预警精度，提高风险预警有效性。此外，国内学者也对企业的财务风险应对策略进行了诸多研究，单一的风险预警逐步向全面的风险管理拓展，尝试从内部控制角度对企业风险管理系统进行全面构建渐成趋势。在理论界开始对企业风险管理展开研究的同时，一些国内企业也开始关注风险管理，强调树立风险意识和构建风险管理体系。

三、全面风险管理：企业内部控制和风险管理嵌合发展的新阶段

随着研究的深入，人们对内部控制的研究逐渐突破"牵制和监督"的局限，将其与企业战略结合起来，从风险管理和价值创造整合的视角，把内部控制视为一个为实现企业经营管理目标，与企业经营管理过程交织在一起，通过自身各组成要素之间多方向交叉，共同作用于企业的经营管理行为，并随着企业的发展和内部控制理论与实务的演进，而不断完善和逐步提高保证程度的过程（白华，2012）。会计控制和管理控制仅仅是对内部控制进行研究的两个视角，它们并非相互割裂，而是共同存在于同一套内部控制体系当中。对

---

① 严复海，张冉.企业风险管理与业绩评价整合：基于平衡计分卡的研究［J］.北京工商大学学报（社会科学版），2008（5）.

② 王农跃.论内部控制与企业风险管理［J］.市场现代化，2008（7）.

③ 曹元坤，王光俊.企业风险管理发展历程及其研究趋势的新认识［J］.当代财经，2011（1）.

④ 周士富.经济管理中的决策分析方法［J］.经济管理，1980（9）.

⑤ 佘廉，张倩.企业预警管理的系统分析［J］.中国工业经济，1994（11）.

以内部牵制为核心的会计控制和以价值创造为核心的管理控制进行整合研究，是一项具有重要理论和现实意义的课题。

1992 年 9 月，美国反虚假财务报告委员会的发起组织委员会发布了一份报告——《内部控制：整合框架》，提出了内部控制的三项目标和五大要素，风险评估被认为是一项重要的内部控制要素，标志着内部控制和风险管理开始初步融合。2004 年底，COSO 废除了沿用很久的企业内部控制报告，颁布了一个概念全新的报告——《企业风险管理：整合框架》（Enterprise Risk Management：Integrated Framework，ERM – IF），标志着内部控制和风险管理进入了嵌套融合发展的新阶段。该报告对企业风险管理（ERM）下了一个全新的、综合的定义："企业风险管理是一个过程，它由一个主体的董事会、管理层和其他人员实施，应用于战略制定并贯穿于企业之中，旨在识别可能会影响主体的潜在事项，管理风险以使其在该主体的风险容量之内，并为主体目标的实现提供合理保证"。在此基础上，ERM 从企业风险管理角度将内部控制五要素拓展为风险管理八要素：内部环境、目标制定、事项识别、风险评估、风险反应、控制活动、信息和沟通、监控。概括地看，相对于内部控制框架而言，新的 COSO 报告新增加了一个观念、一个目标、两个概念和三个要素，即"风险组合观"、"战略目标"、"风险偏好"和"风险容忍度"的概念以及"目标制定"、"事项识别"和"风险反应"要素。上述企业风险管理框架新增的内容，使内部控制和风险管理由《内部控制：整合框架》中的初步融合进入了全面融合的新阶段。

《企业风险管理：整合框架》报告虽然保留了部分传统内部控制的某些概念，但不论在框架方面，还是在要素方面，均有相当大的突破。从企业风险管理框架对企业内部控制的完善来看，企业内部控制逐渐呈现与风险管理靠拢和一体化的趋势，即以风险管理为主导，建立适应企业风险管理战略的内部控制，从而使内部控制与风险管理相融合，走向全面风险管理。在实际的经营过程中，风险管理与内部控制是密不可分的。在企业内部的不同层次，风险管理与内部控制的主导性相对次序可能不同。例如，从企业的战略风险到经营风险、财务风险，最后到财务报告，风险管理与内部控制的相对重要性应该各有不同。在战略风险方面，风险管理应该发挥主导作用，内部控制起到配合作用。这一角色逐步逆转，到财务报告层次，应该是内部控制发挥主导作用，风险管理起到配合作用。

尽管全面风险管理框架包含了原有内部控制的内容，但现实中的或代表目前应用水平的内部控制与风险管理还有不小的差距。典型的风险管理关注特定业务中与战略选择或经营决策相关的风险与收益比较，例如，银行业的授信管理或市场（价格）风险管理如汇率、利率风险等，侧重于风险识别、风险预警和风险应对；而典型的内部控制是指会计控制、审计活动等，一般局限于财务相关部门。它们的共同点都是低水平、小范围，只局限于少数职能部门，并没有渗透或应用于企业管理过程和整个经营系统，风险管理和内部控制还没有完美融合于全面风险管理框架内。因此，有时看上去风险管理与内部控制还是相互独立的两件事，但是随着内部控制或风险管理的不断完善，它们之间必然相互交叉、融合，直至统一。

四、当前内部控制与风险管理的关系

研究内部控制和风险管理之间融合嵌套发展，绕不开的一个话题是当前内部控制与风险管理之间的关系。近十年来，理论界围绕这一问题已经进行了大量的研究，但仁者见仁，智者见智。目前理论界存在三种主要的观点。

第一种观点认为，内部控制包含风险管理。如加拿大特许会计师协会（CICA，1998）

将风险定义为"一个事件或环境带来不利后果的可能性"，"当你在抓住机会和管理风险时，你也正在实施控制"。巴塞尔委员会发布的《银行业组织内部控制系统框架》中指出，"董事会负责批准并定期检查银行整体战略及重要制度，了解银行的主要风险，为这些风险设定可接受的水平，确保管理层采取必要的步骤去识别、计量、监督以及控制这些风险……"加拿大注册会计师协会控制标准委员会（1999）认为，"控制应该包括风险的识别与减轻"，如不能识别和利用机会，就不能使企业在面临未预料到事件以及不确定信息时保持灵活性或弹性。

第二种观点认为，内部控制实质上就是风险管理。Blackburn（1999）认为，风险管理与内部控制只是被人为地分离，在现实的商业行为中它们是一体化的。Laura·F. Spira（2003）分析了内部控制是怎样变为风险管理的，"将内部控制定义为风险管理，强调与战略制定的联系，刻画了内部控制作为组织支撑的特点，但是，它也掩盖了一个不争的事实：现在没有人真正明白内部控制系统是什么"。美国詹姆斯·罗瑟博士所著《最佳实务——四个革新型审计部门的增值方法》一书认为：内部控制等于风险管理。Mathew Leitch（2006）认为理论上风险管理系统与内部控制系统没有差异，这两个概念的外延变得越来越广，正在变为同一事物。徐震（2006）认为风险管理是内部控制的实质，企业内部控制中存在的主要问题就在于风险意识薄弱，风险管理松散。谢志华（2007）[①] 提出的"整合论"认为，"从语义上说，内部控制就是控制风险，控制风险就是风险管理。所以内部控制和风险管理就是控制风险的两种不同的语义表达形式。内部控制主要是从风险控制的方式和手段来说明风险控制的，风险管理就是从风险控制的目的来说明风险控制的"。

第三种观点认为，风险管理包含内部控制。COSO（2004）发布的《企业风险管理：整合框架》，将五要素的内部控制扩展到八要素的风险管理，明确了前者包含于后者的关系，即企业风险管理包含内部控制；内部控制是企业风险管理不可分割的一部分；内部控制是风险管理的一种方式，企业风险管理比内部控制范围广得多，企业风险管理是企业管理中一个空间范围更加宏大的管理领域。英国 Turnbull 委员会（2005）认为，公司的内部控制系统在风险管理中扮演关键角色，内部控制应当被管理者看作是范围更广的风险管理的必要组成部分。英国内审协会也明确提出风险管理包含内部控制的观点。Laura·F. Spira 以英国公司为研究基础，认为英国改善内控的《公司治理综合法典》的发布是将内部控制重新定义为公司治理的一个重要手段，明确地将内部控制与风险管理关联在一起，风险管理是对内部控制的彻底改造。

当前，我国大多数学者基本认同第三种观点。杨晓华（2007）认为，内部控制是风险管理的必要环节，风险管理涵盖了内部控制。曹亚勇（2007）认为风险评估是风险管理的起点，内部控制是风险评估的支点。对风险的管理必须通过有效的、系统的内部控制才能得以化解。王福年（2007）论述了企业风险管理的两个所属关系：内部控制是企业风险管理的一个组成部分；企业风险管理是管理过程的一个组成部分。张立民和唐松华（2007）[②]、刘霄仑（2010）[③] 也持"风险管理包含内部控制"这一观点。李若山通过解读

① 谢志华. 内部控制、公司治理、风险管理：关系与整合 [J]. 会计研究, 2007 (10).
② 张立民, 唐松华. 内部控制、公司治理与风险管理——《托普典章》为什么不能拯救托普 [J]. 审计研究, 2007 (5).
③ 刘霄仑. 风险控制理论的再思考：基于对 COSO 内部控制理念的分析 [J]. 会计研究, 2010 (3).

新 COSO 报告内容，认为风险管理是对内部控制的新发展。新 COSO 报告提出了风险偏好、风险容忍度等概念，使得 ERM 的定义更加明确、具体。林钟高、曾祥飞、王海生（2011）[①] 从内部控制的发展历程中，认为风险管理与内部控制之间是一种共生互动的关系。随着 ERM - IF 的影响日益深远，以风险管理理论指导内部控制设计，或者将对企业内部风险的管理与内部控制融合在一起，逐渐成为国内外企业管理的一个潮流。我国国务院国有资产监督管理委员会 2006 年发布的《中央企业全面风险管理指引》，财政部等五部委 2008 年联合发布的《企业内部控制基本规范》和 2010 年发布的《企业内部控制：应用指引、评价指引、审计指引》，均是基于这种观点。总体来看，内部控制和风险管理逐渐由独立发展向嵌套融合演进，发展成为全面风险管理是大势所趋。从形式来看，一方面，内部控制与风险管理之间相互交叉，彼此之间存在重合的地方；另一方面，随着企业文化的积淀，控制意识和风险意识的深入，风险管理水平的提高，内部控制与风险管理的重合部分将越来越多，互补的效用也将越来越明显。

第二节　前沿述评：内部控制和风险管理研究的最新进展

一、相关研究综述样本选取及描述性统计

1. 文献来源及筛选

本章主要针对 2011 年以来围绕内部控制和风险预警（管理）的最新相关研究进行述评。为了使样本数据具有代表性，能够比较全面地反映我国内部控制和风险管理研究的最新进展，本文广泛选择《会计研究》、《审计研究》、《审计与经济研究》、《财经研究》、《中国工业经济》、《管理世界》、《经济研究》、《财务与会计》、《财会通讯》、《财会月刊》、《南开管理评论》以及各大学学报等刊物作为研究文献的主要来源范围。之所以选择这些学术刊物，主要是因为这些刊物具有比较高的理论性和权威性，在我国会计审计界有较高认知度，同时这些刊物也是内部控制和风险管理相关研究可能出现的主流阵地。本文主要选取中国知网 2011 年以后[②]（至目前）发表在以上刊物，以"内部控制"、"风险预警"、"风险管理"作为关键词或主题词的文献。在此基础上，我们进行专业判断和甄别性筛选，共选取了 442 篇文献作为研究样本。如表 2 - 1 所示。

表 2 - 1　文献在期刊中的分布情况

检索词	会计研究	审计研究	审计与经济研究	财经研究	中国工业经济	管理世界	经济研究	财务与会计	财会通讯	财会月刊	南开管理评论	其他	合计
内部控制	39	15	13	1	1	3	0	67	134	94	3	15	385
风险管理	7	9	5	1	0	1	2	33	31	39	0	8	136
总数量	43	20	14	1	1	4	2	84	147	106	3	17	442

注：由于主题词或关键词在检索文献中有可能会同时出现，因此，总数量不是各项检索词数量之和。

---

① 林钟高，曾祥飞，王海生. 内部控制、风险管理与企业价值 [J]. 财政监督，2011（3）.
② 截止日期为 2012 年 9 月 30 日。

从表2-1可以看出，2011年以来内部控制和风险管理研究一直是理论界、实务界研究的热点问题，且相关研究主要发表在《会计研究》、《审计研究》、《审计与经济研究》、《财务与会计》、《财会月刊》、《财会通讯》等期刊上。一般认为，从定位来看，《财务与会计》、《财会月刊》、《财会通讯》等刊物中偏实务性、应用性的文章居多，更多地针对实务界的受众；而《会计研究》、《审计研究》、《管理世界》、《经济研究》等刊物中的文章理论性、学术性更强，针对的受众偏重理论界、学术界。相对来说，专门针对风险管理的研究较少，内部控制融合风险管理的研究较为普遍。同时，内部控制和风险管理相关研究文章大量在《财务与会计》、《财会月刊》、《财会通讯》三类期刊上出现，表明目前实务界对内部控制和风险管理较为关注，内部控制和风险管理不仅仅是重大的理论问题，更是当前企业面临的现实热点问题。

2. 统计方法及描述性分析

(1) 关键词统计方法。如何找准内部控制和风险管理前沿研究的热点和重点议题，是本章首要解决的问题。一般认为，学术文献的研究主题和核心思想会体现在其主题词和关键词中。因此，通过提取一篇文章的关键词以及主题词，基本上可以了解该篇文章的知识结构、主要关注点以及所要解决的关键问题。参照李连华等（2007）所述统计方法：文献列示关键词、主题词统计采用文章题目出现"内部控制"一词的全部收集，摘要中出现"内部控制"的甄别收集，如一篇文章同时出现"内部控制"、"风险预警"、"风险管理"、"信息披露"等几个关键词或主题词时，分别在其对应观测点上增加1次。如某观测点得出统计次数多，则说明此类问题较受关注，也说明此类问题是主流或焦点。

(2) 描述性统计分析。通过对研究样本的关键词和主题词进行分析，可以厘清2011年以来内部控制和风险管理研究的相关热点专题。通过分析发现，上述442篇筛选文章共涉及关键词1367个，出现频率低于3次说明关注的程度较弱，限于篇幅原因没有统计到表中，关键词出现频数多于3次（含3次）的总共30个。为能更清晰地反映我国内部控制和风险管理研究的最新进展及其研究热点，本文对30个观测点按其研究内容的同质性或相近性做如表2-2所示的分组。

表2-2　2011年我国内部控制文献主题词分组表

分类	序号	主题词	频数	分类	序号	主题词	频数
一、内部控制披露及评价	1	内部控制	43	二、内部控制制度建设及应用	1	概念框架（框架体系）	34
	2	内部控制评价	32		2	内控制度	25
	3	内控报告	27		3	内控缺陷	21
	4	信息披露（内控披露）	16		4	内控应用	17
	5	内部控制有效性	15		5	内控审计	14
	6	市场反应	12		6	实施机制	8
	7	会计信息质量	8		7	企业文化	6
	8	内部控制指数	6		8	制度环境	3
	合计	评价及信息披露	159		合计	内部控制制度及执行	128

续表

分类	序号	主题词	频数	分类	序号	主题词	频数
三、内部控制和风险管理	1	风险管理（ERM）	23	四、内部控制和风险管理基本理论	1	契约（代理）理论	17
	2	风险预警（模型、机制）	21		2	公司治理	15
	3	风险（导向）	15		3	概念界定	12
	4	预警模型	13		4	内控综述	9
	5	影响因素	9		5	组织结构	8
	6	财务危机预警	8		6	企业战略	6
					7	产（股）权结构	4
					8	政府部门	3
	合计	内部控制和风险预警融合（风险管理）	89		合计	内部控制和风险预警基本理论	74

（3）文献所采用研究方法的统计分析。邵瑞庆等（2010）根据文献所采用的研究方法，将研究方法分为规范研究、经验研究、调查研究、综述及其他五类。本章借鉴其分类方法，将研究方法分为规范研究、实证研究、综述和其他四类，但将实证研究进一步分为"经验研究"、"案例研究"、"调查研究"三类统计，其他实证研究方法（如实验研究等）归于"其他"，统计结果如表2－3所示。

表2－3　研究方法总体分布

研究方法	规范研究	经验研究	案例研究	调查研究	综述	其他	合计
篇数	331	42	30	19	16	4	442
比例（%）	74.89	9.50	6.79	4.30	3.62	0.91	100

从采用的研究方法上看，尽管2011年以来仍然以规范研究为主（占比74.89%），但采用实证研究的比例也达到了两成（占比20.59%），综述研究占比3.62%。在采用实证研究的文献中经验研究占比最高（达到9.5%），表明经验研究是实证研究中的主流研究方法，随着全面风险管理和内部控制基本规范及其配套指引的实施，后续数据采集素材会逐渐增多，经验研究应该还会不断增长。值得注意的是，案例研究在内部控制和风险管理研究中也是一种重要方法（占比达到6.79%），主要体现在涉及内控制度建设的案例研究中，多数以总结大型国有企业或管理创新企业的内部控制实践为主；还有一些针对出现内控失败的企业进行案例研究，比如法国兴业银行、中航油等典型案例企业。

二、内部控制和风险管理前沿研究热点专题述评

通过上述简单描述性统计可以看出，2011年以来内部控制和风险管理研究在以下四个领域出现了大量的研究成果，现分别述评如下：

1. 内部控制和风险管理融合研究述评

（1）内部控制和风险管理融合研究。如何控制企业风险，一直是理论界和实务界关注的焦点，也是内部控制和风险管理由独立演进向嵌套融合发展的主要推动力。在内部控制和风险管理融合研究方面，徐光华、沈弋（2012）① 基于契约理论对企业部控制与财务危机预警两大系统的本质属性进行了阐述，并在此基础上分析了影响企业风险的各个主要因素及其控制策略，构建了内部控制和风险管理耦合框架体系，较好地回答了"企业内部控制与财务危机预警两大风险控制系统能否统一于企业风险管理框架之中"这一管理难题。崔永梅、余璇（2011）② 研究了企业并购活动中的内部控制和风险应对问题。他们通过对相关文献的研究以及对企业并购实务的调查，将并购交易分为边界清晰的决策、接管、整合及评价四个流程，并明确了相应流程的风险所在及内控重点，从而构建出了一套较为完整的并购内控评价体系来防范和控制企业并购过程中的多种风险。马颖（2011）③ 提出了利用"内部控制应用指引——合同管理"来有效进行风险管理的观点。目前，企业正处于内部管理需求与外部监管要求寻求平衡的双轨制运行阶段，合同内部控制系统的构建是企业有效控制合同风险的手段。面对合同内部控制制度的变迁，她提出以《合同法》等为法律背景，以过程控制为导向建立企业合同内部控制系统。在此基础上，她结合金融危机中外贸公司的实践案例，探讨评价了其合同控制过程的控制手段、主要载体以及内生条件等，以帮助企业有效地进行风险管理。樊行健、宋仕杰（2011）④ 则探讨了内部监督模式的生成基础，提出构建内部监督流程应"通过风险导向提高内部监督效果，通过成本效益原则提高内部监督效率"。内部监督是对内部控制的再控制，旨在为内部控制体系的持续有效运行提供合理保证。整体来看，上述研究尽管切入点不一样，但都从不同侧面、不同角度对内部控制和风险管理进行了融合研究，并取得了初步进展。

（2）内部控制和风险管理关系研究。由于内部控制和风险管理向嵌套融合发展，理论上目前已经演化到全面风险管理阶段，因此，如何理解内部控制和风险管理的关系，目前仍是悬而未定的理论热点问题。白华（2012）⑤ 认为，从职能论的视角出发，内部控制是职能而不是制度，是管理职能中的控制职能。因此，内部控制和风险管理是同义语，不存在包含关系。内部控制是从管理职能上来讲的，侧重于强调控制职能的发挥；风险管理则是从控制的对象上来讲的，侧重于强调风险控制的重要性，二者涵义相同。姚明德（2012）⑥ 探讨了商业银行内部控制、公司治理和风险管理的关系。他认为，从风险管理的程序、应对的具体风险类型以及风险管理的工具角度看，内部控制是风险管理的重要组成部分。商业银行的内部控制、公司治理和风险管理存在于同一套管理体系中，三者从不同层面、不同角度服务于银行管理的目标。刘绪光（2011）⑦ 基于内部控制和价值管理理论讨论了商业银行内部控制合规性与风险管理、价值创造的关系，分析了内部控制服务价值创造的能力与存在的问题，并对商业银行的内控能力创建与基础管理提升提供了参考和借鉴。

① 徐光华，沈弋．企业内部控制与财务危机预警耦合研究——一个基于契约理论的分析框架［J］．会计研究，2012（5）．

② 崔永梅，余璇．基于流程的战略性并购内部控制评价研究［J］．会计研究，2011（6）．

③ 马颖．过程控制导向的企业合同内部控制系统研究［J］．会计研究，2011（9）．

④ 樊行健，宋仕杰．企业内部监督模式研究——基于风险导向和成本效益原则［J］．会计研究，2011（3）．

⑤ 白华．内部控制、公司治理与风险管理——一个职能论的视角［J］．经济学家，2012（3）．

⑥ 姚明德．商业银行内部控制、公司治理和风险管理的关系探讨——回归管理体系的分析［J］．金融会计，2012（4）．

⑦ 刘绪光．商业银行内部控制、风险管理与价值创造——基于某商业银行县域经营行内控合规创建考核的实证研究［J］．农村金融研究，2011（9）．

（3）风险管理实践现状研究。冯浩、樊波（2011）① 从商业银行和集团客户的关系出发，研究了商业银行集团客户授信风险管理问题，认为有效避开、降低、分担集团客户授信风险的措施就是实施全面风险管理。具体措施包括：一是加强"内部环境"建设，强化风险意识；二是明确银行目标，将自身定位、战略发展模式等加以明确，并细化到商业银行的每一个分目标中去；三是加强对"事项"的识别以预防危机；四是提高"风险评估和应对"方法，加强对大额授信业务的管理；五是注重"监督"的作用，从根本上增强集团客户授信风险管理水平。周阳敏（2011）② 通过大量的实证研究得出中国特色的风险管理具有四个基本特征：①风险管理的多重目标，既要求实现经济功能，又要求实现社会功能和政治功能；②风险管理顶层设计采取政治控制经济的整体框架，既有政府部门，如国资委、国家发展改革委等的监管，也有党的部门，如中组部、中纪委等的监管；③风险管理运行机制具有表面化、肤浅化的双向影响的特征；④风险管理的组织结构具有党政一体的特征。袁琳、张宏亮（2011）③ 研究了目前的风险管理机制问题，通过对 10 家设立财务公司或结算中心的集团公司的结构式访谈及调研发现，财务公司治理结构与风险控制机制相对于结算中心更健全，但作为财务公司风险最终承担者之一的集团董事会在风险管理中的责任及功能被弱化。其主要表现为：一是缺乏风险管理完整体系，董事会风险管理执行力不足，如机构设置空缺、体系流程缺乏、管理执行弱化等；二是风险管理信息系统功能不能满足风险管理的要求，尚不能将风险管理嵌入公司日常业务流程。

（4）风险预警方法与模型的创新与运用研究。自从各种风险预警方法与模型诞生以来，不断有研究对它们进行比较、应用、改进和拓展。近两年来，围绕各种风险预警方法与模型的比较、反思、总结和拓展，始终是风险预警研究中的热点议题。吴星泽（2011）④ 认为，现有财务危机预警成果没有表现出其能有效地服务于现实的能力，从而使人们产生对财务危机是否可以预警的信任危机。他围绕财务危机预警的最基本目的——"预"，分析了现有预警研究中存在的主要问题，并结合经济所呈现出的一些新的特点，如企业共生现象、金融工具的大量使用，从经济动力学的角度，提出了嵌入利益相关者行为的、以影响企业财务状况的两种基本力量为主要分析对象的财务危机预警框架和面向未来的敏感性分析方法。曹明珠、陈海艳、杜君（2012）⑤ 对基于现金流量指标的财务危机预警研究进行了系统综述，并提出了若干基于现金流量指标改进财务预警效果的建议。王冀宁、陈庭强（2011）⑥ 综合利用 Hurst 指数和 LSV 模型，构建了证券市场上投资者"羊群行为"的 H－LSV 模型，提出了新的"羊群行为"模型测度方法，对证券市场上中小投资者"羊群行为"的非线性特征及区间长度内偏离程度进行了刻画，并根据中小投资者学习演化特征构架了以 H－LSV 模型为主要监测工具的风险监控与预警系统，从制度建设的角

① 冯浩，樊波．商业银行集团客户授信风险管理研究——基于 COSO《企业风险管理——整合框架》的分析[J]．湖北大学学报（哲学社会科学版），2011（3）．

② 周阳敏．中国特大型国有企业风险管理特色之实证研究 [J]．武汉理工大学学报（社会科学版），2011（6）．

③ 袁琳，张宏亮．董事会治理与财务公司风险管理——基于 10 家集团公司结构式调查的多案例分析 [J]．会计研究，2011（5）．

④ 吴星泽．财务危机预警研究：存在问题与框架重构 [J]．会计研究，2011（2）．

⑤ 曹明珠，陈海艳，杜君．基于现金流量指标的财务危机预警研究综述 [J]．企业导报，2012（11）．

⑥ 王冀宁，陈庭强．学习演化、风险预警与中小投资者 H－LSV 行为模型 [J]．系统工程理论与实践，2011（4）．

度提出了相关对策建议。胡振华、张宁辉（2011）① 针对研发型联盟面临的风险进行了风险预警设计，首先依据风险的来源划分了联盟可能面临的风险种类，其次明确了联盟风险识别程序；在此基础上，构建了包含六元素（目标、文化、方法、组织、信息、过程）的研发型战略联盟风险预警模式，六个元素构成了风险预警的有机整体，运用管理熵理论对研发联盟风险预警度量进行了量化处理，以熵权从内外两个来源确定联盟的风险度量，并以传递熵概念来明确预警信号指标的准确性，给出了一个较为完整和准确的量化预警模型，以期利于联盟决策者的风险防范应对策略制定。陈菲琼、钟芳芳（2012）② 研究了海外直接投资项目政治风险的影响因素及其预警体系建立问题。作者依据我国海外直接投资主要流向的 26 个国家 2002～2009 年相关数据，运用主成分分析和 BP 神经网络模型的研究结果表明：政治风险的影响因素主要来源于政治、经济和社会层面。在政治经济制度发展水平较低的国家，投资者应首先防范政治层面的风险。在政治经济制度发展水平中等且与我国政府具有良好外交关系、社会文化差异性较小的国家，投资者应首先防范经济因素引发的政治风险。在政治经济制度发展水平较高的发达国家，投资者应防范我国与东道国的政治、文化和社会距离所引发的政治风险。

（5）风险预警机制研究。伴随我国经济改革步伐的加快及当前市场环境的变化，我国企业在发展过程中面临的风险越来越多，各类企业逐渐树立了建立风险预警机制的意识。何静（2011）③ 基于我国温州民营企业在财务预警方面存在的问题，深入剖析了财务危机可能发生的原因和财务行为中某些隐藏的问题，并构建了民营企业财务危机预警动态管控框架体系，为民营改进企业经营决策和纠正错误的经营方向提供了可靠依据。滕焕钦、张芳洁（2011）④ 认为我国建立针对保险企业的风险预警机制已极为迫切，在详细介绍国外保险企业风险预警理论和实践的基础上，对我国保险企业风险预警机制建设提出了若干思考。陈思凤、刘业政（2011）⑤ 在总结创业板市场及其上市企业特殊性的基础上，依据风险预警建模过程提出了一个研究框架，总结了创业板上市企业的风险因素及风险评价指标体系，概述了建立创业板上市企业风险预警模型所面临的挑战，归纳了需要解决的关键问题并指出了后续的研究方向。张友棠、黄阳（2011）⑥ 在深入探索基于行业环境风险识别的企业财务预警控制机理的基础上，分析了行业环境风险的识别方法，并利用系统动力学原理构建企业财务预警控制模型，将行业环境风险与企业财务风险的互动关系在一张"风险地图"中直观地演绎出来。最后通过仿真技术实现了财务预警与风险控制的有机结合。张鹏（2011）⑦ 提出了境外直接投资风险管理与决策的两阶段评价框架，第一阶段利用层次分析法（AHP）将境外直接投资风险进行量化从而判断风险的总体水平，第二阶段在传统的折现估价模型基础上提出了调整后的净现值估价方法（ANPV），并在考虑实物期权的基础上将二者有机结合起来，从而为我国境外直接投资的风险管理与决策提供更加科学的

① 胡振华，张宁辉. 研发型战略联盟风险预警机制研究［J］. 管理工程学报，2011（4）.
② 陈菲琼，钟芳芳. 中国海外直接投资政治风险预警系统研究［J］. 浙江大学学报（人文社会科学版），2012（1）.
③ 何静. 民营企业财务危机预警动态管控框架的构建［J］. 会计之友，2011（4）.
④ 滕焕钦，张芳洁. 国外保险企业风险预警的理论与实践及对中国的启示［J］. 保险研究，2011（1）.
⑤ 陈思凤，刘业政. 创业板上市企业风险预警建模研究［J］. 合肥工业大学学报（自然科学版），2011（12）.
⑥ 张友棠，黄阳. 基于行业环境风险识别的企业财务预警控制系统研究［J］. 会计研究，2011（3）.
⑦ 张鹏. 我国境外直接投资风险管理与决策研究——基于 AHP - ANPV 分析框架［J］. 东北财经大学学报，2011（5）.

依据。随着企业外部风险的加大以及企业管理意识的觉醒，将来针对企业风险预警机制的研究定会进一步增加。

2. 内部控制信息披露及评价研究评述

（1）内部控制信息披露动机研究。内部控制的设计和执行都存放于企业的"黑箱"中，内部控制信息披露是高管层向外部利益相关者释放内部控制质量的信号，这一信号是否传递了企业内部控制的真实信息？针对这一问题，杨有红、汪薇（2008）[①] 对2006年沪市年报内部控制的信息披露进行了分析，发现内部控制信息自愿性披露动机不足。崔志娟（2011）[②] 基于内部控制信息披露"动机选择"的视角展开分析，就规范内部控制的思路与政策进行了研究。研究认为高管层具有披露的"动机选择"倾向，这种"动机选择"决定了内部控制信息披露偏离内部控制质量的偏差。

（2）内部控制信息披露及其市场反应研究。杨清香、俞麟、宋丽（2012）[③] 以2006～2009年沪市A股上市公司为研究对象，实证考察了内部控制信息披露的市场反应。研究发现，从总体上看我国上市公司内部控制信息披露具有明显的市场反应，但从不同侧面看，内部控制信息披露的市场反应存在显著差异：从披露内容看，内部控制有效引起股票价格上涨，而内部控制缺陷则引起股票价格下跌；从披露类型看，强制性披露较自愿性披露更具有价值相关性；从披露详略看，详细披露会引起股票价格上涨，而简单披露则不一定。此外，与单独的强制性披露或自愿性披露的市场反应相比，内部控制强制性披露和自愿性披露交互影响的市场反应更加显著。在此基础上，作者提出，当前规范我国上市公司内部控制信息披露行为和提高内部控制信息披露质量的关键是在进一步加强强制性披露的日常监管的同时完善自愿性披露的激励政策。张晓岚、沈豪杰、杨默（2012）[④] 通过构建基于熵模型计量的内部控制信息披露质量指数，以净资产收益率、总资产收益率、每股盈余、经营业绩指数以及托宾 Q 值为公司经营业绩的代理变量，实证检验我国现阶段内部控制信息披露质量与上市公司经营状况之间的关系后发现：除了托宾 Q 值的检验未通过以外，其他检验结果均显示内部控制信息披露质量越高的公司，经营业绩越好；反之，内部控制信息披露质量越差的公司，经营业绩越差。以此说明现阶段我国上市公司披露的内部控制信息已经具备了一定的决策有用性。

（3）内部控制评价（有效性）研究。如何判定企业内部控制有效，这是评价内部控制的难点，也是内部控制审计最为棘手的问题之一。目前，理论上既缺乏效率评价的理论框架，实务中又没有切实可行的有效评价方法。李连华、唐国平（2012）[⑤] 以内部控制效应的传递路径和效率形成过程为切入点，分析了内部控制效率的概念内涵、外在特征、形成路径、组成要素等，并在基础上结合内部控制的目标维度、控制要求设计出了相应的测度指标体系。考虑到我国的制度背景以及注册会计师对企业内部控制审计的局限性和可信

① 杨有红，汪薇. 2006 年沪市公司内部控制信息披露研究［J］. 会计研究，2008（3）.

② 崔志娟. 规范内部控制的思路与政策研究——基于内部控制信息披露"动机选择"视角的分析［J］. 会计研究，2011（11）.

③ 杨清香，俞麟，宋丽. 内部控制信息披露与市场反应研究——来自中国沪市上市公司的经验证据［J］. 南开管理评论，2012（1）.

④ 张晓岚，沈豪杰，杨默. 内部控制信息披露质量与公司经营状况——基于面板数据的实证研究［J］. 审计与经济研究，2012（3）.

⑤ 李连华，唐国平. 内部控制效率：理论框架与测度评价［J］. 会计研究，2012（5）.

度等因素，张先治、戴文涛（2011）① 提出构建我国企业内部控制评价系统，在企业内部控制披露和注册会计师内部控制审计披露的基础上，建立反映企业内部控制综合状况和水平的企业内部控制评价结果指标，由政府监管部门或外部非营利性机构实施对我国企业内部控制整体状况和各企业内部控制水平的评价。杨洁（2011）② 在回顾内部控制有效性的涵义和评价方法的基础上，通过引入 PDCA 循环理论，结合内控体系的建设过程，论证了运用 PDCA 循环理论综合评价内控有效性的可行性。在此前提下，作者提出通过构建基于 PDCA 循环的内部控制综合评价指标，确立了综合评价内部控制有效性的研究方法和基本模型，为内部控制体系有效性的综合评价提供了一种新的可行方法。中国上市公司内部控制指数研究课题组（2011）③ 基于内部控制目标的实现程度构建了内部控制指数，该指数由五大目标指数形成的内部控制基本指数和内部控制修正指数构成。旨在定量化地反映我国上市公司的内部控制水平和风险管控能力。另外，基于中国特殊的公司治理环境，早前研究内部控制主要集中在概念框架、影响因素辨析以及公司治理失效案例的研究，然而这些研究鲜有将股权制衡作为提高内部控制有效性的重要因素加以考虑。李颖琦、俞俊利（2012）④ 通过对三家酿酒类上市公司的案例分析，从控股（制衡）股东性质、股权制衡效果等角度剖析了提高中国上市公司内部控制有效性的机理路径。研究结果表明：在实际控制人为国有时，引入非国有制衡股东能达到较优的内部控制状态，而引入国有制衡股东仅微弱地优于无制衡股东的高度集中的内部控制状态，且两者区别并不明显。

（4）内部控制质量研究。最能直接体现内部控制执行效果的，无疑应该是内部控制质量的变化及其对企业的影响。方红星、金玉娜（2011）⑤ 以 2009 年度 A 股非金融类上市公司为研究对象，探讨高质量内部控制对盈余管理的影响。结果表明：高质量内部控制能够抑制公司的会计选择盈余管理和真实活动盈余管理；披露内部控制鉴证报告的公司具有更低的盈余管理程度；尤其是获得合理保证的内部控制鉴证报告的公司，其盈余管理程度更低。采用处理效应模型校正自选择性偏差后，上述结论更为稳健。方红星、张志平（2012）⑥ 还从会计稳健性产生的根源和过程两方面分析了内部控制质量对会计稳健性的影响。该文以 2007 ~ 2010 年深市 A 股非金融类上市公司为样本，采用 Ball 和 Shivakumar 会计/现金流模型实证检验了内部控制质量与会计稳健性的关系。实证结果表明，公司具有较高的内部控制质量时，管理层机会主义行为受到限制，对预期经济损失"坏消息"及时识别和确认力度增加，会计稳健性增强；后续期间，相对内部控制质量没有变化的公司，内部控制质量提高的公司具有更高的会计稳健性，反之内部控制质量下降的公司则具有更低的会计稳健性，并且这一结论不受管理层盈余管理行为的影响。卢锐、柳建华、许宁（2011）⑦ 还实证检验了内部控制质量与高管薪酬业绩敏感性之间的关系。一般分析认

---

① 张先治，戴文涛. 中国企业内部控制评价系统研究 [J]. 审计研究，2011（1）.

② 杨洁. 基于 PDCA 循环的内部控制有效性综合评价 [J]. 会计研究，2011（4）.

③ 中国上市公司内部控制指数研究课题组. 中国上市公司内部控制指数研究 [J]. 会计研究，2011（12）.

④ 李颖琦，俞俊利. 股权制衡与内部控制有效性——基于 2008 ~ 2010 年酿酒类上市公司的案例分析 [J]. 会计研究，2012（2）.

⑤ 方红星，金玉娜. 高质量内部控制能抑制盈余管理吗？——基于自愿性内部控制鉴证报告的经验研究 [J]. 会计研究，2011（8）.

⑥ 方红星，张志平. 内部控制质量与会计稳健性——来自深市 A 股公司 2007 ~ 2010 年年报的经验证据 [J]. 审计与经济研究，2012（9）.

⑦ 卢锐，柳建华，许宁. 内部控制、产权与高管薪酬业绩敏感性 [J]. 会计研究，2011（10）.

为，内部控制的实施约束了经理人的自利行为，从而有助于提升公司的业绩，那么理性的经理人必然会要求将其薪酬与公司的业绩挂钩，从而实现自身报酬的弥补。他们的研究结果发现：内部控制质量越高的公司，其管理层薪酬业绩的敏感度也越高，而且，相对于非国有控股的上市公司，国有控股上市公司的内部控制质量和薪酬业绩敏感度之间的协同性更加显著。进一步研究显示，随着时间的推进，上市公司内部控制质量与高管的薪酬业绩敏感性关系更为密切，说明内控的质量在不断提高。

3. 内部控制制度建设及应用研究评述

（1）内部控制制度建设研究。目前，我国已建立了"应用+评价+审计"三者密切联系的内部控制制度模式，但相关的内部控制制度还需要根据实践发展不断修正完善。内部控制缺陷的认定是内部控制评价和鉴定中的基础性问题，也是评价内部控制是否有效的关键之一，然而不仅目前的内部控制规范关于内部控制缺陷的认定存在制度空白，而且国内外均缺乏关于内部控制缺陷方面的系统研究。杨有红、李宇立（2011）[①] 认为，把握内部控制缺陷的实质、厘清内部控制缺陷和内部控制局限性是认定内部控制缺陷的基础；缺陷认定是一个过程，这一过程必须解决缺陷识别、缺陷严重程度评估、缺陷认定权限划分、缺陷应对措施制定、缺陷对外披露五个环节的问题。王惠芳（2011）[②] 也从制度、理论以及操作三个层面对内控缺陷认定困境进行了解析，指明了内控缺陷认定出现困境的主要表现，并从规范制定思路、概念界定、分类、认定标准等方面提出了破解思路，构建了内控缺陷认定的基本框架。除此之外，滕晓梅（2011）[③] 认为现有内部控制应用指引没有包括企业集团内部资本市场进行资本配置的主要业务和事项控制，这不符合企业集团基于战略层面控制的内在需求。作者经过分析提出：在现有内部控制活动应用指引中增加内部资本配置活动控制指引、在内部控制手段应用指引中增加对内部成员企业的绩效考核指引，以满足企业集团基于战略控制的需求。

（2）内部控制缺陷的影响因素分析。董卉娜、朱志雄（2012）[④] 以 2009 年深市主板A 股上市公司为样本，实证检验了审计委员会特征对内部控制缺陷的影响。研究发现，上市公司审计委员会设立时间越长、规模越大、独立性越强，公司内部控制存在缺陷的可能性越小。进一步将内部控制缺陷划分为整体缺陷、具体缺陷、设计缺陷和执行缺陷四种类型，研究发现，审计委员会的设立时间越长、规模越大对四种类型缺陷的抑制作用越强，审计委员会的独立性越强对除整体缺陷之外的其他三类缺陷的抑制作用越强，审计委员会的专业性越强对设计缺陷的抑制作用越强。Christopher·S. Armstrong 等（2011）实证发现具有监督激励措施的公司，其经受外部监管执法机构管制和披露内部控制重大缺陷的可能性较小。Lin 等（2011）从内部审计的机构（包括审计人员的独立性、审计人员的专业胜任能力及组织对内部审计的投资力度）和内部审计执行（包括对审计质量控制的要求、与外部审计人员的相互协调、内部审计对缺陷内控的后续审计）两个方面阐述内部审计与内控缺陷披露的关系。结果表明：在内部审计机构的相关要素中，只有审计人员的受教育水平与内控缺陷披露呈显著负相关。内部审计执行的相关运行特性中，质量审计及与财务报

① 杨有红，李宇立. 内部控制缺陷的识别、认定与报告 [J]. 会计研究，2011（3）.

② 王惠芳. 上市公司内部控制缺陷认定：困境破解及框架构建？[J]. 审计研究，2011（2）.

③ 滕晓梅. 扩充《企业内部控制应用指引》控制项目的研究——基于企业集团内部资本配置活动的控制 [J]. 会计研究，2011（4）.

④ 董卉娜，朱志雄. 审计委员会特征对上市公司内部控制缺陷的影响 [J]. 财务与会计，2012（1）.

告相关的审计活动范围、对以前发现的内控问题的追踪与内控披露呈负相关。另外，内部审计人员与外部审计人员的相互协调与内控缺陷披露呈正相关。另外，还有学者从信息技术、社会关注、注册会计师受管理层说服策略等软性影响因素角度，研究了内部控制缺陷披露的影响因素。例如：Morris（2011）实证得出 ERP 系统的使用可以减少财务报告中有关内控缺陷的披露，且在企业整体和基本账户两个层面均有体现。Petrovits 等（2011）发现政府补助、个人捐助及企业捐助的后续增加与公益性慈善事业的内部控制缺陷披露情况呈负相关。

（3）内部控制审计及其市场反应研究。由于对内部控制的审计是对过程进行审计，它在概念上与对结果（财务报表）的审计显著不同，因此，审计师需要一个不同的风险模型以对内部控制的审计提供概念上的指导。雷英、吴建友（2011）[①] 提出了内部控制审计风险模型，从而帮助审计师在内部控制审计和整合审计中决定内部控制审计程序的性质、时间和范围。张宜霞（2011）[②] 以中国内地在美国上市的公司为样本，研究了财务报告内部控制审计收费的影响因素及影响方式。研究发现，公司规模、会计师事务所的声誉与审计收费显著正相关；公司财务报告内部控制的复杂性与审计收费正相关，而且，在会计师事务所看来，相对于有传统的常规业务流程的公司，没有传统的常规业务流程的公司的财务报告内部控制更复杂。研究还发现，由于风险导向审计模式的应用、SOX 法案特定的制度安排以及财务报告内部控制的特性，公司财务报告内部控制失效的风险与审计收费之间并不是以往研究结论和常识中的正相关，而是显著负相关，即上一年披露了财务报告内部控制重大缺陷的公司的审计收费反而更低，产生了"极反效应"。Kinney 和 Shepardson（2011）[③] 通过内部控制审计研究发现，即使没有管理层的内部控制报告，通过传统审计获知的会计错报原因也会形成大量的实质性缺陷信息。这与内部控制自愿审计的实施效果相符。张然、王会娟、许超（2012）[④] 以 2007～2010 年间沪深主板上市的 A 股公司年度报告或独立公告中披露的内部控制自我评价和鉴证报告为对象，研究其披露是否会降低企业资本成本。研究表明，在控制其他因素的情况下，披露内控自我评价报告的公司资本成本相对较低，且进一步披露内控鉴证报告的公司资本成本更低。

4. 内部控制和风险管理基本理论研究评述

（1）内部控制基本理论或相关概念研究。南京大学会计与财务研究院内部控制课题组（2011）[⑤] 论证了现有内部控制概念的产生过程以及局限于审计视角研究内部控制的先天不足，主张应从现代企业制度产生的历史背景中挖掘现代内控的基本内涵及其实践特征。王海兵、伍中信、李文君、田冠军（2011）[⑥] 认为，传统企业内部控制以股东为权力轴心、以员工为责任边界，对其他利益相关者权益的漠视造成内部管理冲突和控制危机，从

① 雷英，吴建友. 内部控制审计风险模型研究 [J]. 审计研究，2011（1）.
② 张宜霞. 财务报告内部控制审计收费的影响因素——基于中国内地在美上市公司的实证研究 [J]. 会计研究，2011（12）.
③ Kinney W. R., Shepardson M. Do Control Effectiveness Disclosures Require SOX 404（b）Internal Control Audits? A Natural Experiment with Small U. S. Public Companies [J]. Journal of Accounting Research，2011，49（2）：413－448.
④ 张然，王会娟，许超. 披露内部控制自我评价与鉴证报告会降低资本成本吗？——来自中国 A 股上市公司的经验证据 [J]. 审计研究，2012（1）.
⑤ 南京大学会计与财务研究院内部控制课题组. 内部控制：融入现代企业制度引发的思考 [J]. 会计研究，2011（11）.
⑥ 王海兵，伍中信，李文君，田冠军. 企业内部控制的人本解读与框架重构 [J]. 会计研究，2011（7）.

而降低企业绩效及企业经营的可持续性，他们在回顾以人为本的企业内部控制相关文献基础上，分析了"人"和企业内部控制系统的相互作用，提出人本内部控制的概念和构建基础，构建了以利益相关者为导向的、以企业社会责任风险管控为中心的人本内部控制战略框架。杨雄胜（2011）① 认为，内部控制至今缺少范畴意义上的概念定义，导致理论研究难以深入，他经过研究得出结论认为："内部控制是运用专门手段工具及方法，防范与遏制非我与损我，保护与促进自我与益我的系统化制度"。白华、高立（2011）② 认为，从历史发展、实践考察和理论逻辑三个视角来看，财务报告内部控制面临着两难困境，财务报告内部控制研究陷入了一个为不能独立存在的系统寻找独立存在的理由的尴尬境地，建议应该尽早用"内部控制"取代"财务报告内部控制"。

（2）政府部门内部控制问题研究。目前，我国企业内部控制规范体系基本建成，而政府部门内部控制规范体系却尚属空白，不利于其职能转变、风险防范。政府部门内部控制建设是当前我国内部控制建设领域的热点问题，如何构建适应我国国情的政府部门内部控制规范体系成为亟待解决的重要课题。作为政府部门内部控制规范体系研究的起点，内部控制框架体系的构建显然成为理论研究的关键问题。刘永泽、张亮（2012）③ 在对我国政府部门的范围进行界定的基础上，构建了以政府部门内部控制的概念、目标、原则和要素为核心的内部控制框架体系。该文还在结合政府部门特点的基础上，建立了以国家立法为保障、内部审计为辅助、信息披露为抓手、外部审计为促进的内部控制实施机制，保证政府部门内部控制的有效实施。樊行健、刘光忠（2011）④ 借鉴企业内部控制概念框架和其他学科概念框架研究的成果，同时紧密结合政府部门在经济调节、市场监管、社会管理、公共服务等方面的功能特性，也尝试构建了一套涵盖定义、目标、原则、要素等内容的概念框架。张庆龙、聂兴凯（2011）⑤ 在国内外政府部门内部控制述评的基础上，提出加强政府部门内部控制立法、与企业内部控制框架协调、正确界定政府部门内部控制目标、建立健全内部审计机构等几点建议。

（3）其他综述性研究。朱华建、张盛勇、高宏伟（2011）⑥ 对 2000~2010 年《会计研究》等国内主要七种期刊有关内部控制的文献予以归纳，总结 21 世纪以来我国内部控制研究的主要特点是以美国 COSO 框架、ERM 等为借鉴，融入控制环境、企业文化、ERP 等软性因素，挖掘内部控制相关理论基础，从内部控制的概念、框架体系的再延伸，到内部控制的制度建设、执行、评价、信息披露等理论和实践体系的发展和改进，呈现出与企业战略、公司治理、企业价值、全面风险防控等内容紧密结合的态势。何春艳、刘伟（2012）⑦ 从风险管理的涵义入手，对风险管理理论及其演进过程进行了全面的梳理，并通过检索 1999~2010 年 SSCI 发表的相关文章，概述了全球风险管理研究的现状，并在此基础上重点分析了美国风险管理领域在研究方向、研究对象和研究方法上的发展趋势。刘

---

① 杨雄胜. 内部控制范畴定义探索［J］. 会计研究，2011（8）.

② 白华，高立. 财务报告内部控制：一个悖论［J］. 会计研究，2011（3）.

③ 刘永泽，张亮. 我国政府部门内部控制框架体系的构建研究［J］. 会计研究，2012（1）.

④ 樊行健，刘光忠. 关于构建政府部门内部控制概念框架的若干思考［J］. 会计研究，2011（10）.

⑤ 张庆龙，聂兴凯. 政府部门内部控制研究述评与改革建议［J］. 会计研究，2011（6）.

⑥ 朱华建，张盛勇，高宏伟. 21 世纪以来我国内部控制研究主题及述评——基于 2000 年到 2010 年《会计研究》等国内主要七种期刊的分析［J］. 会计研究，2011（11）.

⑦ 何春艳，刘伟. 风险管理研究综述［J］. 经济师，2012（3）.

永泽、金花妍（2012）① 通过介绍和分析日本内部控制准则体系及其首次执行的实施效果，从运用自上而下的风险导向评价方法、加强控制活动和"IT 对应"、丰富内部控制报告的内容、正确认识内部控制审计的本质等方面得出了对我国内部控制的启示意义。

第三节　风险管理相关研究的发展方向

内部控制和风险管理，是现代企业在不确定性环境下应对风险的重要管理手段和核心制度安排，是一项动态的基于过程的结果导向型制度创新，对企业长远发展有举足轻重的作用。通过对 2011 年以来会计管理类核心期刊有关内部控制和风险管理研究的述评，可以得到如下启示：

我国在内部控制和风险管理领域的研究已取得了一定成就，涌现出了不少具有理论见地或者具有较大应用价值的研究成果。然而我国内部控制和风险管理研究还存在着不少问题。这些问题主要表现在：①内部控制和风险管理的研究融合不够，尚未统一于企业管理制度之中，不管是理论研究还是实践运用中都不同程度地存在"两张皮"现象；②内部控制和风险管理与其他管理制度（比如公司治理）之间的关系也尚未厘清，使企业疲于应付"制度建设"而实际效果并不明显；③内部控制和风险管理领域的研究力量比较分散，普遍存在着浅尝辄止的现象，缺乏持续、集中的跟踪研究；④内部控制和风险管理在管理学界还没有获得足够的重视，其研究和探讨还是不能跳出会计、财务、审计界的圈子；⑤从研究方法和技术路线来看，我国对于内部控制和风险管理研究以规范类和理论上的阐述居多，实证分析的文献较少，反映了我国内部控制和风险管理实证研究方面基础还比较薄弱，缺乏基于实际数据、见解深刻、详实精准的研究报告标本；⑥我国截至目前还没有独立地提出具有中国特色的内部控制和风险管理理论体系，大多研究成果是参考借鉴国外的做法而来的，是否适合中国国情及其效果还没有得到实践检验；⑦从我国实践的现实情况看，企业逐步开始对内部控制和风险管理重视，但管理松弛、营私舞弊、风险频发、资产流失等问题还比较突出，如何科学有效地实施好内部控制和风险管理建设，目前还没有可资借鉴的良好经验。

针对以上状况，为提高我国内部控制和风险管理的理论研究水平和实践管理能力，我们认为应该从以下几个方面展开突破：

一、以问题为导向，加强学术研究的可持续性

当前，我国内部控制和风险管理研究缺乏可持续性主要表现在两个方面：一是研究者缺乏持续性的关注研究，没有在充分利用已有研究成果的基础上做"进一步"、纵深性的研究。比如在公司治理和内部控制相互关系这一论题上进行案例剖析、实证研究；或者深入研究不同治理结构下的控制效率差异；或者提出将公司治理结构、内部控制、全面风险防控、企业战略等进行有效衔接的可行性建议。二是受学科框架桎梏严重，没有以问题为导向，使得研究视角长期单一而缺乏持续性的创新研究。我们发现，2011 年以来的研究仍

---

① 刘永泽，金花妍. 日本内部控制准则的实施效果及启示［J］. 南京审计学院学报，2012（9）.

然停留在财务、会计以及审计学的范畴之类，尚未广泛拓展到经济学、管理学、信息科学、行为科学、心理学、哲学等领域，使得研究成果受限于学科框架桎梏严重，交叉学科多维度的深入研究成果比较匮乏。

二、借鉴国际做法并及时进行"中国化"研究

当前，我国内部控制和风险管理的相关理论体系以及规章制度，以及企业界、实务界的相关内部控制和风险管理实践活动，基本上都是参考借鉴国际成功经验并充分考虑中国企业实情而来。在下一步的研究中，应针对企业的内部控制和风险管理实务进行研究，加强对企业管理实践的观察、总结和理论化的提炼，及时进行"中国化"。这不仅可以直接服务于我国的经济发展，提高企业的内部控制和风险管理水平，而且还可能孕育出有别于西方文化价值体系的内部控制和风险管理理念和理论，从而形成具有中国特色和创新意义的内部控制和风险管理研究成果。

三、重点加强内部控制和风险管理实施效果的实证研究

2006 年，我国国务院国有资产监督管理委员会发布了《中央企业全面风险管理指引》；2008 年以来，财政部等五部委联合发布了《企业内部控制基本规范》和《企业内部控制配套指引》。这标志着适应我国企业实际情况、融合国际先进经验的内部控制和风险管理法规体系基本建成。内部控制和风险管理研究的主流将逐渐由以前的制度建设研究向制度实施效果研究转变，研究方法的选择也会由以前的规范研究为主向实证研究为主转变。建议重点围绕我国企业内部控制和风险管理实践，开发出针对不同类型企业的更加科学有效的内部控制框架和模型，有效计量和分析内部控制实施后给企业带来的价值增值，从而体现实施内部控制和风险管理制度的效率和效果。

四、注重"评判式"理论研究

当前，在内部控制和风险管理研究领域，美国处于先进水平。但尽管如此，美国 COSO 发布的 IC – IF 和 ERM 在美国国内也有很多批评意见。反而是我国在介绍和借鉴时，却很少有独立的评判意见。这可能与我国加快融入世界经济一体化有关。需要注意的是，我国与美国有完全不同的价值体系和文化传统，缺乏批判精神可能因此而出现盲从，或者说由于改革开放导致的长期引进而不善于消化吸收，可能使我们丧失了创新研究上的自信；这是我国内部控制和风险管理研究创新的一大障碍。倡导评判式理论研究，对于我国来说显得非常必要。

本章案例

中国高速铁路的风险管理与内部控制

中国高铁一般指中国高速铁路，中国的高速铁路的建设始于 1999 年所兴建的秦沈客运专线。经过 10 多年的高速铁路建设和对既有铁路的高速化改造，中国目前已经拥有全世界最大规模以及最高运营速度的高速铁路网。截至 2013 年 9 月 26 日，中国高铁总里程

达到 10463 公里，"四纵"干线基本成形。中国高速铁路运营里程约占世界高铁运营里程的 46%，稳居世界高铁里程榜首①。

这样的光荣与梦想对于中国——一个自铁路诞生起就伴随着近代屈辱历史的民族——难能可贵。

然而，安全隐患重重、经济风险巨大……针对高铁的质疑声亦不绝于耳。尤其是在刘志军、张曙光等"主高派"高官们违纪下马之后，飞驰的中国高铁似乎正被踩下一脚刹车。不同意见争论不休②。

问题一：中国高铁发展会减速吗？这些年高铁发展过火了吗？③

王梦恕：发展不会减速，中国高铁也不过火。"十二五"规划重新公布，就是要赶快形成以北京为中心到各个省会八小时路网，铁路要成网、成规模才有效益。

董焰：我们发展改革委前阵子讲过，适当调整一下节奏，不要过快，整体规模还以 2008 年调整过的（中长期铁路网）规划为准。节奏调整之后，可以在建设标准和条件上准备更充分些。标准上过了点火，我认为铁道部标准追求得过高了，动不动就时速 350 公里，250 公里就足够用了，因为你要照顾到大多数地区。建设速度上有时铁道部迁就地方，局部快了些。

高柏：在 2008 年金融危机背景下，政府把本来要到 2020 年才实现的高铁发展规划提前了好几年，这是特殊环境下的特殊政策，将来不可能再有这几年的速度。发展过火与否取决于参照系是什么。与其他国家相比，中国高铁发展速度的确很快，其他国家慢的主要原因是经费，中国有它们无法比拟的流动性过剩。在历史上很多国家都有一段特别有钱的时期，这个时期如何花钱对民族智慧是一个考验。第二次世界大战之后，美国有了钱，花在了军事上，欧洲人有了钱就建福利国家，而日本人有了钱就全世界买房产。到 2008 年全球金融危机之后，它们这种花钱法导致的结果已经很清楚了。反观中国，有了钱以后，在海外大笔收购能源资源，在国内大力建设基础设施，这仍然是在为明天的生产做准备。

李红昌：肯定会有重大战略和发展方向上的调整。有一些超前是可以理解的，但也不能过度超前。

赵坚：350 公里时速的高铁应该停下来，但铁路整体建设不应该减少，高铁"大干快上"的局面应根本转变。高铁发展不是过火，而是根本就不该建。因为中国的既有铁路时速已经达到 200 公里了，按照国际铁路联盟的说法既有线 200 公里已经是高铁了，所以中国不应再建时速 350 公里这么高标准的铁路了。

问题二：铁道部和地方政府，谁是最大推手？

罗仁坚：铁道部在组织引导方面起了积极作用，不能说铁道部是推手，更多的还是地方政府的要求。因为地方政府看到了高铁带来的效应，能拉动 GDP 发展，特别是拉动投资，同时在改善各个地方对外的交通方面起到实质变化，所以都比照着其他地方的速度、规模、建设标准，都希望立更高的项目，甚至都想把自己打造成一个或大或小的枢纽。

---

① http://baike.baidu.com/view/3119844.htm?from_id=11221609&type=syn&fromtitle=%E4%B8%AD%E5%9B%BD%E9%AB%98%E9%93%81&fr=aladdin.

② 再问中国高铁［N］.南方周末，2011-05-10.

③ 王梦恕（中国工程院院士），董焰（国家发展改革委综合运输研究所研究员），罗仁坚（国家发展改革委综合运输研究所研究员），高柏（美国杜克大学社会学教授），李红昌（北京交通大学运输经济理论与政策研究所副所长），赵坚（北京交通大学教授）。

高柏：没有铁道部推动，高铁不可能被立项，所以当然是主要推手。但是，如果没有中国铁路运输能力远远无法满足日益增长的需求这一条件，铁道部再想推动也没用。

赵坚：铁道部是国内唯一一个政企不分的部门，在这样的体制下它不仅是各种运输资源的垄断、对市场的垄断，而且是对信息的一个垄断。中央政府没有其他渠道来了解铁路上的问题，比如350公里时速的铁路到底意味着什么，铁路成本到底是多少，老百姓需要不需要，中国经济需要不需要。高铁大部分的钱是中央政府、铁道部的，对地方来说是花一笔钱撬动了一大笔投资。

李红昌：我认为这个推手是体制，光指责铁道部是不公正的，缺乏政企分开、权力缺乏监督等本质上是一个体制问题。

问题三：高铁是否安全？

董焰：绝对安全。速度多快不是主要的，关键是能让车停下来，所以说停下来才是真正的技术，这个技术我们都是成熟的。

罗仁坚：这个技术上都是通过充分论证才上马的，但高铁毕竟在技术上要求更高，系统上更加专业，大规模运行以后，具体会有什么问题，真的不好说。

赵坚：如果不追求太高的速度，现在还是没问题的，但长期来看有风险。因为铁路的自然沉降必然会发生，下过几场雨就会沉降，一般沉降会经过五六年，地基才能稳定下来。但在此期间"大干快"上高铁，就有风险了。

王梦恕：我们说的危险镜头主要在机车本身，线路上没有。真正的那种"车毁人亡"的都是在线路上出了问题，现在线路都是很安全的，每天晚上都要检查一次、整修一次。

问题四：高铁是贵族铁路吗？

赵坚：就是这样啊，高铁根本定位就是错的。而且高铁是客运专线嘛，功能定位本身就是客运，既有线路要变成主要以货运为主，这当然会影响普通线路。比如武广铁路开通之后，一些既有的从广州到武汉的普通列车就停了，对低收入者出行会带来一些困难。

董焰：我不同意这个说法，高铁成本很高，现在它的价格还是亏损的价格。大部分农民工坐高铁不太可能，但是农民工和"贵族"之间还有一大半中产阶级呢。但是，我不同意建设过高标准的铁路，这样造价就高，价格过高对低收入人群，特别是对于就学就工的人群是很有影响的。

李红昌："被高铁"是一个事实，过度追求疏通标值，过度追求速度，开通了过多客运专线、过多的动车组，在运量不足的情况下，就要放弃一部分客流，这部分客流就是中低端收入的客流，强迫你去坐高铁，这实际上不符合市场经济原则。但铁路产业它不计成本，这样的话它就会采取高票价、高速度的方式，这对于整个社会福利的伤害是非常大的。

高柏：高铁票价问题出在指导思想上，中国政府对高铁作为公共物品的性质认识不清。其他国家的高铁都由国家出资建设，大多数国家的政府还为运营提供补贴，只有中国把高铁看成是铁道部的投资，必须要从票价里把建设与运营成本都赚回来。这样做的结果当然是票价高得不可承受。如果中国政府把高铁当成公共基础设施建设，减少不平等的二次分配手段，高铁的票价就应该也可以大幅度下降。

问题五：高铁巨额负债如何解决？

2009年末，铁道部负债总额已达到1.3万亿元。有媒体估计，实际的债务规模已经达到2万亿元。中国高速铁路建设和运营样板的京津城际铁路，在2008年8月1日开通以来，亏损超过7亿元。

王梦恕：不能光看高铁负债多，铁道部是整体的。货运可能占很大，货运赚钱，客运赔钱这是对的，把赚的钱用在老百姓身上，客运票价尽量往下降，整体上还是赚钱的。

高柏：世界上建高铁的国家没有一个单纯以票价收入来计算高铁效益的。不能只看到京津城际铁路本身一年多亏损7亿多元，还要看到由于这条铁路的建设带来的其他方面的GDP的增长。

董焰：我对这个也担忧，高铁建成之日就是全面亏损之时，主要就是成本太高。

赵坚：这已经不是风险问题了，债务危机已经存在。在建项目不可能停，如果都完成了，要4万亿元，根本没有偿还的能力。

李红昌：高铁动用的是整个银行系统的资金，实际上就是国民储蓄，多年的高铁投资把我们的储蓄转化成了难以回收的成本，如果不能形成良好的收益，就会形成呆账、坏账，而解决方案不外乎两种：一种是国家埋单，另一种是银行埋单。

问题六：民营资本能否参与高铁发展？

高柏：民营资本当然可以参与高铁融资，能不能主导运营是一个应该研究的问题。在中国，高铁的改革不可能是将高铁变成一个所谓的市场经济，由很多民营企业竞争。这是因为高铁与电力、煤气等产业一样，是一个自然垄断的行业。在这样的行业里，改革的目标主要要是如何加强公共监督。说到底，在于它是一个用来盈利的工具，还是一个公共物品？

赵坚：天方夜谭。民营资本是要获取利润的，现在进去肯定是亏损得一塌糊涂，根本没有市场前景，民营资本本身就不会愿意进。另外，政企不分的体制它也没法进，铁路整个资产是几万亿，你拿了一两个亿，对于整个铁路而言毫无作用，没有任何决策权。

李红昌：民营资本入股高铁从目前来讲是不现实的。欧盟国家之所以能引入一些民营资本在于它有很明确的制度，你如何进入、进入之后有哪些保障。咱们国家对于铁路核心的生产要素、核心的产权并没有界定，也没有规范，这样就是处在模糊不清的状态，产权不清不楚。所谓民营资本还可能有一种比较现实的方式就是上市融资，通过股票市场来盘活铁路市场，和民营资本直接注入的性质不一样，它并没有对铁路的股权多元化、经营方式、竞争产生实质性影响。

资料来源：《再问中国高铁》．南方周末．2011-05-10.

思考题及答案要点

1. 简述内部控制和风险管理由独立演进向嵌合发展历程。
答案要点：见本章第一节。
2. 简要述评目前内部控制和风险管理前沿研究热点。
答案要点：见本章第二节。
3. 从中国经济发展的大趋势看，我国企业风险管理相关研究的发展方向有哪些？
此题为开放式问题。

推荐读物

1. 李凤鸣．内部控制学 [M]．北京：北京大学出版社，2002（8）．

2. 吴水澎，陈汉文，邵贤弟．企业内部控制理论的发展与启示 [J]．会计研究，2000（5）．

3. 朱荣恩．建立和完善内部控制制度的思考 [J]．会计研究，2001（1）．

4. 杨雄胜．内部控制理论研究新视野 [J]．会计研究，2005（7）．

5. 谷祺，张相洲．内部控制的三维系统观 [J]．会计研究，2003（11）．

6. 杨有红，胡燕．试论公司治理结构与内部控制的对接 [J]．会计研究，2004（10）．

7. 严复海，张冉．企业风险管理与业绩评价整合：基于平衡计分卡的研究 [J]．北京工商大学学报（社会科学版），2008（5）．

8. 王农跃．论内部控制与企业风险管理 [J]．市场现代化，2008（7）．

9. 曹元坤，王光俊．企业风险管理发展历程及其研究趋势的新认识 [J]．当代财经，2011（1）．

10. 周士富．经济管理中的决策分析方法 [J]．经济管理，1980（9）．

11. 佘廉，张倩．企业预警管理的系统分析 [J]．中国工业经济研究，1994（11）．

12. 谢志华．内部控制、公司治理、风险管理：关系与整合 [J]．会计研究，2007（10）．

13. 张立民，唐松华．内部控制、公司治理与风险管理——《托普典章》为什么不能拯救托普 [J]．审计研究，2007（5）．

14. 刘霄仑．风险控制理论的再思考：基于对 COSO 内部控制理念的分析 [J]．会计研究，2010（3）．

15. 林钟高，曾祥飞，王海生．内部控制、风险管理与企业价值 [J]．财政监督，2011（3）．

16. 徐光华，沈弋．企业内部控制与财务危机预警耦合研究——一个基于契约理论的分析框架 [J]．会计研究，2012（5）．

17. 崔永梅，余璇．基于流程的战略性并购内部控制评价研究 [J]．会计研究，2011（6）．

18. 马颖．过程控制导向的企业合同内部控制系统研究 [J]．会计研究，2011（9）．

19. 樊行健，宋仕杰．企业内部监督模式研究——基于风险导向和成本效益原则[J]．会计研究，2011（3）．

20. 白华．内部控制、公司治理与风险管理——一个职能论的视角 [J]．经济学家，2012（3）．

21. 姚明德．商业银行内部控制、公司治理和风险管理的关系探讨——回归管理体系的分析 [J]．金融会计，2012（4）．

22. 刘绪光．商业银行内部控制、风险管理与价值创造——基于某商业银行县域经营行内控合规创建考核的实证研究 [J]．农村金融研究，2011（9）．

23. 冯浩，樊波．商业银行集团客户授信风险管理研究——基于 COSO《企业风险管理——整合框架》的分析 [J]．湖北大学学报（哲学社会科学版），2011（3）．

24．周阳敏．中国特大型国有企业风险管理特色之实证研究 [J]．武汉理工大学学报（社会科学版），2011（6）．

25．袁琳，张宏亮．董事会治理与财务公司风险管理——基于 10 家集团公司结构式调查的多案例分析 [J]．会计研究，2011（5）．

26．吴星泽．财务危机预警研究：存在问题与框架重构 [J]．会计研究，2011（2）．

27．曹明珠，陈海艳，杜君．基于现金流量指标的财务危机预警研究综述 [J]．企业导报，2012（11）．

28．王冀宁，陈庭强．学习演化、风险预警与中小投资者 H – LSV 行为模型 [J]．系统工程理论与实践，2011（4）．

29．胡振华，张宁辉．研发型战略联盟风险预警机制研究 [J]．管理工程学报，2011（4）．

30．陈菲琼，钟芳芳．中国海外直接投资政治风险预警系统研究 [J]．浙江大学学报（人文社会科学版），2012（1）．

31．何静．民营企业财务危机预警动态管控框架的构建 [J]．会计之友，2011（4）．

32．滕焕钦，张芳洁．国外保险企业风险预警的理论与实践及对中国的启示 [J]．保险研究，2011（1）．

33．陈思凤，刘业政．创业板上市企业风险预警建模研究 [J]．合肥工业大学学报（自然科学版），2011（12）．

34．张友棠，黄阳．基于行业环境风险识别的企业财务预警控制系统研究 [J]．会计研究，2011（3）．

35．张鹏．我国境外直接投资风险管理与决策研究——基于 AHP – ANPV 分析框架 [J]．东北财经大学学报，2011（5）．

36．杨有红，汪薇．2006 年沪市公司内部控制信息披露研究 [J]．会计研究，2008（3）．

37．崔志娟．规范内部控制的思路与政策研究——基于内部控制信息披露"动机选择"视角的分析 [J]．会计研究，2011（11）．

38．杨清香，俞麟，宋丽．内部控制信息披露与市场反应研究——来自中国沪市上市公司的经验证据 [J]．南开管理评论，2012（1）．

39．张晓岚，沈豪杰，杨默．内部控制信息披露质量与公司经营状况——基于面板数据的实证研究 [J]．审计与经济研究，2012（3）．

40．李连华，唐国平．内部控制效率：理论框架与测度评价 [J]．会计研究，2012（5）．

41．张先治，戴文涛．中国企业内部控制评价系统研究 [J]．审计研究，2011（1）．

42．杨洁．基于 PDCA 循环的内部控制有效性综合评价 [J]．会计研究，2011（4）．

43．中国上市公司内部控制指数研究课题组．中国上市公司内部控制指数研究 [J]．会计研究，2011（12）．

44．李颖琦，俞俊利．股权制衡与内部控制有效性——基于 2008～2010 年酿酒类上市公司的案例分析 [J]．会计研究，2012（2）．

45．方红星，金玉娜．高质量内部控制能抑制盈余管理吗？——基于自愿性内部控制鉴证报告的经验研究 [J]. 会计研究, 2011 (8).

46. 方红星, 张志平. 内部控制质量与会计稳健性——来自深市 A 股公司 2007~2010 年年报的经验证据 [J]. 审计与经济研究, 2012 (9).

47. 卢锐, 柳建华, 许宁. 内部控制、产权与高管薪酬业绩敏感性 [J]. 会计研究, 2011 (10).

48. 杨有红, 李宇立. 内部控制缺陷的识别、认定与报告 [J]. 会计研究, 2011 (3).

49. 王惠芳. 上市公司内部控制缺陷认定: 困境破解及框架构建? [J]. 审计研究, 2011 (2).

50. 滕晓梅. 扩充《企业内部控制应用指引》控制项目的研究——基于企业集团内部资本配置活动的控制 [J]. 会计研究, 2011 (4).

51. 董卉娜, 朱志雄. 审计委员会特征对上市公司内部控制缺陷的影响 [J]. 财务与会计, 2012 (1).

52. 雷英, 吴建友. 内部控制审计风险模型研究 [J]. 审计研究, 2011 (1).

53. 张宜霞. 财务报告内部控制审计收费的影响因素——基于中国内地在美上市公司的实证研究 [J]. 会计研究, 2011 (12).

54. Kinney W. R. , Shepardson M. Do Control Effectiveness Disclosures Require SOX 404 (b) Internal Control Audits? A Natural Experiment with Small U. S. Public Companies [J]. Journal of Accounting Research, 2011, 49 (2): 413 – 448.

55. 张然, 王会娟, 许超. 披露内部控制自我评价与鉴证报告会降低资本成本吗?——来自中国 A 股上市公司的经验证据 [J]. 审计研究, 2012 (1).

56. 南京大学会计与财务研究院内部控制课题组. 内部控制: 融入现代企业制度引发的思考 [J]. 会计研究, 2011 (11).

57. 王海兵, 伍中信, 李文君, 田冠军. 企业内部控制的人本解读与框架重构 [J]. 会计研究, 2011 (7).

58. 杨雄胜. 内部控制范畴定义探索 [J]. 会计研究, 2011 (8).

59. 白华, 高立. 财务报告内部控制: 一个悖论 [J]. 会计研究, 2011 (3).

60. 刘永泽, 张亮. 我国政府部门内部控制框架体系的构建研究 [J]. 会计研究, 2012 (1).

61. 樊行健, 刘光忠. 关于构建政府部门内部控制概念框架的若干思考 [J]. 会计研究, 2011 (10).

62. 张庆龙, 聂兴凯. 政府部门内部控制研究述评与改革建议 [J]. 会计研究, 2011 (6).

63. 朱华建, 张盛勇, 高宏伟. 21 世纪以来我国内部控制研究主题及述评——基于 2000 年到 2010 年《会计研究》等国内主要七种期刊的分析 [J]. 会计研究, 2011 (11).

64. 何春艳, 刘伟. 风险管理研究综述 [J]. 经济师, 2012 (3).

65. 刘永泽, 金花妍. 日本内部控制准则的实施效果及启示 [J]. 南京审计学院学报, 2012 (9).

第二篇
管理应用部分

第三章 《萨班斯法案》与企业内部控制体系

本章提要

内部控制是企业风险管理的重要内容，完善的内部控制体系是企业有效进行风险管理的保障。企业应本着从实际出发，务求实效的原则，以对重大风险、重大事件（指重大风险发生后的事实）的管理和重要流程的内部控制为重点，积极开展全面风险管理工作。本章对企业内部控制的发展历程，以及在内部控制思想发展史上的重大案件及其随后的法律及专业规范的完善进行了详细的介绍，并对企业内部控制的相关知识进行了介绍，最后通过案例介绍了企业如何根据法律规范和自身特点构建内部控制体系。

章首案例

安然是美国最大的天然气采购商及出售商，总部位于休斯顿，控制着美国一条长达32000英里的煤气输送管道，同时也是领先的能源批发做市商。安然拥有340亿美元资产的发电厂，同时也经营纸、煤和化学药品等日用品，并且提供有关能源输送的咨询、建筑工程等服务。20世纪90年代期间，安然公司的业绩迅速增长，销售收入从1996年的133亿美元上升到2000年的1008亿美元，盈利则由5.84亿美元增至9.79亿美元，2000年《财富》500强中，安然位列第7，成为华尔街的一大明星，其股价从1995年的约每股15美元蹿升至2000年底的90美元。当年，安然已连续5年被评为美国最具创新精神公司。然而，2002年这个拥有上千亿资产的公司却在几周内破产。

2001年10月，安然公司因虚报近6亿美元的盈利，导致其债信评级被降至垃圾等级，股价暴跌至1美元以下，并于12月初申请破产保护，以498亿美元的资产总额创下美国历史上企业破产的纪录。2001年底，安然公司财务欺诈和债务问题被曝光，但该公司29名高管在股价崩溃之前抛售了173万股股票，非法获利11亿美元。安然的破产还顺带"撂倒"了为其做假账的安达信会计师事务所，花旗集团、摩根大通、美洲银行等也因涉嫌财务欺诈，向安然破产的受害者分别支付了20亿美元、22亿美元和6900万美元的赔偿金。"安然事件"打击了证券市场投资者的信心。"安然事件"爆发后，美国道·琼斯工业股票指数曾下跌了157点。不过，受安然丑闻案影响最深的还是美国的证券监管制度。为此，2002年7月美国总统布什签署了《萨班斯—奥克斯利法案》，旨在打击公司欺诈活动，加强财会监管，规范上市公司运营。"安然事件"直接导致了《萨班斯法案》的出台。

第一节 《萨班斯法案》

所谓《萨班斯法案》，是指 2002 年 6 月 18 日美国国会参议院银行委员会以 17 票赞成对 4 票反对通过由奥克斯利参议员和参议院银行委员会主席萨班斯联合提出的会计改革法案——《2002 上市公司会计改革与投资者保护法案》（英文简称 Sarbanes – Oxley Act）。这一议案在美国国会参众两院投票表决通过后，由美国总统布什在 2002 年 7 月 30 日签署成为正式法律，称作《2002 年萨班斯—奥克斯利法案》，一般简称"萨班斯（Sarbanes）法案"或"索克斯（SOX）法案"。

一、《萨班斯法案》出台的背景

"安然事件"使美国证券交易委员会等政府机构以及行业组织扩大了对上市公司财务报告和投资银行分析师违规行为的调查，也导致更多的丑闻浮出水面。

1. 世通公司财务欺诈案

安然公司之后，2002 年 4 月，在美国长途电话市场位居第二的世界通信公司（World-Com，简称"世通"）财务作假丑闻曝光，涉及金额高达 110 亿美元，成为美国历史上最大的公司欺诈案。公司的内部审计机构发现在过去 5 个季度中有 38 亿美元的费用被记为资本开支，并因此增加了现金流量，业绩报告也从亏损变为盈利 15 亿美元。这一次又牵扯到安达信会计师事务所。

作为一家上市企业明星，世界通信公司自 1995 年更用此名后，购并了超过 70 家的企业，最著名的是以近 400 亿美元的代价击败英国电信公司，收购了电信业大企业 MCI，创下当时最大的收购业务纪录，公司发展成为世界最大的电信企业之一，拥有 8 万名员工，2000 万个人用户，年营业额达到 352 亿美元，其股价 1999 年最高时超过每股 60 美元。丑闻披露后，世通很快申请破产保护，后获得重组，并更名为美国微波通信公司（MCI）。2005 年 2 月，MCI 同意以 67.5 亿美元的价格被韦里孙电信公司收购。

2005 年 7 月美国曼哈顿联邦地方法院宣布，世通公司创始人、前首席执行官伯纳德·埃贝斯（Bernie Ebbers）的证券欺诈、共谋等 9 项指控全部成立，判处其 25 年监禁。埃贝斯是安然丑闻案以来一系列公司丑闻中被判刑最重的一位高管，该判决几乎意味着现年 63 岁的埃贝斯将在狱中度过余生。法官芭芭拉·琼斯当庭宣布了最终裁决，并称"任何更轻的判决都不能反映出埃贝斯罪行的严重性"，"这不是一起小型的欺诈案，埃贝斯的欺诈行为使大量的投资者损失惨重，他发表的一系列公司声明使投资者无法了解世通公司真实的财务状况。"

事实上，按照美国 2002 年颁布的《萨班斯—奥克斯利法案》，类似埃贝斯这样的重大罪名将被判刑 30 年，但法庭最终判了他 25 年。埃贝斯的几乎所有个人财产都将被没收，用来弥补投资者遭受的损失。按照这一协议，埃贝斯除了留给妻子一笔 5 万美元的个人财产和密西西比一栋房屋之外，其余财产均被没收或拍卖。而 20 世纪 80 年代初，埃贝斯正是靠着自己的精明和严格的管理，逐步将其成立的长途电话折扣服务公司做强做大，并在 1995 年，将长途电话折扣服务公司更名为世通公司。他本人出任 CEO，成为美国电信业的新贵。

美国证券交易委员会主席哈维·皮特曾将安然公司倒闭、安达信公司解体和世通公司作假与"9·11"恐怖袭击事件共同列为金融市场遭遇的四大危机。

2. 施乐会计丑闻

正当美国相关机构对 WorldCom 的会计舞弊丑闻加紧调查之时，时任美国总统布什希望通过 150 名顶级 CEO 来传达"振作起来，重建信心"的声音的时候，更大的丑闻又爆发了，2002 年 6 月 28 日世界上最大的复印机生产商、办公设备巨头美国施乐公司（Xerox）宣布，由于会计统计方面的错误，该公司在过去 5 年中高报收入 14 亿美元，这 5 年的税前利润将因此下调 14 亿美元，虚报收入中有 19 亿美元需从 2002 年以后的业绩中扣除。报告显示，从 1997 年至 2001 年，施乐公司的利润实际为 64 亿美元。其中，前 3 年公司的利润被高报，而 2000 年和 2001 年的利润也被高报。比如，以前公布的报告显示 1998 年的税前利润为 5.79 亿美元，而最新报告显示当年亏损 1300 万美元。美国证券管理委员会指控施乐公司"误导并欺骗投资者"、夸大其盈余数字以及高级管理人员从中获取暴利。美国证券交易委员会对以前负责施乐公司会计审计事务的毕马威公司进行调查。

3. 凯马特破产

继美国能源巨擘安然公司轰然倒塌之后，美国另一家大公司——全美第二大折扣零售商、与零售巨人沃尔玛特、塔吉特比肩而立的第三大零售商凯马特公司 22 日向芝加哥联邦破产法院申请破产保护，从而成为美国历史上寻求破产保护的最大零售商。申请破产保护的凯马特将关闭 2114 家连锁店中的 500 家。然而，与深陷财务丑闻的安然不同的是，凯马特的失败是由市场残酷竞争及企业自身经营策略失误而导致的。

总部位于美国密歇根州特洛伊的凯马特公司已有 100 多年的历史。1899 年，塞巴斯蒂安·克雷斯吉在底特律创办了克雷斯吉公司。1962 年克雷斯吉公司开办了第一家凯马特折扣商店，并于 1977 年正式更名为凯马特公司。目前，该公司在全美拥有 2114 家商店，雇员 25.2 万人，现有 2114 家连锁店，这些连锁店分别位于美国各州及波多黎各、美国维京岛和关岛地区。店面大多为一层，营业面积从 1000 平方米到 6000 平方米不等。

凯马特自 1962 年开办第一家折扣店后开始便迅速走上了扩张的道路。20 世纪 70～90 年代，凯马特曾一度跃居全美第一大折扣零售商的辉煌地位。

从 1985 年开始，获得巨大成功的凯马特开始实施多样化经营战略，尝试向专业化的折扣店方向发展，设立打折服装店、打折书店等。然而，新开设的专业店由于缺乏经验，服务不到位，破坏了企业在消费者心目中的形象，也削弱了竞争力。

而就在这种情形之下，1969 年才涉足折扣销售业务的沃尔玛后来居上，蚕食了很多凯马特曾经独家垄断的商区。凯马特逐渐式微。

2001 年"9·11"事件后，美国经济大受冲击，零售业与航空业首当其冲。圣诞购物旺季，美国几大零售商均使出了降价促销的"杀手锏"，凯马特在这场血拼中元气大伤，销售业绩远远低于预期。2001 年 12 月，凯马特公司下属的开业一年以上的商店销售额比前年同期下降了 1%，而美国第一大零售商沃尔玛公司的销售额却增加了 8%。根据凯马特公司提供的数据，到 2001 年 10 月 31 日，该公司在美国的资产总额为 170 亿美元，负债 113 亿美元。2002 年 1 月凯马特申请破产。美国证券交易委员会开始对凯马特申请产前的会计做法展开调查，2005 年美国监管机构对凯马特两名前任高管提起民事欺诈诉讼，指控他们在"大肆"采购 8.5 亿美元商品一事上误导投资者。上述两人是该公司遭到起诉的最高级别前任高管。

除了上述提到的几个案件外，还有 2002 年 2 月美国电子企业蒂科国际公司在过去三年中，部分隐瞒了该公司在过去 700 宗企业收购案中的花费。该公司首席财务官称公司财务报表虽明确地列出了在所有购并中支付的净现金额，但却没有在报表中列明所收购公司的总金额。

2002 年 5 月 20 日美国版《商业周刊》披露，全球最大的飞机制造商波音公司 1996 年与麦道公司合并，但合并时向股东们隐藏了天大的秘密——波音因此次合并增加了上亿美元成本，导致数位高级经理人离职，并不得不在会计上作假。《商业周刊》并提出，波音的审计师德勤也可能涉嫌于内。

6 月 3 日，"美国证券交易委员会宣布，该委员会已同微软公司就此达成一项解决方案，微软同意今后不再违反会计制度。据该委员会称，微软公司在 1994 年 7 月到 1998 年 6 月期间的会计行为存在严重虚报公司收入的情况，那几年微软公司盈利情况并非很好，但微软故意将大量应该在公司收入中扣除的储备资金不予计算，给人以利润虚高的印象。"①

2002 年 6 月，美国第六大有线电视企业阿德尔菲亚公司因一项交易没有入账等问题受到管理部门的调查，在 6 月 25 日向纽约破产法院申请破产保护。

一系列的财务丑闻使美国乃至世界证券市场投资者对资本市场的信心受到严重打击，华尔街股市接连 5 周下跌。2002 年上半年，道·琼斯指数共下跌了 7.8%，并曾一度跌至 9000 点关口以下；标准普尔 500 种股票指数下挫了 13.8%，跌破 1000 点大关；以科技股为主的纳斯达克指数跌幅则达到 1/4，跌至 1400 点，为 1997 年 6 月以来的最低水平。

不仅安达信成了"安然事件"的牺牲品，其他"四大"会计师事务所也相继卷入财务欺诈丑闻。②许多华尔街大鳄也送上了被告席，遭起诉的范围不断扩大，除了美林证券以外，美洲银行、花旗集团、德意志银行、雷曼兄弟和瑞士信贷第一波士顿也都被列入了安然案件的起诉书中。

有人称华尔街丑闻是比"9·11"事件更可怕的恐怖事件。人们在反思证券市场的监管，在反思西方的价值观念，甚至在反思"新经济"的负面效应。WorldCom 破产时，正在加拿大出席 8 国峰会的美国总统布什说，他担心 WorldCom 丑闻将会造成经济上的后遗症。他说："我关心的是企业领袖不负责任的事，会对经济造成的冲击。"同时，白宫经济顾问林赛也在电视访谈节目上披露，布什政府计划增拨 2.5 亿美元给证券与交易所委员会，以便让该委员会加紧取缔大企业舞弊的行动。林赛说："总统将提出更严格的企业监管标准。"美国证券交易委员会甚至美国联邦调查局、各州司法部的行政诉讼都在行动，进行着一场大规模的打假运动，以恢复证券市场的信誉。

《萨班斯法案》的推出被人们称作"乱世用重典"，因为"安然事件"爆发的时候，美国财务信息失真的问题已相当严重。魏斯评级公司在调查了美国前 7000 家公司后发布的报告说，有 1/3 的美国上市企业可能存在捏造盈利报告的问题。

---

① 微软公司涉嫌做假账［N］. 光明日报. 2002 - 06 - 05.

② 在中国，2005 年德勤也卷入了科龙公司的乱局。格林柯尔自入主科龙三年来一直由德勤为其审计，由于格林柯尔及科龙在财务报表上有很多明显漏洞，德勤对科龙 2003 年年报出具了"非标准无保留意见"，遭到业内普遍质疑。普华永道也因黄山旅游（600054.SH）和京东方（000725.SZ）两家上市公司被责令整改。

会计舞弊的盛行不仅仅是某个公司高层主管或者是财务主管的问题，也不是哪个审计师或者是会计师事务所的问题，而是在一个利益驱动机制足够有效的体制中，没有足够有效的监管机制的问题。美国作为世界公认的监管体系严密的国家，财务虚假都这样盛行，与20世纪90年代以来美国新经济浪潮有不可分割的关系。在经济膨胀、企业规模扩大、管理当局权力集中的经济背景下，在巨大利益的诱惑下，企业利用网络组织隐瞒某个环节存在很大的漏洞，政府监管部门、行业协会、会计师事务所以及公司自身的内部控制都没有起到有效的监督作用。

为了遏制上市公司的财务舞弊，更主要的是为了恢复投资者信心，美国国会于2002年7月颁布了《公众公司会计改革与投资者保护法案》（Public Company Accounting Reform and Investor Protection Act），该《法案》是由美国两位威望甚高的参众议员萨班斯（Sarbanes）和奥克斯利（Oxley）联合提出的，所以《法案》又以他们的名字命名，通常被称作《萨班斯—奥克斯利法案》（Sarbanes – Oxley Act，以下简称"萨班斯法案"）。这是美国自《1933年证券法》以来改革范围最广、力度最大的一项法律[1]。

《萨班斯法案》在会计行业及证券市场监管、公司治理等许多方面都做了大刀阔斧的突破性变革，因此，它引起了各方面的密切关注。有人将《萨班斯法案》及其所规定的公众公司会计监督委员会的成立，看作如同1847年的英国南海事件蕴育了注册会计师的诞生，20世纪30年代经济危机促成了美国《1933年证券法》、《1934年证券交易法》及美国证券交易委员会的产生，以及由于20世纪70年代的一系列财务危机使美国注册会计师协会成立的行业内监管机构"公共监督委员会"，成为证券投资市场规范化的又一个里程碑。

二、《萨班斯法案》的主要内容

《萨班斯法案》的内容共分11章，每章又分若干条目，共66条。各章节分布和具体内容见中国注册会计师协会2003年11月11日编的《美国萨班斯法案》（本书附录一）。

在《萨班斯法案》的十一章中，前六章是整个《法案》的核心部分，对于传统法规的重大变革及增强监管力度的条款主要集中在这一部分，篇幅也超过全文的2/3。其内容主要涉及对注册会计师行业及公众公司的监管[2]，包括：

（1）建立一个独立的公众公司会计监管委员会，对为公众公司审计的会计师事务所进行监管。

（2）通过各项制度改革提高审计的独立性。

（3）对公司高管人员的行为进行限定以及改善公司治理结构、加强财务报告的披露等。

（4）规范金融证券等分析机构的执业行为。

---

[1]　美国总统布什在签署萨班斯法案的新闻发布会上称"这是自罗斯福总统以来美国商业界影响最为深远的改革法案"。

[2]　《萨班斯法案》所指的公众公司（Public Company），是指在美国公开发行证券的公司，它是相对于私人公司（Private Company）而言的。与上市公司（Listed Company）的概念相比，公众公司的范围略宽。公众公司包括股东在500人以上，资产不少于100万美元的非上市公司，这些非上市公司可以在美国的OTCBB（场外电子柜台交易市场）上进行股票交易。《萨班斯法案》同样适用在美国发行证券的国外公司。相应地，该《法案》中提到的会计师事务所，也是指为如上所述的公众公司审计的美国国内及国外的会计师事务所。

（5）提高美国证券交易委员会的执法能力等。

另外，《法案》的第七章要求相关部门在《萨班斯法案》正式生效后的指定日期内（9个月内）提交若干份研究报告，包括：会计师事务所合并、信贷评级机构、市场违规者、执行情况、投资银行等研究报告，以供相关执行机构参考，并作为未来立法的参照。

第八章至第十一章主要是提高对于公司高管及白领犯罪的刑事责任，增大法律对财务欺诈的威慑力。

《萨班斯法案》的两个核心条款302条款和404条款需要广大赴美上市企业特别关注。302条款要求向SEC提交定期报告的公司，在每一个年度或季度定期报告中就某些财务事宜附一份CEO和CFO签署的书面认证文件，声明公司对定期财务报告的责任。该认证文件明确适用于10－K及20－F年度报告。其主要内容为以下六个方面：

（1）签名的官员已审核该报告。

（2）据CEO、CFO所知，该报告中不存在任何虚假不实之处。

（3）据CEO、CFO所知，报告中的会计报表和财务信息在所有重大方面，公允地反映了上市公司在报告所述阶段的财务状况和运营业绩。

（4）CEO、CFO负责建立和维持公司的内部控制机制，保证CEO、CFO能够全面了解上市公司及其子公司的所有重大信息；并评估内控体系是否有效可行。

（5）签署官员已向会计师、审计师披露了所有有关内控体制的重要不足之处。

（6）签署官员已在报告中说明自评估之日后内控体制是否进行过重大变更。

404条款主要强调的是管理层对内部控制的评估。此条款规定，公司的年报中必须包括一份"内部控制报告"，该报告要明确指出公司管理层对建立和保持一套完整的、与财务报告相关的内部控制系统所负有的责任，并要求管理层在财务年度期末，对公司财务报告相关的内部控制体系做出有效性的评估；会计事务所的审计师需要对管理层所作的有效性评估发表意见。

302条款和404条款的制定是为了使企业建立一套完善的内部控制制度，从而使企业对自身的财务和经营状况有更加明晰的监管。从企业发展的长远角度来考虑，《萨班斯法案》确实有助于公司建立完善的公司治理结构和内控体制。

可以说《萨班斯法案》中的各项措施，都体现了立法者的基本理念：证券市场的各个环节都需要最严密的监督制衡机制。所有条款归根结底只为一个目的：就是要提供给投资者真实的会计信息。

三、欧洲各国的"安然事件"及各国的反思和应对

"安然事件"发生以来，各国都在进行反思。事实上，股市的造假事件不仅在美国，而且也蔓延到了其他国家。

1. ComRoad——德国版"安然"

在德国，被认为是高科技网络通信企业代表的ComRoad远程信息供应公司，也因涉嫌做假账在号称德国"二板市场"的法兰克福新市场上遭处罚性摘牌。此事被喻为德国的"安然事件"，成为德国证券新市场成立5年以来的最大丑闻。

2002年2月20日，ComRoad公司监事会委托吕德—帕特纳审计公司为该公司2001年财政情况作特殊审计。4月9日，在该公司监事会召开的一次例会上，吕德—帕特纳审计公司提交了一份长达232页纸的特殊审计报告。在这份内容详尽的报告中写道，截至2001

年 12 月 31 日，ComRoad 公司全年销售额收入为 9360 万欧元，其中 9030 万欧元是通过与一家名叫 VT 电子的中国香港公司业务往来产生的。报告对 ComRoad 公司与这家中国香港公司的业务往来提出了质疑：第一，一家德国公司与境外一家公司的业务往来占其公司盈利的 96.4%，这种现象非常反常；第二，ComRoad 公司 2001 年 96.4% 的盈利来自境外，而公司却没有任何一项相关的资金流动记录；第三，公司也没有关于与这家中国香港公司的具体业务内容记录。根据这些证据，报告怀疑 ComRoad 公司有做假账、伪造发票的嫌疑。吕德—帕特纳审计公司的报告还揭露，ComRoad 公司盈利实际一直处于负增长状态，而有些部门实际已经处于破产状态。为了赢得足够的银行贷款，同时也是为了保住其公司的客户以及稳住投资人，该公司不惜做假账。

就是这份报告在后来的几天里震惊了整个德国经济界和德国股市。ComRoad 公司一时间信誉扫地，其在新市场的股票价格一路暴跌，当天就狂泻一半，第二天市值又缩水了 20%。4 月 19 日，德国法兰克福新市场宣布，由于涉嫌做假账，对 ComRoad 公司的股票实行处罚性摘牌。

然而，这还只是冰山一角。随着调查的深入，吕德—帕特纳审计公司 4 月 23 日又传出爆炸性新闻：ComRoad 公司从 1998 年到 2000 年的决算账目大部分也是伪造的。审计公司的调查显示，ComRoad 公司这 3 年的销售额分别有 63%、86% 和 97% 是通过那家不存在的中国香港 VT 电子公司产生的。显然，公司这几年的实际经营状况远不如其决算收支表上所显示的那么乐观。

全球审计巨头毕马威国际会计公司也被牵连了进来。1998～2000 年，ComRoad 公司委托毕马威公司审计该公司决算。尽管毕马威公司于 2002 年 2 月在怀疑中国香港 VT 电子公司是否存在之后宣布结束与 ComRoad 公司的合同关系，并立即停止对 ComRoad 公司 2001 年度决算账目的审计，但它仍然脱不了前 3 年为该公司提供假证明的干系。德国小股东保护委员会扬言要控告毕马威公司。

2. 维旺蒂——法国版"安然"

欧洲传媒及公用事业巨头、法国大企业维旺蒂（Vivendi）是一家广泛涉足娱乐媒体的国际大企业，在世界主要地区都有分支机构，并在 20 世纪 90 年代从事了大量国际并购，成为一家名副其实的跨国企业。2001 年 10 月，维旺蒂公司请求安达信会计公司帮助其进行股票交易的转账，试图避免将一项 15 亿欧元（13.5 亿美元）的贷款交易登记在录，这一交易涉及它在英国的付费电视 BskyB 的股权的出售。若计入这一数字，该公司将首次出现财务赤字并增加其债务。维旺蒂由于涉嫌会计造假，被穆迪投资机构评为垃圾股，市场担忧这是法国版"安然"，维旺蒂财务报表作假的事情使该公司的股票在市场上一落千丈，债券变成垃圾债券，维旺蒂总裁被迫辞职，公司后来被收购。维旺蒂丑闻给欧洲和美国市场带来了巨大的冲击。

3. 帕玛拉特——意大利版"安然"

2003 年 12 月 27 日，意大利帕尔马地方破产法院批准帕玛拉特（Parmalat）公司提出的破产保护申请。帕玛拉特是意大利第八大企业，同时也是世界乳品业巨头，对于全球的乳品行业来说，帕玛拉特具有举足轻重的地位。它在全球近 30 个国家拥有约 3.6 万名员工。

但 2003 年以来，帕玛拉特公司频频曝出财务丑闻。

12 月 15 日，刚刚接任的帕玛拉特董事长兼首席执行官恩里科·邦迪（Enrico Bondi）

以为他的工作仅仅是帮助重组这个意大利最大的乳制品集团。可几天后，事情突转急下，甚至远远超出了很有治理"问题企业"经验的职业经理人邦迪的预料。首先是帕玛拉特的创始人兼老板的卡利斯托·坦济（Calisto Tanzi）被主要债权银行残酷地驱逐出局，然后是邦迪开始扯开了帕玛拉特的奇怪的资产负债表背后的真相，帕玛拉特的财务黑洞露出了冰山一角。

帕玛拉特公司作为一个债券市场的重量级的客户，过去一直负担巨额债务，但帕玛拉特表示可以用雄厚的现金储备来抵消这些债务对其公司运作的影响，因此，其不良信用问题并没有引来非议。可到了12月初，帕玛拉特突然无法偿还到期的1.5亿欧元的债券。很多金融机构都很疑惑为何这样一个年营业额达76亿欧元的企业还会存在债务偿还问题。可当帕玛拉特宣称无法偿清在开曼群岛的共有基金（一种投资公司形式）大约5亿欧元的债务时，投资者们立马陷入恐慌。

邦迪走马上任后最先发现的是一大笔巨额资金的欺诈行为，甚至可以追溯到大约10年前。司法机关在12月中旬介入调查后发现，帕玛拉特公司的财务账面出现巨大漏洞，而且涉嫌使用假银行证明文件。12月27日，包括公司创始人卡利斯托·坦济及其得力助手、帕玛拉特金融投资公司总经理法乌斯托·托纳等20多人因涉嫌参与金融欺诈或做假账而接受司法机关的调查。坦济在接受调查时承认，公司财务"黑洞"可能超过100亿欧元。2003年12月29日，帕玛拉特的股票几乎一文不值，米兰股票交易市场将其无限期地搁置了。

调查官员、坦济的同事们，包括前财务主管，都宣称坦济个人从帕玛拉特公司侵吞了8亿欧元。坦济的律师否认有这种金钱的"消失"。坦济的确有购买足球俱乐部的嗜好，但据报道他的生活并不十分奢侈。即使是这种具体的指控最终被证明属实，也无法解释流失掉的几十亿欧元的资金。

像安然公司一样，帕玛拉特公司过于喜欢复杂的债务和衍生交易，经常使用包括它的某些子公司在内的复杂的海外机构进行交易。投资者和银行都难以理解它的平衡表，难以对它的债务情况进行评估。

与安然公司的情况一样，由于人们被帕玛拉特公司经常性的自我吹嘘欺骗，这个公司的问题被长期忽视是必然的。正如数以亿计资产从安然公司被吸走一样，看来大量的资产可能从帕玛拉特公司消失。银行家们说，可能花费几个月的时间清理帕玛拉特公司的事务。邦迪先生组织了一个包括分析会计师在内的团队，评估这家公司能否避免拖欠债务。安然公司败坏了它的会计公司安达信公司的声誉。帕玛拉特公司的会计公司德勤公司也必须做出解释。

其实对一些金融机构来说，"帕玛拉特是一个靠不住的客户"这件事早已不是秘密。那么，一些有名气的公共机构投资者为什么继续购买帕玛拉特公司的股票和债券？就银行方面来说，它们为什么继续贷款和安排不可靠的衍生交易？帕玛拉特公司经营上的一些表面现象固然是一个原因——它的牛奶加工和销售业务很有价值。但这不能证明一种集体的判断失误是有理的。

一些全球著名的银行，包括花旗集团、J. P. 摩根公司和德意志银行，它们心甘情愿地构筑衍生交易，使帕玛拉特公司能够向海外转移资金和利用这种交易进行投机。这些银行没有对它们的客户的股东负责，但自己挣得了可观的酬金。在美国和欧洲，它们卷入了许多著名的公司丑闻。

按《意大利企业破产法》规定，帕玛拉特公司最多可以得到两年的破产保护。另外，根据意大利政府通过的一项特殊法令，政府将任命 3 名特别专员，对该公司进行"特殊管理"，专门负责实施公司的破产保护计划。

伦敦出版的《经济学家》周刊称帕玛拉特事件是"欧洲的第三个安然"。此外，《经济学家》周刊在其 2003 年底的一篇文章中还提到三家卷入会计丑闻的欧洲企业：Ahold———一家荷兰零售企业集团，Alstom———一家联合王国工程企业，Cirio———一家意大利食品制造商。这些企业都是当地颇具规模的大企业。

毫无疑问，企业会计假账在当今国际金融市场上已成为一个具有相当普遍性的问题。人们已经知道有那么多大企业做过这样那样的假账，其实可能还有更多的事例未被揭露出来，或者暂时地还被掩盖着，或者其严重的程度尚不那么大从而不被人们所重视。从近年来看到的大量会计丑闻事件可以得出一个结论，即诚信不足是一个世界性问题。可以说在世界范围内要解决企业做假账的问题是一个很大的难题。安然事件出现后，美国国会通过《萨班斯法案》，极大地增加了对证券交易市场和证券交易行为的监管措施，并对上市企业的内部治理结构也做出了许多法律要求。这个和这类法律的实施应该说加大了企业做假账的难度。但是，仍然还是有一些作假企业在躲避法律，或者说在法律惩罚的威胁之下继续作假。"猫捉老鼠"的较量是无休无止的。

对比欧美公司的丑闻，哥伦比亚法学院约翰·科菲（John Coffee）先生曾指出欧美公司丑闻的不同。他以安然和帕玛拉特为例，认为安然是一家能源企业，其不法行为是试图抬高、保持公司的股票价格。而奶制品集团帕玛拉特则是把钱卷走，让个别人中饱私囊。这种不同说明了欧美企业组织方式存在本质不同。在美国，企业的股东非常分散。既然过于分散，也就无法对企业管理人员进行日常控制。因此，美国股东通过发放期权的方式，和高层管理者保持利益上的一致。1990 年，标准普尔（S&P）500 强工业企业的首席执行官平均收入为 125 万美元，其中 92% 为现金，8% 为股份。到 2001 年，首席执行官平均收入超过 600 万美元，其中 66% 为股份。美国企业广泛使用股票期权的做法，改变了首席执行官对待公司收益披露的态度。"在早期阶段，美国管理层有一个著名的'未雨绸缪'（Rainy Day Reserves）做法，将超出市场预期部分的收入留起来，等到以后出现收入不足的时候再补上"，科菲教授写道。管理层参与收入的调整工作，将一段时期的波峰削平，填入下一时期的波谷。这种传统的收益管理方式旨在掩盖收益的波动性，否则投资人会因起伏过于迅猛而受惊。到了 20 世纪 90 年代末期，首席执行官们一个个都持有大量期权，于是在做法上有了很大不同：他们从将来"偷取"收益，形成"收益尖峰"（Earnings Spike），以满足市场预期，防止股价大跌。尽管这些收益尖峰不可持续，企业经理人却有信息不对称之便利，他们预计到自己无法维持收益的增长，于是将期权套现，金蝉脱壳，科菲教授引用了多项研究报告，说明使用期权方案的企业中，受舞弊行为之害者非常普遍。

而欧洲企业通常有控股股东或股东群体，并不需要通过期权之类间接机制控制管理层。他们可以直接告诉管理层该怎样做。欧洲首席执行官没有多少自由可用来操纵收益，而且他们这样做的动机也不强。但是欧洲舞弊现象依然存在，只不过舞弊方式不同，舞弊的人员不同。欧洲的首席执行官倒不会操纵收益，反而是股东利用自己的控制权，擅自动用企业的资产。

欧美企业不仅舞弊方式不同，防范手段也因此有所不同。例如，美国的公司治理改革侧重于保证独立审计委员会和审计者合作，这一做法在欧洲就不怎么灵验。欧洲的董事会总是力争脱离股东的影响。"如果审计人员勤勉，或许可以察觉帕玛拉特的舞弊行为来，……但是我们也怀疑，一旦他们开始较真，认真审查起来，就有可能被人解聘。"科菲教授承认，他还没有什么简单的建议，可以帮助防范欧洲式的舞弊行为。

对于欧美丑闻不同说，也有一些明显的例外情形，比如维旺蒂（Vivendi），其丑闻也包括操纵收益的情形。科菲教授的解释是，这种操纵要么发生在这些公司的美国分公司，或者像维旺蒂这样，把自己变成了美国式集团企业，因此，其丑闻也是美国式的。对于公司高层管理者据称挪用公款为自己使用。科菲教授承认，欧美企业的差异多为趋势所趋，而非铜墙铁壁的定律。①

但是，无论如何，帕玛拉特事件对欧洲财会界和监管团体来说是一个及时的警钟。在欧洲国家中，意大利一直被认为对会计的监管最严格，例如，要求企业每9年轮换负责审计的会计师事务所，会计师事务所不可向审计客户提供非审计服务，以及设立了一个强而有力的监管机构（Con-sob）。然而，欧洲有史以来最大的会计丑闻——帕玛拉特事件——竟然发生在意大利。以前欧洲认为类似美国安然的事件"不会在这里发生"，并声称美国以"规则为基础"的会计文化非但不能防止舞弊行为，反而使管理层有机可乘。会计界广泛讨论欧洲"以原则为基础"的会计文化的优越性，并认为美国的《萨班斯法案》的条文太苛刻。但帕玛拉特事件使欧洲的态度有了180°的转变，帕玛拉特事件后，特许公认会计师公会（ACCA）建议欧盟应该迅速行动，加强审计监督和公司治理。英、德等欧洲国家的政府和行业组织也通过立法加强了对社会审计和企业会计的监管：英国进一步加快了对独立监管机构会计基金会及其下设机构的完善；德国也把建立独立监管机构财务复核小组和公共检查委员会提到了议事日程。

四、有关《萨班斯法案》的争论

作为一项目的性极强的法案，《萨班斯法案》的第一句话就是"遵守证券法律以提高公司披露的准确性和可靠性，从而保护投资者及其他目的"。《萨班斯法案》自面世以来，各种争论就没有停止。争议主要在几个方面：

1.《法案》是否能从根本上改善财务信息失真的状况

就美国证券市场的现状来看，大范围财务信息失真的现状是较深层次的会计、审计监督制度及美国10年来经济高涨带来的一系列问题积累所致。在这样严峻的形势下，仓促出台的《萨班斯法案》尽管在正式颁布前美国国会经历了将近20次的公开听证，相关人员也曾展开了较充分的争论，但是，国内外许多业内人士都质疑该《法案》是否能抓住要害，从根本上改善财务信息失真的状况，实现遏制财务舞弊的初衷？该《法案》是否能给证券市场带来真正的改观。美国波士顿大学法学教授凯林·汉认为《萨班斯法案》"渲染有余，变革不足"，认为《法案》具有明显的"拼凑性质"和"汇编性质"，"几乎所有的增补规定实际上都已是惯例，或已经体现在证券交易所、监管机构、各州或联邦立法的

---

① 约翰·考菲（John Coffee）《企业丑闻理论：为什么美国和欧洲丑闻不同》（A Theory of Corporate Scandals：Why the US and Europe Differ"，http：//papers.ssrn.com/sol3/papers.cfm? abstract-id=694581，译者：方柏林）。

有关规定中"。①

2. 《法案》是否具有政治性

一些业内人士认为该《法案》具有明显的政治性。首先，政府不能对市场上数量不断增多、规模不断加大的会计舞弊事件无动于衷，他们需要向公众表明他们有所作为。其次，在美国当时投资市场萧条，又是 2002 年中期选举的特定经济背景和政治背景下，一个新法案的推出和一个新机构的成立，被一些人质疑为是政治家的炒作。因此，许多评论认为《萨班斯法案》带来的变化很可能缺乏实际效果，至多通过舆论影响市场参与各方的心理，从而恢复投资者信心，而对其是否能真正解决美国证券市场存在的一些根本性问题表示怀疑。

3. 如何在适用《法案》时体现成本效益原则

自美国实施《萨班斯法案》以来，尽管上市公司监管水平确实得到了提高，但也由于高昂的上市成本，不少企业怨声载道。特别是一些中小型公司已经在考虑私有化了。即使是一些大公司，也有不少抱怨。据国际财务执行官协会（FEI）的统计，2005 财政年度，美国上市公司为了实施 404 条款，平均花费 380 万美元和 22786 个员工小时的工作量。而像通用电气这样的大公司，支出则高达 3300 万美元。FEI 的调查发现，44% 的人认为 404条款使财务报告更加可信，33% 的人认为 404 条款能帮助公司防止会计欺诈，但 85% 的受访者认为《萨班斯法案》带来的成本支出超出了其收益。

2005 年 5 月，公司治理诚信办公室的一项研究认为，对于市值低于 7 亿美元的公众公司，执行《萨班斯法案》的费用占其收入比例过高。该机构同时指出，高昂的费用将迫使部分公众公司私有化。据律师事务所 Foley 和 Lardner's 的调查，在受访者中 21% 的公司有私有化计划，另有 10% 的公司考虑卖掉公司，8% 的公司考虑与其他公司合并。美国管理会计协会的副主席杰夫·托马森认为，《萨班斯法案》出发点是很好的，但其却给上市公司带来了灾难。美国独立社区银行在给美国证券交易委员会（SEC）的一封信中称，执行404 条款对其会员银行带来的成本太高，要求监管者豁免小型公众公司遵循一些审计规定。托马森还认为，美国证券交易委员会和相关的会计标准制定协会缺乏具体操作指引，给公众公司造成了巨大的经济成本，损害了股东利益并影响了美国公司的全球竞争能力。

美国电子工业协会的理事兼税收政策律师马里尔·李说："如今，我听到一些首席财务官坦率地表示他们对公司的情况比以往知道得更多了。"但是，他听到更多的是，强调公司内部控制和审计的 404 条款正在给商业带来破坏性影响。《萨班斯法案》给公司带来的成本增加已经远远超过了美国证券交易委员会最初的设想，而且对小公司的伤害更大一些，原因在于由此带来的交易成本占他们收入的比例越来越大。

《萨班斯法案》实施以来给上市公司带来的巨大负担使其遭到越来越多的质疑，要求改革这一法案的呼声越来越高。部分公司高层管理人士、商业团体及政府官员纷纷对《萨班斯法案》以及美国司法部和美国证券交易委员会执行该法案的方式予以谴责，称其耗资甚大且挫伤了企业冒险精神。

此外，许多人质疑《萨班斯法案》，认为该《法案》对国外在美上市的大企业来讲，要求过严了。也有许多高科技企业面对在美上市的高成本和操作困难望而却步。SEC 主席

---

① Lawrence a. Cunningham' Hte Sarbaues - Oxley Yawn: H Boston College Law School Research Paper No. 01, eavy Rhetoric, Light Reform (And it Might Just Work), University of Connecticut Law Review, 2003, Vol. 36.

考克斯也承认，尽管《萨班斯法案》对提高财务报告的准确性和可信性有很大作用，但《法案》的实际执行还需要进一步审慎改善。美国市场监管者也在不断调整《萨班斯法案》相关的规则和审计标准。

五、《萨班斯法案》对我国的启示

2004 年 10 月在纳斯达克上市的公司于 2005 年 9 月迎来了《萨班斯法案》。2006 年 7 月 15 日，70 多家中国在美国的上市公司，在紧张不安中迎来了《萨班斯法案》的生效。有关专家指出，《萨班斯法案》将影响各国公司内部控制和风险管理体系的建立。按照《萨班斯法案》的要求，上市公司的首席执行官/首席财务官（CEO/CFO）需要就有关披露控制程序的有效性发表声明，并为此承担责任。《法案》404 条款还要求上市公司在年报中披露专门的内部控制报告，要求公司任何一个岗位的职务、职责描述得一目了然，并保留所有流程的相关证据。《法案》的实施旨在有效防范恶意欺诈，有利于规范上市公司行为和保护投资者利益。一些人认为，尽管公司要为完善内部控制付出一定的成本，但却因此奠定了公司百年老店和业绩长青的基础。

美国一直是世界上公认的会计审计行业监管体系相对完善的国家，虽然近年来美国国内财务丑闻层出不穷，世界各国还是在密切关注美国在证券市场监管、会计信息监督体制方面的各项行动，所以《萨班斯法案》是否能够真正防范证券市场会计舞弊不仅是美国人关心的问题。我国对于《萨班斯法案》也给予了充分关注，财务信息失真是长期困扰我国证券市场及会计审计监管者的问题，随着市场经济的发展，探寻行之有效的监管制度体系成为一个日益艰巨的任务。早在安然事件之前的银广厦等财务造假案同样严重打击了国内投资者的信心，股市行情也一直不容乐观。我们在总结自身经验教训的同时，也应当同西方发达国家尤其是美国作比较，寻找行之有效的监管体制，毕竟，证券市场制度本身就起源于西方发达国家。在我国，证券市场是随着社会主义市场经济体制的建立逐步引入并发展壮大的，目前可以说还在起步阶段。我们在审视自己问题的同时，也要关注美国等发达国家的证券体系在发展中遇到的问题及其解决方式，合理利用西方发达国家的宝贵经验，少走弯路，同时结合我国国情，尽早探索出先进的证券市场会计、审计体系。

安然等一系列事件的爆发，让我们开始重新审视美国等西方国家的监管体系。目前，我们更应该思索的是证券市场会计审计体系本身的问题，虽然证券市场体系本身是借鉴于西方发达国家，但是我们不应该仅仅作为一个追随者，而应当做一个聪明的学习者。

因此，对于《萨班斯法案》，既不能盲从，也不应敬而远之，而应该深入分析，研究其有效价值，关注其实施情况，结合我国实际情况，有选择地加以借鉴。《萨班斯法案》中各条款涉及的都是资本市场监管的敏感问题，了解其产生背景，透彻地分析其内容对我们我国证券市场今后的建设，不无裨益。

第二节　企业内部控制体系

除了加强监管，欧美国家的一系列灾难性事件也呼吁应该进一步加强企业的内部控制，采取更进取的外部审计，以及加强投资界、监管者和核数师对企业过于复杂的财务结构的敏锐度。

加强企业内部财务控制是改善财务报告质量的关键，企业行政总裁、财务总监和审核委员会应将如何加强内部财务控制和风险管理作为中心课题，以避免管理层将会计数字加以调控或做假。因此，内部控制其中一个重要的措施，便是成立一个较进取的审核委员会，当中包括强势的、具独立思维和财务知识的委员，以避免管理层任意玩弄复杂的财务交易和财务结构。

一、企业内部控制概念的发展

内部控制的概念是在实践中逐步产生、发展和完善起来的，是工业革命后，企业规模化和资本大众化的结果。20 世纪初期，资本主义经济迅速发展，股份公司规模日益扩大，企业所有权和经营权进一步分离，为了防范风险、揭露问题、纠正偏差，在企业内逐步形成了一些组织、调节、控制和监督经营者行为和企业管理活动的制度和方法，逐步形成了较为正式的企业内部控制制度。

如果从内部控制概念的演变的过程看，大致可以区分为内部牵制、内部控制制度、内部控制结构、内部控制整体框架、风险管理框架五个阶段。

1. 内部牵制阶段

在内部牵制阶段，账目间的相互核对是内控的主要内容，设定岗位分离是内控的主要方式，这在早期被认为是确保所有账目正确无误的一种理想控制方法。

2. 内部控制制度阶段

在内部控制制度阶段，内部控制的重点是建立健全规章制度。1936 年，美国颁布了《独立公共会计师对财务报表的审查》，首次对内部控制进行了定义："内部稽核与控制制度是指为保证公司现金和其他资产的安全，检查账簿记录的准确性而采取的各种措施和方法。"1949 年，美国会计师协会的审计程序委员会在《内部控制，一种协调制度要素及其对管理当局和独立注册会计师的重要性》的报告中，对内部控制进行了更为清晰的定义："内部控制包括组织机构的设计和企业内部采取的所有相互协调的方针和措施。这些方法和措施都用于保护企业的财产，检查会计信息的准确性，提高经营效率，推动企业坚持执行既定的管理政策。"这个定义及其解释在当时被认为是对内部控制概念认识的重大贡献。

此后美国审计程序委员会又经过了多次修改。1973 年在美国审计程序公告 55 号中，对内部控制制度的定义做了如下解释："内部控制制度有两类：内部会计控制制度和内部管理控制制度，内部管理控制制度包括组织结构的计划以及关于管理部门对事项核准的决策步骤上的程序与记录。会计控制制度包括组织机构的设计以及与财产保护和财务会计记录可靠性有直接关系的各种措施。"但是会计界将内部控制人为地分为两部分：会计控制和管理控制，遭到了企业实务界的反对。

3. 内部控制结构阶段

在内部控制结构阶段，内部控制被认为是为合理保证企业特定目标的实现而建立的各种政策和程序，分为控制环境、会计系统和控制程序三个方面。1988 年美国审计准则委员会发布的第 55 号审计准则公告《财务报表审计中内部控制结构的考虑》，较大幅度地修改了对内部控制的定义，首次以"内部控制结构"一词取代原有的"内部控制"一词，这是内部控制理论研究的一个新的突破性成果。公告指出："企业的内部控制结构包括为合理保证企业特定目标的实现而建立的各种政策和程序"，并且明确了内部控制结构的内容，具体如下：

（1）控制环境。所谓控制环境是指对建立、加强或削弱特定政策和程序效率发生影响的各种因素。具体包括：管理者的思想和经营作风；企业组织结构；董事会及其所属委员会，特别是审计委员会发挥的职能；管理者监控和检查工作时所用的控制方法，包括经营计划、预算、预测、利润计划、责任会计和内部审计；人事工作方针及其执行，影响本企业业务的各种外部关系。

（2）会计系统。会计系统规定各项经济业务的鉴定、分析、归类、登记和编报的方法，明确各项资产和负债的经营管理责任。健全的会计系统应实现下列目标：鉴定和登记一切合法的经济业务；对各项经济业务按时进行适当分类，作为编制财务报表的依据；将各项经济业务按适当的货币价值计价，以使列入财务报表；确定经济业务发生的日期，以便按照会计期间进行记录；在财务报表中恰当地表述经济业务以及对有关内容进行揭示。

（3）控制程序。控制程序是指管理当局所制订的用以保证达到一定目的的方针和程序。它包括下列内容：经济业务和经济活动的批准权；明确各个人员的职责分工，防止有关人员对正常业务图谋不轨的隐藏错弊。职责分工包括指派不同人员分别承担批准业务、记录业务和保管财产的职责；凭证和账单的设置和使用，应保证业务和活动得到正确的记载；对财产及其记录的接触和使用要有何保护措施；对已登记的业务及其计价要进行复核。

4. 内部控制整体框架阶段

内部控制整体框架，即 COSO 内部控制框架。分析内部控制的发展历程，我们不得不承认，尽管漫长人类历史中，内部控制思想已经被应用到人们的日常经济生活中，管理控制、行为控制手段在内部控制的发展演变中都曾发挥着重要的作用，只有从组织整体管理目标出发研究内部控制系统，才能满足健全企业内部控制的要求。[①]

在美国，20 世纪 70 年代中期，与内部控制有关的活动大部分集中在制度的设计和审计方面，重在改进内部控制制度和方法。

1973～1976 年，对水门事件（美国公司进行违法的国内捐款和贿赂外国政府官员）的调查结果促使立法者和监管机构开始对内部控制问题给予高度重视。为了制止美国公司向外国政府官员行贿，美国国会于 1977 年通过了《国外腐败实务法案（1977）》。该《法案》除了反腐败条款外，还包含了要求公司管理层加强会计内部控制的条款。该《法案》成为美国在公司内部控制方面的第一个法案。1978 年，美国执业会计协会下面的柯恩委员会（Cohen Commission）提出报告称：一是建议公司管理层在披露财务报表时，提交一份关于内控系统的报告；二是建议外部独立审计师对管理者内控报告提出审计报告。1980 年后，内部控制审计的职业标准逐渐成形。而且，这些标准逐渐得到了监管者和立法者的认可，使得立法机关与行政机关开始注意到内部控制问题。针对调查的结果，美国国会于 1979 年通过了《反国外贿赂法》（Foreign Corrupt Practices Act，FCPA）。FCPA 除规定了关于反贿赂的条款外，还规定了与会计及内部控制有关的条款。[②]

---

① 目前内部控制整体框架方面的主要成果是 1992 年由 COSO 提出并于 1994 年修改的《内部控制——整体框架》、1998 年巴塞尔委员会对 COSO 报告的修正、1999 年的特恩布尔报告、加拿大 COCO 内部控制框架以及 2004 年修订的《企业风险管理框架》。

② 2004 年 4 月 6 日，朗讯宣布已经解雇了其中国区的 4 名主管人员，理由是这 4 名主管在企业运营中存在内部管理控制不力，可能违反了美国的《反海外腐败法》（Foreign Corrupt Practices Act）。朗讯也就内部控制不力向美国司法部以及美国证券交易委员会递交了报告。

1985 年，由美国注册会计师协会、会计协会、财务主管协会、内部审计师协会、管理会计师协会联合创建了反虚假财务报告委员会（由于该委员的委员长是 J. C. Treadway，故又称为 Treadway Committee），该委员会旨在探讨财务报告中的舞弊产生的原因，并寻找解决措施。基于该委员会的建议，成立 COSO（Committee of Sponsoring Organization of the Treadway Committee，美国反虚假财务报告委员会的发起组织委员会），专门研究内部控制问题。

1992 年 9 月，COSO 提出了报告《内部控制——整合框架》（1994 年进行了增补），即 COSO 内部控制框架。

COSO 内控框架的提出标志着内部控制理论发展到新的阶段，对企业完善和优化内部控制、增强风险防范能力具有十分重要的意义。COSO 内部控制框架之所以被广泛地选择作为构建和完善内部控制体系的标准，是因为：虽然 COSO 内部控制框架并非唯一的内部控制框架，但却是美国证券交易委员会唯一推荐使用的内部控制框架，《萨班斯法案》第 404 条款的"最终细则"也明确表明 COSO 内部控制框架可以作为评估企业内部控制的标准。股份公司作为纽约证交所上市公司，需要按照《法案》要求，引进 COSO 内部控制框架，整合现有内部控制，满足《法案》的要求。同时，对股份公司来说，这也是梳理管理流程、规范管理、提升整体管理水平的契机。COSO 内部控制框架是一个较为理想的框架，几乎所有公司的内部控制均与之有一定差距，美国各大公司也正在为此而努力，虽然这必然加大企业负担，但多数公司同股份公司一样，希望通过理解和贯彻 COSO 内部控制框架要求，来实现提升管理水平的目的。

与内部控制结构阶段相似，1992 年的 COSO 报告中建立的内部控制整体框架仍然致力于分解内部控制系统内部的要素，不同的是，COSO 框架强调了"内部控制是受企业董事会、管理层和其他人员影响，为经营的效率效果、财务报告的可靠性、相关法规的遵循性等目标的实现而提供合理保证的过程"。在 COSO 框架中，内部控制的要素有所增加，被分为控制环境、风险评价、控制活动、信息与沟通以及监督五种成分，每种要素的内容也在已有研究的基础上进行了拓展。

COSO 内部控制框架首先强调的是内部控制目标。因为 COSO 认为，没有预定的目标，谈控制就没有任何意义。早期的内控制度一般有两项目标：一是财务报告的可靠性目标，二是合规性目标。COSO 认为，内部控制制度主要是为了满足管理层的需要，而管理层的职责是制定本单位的各项目标，并配置人力资源和物质资源以达到这些目标，因此，除了以上两项目标以外，内部控制的首要目标是合理确保经营的效果和效率。

5. 风险管理框架阶段

2004 年 9 月，COSO 又对 1994 年制定的内部控制整体框架进行了扩展，发布了《企业风险管理——整合框架》，该《报告》更加关注于企业风险管理这一更加宽泛的领域。企业不仅可以借助这个风险管理框架来满足它们内部控制的需要，还可以借此转向一个更加全面的风险管理过程。除了已有的内部控制目标以外，它又增加了战略目标；原来的风险评价要素被拓展为目标设定、风险识别、风险评估和风险应对四个要素。内部控制成为企业整体化风险管理中主要关注如何有效的防范和控制财务经营风险的一个重要组成部分。在企业风险管理整合框架中，内部控制不仅是面向过去实际过程的反馈型控制，也应该包括面向未来的前馈控制和过程控制，是贯穿于战略控制、管理控制和作业控制中的全面的控制。尽管风险管理框架不打算也的确没有取代内部控制框架，但风险管理框架文本中指出风险管理框架将内部控制框架涵盖在其中。

《企业风险管理——整合框架》是对《内部控制——整合框架》的超越，也标志着内部控制的转型，它在内涵界定、目标体系、构成要素等方面都进行了拓展和延伸。

表3-1将内部控制各阶段的特征进行了比较，表3-2反映了内部控制框架、风险管理框架与管理活动的关系。①

表3-1　内部控制各阶段的特征比较

内部控制阶段	要素	目标	结构
内部牵制	没有涉及要素	防止舞弊	点
内部控制制度	没有涉及要素	防止舞弊	线
内部控制结构	控制环境、会计系统、控制程序	完成企业既定目标	三角
内部控制整体框架	控制环境、风险评估、控制活动、信息与沟通、监督	经营目标、财务报告目标、遵循性目标	立体三角形
风险管理整体框架	内部环境、目标设定、事件识别、风险评估、风险对应、控制活动、信息与沟通、监督	战备目标、经营目标、报告目标、遵循性目标	立方体

表3-2　内部控制框架、风险管理框架与管理活动的关系

管理活动	内部控制框架	风险管理框架
设定使命、价值观	不涉及	不涉及
确定战略	不涉及	涉及，在战略规划过程中运用企业风险管理
选择实体层面和活动层面的目标	不涉及	涉及，在建立目标设定过程中运用企业风险管理
设定绩效测量标准	不涉及	不涉及
建立内部环境	涉及	涉及
识别风险和分析风险	涉及	涉及，建立风险偏好和设定风险容量；定义潜在事件；评估风险影响和可能性
管理风险	不涉及	涉及，定义、评估、风险应对策略
控制活动	涉及	涉及
信息与沟通	涉及	涉及
监督	涉及，监控内控	涉及，监控企业风险管理各要素是否存在及发生作用

二、《萨班斯法案》下的企业内部控制体系

美国国会2002年7月颁布的《萨班斯法案》不仅对《证券法》（1933）和《证券交易法》（1934）这两部证券监管的重要法律做了修改和补充，而且还对会计行业的监督、审计独立性、财务信息披露、公司责任、证券分析师行为、证券交易委员会的权利和责任等诸多方面做了新的规定。在这些新规定当中，要求管理层报告公司对财务报告的内部控

---

① 王国良．企业内部控制［J］．中华—博略现代咨询有限公司——中华通讯，2006（23）．

制并要求外部审计师证实管理层报告的准确性最为引人注目。使内部控制再次成为人们关注的焦点。

该《法案》的第 302 节要求 CEO 和 CFO 就他们的内部控制系统进行报告，并在提交给 SEC 的财务报表上签字——依此作为保证，因此，这部法律将迫使高级执行主管确保其内部控制系统的适当性；而第 404 节要求公司：①陈述管理层建立和保持适当的内部控制结构和财务报告程序的责任；②在上市公司的财政年度末，对内部控制结构和财务报告程序的效果的评估。

2004 年 3 月 9 日，美国公众公司会计监督委员会（PCAOB）发布了其第 2 号审计标准："与财务报表审计相关的针对财务报告的内部控制的审计"，并于 2004 年 6 月 18 日经 SEC 批准。该标准关注对财务报告的内部控制的审计工作，以及这项工作与财务报表审计的关系问题。这项综合的审计会产生两份审计意见：一份针对财务报告的内部控制，另一份针对财务报表。对内部控制的审计涉及以下内容：评价管理层用于开展其内部控制有效性评估的过程；评价内部控制设计和运转的效果；形成对财务报告的内部控制是否有效的意见。该标准的出台，将对构成有效公司治理基石的董事会、管理层、外部审计师与内部审计师产生深远的影响。正如美国公众公司会计监督委员会主席 William J. McDonoush 所称，"该标准是委员会采用的最为重要、意义最为深远的审计标准。过去，内部控制仅是管理者考虑的事情，而现在审计师们要对内部控制进行详细的测试和检查。这一过程将对投资者起到重要的保护作用，因为稳固的内部控制是抵御不当行为的头道防护线，是最为有效的威慑舞弊的防范措施"。

美国公众公司会计监督委员会的工作对于规范化的内部控制设计、实施、监督、评估与不断改进是有重大进步意义的，它使许多美国公司的各层管理者能在一个统一的框架内有效履行其内部控制的职责，并为会计师行业对内部控制的评估提供了一个基础。更为重要的是，该标准将力促公司建立有效的内部控制监督体系，这为有效的公司治理奠定了良好的基础。毕竟，内部控制监督过程需要审计委员会、高层管理者、外部审计师和内部审计师的共同参与。

美国公众公司会计监督委员会相信，为获取可靠的财务报表，机构必须保持内部控制的运转，以便了解各项记录的准确性，各项交易和资产的处理的公允反映情况，并对各项交易记录的充分性提供保证，且收支工作都经管理层和领导者授权。这样，就能根据一般公认会计原则（GAAP）编制财务报表。内部控制的运转还能确保上述步骤的运转，以防止或发现对财务报表产生重大影响的资产的盗用、未经授权使用或处置情形。简言之，如果公司管理层能证明其对簿记工作实施了适当的内部控制，用于编制准确财务报表的账簿和记录是充分的，并遵守了公司资产的使用规则，投资者就会对公司财务报表的可靠性更为信任。

《法案》及美国证券交易委员会和纽约证券交易所随后制定的规则和管制，对于上市公司的治理、内部控制提出了更加严格的要求和限制，作为公司有效控制基石的董事会、高层管理者、外部审计师与内部审计师，必将承担更重要的职责。

三、企业内部控制框架——COSO 框架

美国反虚假财务报告委员会的发起组织委员会（COSO）为内控开发了一个全面的框架。如图3－1所示。

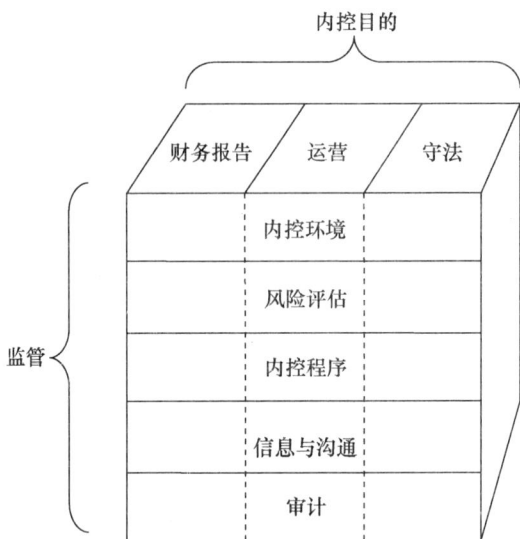

图 3-1　企业内部控制框架

COSO 框架确认了内部控制的三大目标和五大组成要素。这个内控框架是唯一被美国证监会确认为"完整、全面和不偏依"的内控框架。COSO 框架已正式成为内部控制的标准。

1. 内部控制的目标

企业内部控制的目的是保证实现以下组织目标：

（1）组织运行的效果与效率。所谓效果，就是组织实现组织目标的程度；所谓效率，就是指一定的资源投入所带来的产出量。

（2）财务报告的可靠性和完整性。财务报告是综合反映组织经营效果和效率的文件，同时也是组织风险控制的重要依据。财务报告的不真实、不完整往往是组织的重要风险之源。

（3）符合相关的法律法规和合同。违反法律法规和合同，既可能给组织带来较高的违法或违约成本，更可能隐含着对组织资产或股东利益更严重的危害。

2. 内部控制的内容

内部控制由五个要素构成：控制环境、风险评估、控制活动、信息与沟通、监督控制。

（1）控制环境，指影响组织实行内部控制的各种因素，其中包括组织特征、产品与服务构成、组织文化、领导风格、法律制度、管理层对内部控制的认识和组织信息管理系统等。这些因素都直接或间接地对内部控制的推行、效果或效率产生正面或负面影响。

（2）风险评估，指对风险的真实性、风险可能造成的损失、防范风险可能采取的有效措施，这些措施可能产生的效果和风险发生后将产生的内外部影响进行分析和评价。

（3）控制活动，是对可能发生或已经发生的风险采取应对措施，纠正偏差，使组织的运行朝着既定目标发展，其中包括相关的政策和程序。

（4）信息与沟通，内部控制涉及组织的各个环节和各个方面，为了获得充分准确的信息、控制措施得到充分响应、风险评估客观公正，广泛的信息来源和相关人员之间的充分沟通与理解是内部控制中十分重要的工作环节。

（5）监督控制，整个内部控制过程，包括风险评价和控制措施，本身都必须处于有效的监督控制之中，并根据具体情况进行及时的动态调整，以提高内部控制的准确性、有效性和控制效率。

内部控制要素内容见表3－3。

表3－3　内部控制要素内容表

要素	要素的说明	进一步细分（如果可能）
控制环境	反映单位最高管理部门、董事和所有者对控制及其重要性的态度的各种行为，政策和措施	董事会 企业管理者的素质 管理者的品行及管理哲学 企业文化 组织结构与权责分派体系 信息系统 人力资源政策及实务等
风险评估	分析和辨认实现所定目标可能发生的风险	
控制活动	确保管理阶层的指令会被实现的政策和程序。它帮助企业针对企业目标不能达成之风险采取必要行动	控制活动的类别：充分的职责分工 业务和活动的恰当授权 充分的凭证和记录 资产和记录的实物控制 执行情况的独立检查等
信息与沟通	用来识别、归集、分类、记录和报告企业的业务，保持对相关资产的说明，使企业内部的员工能取得他们在执行、管理和控制企业经营过程中所需的信息，并交换这些信息	信息沟通
监督控制	管理部门对内部控制质量进行持续的或定期的评价，以确定各项控制是否按照意图运行，是否在必要时进行了修正	内部审计控制与自我评估（CSA）

COSO框架并非唯一的内部控制框架，事实上，当今世界还有另外几个主流内部控制框架，如加拿大的COCO、英国的Cadbury报告、国际内部审计师协会（11A）的SAC、信息系统审计与控制协会（1SACA）的COBIT。[①]但上述几个内控框架都与COSO框架紧密相关。我国证监会发布的《证券公司内部控制指引（2003）》、中国人民银行发布的《商业银行内部控制指引（2002）》、中国内部审计协会发布的《内部审计准则——内部控制（2003）》，其核心目标也与COSO框架一脉相承，就是要在公司内部建立一个基本的控制框架，作为管理层评估财务报告内部控制的基准。这也是公司发展到一定程度在管理方面的必然要求，它受公司治理、价值创造、风险和机会、管制、企业文化、技术发展及受托责任等各方面的影响。

迄今，COSO内部控制框架是美国证券交易委员会唯一推荐使用的内部控制框架，同时《萨班斯法案》第404条款的"最终细则"也明确表明COSO内部控制框架可以作为评估企业内部控制的标准。作为纽约证交所上市的公司，需要按照《法案》要求，引进

---

①　其中最著名的是加拿大注册会计师公会所属的控制基准委员会COCO于1995年11月发行的《控制指导纲要》。COCO提出了一种更精简、具动态，使用更多管理术语的内部控制基本架构。COCO报告从四个方面：目的、承诺、能力、监督与学习，提出20项控制基准。

COSO 内部控制框架，整合现有内部控制，满足《法案》的要求。

四、企业内部控制体系的构建

COSO 在界定企业风险管理时，必须明确两个所属关系：①内部控制是企业风险管理的一个组成部分；②企业风险管理是管理过程的一个组成部分。

事实上，股东对企业风险管理最关心的问题是：

第一，企业知道它所面对的主要风险吗？或者说是，什么风险正在或将会影响企业的业务？如企业的品牌、新产品和新市场的开发、战略联盟以及客户或供应链的管理等。理想的情况是企业能开发一套标准的、共通的风险语言，从而识别企业所面对的风险，并就其严重的程度进行排序。共通的风险语言有利于企业上下层就风险的管理进行沟通。

第二，企业是否已对这些风险设置内部控制？企业需要就各业务单位在日常运作中所面对的风险（战略性风险、业务性风险、流程性风险），构建内部控制（包括预防性控制及觉察性控制），以确保企业能实现目标和符合各方面的法律、法规。理想的情况是，企业就其所面对的风险和采取的内部控制，编制一套完整的文档，并借鉴国际最佳的实务不断进行检讨。

第三，企业的内部控制有效吗？企业要对其内控系统不间断地进行监控和测试，以确保其对风险控制的能力。理想的情况是，企业把各类风险控制在可接受的水平，并在这个基准上赚取合理的回报。

第四，哪些内部控制必须改进？企业内部和内部环境的变化会不停地影响企业所面对的风险和所应采取的监控措施。理想的情况是，企业能建立一套具前瞻性的信息管理系统和预警系统，使企业能及时识别新生的风险，并对相关的业务计划、政策和程序进行修正。

为了解决上述问题，企业内部控制体系的构建一般分为两个层面，或者说，企业需要在两个层面建立有效的内控：一个是公司层面，另一个是流程、交易以及 IT 应用层面。

从公司层面看，如何构建内部控制，应考虑的因素见表 3-4。

表 3-4　公司层面控制要素表

内部控制要素	考虑因素
控制环境	• 企业道德规范与价值观 • 员工的行为操守与企业文化 • 公司治理结构和政策 • 董事会及各委员会的构成 • 企业规章制度 • 董事会与管理层之间的关系、权力和职责
风险评估	• 企业是否拥有既定的程序以确定、评估和度量影响企业达标的风险 　　—— 先进的内审部门 　　—— 风险管理部门 　　—— 全面风险评估 • 企业是否详细记录评估风险的结果？是否进行详细的讨论和沟通

内部控制要素	考虑因素
信息与沟通	• 企业的架构是否能够令各部门及业务单位明确各自的职责及促进沟通 • 企业是否拥有一个合适的电子平台 　—— 处理管理信息和数据 　—— 确保信息能够及时发放 　—— 确保各类信息和报告的准确性和可用性
控制活动	• 规章制度 • 审批程序 • 资产实物的安全 • 特殊报告 • 表现指标 • 信息系统控制 • 职责划分
监督控制	• 对内部控制的定期评估 • 实施改进建议 • 改进内部审计以实施监督控制

就公司层面的控制活动而言，规章制度包括：董事会及各委员会的章程、企业风险政策、员工招聘守则、企业采购政策、会计及财务管理守则等。

审批程序包括：预防性的控制措施、确保规章制度得以落实执行、知识与经验分享、责任的承担等。

资产实物的安全体现在：档案/库存上锁、减少利用现金交易、办公室安全系统／警铃、资料数据库进入的限制、保安人员和员工身份证、机器上的标记、隐性录像机等。

特殊报告包括：逾期应收款报告、工作超时完成报告、原材料不合格报告、机器故障报告、产品不合格或退货报告、存货台账红字报告等。

表现指标包括：预算与实际比较、项目管理报告、财务指标报告、系统可用性报告、员工利用率报告等。

职责划分包括：员工之间相互制约的控制以减少出错或越权的情况，不能由同一人发起、批准和记录一宗交易，不能由同一人保管和记录资产，定期轮换职责、在日常运作中的主要控制点应有高管人员的参与或由独立的人员做出审查等。

在流程、交易以及IT应用层面，主要是识别和理解重要流程，提出"为什么会出错"的问题，识别和考虑针对每一个重要流程解决其"可能错误"的重要控制措施，最后是评价和监控控制的有效性。

以COSO内部控制框架为标准的内控设计一般步骤如下：①确认所要进行的内控设计针对的内控目标是什么。②根据确认的内控目标，识别公司层面的内外部主要风险并进行评估。③通过业务流程的全面梳理，锁定与确认的内控目标相关的业务流程。④按照CO-SO框架提出的控制标准，对确认的主要风险提出控制要求，将梳理得出的业务流程（风险控制活动）与控制要求进行对比分析，提出整改建议。⑤对所确定的业务流程进行分析，分析确认业务活动中存在的风险，提出整改建议。⑥各项制度规章的完善和补充。

在具体控制活动设计和改进时应遵循以下原则：

1. 相互牵制原则

相互牵制原则，是指一项完整的经济业务活动，必须分配给具有互相制约关系的两个或两个以上的部门（或岗位）分别完成。即在横向关系上，至少要由彼此独立的两个部门或人员办理，以使该部门或人员的工作接受另一个部门或人员的检查和制约；在纵向关系上，至少要经过互不隶属的两个或两个以上的岗位和环节，以使下级受上级监督，上级受下级牵制。其理论根据是在相互牵制的关系下，几个人发生同一错弊而不被发现的概率，是每个人发生该项错弊的概率的连乘积，因而将降低误差率。不相容职务相互分离控制有以下几项内容：①授权批准职务与执行业务职务相分离。②执行业务职务与监督审核职务相分离。③执行业务职务与会计记录职务相分离。④财产保管职务与会计记录职务相分离。⑤执行业务职务与财产保管职务相分离。

2. 授权控制原则

授权控制原则，是指企业单位应该根据各岗位业务性质和人员要求，相应地赋予作业任务和职责权限，规定操作规程和处理手续，明确纪律规则和检查标准，以使职、责、权、利相结合。岗位工作程式化，要求做到事事有人管，人人有专职，办事有标准，工作有检查。授权体系包括：

（1）授权批准的范围。企业所有的经营活动一般都应当纳入授权批准的范围。

（2）授权层次。授权应当是区别不同情况分层次授权。根据经济活动的重要性水平和金额大小确定不同的授权批准层次，有利于保证各种管理层和有关人员有权有责。

授权批准在层次上应当考虑连续性，要将可能发生的情况全面纳入授权批准体系，避免出现真空地带。当然，应当允许根据具体情况的变化，不断对有关制度进行修正。

（3）授权责任。被授权者应能够明确在履行权利时应对哪些方面负责，避免授权责任不清，出现问题又难咎其责的情况发生。

（4）授权批准程序。企业的经济业务既涉及企业与外单位之间资产与劳务的交换，也包括在企业内部资产和劳务的转移和使用。因此，每类经济业务都会有一系列内部相互联系的流转程序。所以，应规定每一类经济业务的审批程序，以便按程序办理审批，避免越级审批和违规审批的情况发生。

3. 成本效益原则

贯彻成本效益原则，即要求在实行内部控制花费的成本和由此而产生的经济效益之间要保持适当的比例，实行内部控制所花费的代价不能超过由此而获得的效益，否则应舍弃该控制措施。

4. 整体结构原则

企业内部控制系统，必须包括控制环境、风险评估、控制活动、信息与沟通、监督控制五项要素，并覆盖各项业务和部门。换言之，各项控制要素、各业务循环或部门的子控制系统，必须有机构成企业内部控制的整体架构。这就要求，各子系统的具体控制目标，必须对应整体控制系统的一般目标。

随着国家法制化建设和市场经济的不断深入，及我国市场经济的规范有序发展，1986年，财政部颁发《会计基础工作规范》，把内部会计控制定义为"为了提高会计信息质量，保护资产的安全、完整，确保有关法律法规和规章制度的贯彻执行等而制定和实施的一系列控制方法、措施和程序";1997年1月,国家审计署颁布《中华人民共和国国家审计基本准则》,把对内控制度的测试当作"作业准则"予以规定;1999年,《会计法》将内控制度当作保障会计信息"真实和完整"的基本手段之一。2005年以来,上海证券交易所、深圳证券交易所陆续发布《上市公司内部控制指引》,指导A股上市公司建立内部控制体系;2006年6月,国资委发布了《中央企业全面风险管理指引》等,国内法律法规监管环境不断加强和完善,也对企业建立内部控制体系起到了一定的推动和指导作用。

此外,随着经济全球化的到来,市场竞争的加剧,企业经营环境的变化,我国企业,特别是一些大型企业出于防范各类风险和提高内部管理水平的需要,积极进行内部控制体系的构建。

本章案例

2003年8月,中国石油天然气股份有限公司(以下简称中国石油)全面启动内部控制体系构建工作。① 中国石油具有业务类型多、地域分布广、管理幅度大的特点,公司下属84个地区公司,遍布各省、市、自治区(不包括台湾、香港、澳门),以及海外17个国家和地区。要建立和成功实施一项新的管理体系,是一项十分艰巨和富有挑战性的任务。他们以全面风险管理为核心,从确保内控体系的长期有效运行出发,构建内控体系框架,实施流程化管理,加强过程控制,以风险为导向,健全公司规章制度、明确各级责任、完善监督考核机制,为企业持续、稳定、健康、协调发展提供保障。经过近4年的努力,中国石油构建起涵盖经营管理各领域的内部控制体系并实现了有效运行,为公司业务活动的正常开展、资产的安全完整、各项经营管理目标的实现提供了保障。

1. 内部控制体系的构建

整个内部控制体系的构建工作主要经历了工作启动、体系建设、实施改进、测试审计、维护改进五个阶段:

(1)第一阶段为工作启动阶段。2003年8月,公司董事决议确定在全公司范围内开展内部控制体系建设。该阶段主要完成了工作管理的组织架构,成立了项目工作组;开展了普及宣传和基础培训,全面了解法案和COSO框架的内容及要求,明确工作目标,编制工作计划。

(2)第二阶段为体系建设阶段。主要完成了体系建设的范围界定、流程描述和风险评估;通过建立风险控制文档进行差异分析,查找控制的缺失并进行改进;并随着与《萨班斯法案》配套的审计准则和规范的陆续出台,在前期梳理流程和风险分析的基础上,初步建立起内控体系。形成了"统一设计、集中培训、试点先行、全面推广"的工作推进方式。

(3)第三阶段为体系试运行及实施改进阶段。发布了公司《内部控制管理手册》(试行版)(简称《手册》),全面开展内部控制体系的试运行,进行符合性检查,完善公司层面控制和业务层面控制的关键控制。

《手册》包括六个分册,体系框架分册、控制环境分册、控制活动分册、风险评估分

---

① 本案例来自第十四届国家级企业管理现代化创新成果一等奖《中国石油天然气股份有限公司:大型跨国石油企业内部控制体系的构建与实施》。

册、信息与沟通分册和监督分册，作为公司内控体系建立、运行和维护的统一标准和行动准则，全面描述内控体系管理的主要内容。

公司各下属单位按照统一要求，编制符合地区公司管理实际的《地区公司内部控制管理手册（分册）》，与公司《手册》形成一个完整的管理文件，作为地区公司内控体系建设、运行与维护的指南。以大庆油田为代表的一些规模较大的单位实行了"两级管理、三级控制"的内控体系模式，实现体系规范向基层单位的进一步延伸。公司还将海外公司以及合并报表的对外投资控股企业纳入了内部控制体系建设范畴。同时，结合公司重组改革的实际，选择托管企业试点，编制了《托管企业内部控制管理分册》，实现了内控体系在公司范围内的全面覆盖。

（4）第四阶段为测试与审计阶段。正式发布《内部控制管理手册》，内部控制体系全面进入正式运行。按照"测试—整改—再测试—确保有效"这个主线，组织开展多轮测试，对执行过程中暴露的问题，实施动态跟踪全面整改，为最终顺利通过外部审计奠定了基础。同时，遵照国务院国有资产监督管理委员会《中央企业全面风险管理指引》的要求，开展全面风险管理体系建设的前期工作。

（5）第五阶段为内控体系的稳定运行和持续优化阶段。持续开展体系维护及改进，确保体系长期有效运行。围绕战略、经营、报告、合规与资产安全目标，开展全面风险管理体系建设工作。

2. 中国石油内部控制体系构建的主要内容

（1）构建完善的内部控制治理机制。一是确立董事会在内部控制中的核心地位，保持董事会在决策、监管过程中的独立地位，完善审计委员会、薪酬管理委员会等决策、监管机构的职能；二是强化审计委员会对于内部控制的监督职能，负责监察、评价内部控制的健全性、合理性和遵循性，督促管理层解决内部控制中存在的问题。

（2）构建具有操作性的员工职业道德规范与行为准则。制定了《中国石油天然气股份有限公司高级管理人员职业道德规范》、《高级管理人员的职业道德建设四项制度》、《员工职业道德规范》、《员工职业道德建设制度》等，初步建立了涵盖各个层面的员工职业道德规范，建立涵盖公司各个层面的员工职业道德规范，使职业道德操守成为全员践行的基本行为准则。公司发布《公司总裁致高级管理人员的信》在高管人员中展开学习，每年组织签订《高级管理人员职业道德规范确认书》，并将职业道德践行情况纳入业绩考核评价体系。

（3）完善内部控制中的分级授权机制。公司对现有管理范围和业务领域内的各项权限进行了全面梳理，编制了《权限指引表》，系统地反映了权限分布现状和彼此关系；按照公司现行的两级管理体制，设置了五级权限层级，有效规范了各级管理人员在内部控制中的管理权限与控制内容的有机对应，为权限的科学设置和流程的优化奠定了基础。

（4）建立健全反舞弊机制。成立了反舞弊协调小组，建立完善工作联系、舞弊举报受理、审计调查结果处理等工作程序，设立道德热线和举报投诉电话；建立了反舞弊数据库，开展舞弊风险分析；制定内部审计——舞弊审计规范，组织相关培训；完善了反舞弊自评工具，建立反舞弊程序和控制评价表，全面评价反舞弊工作开展情况。

（5）强化"以人为本"的"人本控制"。公司通过建立监事会定期巡查制度，及时掌握员工的思想状态，定期对重点岗位人员的思想和行为进行分析，消灭可能出现的问题苗头，正确把握对内部控制行为主体——"人"的控制。企业文化部门通过深入宣传中国石油核心经营管理理念等方式，帮助和引导员工树立正确的人生观、价值观，增强责任感和使命感。人事部门建立完善了任用选拔、管理考核和激励监督等方面的政策，形成了从公司高管人员、中层管理人员到业务管理操作人员系统完整的业绩考核激励约束体系。

（6）梳理业务流程，全面开展风险评估。根据管理实际和管理体制的具体情况，对公司所从事的上、下游各项生产、经营、销售等业务进行了系统的归纳、总结、整理，确定了16个大类的业务流程，基本涵盖了公司生产经营管理的全部业务。制定了业务流程描述规范，建立流程目录并用流程图对所有业务进行直观描述。统一规范一级流程目录16个，二级流程目录188个，三级流程目录821个。在业务流程描述的基础上，以业务流程步骤为主线，全面识别影响目标实现的相关因素。在公司层面，从战略发展的角度，识别公司层面面临的所有重大的不利因素和有利因素；在业务活动层面，通过识别重要的会计科目和披露事项中影响财务报表错误的主要方面，识别确认重要风险525项，建立了公司内部控制风险数据库。在风险评估过程中，建立流程描述规范、风险评估规范、风险管理等一系列规范，实现了公司风险评估的标准化、规范化。

（7）开展针对重要风险的控制设计。通过建立风险控制文档（RCD），对识别风险与末级流程进行对应，确定风险控制点，根据风险类别和控制目标，确定统一规范的风险控制要求、控制内容以及控制步骤，梳理完善相关文件制度。编制85个风险控制文档，梳理完善规章制度146项。在这一过程中，形成了风险控制规范，包括风险管理规范、控制设计的原则和控制方法、控制设计与记录、关键控制的确认、控制设计评价、控制实施等。通过对影响企业目标实现的负面因素实施相应控制措施，为实现企业的既定目标提供有力保证。

（8）完善信息系统控制。一是建立统一的信息系统控制管理制度，公司以COSO和COBIT为参考标准，制定了《信息系统总体控制管理制度》和《信息系统总体控制实施细则》，建立了信息系统控制环境、信息安全、项目建设管理、系统变更管理、信息系统日常运作、最终用户操作等管理规范。二是完善信息系统应用控制。结合公司信息技术总体规划，建立主要包括应用系统划分规范及工作指引、应用系统用户权限管理工作规范、应用系统主数据、报表公式变更及取消类业务管理规范。对所有应用系统进行等级划分；对749个在用应用系统进行全面识别，明确了控制类型，完成了包括财务系统、资金管理系统、资产管理等公司级各类应用系统的统一；完成了包括物资管理、销售管理系统等地区级应用系统的统一。建成16个集成、统一、完整的应用系统，12个数据中心，实现在统一平台上运行的经营网络化，实现了应用系统的物理集中。

（9）强化内部控制监督措施。公司建立了内部控制测试及运行评价规范。管理层测试规范明确了测试目标、测试范围及内容、测试方法、测试程序等内容。对85项重点控制业务，制定了1596项测试内容与步骤。通过每年组织一次管理层测试，对公司内部控制体系的有效性进行持续监督。明确了审计部门作为内控体系运行监督部门，定期监督、评估内部控制体系的有效性。公司建立、健全了缺陷报告管理机制，制定了缺陷认定规范，明确了向相关管理人员和董事会上报内部控制缺陷的程序。通过缺陷报告，对内控体系运行的有效性做出评估结论。并根据缺陷评估结果，确定体系改进、完善的目标和措施。

3. 中国石油有效实施企业内部控制体系的经验

（1）建立完善的工作网络，为内控体系有效运行提供组织保障。工作网络是内控体系从文本化转变为员工行动的重要环节。公司成立了内控项目建设委员会，负责整个项目的全面实施。公司总裁担任委员会主任，财务总监担任副主任，委员会成员由公司各部门负责人组成。委员会下设内部控制项目组，负责制订项目整体运行及分阶段推进的计划，组织项目的实施。公司下属各地区公司都相继成立了内控项目建设委员会，并成立了相应的机构。2005年12月，经公司董事会批准，公司设立了内控工作专职部门——内部控制部门，内控工作由项目管理转为公司日常管理工作。公司超过80%的单位明确了内控主管部门和设置了专职岗位。内控组织机构、工作网络的建立健全，为确保内控工作的经常性维护和体系的长期、有效运行提供了可靠的组织保障。

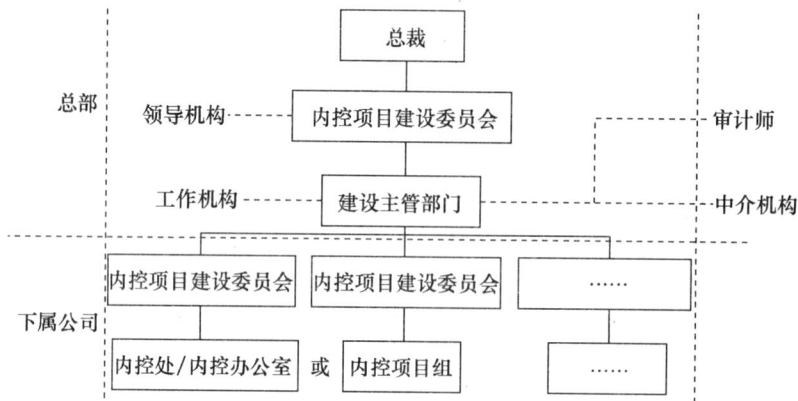

图3-2　中国石油内部控制体系建设组织机构

（2）强化手册的培训和宣传，发动全员积极参与，创造内部控制执行的良好氛围。公司《内部控制管理手册》发布后，如何迅速统一公司几十万人的认识，使公司广大员工了解内控、接受内控并自觉执行内控，很大程度上依靠宣传培训。公司将培训宣传贯穿于内控体系建设的始终，先后编印了《内控管理文件汇编》、《内控体系建设丛书》，组织编写培训资料，举办高管人员培训、内控工作专业骨干培训和内控手册宣贯等内容的培训班。公司下属各单位开展了不同形式的宣传培训活动。通过广泛深入的培训宣传，创造了内控体系执行的良好氛围，内控意识开始融入企业文化，并形成了一支具有较强业务能力的内控骨干队伍。

（3）全面明确、落实内控管理职责，完善监督考核机制。公司以体系持续有效运行为目标，建立起内控执行责任的分解落实及监控制度体系。一是明确了领导层面的执行责任，规定了各单位总经理和总会计师要就本单位内部控制有效性发表声明，并对内控审计中发现的控制缺陷负责。同时，把体系有效运行和通过内控审计纳入对高管人员的业绩考核。二是制定了《内部控制执行考核暂行规定》，并以此为核心建立起内控执行责任的分解落实及监控制度体系。三是针对重点业务层面和实施层面，把执行责任与岗位职责联系起来，各单位普遍建立了流程岗位责任体系，编制了《内控工作执行要点》，制作了《员工岗位内控执行卡》。通过上述举措，使执行责任得到了很好的分解落实。四是落实流程建设部门的流程设计、培训和指导责任。对每一个末级流程都明确了业务主管部门、业务参与部门以及编制人，同时在制度上明确了业务流程主管部门对流程维护、修改以及对本专业人员的培训责任。五是强化内部控制执行监督考核。围绕"确保内控体系持续有效运行"工作目标，公司建立起了由业务人员日常自查、地区公司自我测试、管理层测试及外部审计组成的"四位一体"的监督检查机制，实现了日常监督与定期测试相结合。公司制定了《内部控制执行考核暂行规定》，明确了考核标准，并将内部控制执行作为一项重要指标，纳入对各级高管人员的业绩考核。各单位主要领导和总会计师作为第一责任人，对本单位内控体系有效运行负责并签署声明。各单位实行责任层层传递，指标层层分解，落实到具体部门、岗位和个人，内控执行考核结果与奖金挂钩、与评先选优相结合，强化了员工的执行意识。

（4）规范主要业务流程和控制步骤，利用信息化手段，实现"简捷、有效、可控"。内部控制体系建立是一项涉及企业经营管理各方面的系统工程，公司为此投入了大量的人力、物力、财力。为了较好地解决内控体系建设成本与效率的管理，公司在全面梳理业务流程的基础上，根据业务流程风险评估结果，对现有业务流程进行规范，主要规范的内容是：①以满足控制需要和管理制度为前提，对流程进行精简、优化，补充、完善必要的控制措施，去除不必要的冗余控制。②规范针对重要风险的关键控制。在全公司范围内统一关键控制步骤、统一程序文件，统一记录表单，避免了重复性工作，减少了设计阶段的工作量，简化了监督检查内容和测试程序。③将手工控制与信息系统控制结合起来，提升流程自动控制水平。

针对业务流管理具有覆盖面广、层级多、管理难度大等特点。公司招标选用世界上最早从事流程管理信息系统开发研究的专业化公司 IDS 公司 ARIS 软件，开始组织流程管理信息系统建设。ARIS 系统包括流程设计、流程实施、流程控制、流程战略支持四大平台，全面支持流程描述、设计、实施、监控到持续的分析与优化。公司通过流程管理信息系统建设，提高了管理效率，实现了：①统一数据库：采用规范的流程设计，构建统一的流程数据库，流程要素全面集成，实现流程结构化、要素化、数字化、网络化管理。②支持多项管理体系：以统一的流程为基础，支持分层次、多维度的不同管理体系的运行。③ERP系统支持：采用流程管理系统梳理、分析和规范相关流程，为 ERP 系统建设提供标准化的蓝图设计，实现与 ERP 系统的无缝连接、双向调用，统一控制设计与 ERP 系统配置。④内控测试信息化：采用控制测试模块，实现测试记录、评估、改进、报告全过程系统支持。⑤持续改进：根据公司业务发展管理需求，支持流程的持续改进、规范、优化。

（5）以点带面，开展全面测试改进，有力地推动内控体系有效运行。在内控体系实施过程中，公司积极探索有效的工作方法，采用设计与试运行同步进行的方式，达到推动工作、验证设计、强化执行的目的。

在体系推行之初，按照业务类型，分别在油田、炼化、销售以及管道天然气等试点单位召开现场会，示范内控体系建设的基本模式，统一工作方法，明确工作重点，使内控体系实施在全公司迅速铺开。

在公司内控体系进入正式运行时，组织开展了第一次管理层测试。测试历时 10 个月，抽取样本 40 余万个，测试范围全面覆盖所有单位（包括海外公司），测试内容包括公司层面控制、业务活动层面控制和信息系统控制（GCC、AC）所有业务和流程。针对测试发现的 3 万余个"例外事项"，制定整改方案，统一组织改进，组成专门的验证工作组，进行验证检查。在执行有效性验证截至目前，所有的例外事项都得到了改进。

（6）加强交流沟通，确保内控体系健康发展。公司在内控体系建设、运行各个阶段，多次与国家有关部委、国内外监管机构、理论界、咨询机构、管理专家沟通，介绍公司内控体系建设开展情况，并就建设过程遇到的问题及时得到咨询和指导。

思考题及答案要点

1. COSO 框架所确认的内部控制的三大目标和五大组成要素是什么？

答案要点：

（1）内部控制的三大目标是：①组织运行的效果与效率；②财务报告的可靠性和完整性；③符合相关的法律法规和合同。

（2）内部控制的五大要素是：①控制环境；②风险评估；③控制活动；④信息与沟通；⑤监控。

2. 在设计企业内部控制体系时，应遵循哪些原则？

答案要点：

（1）相互牵制原则；

（2）授权控制原则；

（3）成本效益原则；

（4）整体结构原则等。

3. 剖析一个重大风险事件案例，说明内部控制系统的建设的重要性，并就如何构建企业内部控制体系提出自己的看法。

答案要点：参照本章案例介绍、剖析和说明。

推荐读物

1. 现代管理领域（653 工程）教材编写委员会. 现代管理公需教材 [M]. 企业管理出版社.

2. 王国良. 企业内部控制 [J]. 中华—博略现代咨询有限公司——中华通讯. 2006（23）.

3. 牛成喆. COSO 框架下的内部控制 [M]. 北京：经济科学出版社，2005.

4. 朱荣恩. 企业内部控制制度设计——理论与实践 [M]. 上海：上海财经大学出版社，2005.

5. [美] 史蒂文·J. 鲁特. 超越 COSO [M]. 刘霄仑，主译，北京：中信出版社，2004.

6. 朱荣恩. 内部控制评价 [M]. 北京：中国时代经济出版社，2003.

7. 张为国，邱笠芳. 后安然时代 [M]. 北京：中国财政经济出版社，2003.

8. 张砚，杨雄胜. 内部控制理论研究的回顾与展望 [J]. 审计研究，2007（1）.

9. 国务院国有资产监督管理委员会. 中央企业全面风险管理指引 [Z]. 2006.

10. 杨雄胜. 内部控制理论研究新视野 [J]. 会计研究，2005（7）.

11. 刘静，李竹梅. 内部控制环境的探讨 [J]. 会计研究，2005（2）.

12. 张宜霞，刘明辉. 企业风险管理整合框架及其评价 [J]. 财务与会计，2005（11）.

13. 朱荣恩. 内部控制框架的新发展——企业风险管理框架 [J]. 会计研究，2003（6）.

14. 谷祺，樊子君. 关于强化我国企业内部控制的研究 ［J］. 财务与会计, 2002 （10）.

15. 林朝华，唐予华. 内部会计控制若干理念剖析 ［J］. 上海会计, 2002 （9）.

16. 吴水澎，陈汉文，邵贤弟. 企业内部控制理论的发展与启示 ［J］. 会计研究, 2000 （6）.

17. Steven · J. Berkowitz. Assessing and Documenting Internal Controls over Financial Reporting ［J］. The Journal of Government Financial Management, Alexandria: 2005 （54）.

18. The Committee of Sponsoring Organizations of the Treadway Commission ［R］. Internal Control Integrated Framework. 1992.

19. The Committee of Sponsoring Organizations of the Treadway Commission ［R］. Enterprise Risk Management Framework. 2003.

第四章 企业内部控制报告及分析

本章提要

本章从相关制度规范，内控评价的作用、程序与方法，内控缺陷的认定与整改，报告的内容、格式、披露和使用等不同侧面，对我国企业内部控制报告进行了全方位的解读，同时以新华制药内部控制审计报告事件为例，对当前我国内部控制报告存在的主要问题进行了深入分析，并提出了改进完善的具体建议。

本章案例

2011年度是注册会计师出具内部控制审计报告的第一年。2012年3月21日~3月27日，沪深两市共有43家上市公司披露了2011年度内部控制审计报告，其中，沪市主板31家，深市主板8家，中小板3家，创业板1家。从内部控制审计报告类型看，42家上市公司被出具了标准内部控制审计报告，会计师事务所共为230家上市公司出具了内部控制审计报告。其中，新华制药内控被注册会计师认定存在重大缺陷，成为230家上市公司中唯一一家也是我国资本市场发展史上第一家内控审计报告被出具否定意见的公司。新华制药被信永中和出具否定意见内部控制审计报告的原因是其内控制度存在重大缺陷。信永中和在内控审计报告中指出，重大缺陷是内部控制中存在的、可能导致不能及时防止或发现并纠正财务报表出现重大错报的一项控制缺陷或多项控制缺陷的组合。

新华制药内部控制审计报告披露后，新闻媒体、会计师事务所以及上市公司等相关各方，围绕注册会计师是否存在审计过失责任，公司内部控制报告评价及披露是否存在问题等进行了不同角度的解读，其间各方激烈交锋，引发了社会各界的广泛关注和热烈讨论，成为我国企业内控发展历程中的一个标志性事件，对我国企业内部控制规范的进一步完善成熟产生了较大影响。

第一节 企业内控报告理论发展

一、企业内部控制报告概述

1. 企业内部控制评价

对内部控制的建立及实施情况进行评价，是企业内部控制的一个重要环节，也是企业优化自身内部控制监督机制的一项重要制度安排。所谓企业内部控制评价，是指企业董事会或类似权力机构对内部控制有效性进行全面评价、形成评价结论、出具评价报告的过程。

内部控制有效性是内部控制评价的对象。它是指建立与实施的内部控制对实现控制目标提供合理保证的程度，包括设计的有效性和运行的有效性。内部控制设计有效性是指为实现控制目标所必需的内部控制要素都存在并且设计恰当；内部控制运行有效性是指现有内部控制按照规定程序得到了正确执行。但即使同时满足设计有效性和运行有效性标准的内部控制，受内部控制固有局限影响，也只能为内部控制目标的实现提供合理保证，而不能提供绝对保证。

对企业而言，内部控制评价有三个方面的重要作用：①有助于完善企业自身的内控体系。企业通过内部控制评价，查找、分析内部控制缺陷并有针对性地加以整改，可及时堵塞管理漏洞，防范偏离目标的各种风险，并可通过健全优化设计和执行环节的管控制度，促进企业内控体系不断完善。②有助于提升企业市场形象和公众认可度。企业开展内部控制评价，出具评价报告，将企业的风险管理水平、内部控制状况以及与此相关的发展战略、竞争优势、可持续发展能力等公之于众，有利于树立诚信、透明、负责任的企业形象，增强投资者、债权人等利益相关者的信任度和认可度，为促进企业可持续发展创造更为有利的外部环境。③有助于实现与政府监管的协调互动。政府监管部门已将企业内部控制的有效性，企业内控体系的建立与实施情况纳入审计范围，日益成为审计的重要内容。实施企业内控自我评价，能通过自查及早发现风险、发现问题，并积极整改，有利于在配合政府监管中赢得主动，并借助政府监管成果进一步改进企业内控实施和评价工作，促进自我评价与政府监管协调互动。

企业可以独立开展内部控制评价工作。企业可授权内部审计机构或专门机构，负责内部控制评价的具体组织实施工作。企业可根据自身特点，决定是否单独设置专门的内部控制评价机构。为保证评价独立性，负责内部控制设计和评价的部门应当分离。企业也可以委托中介机构协助开展内部控制评价。此时，董事会（审计委员会）应加强对内部控制评价的监督指导。从性质上讲，中介机构受托为企业实施内部控制评价是一种非保证服务，内部控制评价报告的责任仍然由企业董事会承担。此外，为确保独立性，为企业提供内部控制审计的会计师事务所，不得同时为同一家企业提供内部控制评价服务。

2. 企业内部控制报告

内部控制（评价）报告是内部控制评价过程及结果的最终体现。若按编制主体、报送对象和时间角度划分，内部控制评价报告可分为对内报告和对外报告。对外报告在内容、格式上强调符合披露要求，时间上具有强制性，对内报告则主要以符合企业董事会（审计委员会）、经理层的需要为主，编制主体层级更多、内容更详尽、格式更多样、时间更灵活（可定期也可不定期）。

事实上，若从广义角度分析，企业内部控制报告可由企业自身做出，也可由企业外聘相关机构做出（比如由会计师事务所出具内部控制审计报告）。即企业内部控制报告可指企业内部控制自我评价报告等内部报告，也可指内部控制审计报告等外部报告。在现实生活中，企业往往在披露内部控制（自我）评价报告的同时，也聘请会计师事务所出具内部控制审计报告、鉴证报告或者审核报告。如无特别说明，本书所称企业内部控制报告均指企业内部控制评价报告。

二、我国企业内部控制报告的相关制度规范

在内部控制的理论研究与实践应用方面，美国一直走在世界前列。从 COSO 1992 年发布的《内部控制——整体框架》到 2004 年的《企业风险管理——整体框架》，从美国国会 2002 年通过的《萨班斯—奥克斯利法案》到 PCAOB（美国公众公司会计监督委员会）依据法案先后发布的"第 2 号审计准则——与财务报表审计协同进行的财务报告内控审计"和"第 5 号审计准则——与财务报表审计相整合的财务报告内部控制审计"，美国的内部控制研究成果一直是各国制定内部控制规范的重要参考，特别是有关内部控制框架和内部控制评价标准等内容，已为许多国家和地区效仿和参照。就企业内部控制报告来说，从 2000 年开始，我国主要参照美国的做法，陆续颁布了不少有关内部控制评价及报告的制度规范。

2000 年 12 月，中国证监会发布的《公开发行证券公司信息披露编报规则第 8 号——证券公司年度报告内容与格式特别规定》规定，证券公司应对内部控制制度的完整性、合理性和有效性做出说明。证券公司还应委托所聘请的会计师事务所对其内部控制制度尤其是风险管理系统的完整性、合理性和有效性进行评价，提出改进建议，并出具评价报告。评价报告随年度报告一并报送中国证监会和证券交易所。所聘请的会计师事务所指出以上三性存在缺陷的，证券公司董事会应对此予以说明，监事会应就董事会所作的说明明确表示意见，并分别予以公开披露。

2001 年，中国证监会先后发布《证券公司内部控制指引》、《关于做好证券公司内部控制评审工作的通知》以及《公开发行证券的公司信息披露内容与格式准则第 11 号——上市公司发行新股招股说明书》（2003 年修订）。其中，《关于做好证券公司内部控制评审工作的通知》指出，中国证监会可以根据监管需要和证券公司暴露出来的问题，指令证券公司聘请有经验的合格的会计师事务所实施内部控制评审，并对内部控制评审过程进行协调、检查和监督。会计师事务所应当向证券公司提交内部控制评审报告，并由证券公司及时转报中国证监会。必要时，中国证监会可以直接从会计师事务所取得内部控制评审报告。《公开发行证券的公司信息披露内容与格式准则第 11 号——上市公司发行新股招股说明书》要求，发行人应披露管理层对内部控制制度的完整性、合理性及有效性的自我评估意见，同时应披露注册会计师关于发行人内部控制制度评价报告的结论性意见。如注册会计师指出以上三性存在重大缺陷，发现人对相关内容应予详尽披露，并说明改进措施。

从 2001 年 6 月开始，财政部陆续颁布《内部会计控制规范——基本规范（试行）》、《内部会计控制规范——货币资金（试行）》、《内部会计控制规范——销售与收款（试行）》、《内部会计控制规范——工程项目（试行）》等近 10 份规范性文件，以指导企业制定适合业务特点和管理要求的内部控制制度。

2004 年 8 月，中国银监会颁布《商业银行内部控制评价试行办法》，旨在通过建立一套对商业银行内部控制评价的框架和方法，规范和加强对商业银行内部控制的评价，督促其进一步建立内部控制体系，健全内部控制机制，形成风险管理的长效机制，保证商业银行安全稳健运行。

2006 年，沪深证券交易所先后发布《上市公司内部控制指引》。上海证券交易所控制指引要求，董事会应根据内部控制检查监督工作报告及相关信息，评价公司内部控制的建立和实施情况，形成内部控制自我评估报告。公司董事会应在年度报告披露的同时，披露

年度内部控制自我评估报告，并披露会计师事务所对内部控制自我评估报告的核实评价意见。深圳证券交易所控制指引要求，公司董事会应依据公司内部审计报告，对公司内部控制情况进行审议评估，形成内部控制自我评价报告。公司监事会和独立董事应对此报告发表意见。注册会计师在对公司进行年度审计时，应参照有关主管部门的规定，就公司财务报告内部控制情况出具评价意见。如注册会计师对公司内部控制有效性表示异议的，公司董事会、监事会应针对该审核意见涉及事项做出专项说明。公司应于每个会计年度结束后4个月内将内部控制自我评价报告和注册会计师评价意见报送本所，与公司年度报告同时对外披露。尽管沪深两地交易所在具体监管要求上存在差异，但两者均要求公司董事会形成内部控制自我评估（价）报告，同时与公司年度报告同时对外披露。

2008年5月，财政部、证监会、审计署、银监会和保监会联合发布《企业内部控制基本规范》（财会〔2008〕7号），要求自2009年7月1日起在上市公司范围内施行，同时鼓励非上市的大中型企业执行。2010年4月，财政部、中国证监会、审计署、中国银监会和中国保监会联合发布《企业内部控制配套指引》（财会〔2010〕11号），该《配套指引》具体包括《企业内部控制应用指引》、《企业内部控制评价指引》和《企业内部控制审计指引》，自2011年1月1日起在境内外同时上市的公司施行，自2012年1月1日起在上海证券交易所、深圳证券交易所主板上市公司施行；在此基础上，择机在中小板和创业板上市公司施行。该《配套指引》连同《企业内部控制基本规范》，共同构建了中国企业内部控制规范体系。执行企业内部控制规范体系的企业，应对内部控制的有效性进行自我评价，披露年度自我评价报告，同时应聘请会计师事务所对财务报告内部控制的有效性进行审计并出具审计报告。《配套指引》中的《企业内部控制评价指引》，对企业内控评价的内容、程序，内控缺陷的认定以及内控评价报告的编制等做出明确规范。

2012年8月，财政部和中国证监会联合发布《关于2012年主板上市公司分类分批实施企业内部控制规范体系的通知》（财办会〔2012〕30号），对主板上市公司分类分批推进实施企业内部控制规范体系予以进一步明确。中央和地方国有控股上市公司，应于2012年全面实施企业内部控制规范体系，并在披露2012年公司年报的同时，披露董事会对公司内部控制的自我评价报告以及注册会计师出具的财务报告内部控制审计报告。非国有控股主板上市公司，且于2011年12月31日公司总市值（中国证监会算法）在50亿元以上，同时2009～2011年平均净利润在3000万元以上的，应在披露2013年公司年报的同时，披露董事会对公司内部控制的自我评价报告以及注册会计师出具的财务报告内部控制审计报告。其他主板上市公司，应在披露2014年公司年报的同时，披露董事会对公司内部控制的自我评价报告以及注册会计师出具的财务报告内部控制审计报告。此外，《通知》还对一些特殊情况做出规定。

三、企业内部控制评价的内容、程序与方法

（一）内部控制评价的内容

内部控制评价应紧紧围绕内部环境、风险评估、控制活动、信息与沟通、监督控制五要素进行，企业应结合中国企业内部控制规范体系以及本企业的内部控制制度，确定具体的评价内容，对内部控制设计及运行情况进行全面评价。

内部环境评价应当包括组织架构、发展战略、人力资源、企业文化、社会责任等方面。组织架构评价可以重点从机构设置的整体控制力、权责划分、相互牵制、信息流动路

径等方面进行；发展战略可以重点从发展战略的制定合理性、有效实施和适当调整三方面进行；人力资源评价应当重点从企业人力资源引进结构合理性、开发机制、激励约束机制等方面进行；企业文化评价应从建设和评估两方面进行，从而促进诚信、道德价值观的提升，为内部控制的完善夯实人文基础；社会责任评价可以从安全生产、产品质量、环境保护与资源节约、促进就业、员工权益保护等方面进行。风险评估评价应当对日常经营管理过程中的目标设定、风险识别、风险分析、应对策略等进行认定和评价。控制活动评价应当对企业各类业务的控制措施与流程的设计有效性和运行有效性进行认定和评价。信息与沟通评价应当对信息收集、处理和传递的及时性、反舞弊机制的健全性、财务报告的真实性、信息系统的安全性，以及利用信息系统实施内部控制的有效性进行认定和评价。监督控制评价应当对管理层对于内部监督的基调、监督有效性及内部控制缺陷认定的科学、客观、合理进行认定和评价。重点关注监事会、审计委员会、内部审计机构等是否在内部控制设计和运行中有效发挥作用。

企业应当以内部控制五要素为基础，建立内部控制核心指标体系，在以上评价内容的基础上，层层分解、展开并加以细化。本章附录一列举了可供参考的核心指标。对于内容不能详尽的（比如控制活动涉及的业务），企业可另行列表增加。

内部控制评价工作应当形成工作底稿，详细记录企业执行评价工作的内容，包括评价要素、主要风险点、采取的控制措施、有关证据资料以及认定结果等。工作底稿可以通过一系列评价表格加以实现。

（二）内部控制评价的程序

内部控制评价程序一般包括：制定评价工作方案、组成评价工作组、实施现场测试、汇总评价结果、编报评价报告等。概括起来，主要分为以下几个阶段：

1. 准备阶段

（1）制订评价工作方案。内部控制评价机构应当根据企业内部监督情况和管理要求，分析企业经营管理过程中的高风险领域和重要业务事项，确定检查评价方法，制定科学合理的评价工作方案，经董事会批准后实施。评价工作方案应当明确评价主体范围、工作任务、人员组织、进度安排和费用预算等相关内容。评价工作方案既可以以全面评价为主，也可以根据需要采用重点评价的方式。

（2）组成评价工作组。评价工作组是在内部控制评价机构领导下，具体承担内部控制检查评价任务。内部控制评价机构根据经批准的评价方案，挑选具备独立性、业务胜任能力和职业道德素养的评价人员实施评价。评价工作组成员应当吸收企业内部相关机构熟悉情况、参与日常监控的负责人或业务骨干参加。企业应根据自身条件，尽量建立长效内部控制评价培训机制。

2. 实施阶段

（1）了解被评价单位基本情况。充分与企业沟通企业文化和发展战略、组织机构设置及职责分工、领导层成员构成及分工等基本情况。

（2）确定检查评价范围和重点。评价工作组根据掌握的情况进一步确定评价范围、检查重点和抽样数量，并结合评价人员的专业背景进行合理分工。检查重点和分工情况可以根据需要进行适时调整。

（3）开展现场检查测试。评价工作组根据评价人员分工，综合运用各种评价方法对内部控制设计与运行的有效性进行现场检查测试，按要求填写工作底稿、记录相关测试结果，并对发现的内部控制缺陷进行初步认定。

3. 汇总评价结果、编制评价报告阶段

评价工作组汇总评价人员的工作底稿，初步认定内部控制缺陷，形成现场评价报告。评价工作底稿应进行交叉复核签字，并由评价工作组负责人审核后签字确认。评价工作组将评价结果及现场评价报告向被评价单位进行通报，由被评价单位相关责任人签字确认后，提交企业内部控制评价机构。

内部控制评价机构汇总各评价工作组的评价结果，对工作组现场初步认定的内部控制缺陷进行全面复核、分类汇总，对缺陷的成因、表现形式及风险程度进行定量或定性的综合分析，按照对控制目标的影响程度判定缺陷等级。

内部控制评价机构以汇总的评价结果和认定的内部控制缺陷为基础，综合内部控制工作整体情况，客观、公正、完整地编制内部控制评价报告，并报送企业经理层、董事会和监事会，由董事会最终审定后对外披露。

4. 报告反馈和跟踪阶段

对于认定的内部控制缺陷，内部控制评价机构应当结合董事会和审计委员会要求，提出整改建议，要求责任单位及时整改，并跟踪其整改落实情况；已经造成损失或负面影响的，企业应当追究相关人员的责任。

（三）内部控制评价的方法

内部控制评价工作组应当对被评价单位进行现场测试，综合运用个别访谈、调查问卷、专题讨论、穿行测试、实地查验、抽样和比较分析等方法，充分收集被评价单位内部控制设计和运行是否有效的证据，按照评价的具体内容，如实填写评价工作底稿，研究分析内部控制缺陷。

（1）个别访谈法。个别访谈法主要用于了解公司内部控制的现状，在企业层面评价及业务层面评价的了解阶段经常使用。访谈前应根据内部控制评价需求形成访谈提纲，撰写访谈纪要，记录访谈的内容。

（2）调查问卷法。调查问卷法主要用于企业层面评价。调查问卷应尽量扩大对象范围，包括企业各个层级员工，应注意事先保密性，题目尽量简单易答（如答案只需为"是"、"否"、"有"、"没有"等）。

（3）穿行测试法。穿行测试法是指在内部控制流程中任意选取一笔交易作为样本，追踪该交易从最初起源直到最终在财务报表或其他经营管理报告中反映出来的过程，即该流程从起点到终点的全过程（例如，在保险公司的内部控制评价中，选取一笔保险新单，追踪其从投保申请到财务入账的全过程），以此了解控制措施设计的有效性，并识别出关键控制。

（4）抽样法。抽样法分为随机抽样和其他抽样。随机抽样是指按随机原则从样本库中抽取一定数量的样本；其他抽样是指人工任意选取或按某一特定标准从样本库中抽取一定数量的样本。

（5）实地查验法。实地查验法主要针对业务层面控制，它通过使用统一的测试工作表，与实际的业务、财务单证进行核对的方法进行控制测试。如实地盘点某种存货。

（6）比较分析法。比较分析法是指通过数据分析，识别评价关注点的方法。数据分析可以与历史数据、行业（公司）标准数据或行业最优数据等进行比较。

（7）专题讨论法。专题讨论主要是集合有关专业人员就内部控制执行情况或控制问题进行分析，既可以是控制评价的手段，也可以是形成缺陷整改方案的途径。

此外，还可以使用观察、重新执行等方法，也可以利用信息系统开发检查方法，或利用实际工作和检查测试经验。对于企业通过系统采用自动控制、预防控制的，应在方法上注意与人工控制、发现性控制的区别。

四、企业内部控制缺陷的认定、报告与整改

内部控制缺陷是描述内部控制有效性的一个负向的维度。企业开展内部控制评价，主要内容之一就是要找出内部控制缺陷并有针对性地进行整改。内部控制缺陷认定一定程度上决定内部控制评价的成效，且具有一定难度，还需要运用职业判断。

（一）内部控制缺陷的认定

1. 内部控制缺陷的分类

（1）按照内部控制缺陷成因或来源，内部控制缺陷包括设计缺陷和运行缺陷。设计缺陷是指企业缺少为实现控制目标所必需的控制，或现存控制设计不适当，即使正常运行也难以实现控制目标。运行缺陷是指设计有效（合理且适当）的内部控制由于运行不当（包括由不恰当的人执行、未按设计的方式运行、运行的时间或频率不当、没有得到一贯有效运行等）而形成的内部控制缺陷。内部控制存在设计缺陷和运行缺陷，会影响内部控制的设计有效性和运行有效性。

（2）按照影响企业内部控制目标实现的严重程度，内部控制缺陷分为重大缺陷、重要缺陷和一般缺陷。重大缺陷，是指一个或多个控制缺陷的组合，可能导致企业严重偏离控制目标。当存在任何一个或多个内部控制重大缺陷时，应当在内部控制评价报告中做出内部控制无效的结论。重要缺陷，是指一个或多个控制缺陷的组合，其严重程度低于重大缺陷，但仍有可能导致企业偏离控制目标。重要缺陷的严重程度低于重大缺陷，不会严重危及内部控制的整体有效性，但也应当引起董事会、经理层的充分关注。一般缺陷，是指除重大缺陷、重要缺陷以外的其他控制缺陷。将内部控制评价中发现的内部控制缺陷划分为重大缺陷、重要缺陷和一般缺陷，需要借助一套可系统遵循的认定标准，认定过程中还需要内部控制评价人员充分运用职业判断。一般而言，如果一个企业存在的内部控制缺陷达到了重大缺陷的程度，我们就不能说该企业的内部控制是整体有效的。

（3）按照具体影响内部控制目标的具体表现形式，还可以将内部控制缺陷分为财务报告缺陷和非财务报告缺陷。

2. 内部控制缺陷的认定标准

（1）内部控制缺陷的重要性和影响程度。企业对内部控制缺陷的认定，应当以构成内部控制的内部监督要素中的日常监督和专项监督为基础，结合年度内部控制评价，由内部控制评价机构进行综合分析后提出认定意见，按照规定的权限和程序进行审核，由董事会予以最终确定。

首先，内部控制评价从属于内部监督，是监督结果的总体体现。在企业正常的生产经营中，内部控制评价倚重内部监督；其次，充分利用日常监督与专项监督结果的基础上，至少每年由内部控制评价机构对内部控制的五要素相对独立地进行评价，全面、综合地分析，提出认定意见，报董事会审定；再次，企业应当根据评价指引，结合自身情况和关注的重点，自行确定内部控制重大缺陷、重要缺陷和一般缺陷的具体认定标准；最后，根据具体认定标准认定企业存在的内部控制缺陷，由董事会最终审定。企业在确定内部控制缺

陷的认定标准时，应当充分考虑内部控制缺陷的重要性及其影响程度。

内部控制缺陷的重要性和影响程度是相对于内部控制目标而言的。按照对财务报告目标和其他内部控制目标实现的影响的具体表现形式，下面区分财务报告内部控制缺陷和非财务报告内部控制缺陷，分别阐述内部控制缺陷的认定标准。

（2）财务报告内部控制缺陷的认定标准。财务报告内部控制是指针对财务报告目标而设计和实施的内部控制。由于财务报告内部控制的目标集中体现为财务报告的可靠性，因而财务报告内部控制的缺陷主要是指不能合理保证财务报告可靠性的内部控制设计和运行缺陷。换句话说，财务报告内部控制的缺陷，是指不能及时防止或发现并纠正财务报告错报的内部控制缺陷。

将财务报告内部控制的缺陷划分为重大缺陷、重要缺陷和一般缺陷，所采用的认定标准直接取决于由于该内部控制缺陷的存在可能导致的财务报告错报的重要程度。这种重要程度主要取决于两个方面的因素：①该缺陷是否具备合理可能性导致企业的内部控制不能及时防止或发现并纠正财务报告错报。合理可能性是指大于微小可能性（几乎不可能发生）的可能性，确定是否具备合理可能性涉及评价人员的职业判断。②该缺陷单独或连同其他缺陷可能导致的潜在错报金额的大小。另外，一些迹象通常表明财务报告内部控制可能存在重大缺陷：①董事、监事和高级管理人员舞弊。②企业更正已公布的财务报告。③注册会计师发现当期财务报告存在重大错报，而内部控制在运行过程中未能发现该错报。④企业审计委员会和内部审计机构对内部控制的监督无效。

一般而言，如果一项内部控制缺陷单独或连同其他缺陷具备合理可能性导致不能及时防止或发现并纠正财务报告中的重大错报，就应将该缺陷认定为重大缺陷。重大错报中的"重大"，涉及企业管理层确定的财务报告的重要性水平。一般企业可以采用绝对金额法（比如，规定金额超过10000元的错报应当认定为重大错报）或相对比例法（比如，规定超过资产总额1%的错报应当认定为重大错报）来确定重要性水平。如果企业的财务报告内部控制存在一项或多项重大缺陷，就不能得出该企业的财务报告内部控制有效的结论。

一项内部控制缺陷单独或连同其他缺陷具备合理可能性导致不能及时防止或发现并纠正财务报告中虽然未达到和超过重要性水平，但仍应引起董事会和管理层重视的错报，就应将该缺陷认定为重要缺陷。不构成重大缺陷和重要缺陷的内部控制缺陷，应认定为一般缺陷。

（3）非财务报告内部控制缺陷的认定标准。非财务报告内部控制是指针对除财务报告目标之外的其他目标的内部控制。这些目标一般包括战略目标、资产安全、经营目标、合规目标等。非财务报告评价应当作为企业内部控制评价的重点。

非财务报告内部控制缺陷认定具有涉及面广、认定难度大的特点。企业可以根据自身的实际情况、管理现状和发展要求，加以细化或按内部控制原理补充，参照财务报告内部控制缺陷的认定标准，合理确定定性和定量的认定标准，根据其对内部控制目标实现的影响程度认定为一般缺陷、重要缺陷和重大缺陷。其中，定量标准，即涉及金额大小，既可以根据造成直接财产损失绝对金额制定，也可以根据其直接损失占本企业资产、销售收入及利润等的比率确定；定性标准，即涉及业务性质的严重程度，可根据其直接或潜在负面影响的性质、影响的范围等因素确定。以下迹象通常表明非财务报告内部控制可能存在重大缺陷：①国有企业缺乏民主决策程序，如缺乏"三重一大"决策程序。②企业决策程序不科学，如决策失误，导致并购不成功。③违犯国家法律、法规，如环境污染。④管理人员/技术人员纷纷流失。⑤媒体负面新闻频现。⑥内部控制评价的结果特别是重大或重要缺陷未得到整改。⑦重要业务缺乏制度控制或制度系统性失效。

为避免企业操纵内部控制评价报告，非财务报告内部控制缺陷认定标准一经确定，必须在不同评价期间保持一致，不得随意变更。

需要强调的是，在内部控制的非财务报告目标中，战略和经营目标的实现往往受到企业不可控的诸多外部因素的影响，企业的内部控制只能合理保证董事会和管理层了解这些目标的实现程度。因而，在认定针对这些控制目标的内部控制缺陷时，我们不能只考虑最终的结果，而主要应该考虑企业制定战略、开展经营活动的机制和程序是否符合内部控制要求，以及不适当的机制和程序对企业战略及经营目标实现可能造成的影响。

（二）内部控制缺陷的报告与整改

1. 内部控制缺陷报告的格式和途径

企业内部控制评价机构应当编制内部控制缺陷认定汇总表，结合日常监督和专项监督发现的内部控制缺陷及其持续改进情况，对内部控制缺陷及其成因、表现形式和影响程度进行综合分析和全面复核，提出认定意见（针对财务报告内部控制的缺陷，一般还应当反映缺陷对财务报告的具体影响），并以适当的形式向董事会、监事会或者经理层报告。重大缺陷应当由董事会予以最终认定。企业对于认定的重大缺陷，应及时采取应对策略，切实将风险控制在可承受度之内，并追究相关部门或人员的责任。

内部控制缺陷报告应当采取书面形式，可以单独报告，也可以作为内部控制评价报告的一个重要组成部分。一般而言，内部控制的一般缺陷、重要缺陷应定期（至少每年）报告，重大缺陷应立即报告。对于重大缺陷和重要缺陷及整改方案，应向董事会（审计委员会）、监事会或经理层报告并审定。如果出现不适合向经理层报告的情形，例如，存在与管理层舞弊相关的内部控制缺陷，或存在管理层凌驾于内部控制之上的情形，应当直接向董事会（审计委员会）、监事会报告。对于一般缺陷，可以与企业经理层报告，并视情况考虑是否需要向董事会（审计委员会）、监事会报告。

2. 内部控制缺陷整改方案及期限

企业对于认定的内部控制缺陷，应当及时采取整改措施，切实将风险控制在可承受度之内，并追究有关机构或相关人员的责任。

企业内部控制评价机构应当就发现的内部控制缺陷提出整改建议，并报经理层、董事会（审计委员会）、监事会批准。获批后，应制定切实可行的整改方案，包括整改目标、内容、步骤、措施、方法和期限。整改期限超过一年的，整改目标应明确近期和远期目标以及相应的整改工作内容。

五、企业内部控制报告的内容与格式

一般来说，内部控制评价对外报告包括以下八个方面的内容：

（1）董事会声明。声明董事会及全体董事对报告内容的真实性、准确性、完整性承担个别及连带责任，保证报告内容不存在任何虚假记载、误导性陈述或重大遗漏。

（2）内部控制评价工作的总体情况。明确企业内部控制评价工作的组织、领导体制、进度安排，是否聘请会计师事务所对内部控制有效性进行独立审计。

（3）内部控制评价的依据。说明企业开展内部控制评价工作所依据的法律法规和规章制度。

（4）内部控制评价的范围。描述内部控制评价所涵盖的被评价单位，以及纳入评价范围的业务事项，及重点关注的高风险领域。内部控制评价的范围如有所遗漏的，应说明原因，及其对内部控制评价报告真实完整性产生的重大影响等。

（5）内部控制评价的程序和方法。描述内部控制评价工作遵循的基本流程，以及评价过程中采用的主要方法。

（6）内部控制缺陷及其认定。描述适用本企业的内部控制缺陷具体认定标准，并声明与以前年度保持一致或做出的调整及相应原因；根据内部控制缺陷认定标准，确定评价期末存在的重大缺陷、重要缺陷和一般缺陷。

（7）内部控制缺陷的整改情况。对于评价期间发现、期末已完成整改的重大缺陷，说明企业有足够的测试样本显示，与该重大缺陷相关的内部控制设计且运行有效。针对评价期末存在的内部控制缺陷，公司拟采取的整改措施及预期效果。

（8）内部控制有效性的结论。对不存在重大缺陷的情形，出具评价期末内部控制有效结论；对存在重大缺陷的情形，不得做出内部控制有效的结论，并需描述该重大缺陷的性质及其对实现相关控制目标的影响程度，可能给公司未来生产经营带来相关风险。自内部控制评价报告基准日至内部控制评价报告发出日之间发生重大缺陷的，企业须责成内部控制评价机构予以核实，并根据核查结果对评价结论进行相应调整，说明董事会拟采取的措施。

内部控制评价对外报告的格式详见附录二。内部控制对内报告的格式与内容应当在符合以上要求的基础上进一步详尽地设计和表达。

六、企业内部控制报告的编制与报送

（一）评价报告的编制

1. 内部控制评价报告的编制时间

企业应当根据内部控制评价结果和整改情况，编制内部控制评价报告。内部控制评价报告分为定期内部控制评价报告和非定期内部控制评价报告。

企业应该定期进行内部控制评价并发布内部控制评价报告。企业至少应该每年进行一次内部控制评价并由董事会对外发布内部控制评价报告。年度内部控制评价报告应当以12月31日作为基准日。

非定期内部控制评价报告可以是因特殊事项或原因（如企业因目标变化或提升）而对外发布的内部控制评价报告，也可以是企业针对发现的重大缺陷专项内部控制评价等向董事会（审计委员会）或经理层报送的内部报告（即内部控制缺陷报告）。

2. 内部控制评价报告的编制主体

内部控制评价报告的编制主体包括单个企业和企业集团的母公司。单个企业内部控制评价报告指某一企业以自身经营业务和管理活动为辐射范围编制的内部控制评价报告，属于对内报告；企业集团母公司内部控制评价报告是企业集团的母公司在汇总、复核、评价、分析后，以母公司及下属（或控股子公司）的经营业务和管理活动为辐射范围编制的内部控制评价报告，是对企业集团内部控制设计有效性和运行有效性的总体评价，可以是对内或对外报告。

（二）评价报告的报送

企业内部控制评价报告应当报经董事会或类似权力机构批准后对外披露或报送相关部门。

企业内部控制评价部门应当关注自内部控制评价报告基准日至内部控制评价报告发出日之间是否发生影响内部控制有效性的因素，并根据其性质和影响程度对评价结论进行相应调整。

企业内部控制审计报告应当与内部控制评价报告同时对外披露或报送。企业应当以 12 月 31 日作为年度内部控制评价报告的基准日。内部控制评价报告应于基准日后 4 个月内报出。

此外，企业内部控制评价报告应按规定报送有关监管部门，例如，国有控股企业应按要求报送国有资产监督管理部门和财政部门，金融企业应按规定报送银行业监督管理部门和保险监督管理部门，公开发行证券的企业应报送证券监督管理部门。

七、企业内部控制报告的披露与使用

（一）评价报告的披露

公司的价值创造能力不仅取决于现有的经营基础和目前的盈利水平，更主要取决于公司的决策科学性和管控能力。公众公司必须向社会披露内部控制评估报告，满足投资者及利益相关者了解企业治理水平、管理规范化和抵御各类风险的能力的需要，更好地服务于他们做出投资决策和相关决策。

（二）评价报告的使用

企业内部控制评价对外报告的使用者包括政府有关监管部门、投资者以及其他利益相关者、中介机构和研究机构等。对内报告主要是企业董事会（审计委员会）、各层级管理者以及有关监管部门。

内部控制评价是企业董事会对本企业内部控制有效性的自我评价，具有一定的主观性，在此基础上形成的内部控制评价报告也因此只能作为有关方面了解企业内部控制设计与运行情况的途径之一。在使用内部控制评价报告时，还应注意与内部控制注册会计师审计报告、内部控制监管信息、财务报告信息等相关信息结合使用，以起到全面分析、综合判断、相互验证的效果。

企业应当建立内部控制评价工作档案管理制度。内部控制评价的有关文件资料、工作底稿和证明材料等应当妥善保管，年度报告应永久保存。

第二节　本章案例及点评

一、案例背景资料

（一）新华制药公司公告

山东新华制药股份有限公司（以下简称新华制药）是一家同时在香港联交所和深交所上市的医药制造企业。2012 年 3 月 14 日，新华制药董事会发布公告称，本公司客户山东济南欣康祺医药有限公司（以下简称欣康祺医药）前期经营出现异常，资金链断裂，可能对公司资金回笼产生较大影响。经统计，截至目前，该公司及其关联方尚欠公司货款总计人民币 60731724.8 元。该公司与本公司不存在关联关系。在获悉该公司情况后，本公司已及时采取必要法律手段进行财产保全（保全财产的具体价值尚在评估中），并已全面停

止与其之间的业务往来。但受其影响，本公司可能遭受较大的经济损失。经初步估算，损失不会导致本公司2011年度归属于上市公司股东的净利润较上年度下降50%。本公司将继续依法采取必要措施，追索欠款，尽最大的努力减少损失。

（二）新华制药内部控制审计报告

2012年3月23日，新华制药被信永中和会计师事务所出具了否定意见的内部控制审计报告。报告全文如下：

内部控制审计报告

XYZH/2011A1052

山东新华制药股份有限公司全体股东：按照《企业内部控制审计指引》及中国注册会计师执业准则的相关要求，我们审计了山东新华制药股份有限公司（以下简称新华制药）2011年12月31日财务报告内部控制的有效性。

一、企业对内部控制的责任

按照《企业内部控制基本规范》、《企业内部控制应用指引》、《企业内部控制评价指引》的规定，建立健全和有效实施内部控制，并评价其有效性是新华制药董事会的责任。

二、注册会计师的责任

我们的责任是在实施审计工作的基础上，对财务报告内部控制的有效性发表审计意见，并对注意到的非财务报告内部控制的重大缺陷进行披露。

三、内部控制的固有局限性

内部控制具有固有局限性，存在不能防止和发现错报的可能性。此外，由于情况的变化可能导致内部控制变得不恰当，或对控制政策和程序遵循的程度降低，根据内部控制审计结果推测未来内部控制的有效性具有一定风险。

四、导致否定意见的事项

重大缺陷是内部控制中存在的、可能导致不能及时防止或发现并纠正财务报表出现重大错报的一项控制缺陷或多项控制缺陷的组合。新华制药内部控制存在如下重大缺陷：

（1）新华制药下属子公司山东新华医药贸易有限（以下简称医贸公司）内部控制制度对多头授信无明确规定，在实际执行中，医贸公司的鲁中分公司、工业销售部门、商业销售部门三个部门分别向同一客户授信，使得授信额度过大。

（2）新华制药下属子公司医贸公司内部控制制度规定对客户授信额度不大于客户注册资本，但医贸公司在实际执行中，对部分客户超出客户注册资本授信，使得授信额度过大，同时医贸公司也存在未授信的发货情况。

上述重大缺陷使得新华制药对山东欣康祺医药有限公司（以下简称欣康祺医药）及与其存在担保关系方形成大额应收款项6073.1万元，同时，因欣康祺医药经营出现异常，资金链断裂，可能使新华制药遭受较大经济损失。2011年度，新华制药对应收欣康祺医药及与其存在担保关系方货款计提了4858.5万元坏账准备。有效的内部控制能够为财务报告及相关信息的真实完整提供合理保证，而上述重大缺陷使新华制药内部控制失去这一功能。新华制药管理层已识别出上述重大缺陷，并将其包含在企业内部控制评价报告中，上述缺陷在所有重大方面得到公允反映。在新华制药 2011 年财务报表审计中，我们已经考虑了上述重大缺陷对审计程序的性质、时间安排和范围的影响。本报告并未对我们在 2012 年 3 月 23 日对新华制药 2011 年财务报表出具的审计报告产生影响。

五、财务报告内部控制审计意见

我们认为，由于存在上述重大缺陷及其对实现控制目标的影响，新华制药于 2011 年 12 月 31 日未能按照《企业内部控制基本规范》和相关规定在所有重大方面保持有效的财务报告内部控制。

信永中和会计师事务所有限责任公司中国注册会计师：唐炫

中国注册会计师：薛更磊

中国　北京

2012 年 3 月 23 日

需要说明的是，在此前 3 个年度（2008 ~ 2010 年）的内部控制审核报告中，信永中和会计师事务所均认为，公司于每年的 12 月 31 日在所有重大方面保持了按照财政部颁布的《企业内部控制基本规范》标准建立的与财务报表相关的有效的内部控制。即认为公司内部控制不存在重大缺陷。

（三）相关媒体报道及资本市场反应

1. 相关媒体报道

2012 年 4 月 6 日，《证券日报》刊发题为"新华制药内控重大缺陷，信永中和被指严重失职"的署名文章，指出新华制药被信永中和出具了否定意见的内部控制审计报告，但这份迟来的否定报告，却并不能掩盖该审计事务所的严重失职。

媒体强调，欣康祺多年来一直为公司大客户。新华制药内部控制存在的重大缺陷使新华制药对欣康祺医药及与其存在担保关系方形成大额应收款项 6073.1 万元，同时因欣康祺医药经营出现异常，资金链断裂，可能使新华制药遭受较大经济损失。事务所对新华制药内控缺陷多年视而不见，"马后炮"难掩严重失职。出现如此"人祸"，新华制药 2011 年的内控审计必然不能轻易过关。但真正出事后，信永中和才出具内控否定意见，如此"马后炮"不禁令人起疑。

媒体指出，内控工作的问题一般都不是短时间内存在的，如果公司的内控制度并没有发生变化，此前的审计工作中不可能毫无察觉。有关专家指出，审计就是发现潜在的风险，上市公司的内控审计是审计工作中的重要一环。制度的缺陷没有审计出来，绝对是审计事务所的责任。内控制度的问题不是一两天才存在的，肯定是原来就有漏洞。2009 年和 2010 年的审计工作均没有提示这些问题。这只有两个可能：一是公司内控存在漏洞，而审计事务所却没发现，这属于工作不尽职；二是发现了漏洞，但当时没有提示风险，这个性质就更恶劣，涉嫌与公司相互勾结出具欺诈性的审计报告。新华制药内控制度的重大缺陷此前一直没有审计出，无论从哪个方面讲，都是审计事务所的严重失职。

2. 资本市场反应

欣康祺医药因涉嫌卷入非法吸收公众存款案已于 2011 年 12 月 30 日被济南市公安局

立案侦查。欣康祺医药等五家公司欠新华制药子公司的货款 6073.1 万元也很有可能就此打了水漂。公司对此已进行坏账计提准备。按 80% 比例计提坏账准备，计提坏账准备金额合计 4858.5 万元，导致公司 2011 年度增收不增利。

年报显示，公司报告期内实现营业收入 29.38 亿元，同比增长 12.37%；实现归属于上市公司股东的净利润为 7602.4 万元，同比下降 21.83%。

来自欣康祺医药的打击，不仅对新华制药的业绩造成实际损失，二级市场上，公司股价也受到严重冲击。自 3 月 15 日新华制药发布公告称，公司客户欣康祺医药前期经营出现异常，资金链断裂，可能对公司资金回笼产生较大影响后，新华制药 A 股股价一路下滑，从 3 月 15 日的 5.71 元跌到了 3 月 30 日的 5.26 元。

（四）会计师事务所的反击与回应

针对媒体质疑，信永中和会计师事务所于 2012 年 4 月 12 日在其公司网站上发表严正声明，对媒体报道予以反击，全文如下：

关于《证券日报》歪曲报道我所内控审计意见的严正声明

《证券日报》于 2012 年 4 月 6 日刊载题为“新华制药内控重大缺陷，信永中和被指严重失职”的文章，对我所为某上市公司 2011 年内部控制出具否定意见报告的行为妄加指责和歪曲评论，在资本市场和注册会计师行业均产生了不良影响，给当前资本市场的内控审计工作和注册会计师严谨执业产生极坏的舆论导向。为了不使该文的负面影响继续扩大，我所在此发表严正声明：

一、我所对某公司内部控制出具否定意见情况

某股份有限公司是一家 A＋H 股公司（以下简称“该上市公司”），按财政部及证监会的相关要求，是第一批按企业内部控制规范及相关指引要求建立内部控制，并需由注册会计师发表审计意见的公司。我所接受委托对该上市公司编制的 2011 年度财务报表及内控自我评价报告进行审计并出具审计报告，我们采用整合审计的方法，在财务报表分析的基础上，对内部控制进行了解、测试及评价。在审计过程中发现该上市公司的大客户某医药公司及与其存在担保关系方形成大额应收款项，而以前年度的期末应收账款余额很小，存在很大的不合理性；同时，我们在检查该上市公司的授信流程时，发现其子公司 2011 年授信业务内部控制制度存在缺陷，导致对大客户某医药公司赊销额度过大，在该客户经营出现异常、资金链断裂的情况下，会使该上市公司遭受较大的经济损失。虽然该上市公司作为多年的 A＋H 股公司，在公司治理及内部控制方面有较好的基础，该事项属于 2011 年度的偶发事项，但该缺陷对财务报表有重大影响，按内部控制审计的相关标准应当认定为重大缺陷。根据《企业内部控制指引》的相关要求，内部控制存在一项或多项重大缺陷，应当对内部控制发表否定意见。由于内控审计标准没有保留意见的内部控制审计报告类型，因此，我们对该上市公司的内部控制出具了否定意见的审计报告。

二、《证券日报》的歪曲报道与负面影响

我所对该上市公司内部控制表示否定意见的报告出具后，证监会、中注协相关部门负责人均曾主动向我们表示：信永中和是第一个对上市公司内部控制说“不”的事务所，保

持了注册会计师的独立性，树立了行业正气和新风，并表示要作为资本市场的正面案例加以宣传并提倡。而《证券日报》在此时刊载这样既不专业又不负责任的评论，在并不了解真实情况的情形下，凭主观臆测对出具否定意见的事务所妄加指责，这种不良的舆论导向将影响到广大上市企业对内部控制建设的态度，也影响到其他事务所能否敢于公正地对内部控制发表意见，进而也会影响国家有关部门大力推行加强企业内部控制战略的落实。

三、我们对《证券日报》的严正声明

（1）希望《证券日报》以净化资本市场、弘扬正气、客观报道为己任，而不应该反其道而行之。

（2）希望《证券日报》充分重视该报道对上市公司内控审计工作及证券从业会计师事务所的负面影响，并积极采取有效措施消除影响，以正视听。

（3）希望《证券日报》对无视职业道德、故意混淆视听、误导大众的新闻从业人员，依照规定给予严肃处理。

信永中和会计师事务所

2012 年 4 月 12 日

（五）新华制药内部控制报告

2012 年 3 月 23 日，新华制药发布 2011 年度内部控制评价报告，全文如下：

山东新华制药股份有限公司 2011 年度内部控制评价报告

山东新华制药股份有限公司全体股东：根据《企业内部控制基本规范》等法律法规的要求，我们对本公司（下称"公司"）内部控制的有效性进行了自我评价。

一、董事会声明

公司董事会及全体董事保证本报告内容不存在任何虚假记载、误导性陈述或重大遗漏，并对报告内容的真实性、准确性和完整性承担个别及连带责任。

建立健全并有效实施内部控制是公司董事会的责任；监事会对董事会建立与实施内部控制进行监督；经理层负责组织领导公司内部控制的日常运行。

公司内部控制的目标是：合理保证经营合法合规、资产安全、财务报告及相关信息真实完整，提高经营效率和效果，促进实现发展战略。由于内部控制存在固有局限性，故仅能对达到上述目标提供合理保证。内部控制的有效性亦可能随公司内、外部环境及经营情况的改变而改变，本公司内部控制设有检查监督机制，内控缺陷一经识别，本公司将立即采取整改措施。

二、内部控制评价工作的总体情况

2011 年，公司成立了内部控制规范领导小组和工作小组，公司董事会授权公司审计部作为内控规范的牵头部门，负责内部控制评价的具体组织实施工作，联合本公司各部门、各子公司组织实施内部控制评价工作。内部控制评价工作组成员由内审部门和相关职能部门的业务骨干组成。

公司审计部制定评价工作方案，评价工作组根据工作方案，围绕内部环境、风险评估、控制活动、信息与沟通、监督控制等要素，对公司内部控制设计与运行情况进行全面评价，包括组织实施自我评价、汇总评价结果、编制评价报告等。

在评价过程中，评价工作组及时向领导小组汇报评价工作的进展情况，并对评价的初步结果进行沟通讨论。评价工作组编制的内部控制评价报告经审核后提交董事会。公司内部控制评价报告经董事会会议审议通过后对外披露。公司聘请信永中和会计师事务所对公司内部控制有效性进行独立审计。

三、内部控制评价的依据

本评价报告旨在根据中华人民共和国财政部等五部委联合发布的《企业内部控制基本规范》（下称《基本规范》）、《企业内部控制应用指引》（下称《应用指引》）及《企业内部控制评价指引》（下称《评价指引》）的要求，结合本公司内部控制制度和评价办法，在内部控制日常监督和专项监督的基础上，对公司截至 2011 年 12 月 31 日内部控制的设计与运行的有效性进行评价。

四、内部控制评价的范围

内部控制评价的范围涵盖了公司及其所属单位的各种业务和事项，包括组织架构、发展战略、人力资源、社会责任、企业文化、资金活动、采购业务、资产管理、销售业务、研究与开发、工程项目、担保业务、业务外包、财务报告、全面预算、合同管理、内部信息传递、信息系统、关联交易、对子公司控制。上述业务和事项的内部控制涵盖了公司经营管理的主要方面，不存在重大遗漏。在自我评价中，我们重点关注公司的国际出口销售业务、国内销售业务、采购业务、资金活动、全面预算及资产管理等高风险领域。

五、内部控制评价的程序和方法

公司内部控制评价工作严格遵循《评价指引》的要求，在分析经营管理过程中的高风险领域和重要业务事项后，制定科学合理的评价工作方案，确定评价方法，并严格执行。

公司内部控制评价程序主要包括：制定评价工作方案、组成评价工作组、实施现场测试、认定控制缺陷、汇总评价结果、编报评价报告等环节。

在评价过程中，评价工作组综合运用个别访谈、问卷调查、专题讨论、抽样检查、实地查验和比较分析等方法和手段，充分收集公司内部控制设计和运行的有效证据，如实填写评价工作底稿，分析、识别内部控制缺陷。对内部控制设计及运行情况进行定性和定量评价，按照缺陷认定标准，确认评价结果，汇总评价结果后，出具评价结论，编制评价报告。

六、内部控制缺陷及其认定

判断内部控制是否存在缺陷的标准不是仅仅看控制系统是否存在缺点或不足，而是看这种缺点或不足是否阻碍其为控制目标的实现提供合理保证。

根据《基本规范》、《评价指引》对重大缺陷、重要缺陷和一般缺陷的认定要求，结合公司实际的情况，公司研究确定了具体的内部控制缺陷认定标准如下：

分类	认定方式	指标	一般缺陷	重要缺陷	重大缺陷
财务报告缺陷	定量方法	错报金额占资产金额的百分比	几乎不可能发生或导致的错报金额占资产总额的0.5%以下	具备合理可能性或导致的错报金额占资产总额的0.5%~1%	具备合理可能性或导致的错报金额占资产总额的1%以上
非财务报告缺陷	定性方法	企业日常运行	几乎不可能发生或导致公司个别业务经营活动运转不畅，不会危及公司其他业务活动，不会影响经营目标	具备合理可能性及导致公司多项业务经营活动运转不畅，但不会危及公司持续经营	具备合理可能性及导致公司部分业务能力丧失，危及公司持续经营
		财务损失	几乎不可能发生或导致轻微的财物损失	具备合理可能性及导致中等的财物损失	具备合理可能性及导致重大的财物损失
		企业声誉	几乎不可能发生或导致负面消息在当地局部流传，对企业声誉造成轻微损害	具备合理可能性及导致负面消息在某区域流传，对企业声誉造成中等损害	具备合理可能性及导致负面消息在全国各地流传，对企业声誉造成重大损害

根据上述认定标准，结合日常监督和专项监督情况，我们评价中发现报告期内存在一项重大缺陷，是子公司医贸公司对客户授信额度过大导致较大经济损失。

（1）医贸公司内部控制制度缺少多头授信的明确规定，在实际执行中，医贸公司的鲁中分公司、工业销售部门、商业销售部门分别向同一客户授信，造成授信额度过大。

（2）医贸公司内部控制制度规定对客户授信额度不大于客户注册资本，但实际业务中对部分客户授信却超出其注册资本。同时，医贸公司也存在未授信的发货情况。

上述重大缺陷使得公司对欣康祺公司及其关联公司形成大额应收款项6073.1万元，同时，因欣康祺公司经营出现异常，资金链断裂，可能使公司遭受较大经济损失。

七、内部控制缺陷的整改情况

针对报告期内发现的内部控制缺陷，公司通过建立完善相关制度，增大检查力度等相应措施进行了整改：

对子公司控制方面，针对子公司内控制度中缺少多头授信的规定及内控制度执行不严导致对客户授信额度过大造成损失的问题，公司修订印发了《山东新华制药股份有限公司营销信用风险管理办法》，对多头授信做出明确规定，并加大了监督检查力度，以防形成新的因授信额度过大导致的信用风险。

八、内部控制有效性的结论

报告期内，公司未能按照《企业内部控制基本规范》和相关规定在所有重大方面保持有效的财务报告内部控制。

自内部控制评价报告基准日至内部控制评价报告发出日之间，公司的内部控制未发生对评价结论产生实质性影响的重大变化。

我们注意到，内部控制应当与公司经营规模、业务范围、竞争状况和风险水平等相适应，并随着情况的变化及时加以调整。因此，下一步公司将致力于以下工作：

（1）加强对子公司的管控，强化风险管理，加大销售过程的风险防控力度，严格执行内部控制制度。

（2）加强全面预算管理，强化预算的执行与考核。

（3）及时根据相关法律法规的变化和公司发展的需要，修订和完善公司内部控制制度，优化业务流程，持续改进内部控制体系。

（4）加强对内部控制制度落实情况的检查和监督，持续规范运作，对发现的缺陷及时进行整改。

（5）加强内控规范及制度的学习和培训，提高执行力，进一步防范和控制风险，保障公司持续、健康发展。未来期间，公司将继续完善内部控制制度，规范内部控制制度执行，强化内部控制监督检查，促进公司健康、可持续发展。

山东新华制药股份有限公司

2012 年 3 月 23 日

需要说明的是，在此前 3 个年度（2008～2010 年）的内部控制自我评价报告中，新华制药管理当局认为，公司按照有关法律法规和有关部门要求，建立健全了完整的、合理的内部控制制度，总体上保证了公司生产经营活动的正常运作，在一定程度上降低了管理风险，并按照控制制度标准于每年 12 月 31 日与会计报表相关的重大方面的执行是有效的。即公司管理当局认为，公司的内部控制不存在重大缺陷。

二、案例点评

新华制药是我国资本市场上第一家内部控制审计报告被出具否定意见的上市公司，其内部控制被披露存在重大缺陷。新华制药内部控制审计案例轰动一时，引发相关各方关注，具有很强的现实意义和代表性。

综观整个案例，相关各方争执的焦点主要集中在内控责任的归属上。具体分析后不难发现，这里面实际上涉及两个问题：一是上市公司自身在内部控制的评价及报告上是否存在瑕疵与不足是否应承担相应的责任。二是注册会计师在内部控制有效性的审计方面是否存在失职行为。

首先，就上市公司负有的内部控制责任来说。新华制药在其 2011 年度内部控制评价报告中，承认公司自身的内部控制存在重大缺陷。报告指出，报告期内，公司未能按照《企业内部控制基本规范》和相关规定在所有重大方面保持有效的财务报告内部控制。同时，新华制药 2011 年度内部控制审计报告也同样指出新华制药内部控制存在重大缺陷。

一个缺陷是新华制药下属子公司医贸公司内部控制制度对多头授信无明确规定，从而导致内部多个部门分别向同一客户授信，使授信额度过大，该缺陷明显属于内部控制设计上的缺陷；另一个缺陷是新华制药下属子公司医贸公司内部控制制度规定对客户授信额度不大于客户注册资本，但医贸公司在实际执行中，对部分客户超出客户注册资本授信，使得授信额度过大，同时医贸公司也存在未授信的发货情况，该缺陷显然属于内部控制运行上的缺陷。

通常，运行上的缺陷较为复杂，其持续性较难确定。但企业内部控制设计缺陷具有一定的持续性，如果公司内控制度未发生变化，设计缺陷都会存续一段时间，即 2011 年存在某项内部控制设计缺陷，之前该项设计缺陷也应该持续存在。也就是说，在本案例中，在 2011 年度之前，新华制药内部控制至少存在设计上的缺陷。而且从新华制药近年年报披露的信息来看（见表 4-1），新华医药和欣康祺医药的业务往来至少可追溯到 2009 年。但在此前的 2008～2010 年，新华制药的内部控制自我评价报告均认为，公司的内部控制是有效的，并不存在什么缺陷。

显然，新华制药 2011 年度之前的内部控制报告存在明显的瑕疵。按照我国《企业内部控制基本规范》和《企业内部控制评价指引》的相关规定，新华制药公司董事会须对公司内部控制存在重大缺陷负有责任，且存在虚假披露的问题。

表 4-1 欣康祺医药对新华医药的营业收入"贡献"

项目	2009 年度	2010 年度	2011 年度
在新华医药下游客户中的排名	第一名	第二名	第三名
销售新华医药产品金额（千元）	181470	110390	149313
新华医药营业总收入（千元）	2321927	2614234	2937528
占新华医药营业总收入比例（%）	7.94	4.22	5.08

其次，就注册会计师负有的审计责任而言。从现有的资料分析，我们无法判断，在 2011 年度之前，注册会计师是否已觉察到新华制药内部控制（至少是设计方面）存在的问题。而且在 2011 年度之前，注册会计师出具的是内部控制审核报告而非内部控制审计报告。众所周知，在 2011 年度之前的内部控制审核报告阶段，除了报告的保证程度低于审计报告之外，内部控制审核相关制度也未给出重大缺陷、重要缺陷和一般缺陷的概念，在缺陷的判断上缺乏明确的标准。此外，在 2011 年度之前，控制缺陷也并未对公司的财务报表产生重大影响。可能会存在这样的情况，即在注册会计师看来，已经识别出的控制缺陷导致账户余额或列报错报的可能性较小，并不需要在审核报告中加以披露，因而出具了标准无保留意见的审核报告。

也就是说，在本案例中，新华制药内部控制审计师是否存在过错，还有待通过对该审计项目实施执业质量检查才能加以确认，仅凭现有的公开信息很难做出准确的判断。

三、案例小结

2011 年，是我国企业依据《企业内部控制基本规范》及其配套指引，真正实施内部控制审计和内部控制评价报告的第一年。之前的上市公司内部控制信息披露一直为市场和监管者所质疑。其中的一个重要原因在于，上市公司内部控制信息披露趋于表面化和形式化，基本不提及内部控制存在的缺陷，注册会计师出具的内部控制审核意见也一直都是标准无保留意见，上市公司内部控制信息披露和审计的信号作用并未得到真正发挥。从这个意义上说，新华制药内部控制审计案例是具有划时代意义的标志性事件，对提升我国上市公司内部控制信息披露水平，促进内部控制规范贯彻实施将会起到很好的示范与推动作用，值得我们认真总结和深刻反思。

第三节 企业内部控制规范对策建议

由于内部控制规范在我国实施的时间较短，企业内部控制及其报告存在缺陷和不足并不奇怪，但问题的关键在于，相关各方应当付诸实际行动，为推动内控报告编制披露水平和资本市场信息整体质量提升不懈努力。

一、完善相关法律法规，清晰界定相关各方责任

根据《企业内部控制评价指引》，企业应当根据评价指引，结合内部控制设计与运行的实际情况，制定具体的内部控制评价办法，规定评价的原则、内容、程序、方法和报告形式等，明确相关机构或岗位的职责权限，落实责任制，按照规定的办法、程序和要求，有序开展内部控制评价工作。企业董事会应当对内部控制评价报告的真实性负责。但若内部控制评价报告的真实性存在问题，企业董事会应负什么样的责任，现行法律法规并未予以明确。此外，依据《企业内部控制评价指引》，注册会计师认为财务报告内部控制存在一项或多项重大缺陷的，除非审计范围受到限制，应当对财务报告内部控制发表否定意见。但对事务所以及注册会计师在内控审计中应负有多大责任，违规该受到哪些处罚，不仅内控审计指引没有，中国注册会计师协会的内控审核指导意见中也没有具体的处罚措施。为进一步提升企业内部控制报告质量，强化企业内部控制有效性的外部监督，我国相关政府部门应尽快完善相关法律法规，清晰界定企业董事会、注册会计师等相关各方责任。

二、加强监管服务，增强企业内控自我提升的外部压力

规范的内部控制报告及内部控制审计在我国刚刚实施、开展、实施过程中肯定会出现各种困难与问题。及时地掌握和了解这些困难，并加以及时的处理、解决，对不断推进内部控制规范在我国企业的有效应用十分关键。相关政府部门以及中国注册会计师协会等有关各方，应尽快建立健全相应的制度机制，不断加大对企业内控报告以及企业内控审计报告的监督检查力度、违规处理力度和帮扶力度，以最大限度确保内控报告及内控审计报告的客观、真实。

三、积极宣传引导，形成企业内部控制建设的良好氛围

在我国，不少企业的内部控制制度目前还停留在形式上，在实际执行过程中难以达到内部控制规范体系的要求。企业运行中多年累积的经营或财务问题，由于领导重视不够、员工内控意识不强、内部治理机制尚未完善等各种因素的影响，也不可能因为内部控制制度的建立而很快消除。同时，从本章案例不难看出，社会公众对企业内部控制报告和内部控制审计并不真正了解，还存在不少认识上的误区。所有这些都不利于企业深入推进自身的内部控制建设。建议相关政府部门以及中国注册会计师协会等有关各方，进一步加大对企业内部控制相关问题的宣传引导，为尽快形成宽松、良好的外部社会环境，打造治理层与管理层重视、全员积极参与的企业内部环境创造有利的条件。

本章案例

北京金隅以提升公司价值为核心的内部控制体系的构建与实施

北京金隅是以"水泥及预拌混凝土—新型建材制造—房地产开发—物业投资与管理"为核心产业链，主业于香港 H 股（02009）和上海 A 股（601992）上市的大型国有控股产业集团，是国家重点支持的 12 家大型水泥企业之一和京津冀区域最大的水泥生产商及供应商，全国最大建材制造商之一和环渤海经济圈建材行业的引领者，北京地区综合实力最强的房地产开发企业之一和开发最早、项目最多、体系最全的保障性住房开发企业，以及北京最大的投资性物业持有者和管理者之一。公司四大产业板块强劲增长、协同发展，主营业务已延伸至上海、天津、重庆、四川、浙江、山东、山西、河北、河南、吉林、广东、海南、内蒙古、新疆、贵州、安徽等省市区。公司依托自身所拥有的国家级企业技术中心，持续实施结构调整，不断转变发展方式，具有自身特色的以城市废弃物无害化和资源化处置为核心的都市环保产业已成为全国循环经济领域的一面旗帜，实现了经济效益、社会效益和生态效益的协调统一，形成了在创新驱动中跨越式发展的新格局。

北京金隅于 2011 年 3 月启动了以完善内控管理、提升公司价值为核心的全面内部控制体系构建与实施工作。

一、构建背景

在监管机构强化企业内部控制监管的背景下，对国有控股的集团化上市公司提出了更高的要求，如何既满足监管要求又提升内部管理，既强化风险控制又提高流程效率，既强化集团管控又保证灵活经营是北京金隅内部控制建设中面临的难题。破解这些难题，建立科学可行的全面内部控制体系是北京金隅发展的迫切需要：提升公司价值融入国际资本市场需要、借助监管要求夯实管理基础的需要、适应公司规模快速发展的需要、积极防范风险实现发展战略的需要。

二、构建主要内容

（一）内涵

北京金隅内部控制体系建设的内涵是：以防范风险、优化流程为核心理念，以提升管理、企业增值为建设目标，以防范为前提，控制做手段为方法支持，以基于监管、优化提升为执行措施，以组织保证和管理制度为法律保障。该体系具有"约束力与激励力互动"的特点，有助于调动公司所有员工的积极性，克服消极预防风险的思想，避免单纯的"严控、约束、堵漏"的现象，成为不断积蓄正能量的绩效化内控体系。

（二）内部控制体系建设的方法步骤

1. 鉴别系统风险，规范业务流程

（1）梳理业务风险，编制风险清单

北京金隅在全面梳理现有业务流程（包括审阅制度文件和测试实务操作等）的基础上，遵照《基本规范》中规定的内部控制框架要求，并参考《企业内部控制应用指引》的精神，梳理现有控制制度和业务流程，针对外部经营风险和内部管理风险，确定经营风险，通过对其"发生的可能性"和"发生后的影响程度"进行评估，编制风险清单；根据风险清单，识别出现有内部控制中存在的不足和缺陷，评价现有内控设计的有效性（见图4-1）。

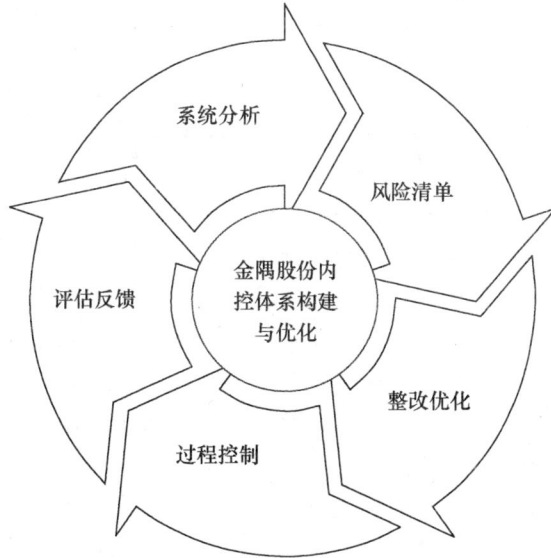

图4-1　北京金隅内部控制体系建设工作流程

（2）编制测评报告，系统优化整改

针对已识别的内部控制薄弱环节和相关风险，编制内控测评报告，制定优化整改方案，包括具体的整改期限和整改方法。在制定优化整改方案时，按照《基本规范》和《应用指引》等相关法律法规的要求，根据公司实际情况，针对识别出的内部控制薄弱环节，设计或完善可行的相应的控制点，嵌入现有业务流程。同时尽可能地运用信息技术手段和方法，加强各业务流程与信息系统的有机结合。通过对缺少控制点的风险点设置控制点，对控制措施不当或控制效果不佳的控制点进行调整等规范、完善的整改，对现有的制度、流程进行科学修改、更新、补充和完善，形成新的流程运作标准。

在制定或完善内部控制制度时，注意制度与流程应能够较好地匹配，特别是对于跨部门的流程或控制活动，在制度上做到不存在接口不清晰的问题，总部与各分、子公司在制度上不存在交叉或定位不清晰；制度自身不存在重叠、交叉、矛盾的情况，对各部门间的职责、岗位职责定义、审批权限进行明确规定；制度明确流程在什么时间发起，由谁来发起、关键控制活动是什么、需要产生什么结果，做到简洁、高效、可行。

（3）制定内控手册和流程文件，实施流程控制

将梳理、整改后的业务流程，按照具体业务进行细化，并明确业务控制点，按照管控顺序设置流程，经过逐步的分析、讨论、规划、设置后，确定业务流程。并以文档的形式对流程进行逐步描述并按照控制点予以图示（见表4-2和图4-2），汇总编制内部控制手册。

同时，北京金隅将内控体系建设与现有的廉政风险防范体系、质量管理体系、环境管理体系、安全保卫管理系统等有机结合，将"三重一大"的管理要求与公司的授权体系建设充分结合，以制度和业务授权明细表的形式，将重大问题决策、重要干部任免、重大项目投资决策、大额资金使用的授权审批流程明确、分解和固化，逐级分解风险，明确责任。做到公司管理条理清楚、责任清晰。

手册编制完成后，经过各业务部门试运行，及时反馈信息，讨论、修改不适应部分，形成终稿，并下发执行。公司已经建立起963个一级流程，3066个二级流程，并明确了10348个重要控制点，基本实现对业务流程的全面管控。

2. 编制风控文档，强化风险防范

北京金隅通过对现有业务流程的全面梳理、风险事件分析、环境和职能分析、调查问卷等方法，对比应用指引的要求，对全部业务流程的风险点进行系统评估，编制风险控制文档。文档中对风险进行编号、描述并列示控制目标、控制活动、控制方法、控制类型、控制频率以及控制实施的证据及控制文件的名称和文号。

通过风险控制文档，管理者可以清楚地知道各业务流程的关键控制点，操作人员也可以以最直接的方式明白流程操作。同时，风险控制文档，还是后期内控评价和监督检查的依据，评价和监督检查人员通过风险控制文档，可以任意抽取流程对应的控制点来查看实施证据，一举三得地增加了风险防控的可操作性，使风险防范工作不再抽象，而是直接地反映在具体的管理和操作中，切实地做到了防范和规避风险，保证了内控目标的实现。

3. 强化监督考核，建立长效机制

在本次的内控建设中，北京金隅制定公司内部控制评价办法，明确公司审计部对子公司的内部控制执行情况进行检查监督和评价，并将结果纳入对子公司的年度考核。

建立了公司自上而下、自下而上的内部控制更新完善机制。即公司总部通过监督评价和考核体制推动内部控制管控到位，子公司通过定期自我检查、评价，补充、完善、修改现行内部控制体系，保证体系科学合理、切实可行。

表4-2 风险控制文档（RCD）

单位名称：北京金隅股份有限公司　　　　　　　　　　最后更新时间：2012-08-31
业务流程名：资金管理　　　　　　　　　　　　　　　业务流程编码：8
当前子流程名称：银行存款管理业务流程　　　　　　　当前子流程编码：8.2
编制部门：　　　　　　　　　　　　　　　　　　　　编制人：

风险编号	风险描述	控制目标	控制活动编号	控制活动	控制方法（自动/人工）	控制类型（预防性/发现性）	控制频率（随时，日，周，月度，季度，年度）	控制实施证据	控制文件的文号及名称
1	银行存款管理违反国家法律、法规及企业内部规章制度要求，可能使企业遭受外部处罚，造成经济损失和信誉损失	确保银行存款管理符合国家法律、法规和企业内部规章制度的要求	1.1M	公司开立、变更及撤销银行账户要填写《总部开户、变更或注销银行账户申请表》，并在《总部开户、变更或注销银行账户申请表》中明确开户用途、变更缘由、销户原因等信息；经财务资金部部长审核，报公司财务总监审批同意后，方可向所在地银行申请办理	人工	预防性	随时	总部开户、变更或注销银行账户申请表	北京金隅股份有限公司银行账户管理办法
1	……		1.2M						
2	资金使用及其支付手续违反公司内部规章制度，可能导致舞弊行为，给企业造成资产损失或使股东权益受损	确保银行存款业务相关权限的设置合法、合理，预防舞弊事件的发生	2.1M	银行账户资金支出须履行资金支付手续。由资金使用部门填写《资金支出领用单》……	人工	预防性	随时	资金划转审批单	北京金隅股份有限公司总部资金支出管理办法

北京金隅股份有限公司
8.1.2　资金管理—现金管理业务流程—现金支出管理

各职能部门	主管领导	财务资金部

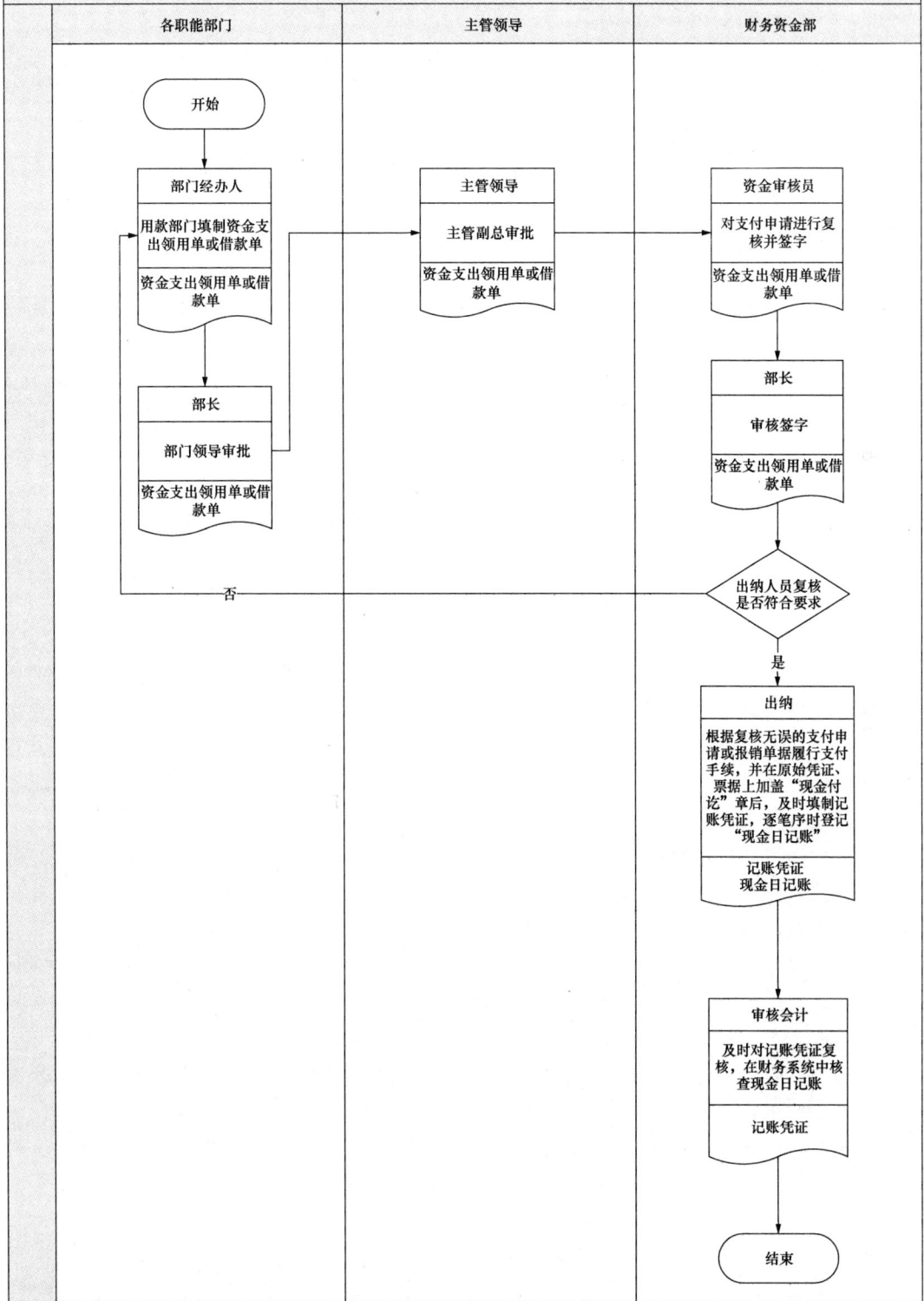

图 4－2　内部控制手册示例业务流程

三、内控实施

（一）指导思想

北京金隅内部控制体系建设，其推动力量既来自于外部的监管要求，也来自于企业内部的风险防范和管理提升的驱动，所以，如何把满足外部监管的工作压力，转化为防范风险，提升企业内部管理的工作动力，从而将监管要求与企业价值的提升有机结合起来，是高效有序开展本次工作的关键。为此，北京金隅把握以下工作的指导思想：以监管要求为工作出发点、以优化流程为工作主线、以提升管理为工作目标。

（二）主要做法

1. 基于全公司内部控制体系建设的顶层设计

北京金隅内部控制体系建设工作伊始，就在广泛调研、评估现状的基础上，制定了《内部控制体系建设与实施规划》和《内部控制体系建设与实施工作方案》，确定了内部控制体系建设与实施工作的总体规划、项目范围、工作目标，以及"强化培训、建立标准、全面覆盖、严格执行、持续完善"的20字工作方针和要求。

总体规划：规划整个项目分三步走，第一步是搭建公司总部层面控制体系总体框架，包括对现有制度的梳理、补充、成册；第二步是从四个板块中各选取一个试点单位，要求按照总部内控框架要求完善本企业内控体系，包括对现有制度以及本板块、本企业相关业务流程的梳理、补充、成册；第三步是在各子公司中全面推广。要求各子公司按照本板块试点企业的模式，结合自身业务特点，加以修改完善，制定符合本企业的科学、完善、可行的内部控制体系。

项目范围：整个项目包括总部层面和子公司层面。即以上市公司为主体，包括下属分、子公司均需要建立健全内部控制体系。业务范围要求五部委文件中涉及的18项应用指引和1项评价指引中包含的全部业务内容。其中重点企业和资金活动、采购业务、资产管理、销售业务、工程项目、财务报告、全面预算、合同管理及内部信息传递等重要业务事项和高风险领域是本次项目实施的重中之重，要下大力气重点关注。

工作目标：目标是根据五部委联合发布的《基本规范》及《配套指引》的要求，对股份公司的内部控制体系进行全面测评与诊断，并建立、完善满足监管法规要求的、符合公司实际业务情况的内部控制体系。具体包括：

建立完善符合现代管理要求的公司治理结构及内部组织结构，形成科学的决策机制、执行机制和考核机制，保证经营管理目标的实现。

建立行之有效的风险控制系统，强化风险管理，保证各项业务活动正常运行。

建立良好的内部经营环境，避免或降低风险，堵塞漏洞、消除隐患，防止并及时发现、纠正各种错误、舞弊行为，保证财产的安全完整。

规范会计行为，保证会计资料真实、完整，提高会计信息质量，使公司务报告的编制符合《会计法》和《企业会计准则》等有关规定。

确保国家有关法律法规和内部控制制度的贯彻执行。

2. 多措并举、多层并进的内控理念导入

风险防范和内部控制对于企业来说不是新生事物，但如何全面、系统地梳理、建设、完善并能够保证切实运行，要求企业从管理层到每个员工都真正地认识、理解并深入到平时的工作当中是内部控制体系建设工作中一个重要的环节。

北京金隅根据"强化培训"的方针，多措并举、多层并进，针对不同层面的企业，不同层面的人员，采取发放文件资料、聘请专家授课、内部报纸宣传、开展专业知识竞赛、开辟网络问答、建立网络专用群体等多种方式宣贯内控理念和政策、普及内控知识和方法论，营造全员内控的环境，推动内部控制体系的建设与实施。

对公司的管理层发放五部委内控基本规范和应用指引，使他们了解监管要求和项目背景及内容；对子公司内控负责人和牵头部门工作人员发放内部控制体系建设工作指南和内部控制规范讲解，使他们从专业知识和工作方法论方面有更深入的了解，进而便于实施具体工作和开展对本公司的业务指导。

北京金隅聘请专家针对不同的人员开展不同内容的授课。针对公司和子公司管理层，重点讲解项目背景、监管要求和管控目标；针对牵头部门的工作人员，讲的重点放在对指引的诠释、建设工作的方法论和后期评价的方法和注意事项；针对具体操作人员，强调内部控制体系的执行必要性和执行层面的注意事项。通过内控专家有的放矢地讲解，加深了不同层面的人员对自身在内部控制体系建设和实施工作中的认识和理解，使他们明确了在内部控制体系中自己应担负的职责。

为提高广大员工对内部控制的认识，保证全员参与，北京金隅还在内部报纸"金隅报"开设"内部控制建设"专栏，在各子公司通过企业宣传栏等方式，讲解内部控制管理知识和执行注意事项，并列举案例详细分析讲解。2012年还在全公司范围内以问卷和现场笔试的方式举办内部控制知识竞赛，共有近万名干部员工参赛。

针对子公司涉及区域广、跨度大的特点，北京金隅还建立网络平台来加强母、子公司和同板块各企业间的沟通和交流，分享成果和经验，提高了发现问题、解决问题的速度和工作效率。

通过多种方式企业文化的助力，有效地普及和转变观念，提高了干部职工的风险意识，提高建设内控、执行内控的主动性，切实推动了内部控制体系在全公司的贯彻实施。

3. 机制建设与人才资源的"双向同步"运营保障

北京金隅"双管齐下"在运行机制和资源两个方面为内部控制建设和实施提供保障。

运行机制方面：第一是建立顺畅的沟通机制，畅通与内控专家、咨询机构、母（子）公司牵头部门和内控专职人员的沟通；第二是统一标准和统一质量管理，建立严格的项目质量控制机制；第三是系统的专业培训；第四是经验学习和交流机制，在本板块内推行试点企业、龙头企业先进管控模式，互相汲取经验，取长补短，共同提升。

资源保证方面：第一是人才保障，通过聘请有丰富实践经验的专家和咨询团队，培养自身的内部专业骨干，各公司各部门选派内控业务专员，逐步形成稳定的内控专业队伍；第二是经费保障，集团按照内部控制体系建设规划，专门设置年度内控预算经费，专款专用，保证年度计划的全面实施。

4. 推行"试点—提升—完善"的"三步走"策略

在内部控制全面建设和实施工作中，北京金隅确定了"在龙头企业做试点、在成熟企业促提升、在新建企业促完善"的内控建设"三步走"策略（见图4-3）。

第一步，在各板块中选取一家内部控制管理较为规范和完善的龙头企业，与总部一起作为试点，率先展开内部控制体系建设与实施工作，并形成《内部控制手册》和本板块模板。

第二步，在各板块中，选取管控较为成熟的企业，依照本板块模板，开始第二批内部控制体系建设与实施工作。第二批的企业通过梳理自身业务流程，比对监管要求，学习龙头企业，补充完善流程管控，制定本公司内部控制手册，来达到提升管理的目的。同时，要求管理相对薄弱的企业比对龙头企业和监管要求，先行完善自身制度体系，再进行内控手册的编制。

第三步，根据北京金隅目前发展状况，新建企业在符合总部统一管控的要求下，采取比照龙头企业的方式，建立自身的内部控制体系。通过这种方式，不仅为新建企业提供了较为成熟的经验，大大地提高了工作的效率，同时，也通过成熟企业的管理模式在新企业的运行、反馈，达到了相互促进、逐步完善，使管理水平整体再提升的效果。

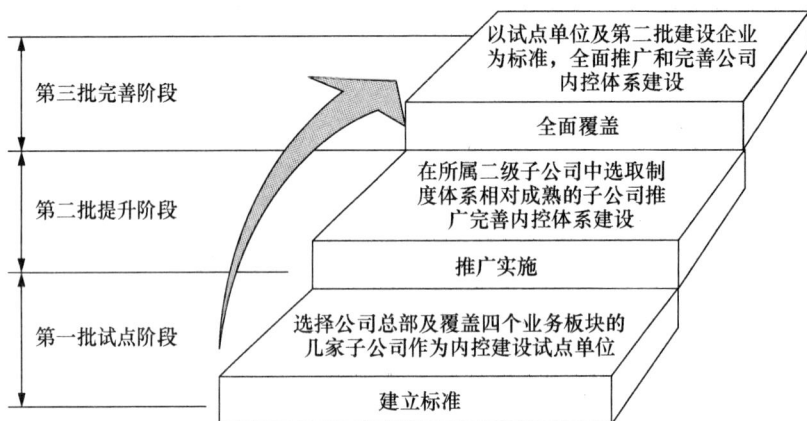

图 4-3　推行"试点—提升—完善"的"三步走"策略

5. 子公司内控建设管理"五统一"、"五加强"

北京金隅作为一家大型国有控股公司，有 63 家二级子公司，业务范围涵盖水泥及预拌混凝土、房地产、新型建材及商贸物流以及物业投资与管理。各子公司内部控制体系建设工作必须既贯彻总部的统一管理要求，又结合不同企业具体经营的实际情况。为此，对于子公司的内部控制建设管理，确立了"五统一、五加强"的原则，以此指导集团内部各子公司内部控制体系建设工作。在此基础上，由各企业具体开展相应的体系建设工作。

第一，统一领导，加强对各企业工作的协调。

北京金隅成立内部控制工作领导小组，由总经理任组长，副总经理任副组长，成员为各部门负责人。办公室设在审计部，全面负责公司内部控制建设的相关工作。各企业的内部控制体系建设都要在集团领导小组的统一指导下开展工作。各子公司成立领导小组与工作组，按照要求开展工作。统一领导的工作机制，为统一规划、统一标准、统一步骤、统一后续管理的全公司内部控制体系框架奠定了基础。

第二，统一规划，加强对阶段任务进度的控制。

总部对全公司内部控制工作进行统一规划、统一部署，并依据集团整体规划推进不同板块企业内部控制建设工作，以保证全公司内部控制建设工作的高质量、快进度。

第三，统一标准，加强对内部控制体系建设的质量控制。

内部控制标准的统一是内部控制不断完善和提高的重要保证。为保证全公司内部控制建设、评价标准的统一，由审计部统一协调聘请中介机构为各子公司内部控制建设和自评提供指导。分不同业务板块，结合各板块业务实际，考虑不同业务内部控制的重点和难点，制定了内部控制手册、控制流程、控制矩阵的主要框架和标准要求。保证各公司建设完成的内部控制体系既体现了全公司内部控制建设标准化的要求，又反映了各公司业务实

际个性化的特点；做到全公司内部控制体系的框架、结构标准化，流程、内容个性化。

第四，统一步骤，加强对子公司内控建设的掌控。

内部控制体系建设是一项系统工程，包括业务多，涉及面广。这就要求子公司在体系建设时必须按部就班，把握任务时间权限，才能保证工作按时完成。通过前期试点，总部与中介机构确定好内部控制建设的四个阶段10个具体步骤，并细化每个步骤的具体用时，在工作计划中明确到每个工作日的具体工作内容。将具体明确的工作步骤在子公司内部控制建设工作中统一运用，并将完成时点纳入考核，有效保证了各公司内部控制体系建设工作的有序进行和时间进度（见图4-4）。

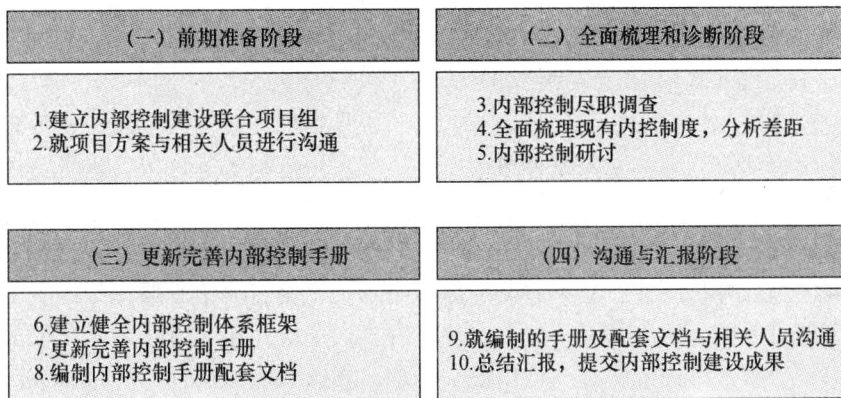

(一) 前期准备阶段	(二) 全面梳理和诊断阶段
1.建立内部控制建设联合项目组 2.就项目方案与相关人员进行沟通	3.内部控制尽职调查 4.全面梳理现有内控制度，分析差距 5.内部控制研讨
(三) 更新完善内部控制手册	(四) 沟通与汇报阶段
6.建立健全内部控制体系框架 7.更新完善内部控制手册 8.编制内部控制手册配套文档	9.就编制的手册及配套文档与相关人员沟通 10.总结汇报，提交内部控制建设成果

图4-4　子公司内控建设的阶段和步骤

第五，统一后续管理，加强对内部控制体系运行的评价监督。

在建成覆盖全公司的内部控制体系后，公司内部控制工作重点将转向对内部控制执行的监督检查上。在内部控制体系建设基本完成以后，公司审计部就指导、督促各企业建立内部控制评价、监督和完善机制，通过内部控制执行监督监察，保证体系建设的成果能够落到实处，实现内部控制自我评价定期化，内部控制检查常态化，内部控制完善持续化。

6. 内部控制动态更新完善体系

内部控制是一项长期性、系统性的工作，内控体系的完善是一个不断总结、逐步积累、逐步更新、不断提高，再到日臻完善的渐进过程。北京金隅建立了体系运行与反馈、监督和自我评价、风险评估与认定、缺陷整改、体系完善的以对标评估找差距、以定期更新促完善的内部控制动态完善体系。

为了使内部控制体系跟上企业发展要求，北京金隅建立了内部控制体系适应性定期反馈更新机制。公司每个员工在业务流程有所变更时，都比对内部控制手册，将变更内容告知本部门内部控制联系人。各子公司定期召开内部控制专项会议，集中讨论各部门汇总上报的流程变更内容，并进行风险规避、风险分担、风险降低和风险承受的应对分析后，针对分析结果确定新的风险控制点，补充、完善业务流程，定期更新内部控制手册，确保内部控制手册符合公司管控要求，指引业务规范操作。

7. 营造内控文化氛围，确保积极执行流程管控

内部控制体系完成发布之后，关键在于执行。要执行到位，就必须把学习落实到位。北京金隅根据"严格执行"方针，把学习和宣传工作贯穿于内部控制体系建设与实施的全过程。

工作开展之前，先进行普及性的规范和应用指引的学习，使干部员工明白内部控制的概念、背景以及工作的内容及自身的角色和应承担的职责；工作进行过程中，通过集中和分散的有针对性的培训，解决工作中的实际问题，推动工作按序推进；体系搭建完成后的重点工作培训，主要是针对新的管理制度汇编和管控流程进行操作的重点讲解和关键风险点的强调要求，保证各级工作人员在实际工作中做到明白和熟知，运用到工作中做到能做、会做和熟练操作，切实保证每项流程控制深入人心。

通过学习和宣传，营造一种按照制度办事、按照流程操作，全员参与、全员规范的内控氛围，转变了干部员工的观念，提高了建设内控、执行内控的积极性。从"要我做"、"我能做"到"我要做"，对待风险，变被动应对为主动规避、主动预防，将防范风险、提升管理落到实处。

8. 加大检查监督考核，确保内部控制体系执行有效

对企业内部控制体系的执行情况进行监督评价是内部控制体系实施的重要环节，检查监督与评价可以促进企业内部控制体系的有效执行，评价与激励可以促进企业内部控制体系得到持续改进和提升。

北京金隅根据五部委的内部控制评价指引等要求，发布内部控制评价办法。为指导和规范子公司的监督评价工作，总部编制内部控制评价手册。评价手册充分体现全面和适应性，明确了评价原则、组织和职责分工、评价内容、评价程序和方法以及缺陷的认定程序和标准，对评价报告的内容和格式提出统一要求，并按板块编制评价底稿模板。各子公司内部控制责任部门统一按照评价手册的要求定期对本公司内部控制执行情况进行评价，出具评价报告并上报总部备案。总部每年制订子公司内部控制检查监督和评价计划，采取全面检查、重点流程检查、专项检查和集中检查等多种方式，采取现场访谈、调查问卷、资料调取、查看事实证据等多种形式对子公司的内部控制进行定期或不定期的检查，评价其设计和执行是否有效。并对发现的问题出具整改意见书，限期整改并跟踪检查。检查监督和评价工作做到分工明确、责任清晰、运作有序、评价客观、整改到位，有力地促进了公司内部控制体系的贯彻落实和逐步提升，为企业有效防范风险，实现发展战略提供保障。

内部控制评价手册例表1：

财务报告内控缺陷认定的定性标准

缺陷分类	定性标准
重大缺陷	➤ 发现公司管理层存在的任何程度的舞弊； ➤ 已经发现并报告给管理层的重大内部控制缺陷在经过合理的时间后，并未加以改正； ➤ 内部控制环境无效； ➤ 影响收益趋势的缺陷； ➤ 影响关联交易总额超过股东批准的关联交易额度的缺陷； ➤ 外部审计发现的重大错报不是由公司首先发现的； ➤ 其他可能影响报表使用者正确判断的缺陷。
重要缺陷	➤ 已经发现并报告给管理层的重大内部控制缺陷在经过合理的时间后，整改不全面、不彻底； ➤ 内部控制环境不完善； ➤ 会计计量不及时、不准确，造成信息滞后或信息错误； ➤ 财务制度存在严重缺陷。
一般缺陷	➤ 其他与财务报告有关的内部控制缺陷。

内部控制评价手册例表2:

内部控制缺陷认定汇总表

＊＊＊ 子公司/母公司本部

重要性水平:

指标	基数	比例	金额
资产总额		0.50%	
净利润		5%	
重要性水平确定			

缺陷认定汇总:

会计报表项目	内部控制缺陷影响额	内部控制缺陷影响额占重要性比例		
		≥整体重要性水平（重大缺陷）	占整体重要性比例的20%～100%（重要缺陷）	＜整体重要性水平的20%（一般缺陷）
合计				

四、实施效果

1. 提升管理水平,提高经济效益

内控体系的建设与实施,极大地提升了公司的管理水平,进而促进了公司经济效益的大幅提升,生产、技术、管理水平普遍提高,人均创利能力、企业经济效益整体提升,在水泥产能过剩,全行业利润大幅下滑的前提下,公司净利润逐年提升,2012年增长了13.5%,实现了公司的可持续发展。

2. 健全完善了内控体系,为公司的规范运作打造平台

全面内部控制体系的建立重新系统梳理和完善了公司的制度体系、风险防范体系,与公司环境、安全、质量、廉政风险等防范体系建立了有机的融合,建立了以企业发展战略为主线,预算和绩效管理为基础,资产、财务报告和流程管控为主要内容,审计监督和法律管控为保障的管理体系,增强了管理的完整性和系统性。在合法合规的基础上,将金隅内控提升到"效率内控",并最终打造"价值内控"。

内部控制体系的建设强化了管理层的风险防范意识和系统控制意识,促进了决策的科学性和管理规范性。内部控制体系建设直接的书面成果包括各企业的管理制度汇编和内部控制手册。管理制度汇编系统收集了公司补充、完善、修订和更新后的所有管理制度。内部控制手册包括控制文档、业务流程图、风险控制文档和业务表单,全面归集了各公司在内部环境、控制活动和控制手段的所有内容,被干部员工视为"管理字典"全面指导各管控行为。逐步形成"内控体系我参与,内控流程我优化,工作经验我提炼"的良好氛围,

企业基础管理水平得到了有效的提升。

3. 提升管理效率，促进了公司的快速、稳步发展

全面内部控制体系的建立与实施，整体提升了公司各级企业的管理水平。特别是对于新建企业，通过此次内部控制体系的建设与实施项目，较系统地完成了公司制度体系、管控体系的建设工作，稳步、快速完成管理体系由建立到完善的过渡。而同板块企业间成熟的管控思路、管控制度以及管控流程的借鉴、交流、反馈，又促进了企业管理水平、管理效率的共同提升，从而整体提升了公司的风险防范水平和管理效率，促进了公司整体稳步、快速发展，为实现"三个翻番带动一个翻番"规划目标，打造国际一流产业集团的战略目标奠定了坚实的基础，提供了可靠的保障。

资料来源：本案例来自第十四届国家级企业管理现代化创新成果。

思考题及答案要点

1. 简述企业内控责任与注册会计师审计责任的关系。

答案要点：企业内控责任与注册会计师审计责任两者之间的关系和会计责任与审计责任之间的区分是一致的。即建立健全和有效实施内部控制是企业董事会（或类似决策机构）的责任；按照《企业内部控制审计指引》的要求，在实施审计工作的基础上对企业内部控制的有效性发表审计意见，是注册会计师的责任。换言之，内控本身有效与否是企业的内控责任，是否遵循《审计指引》开展内控审计并发表恰当的审计意见是注册会计师的审计责任。因此，注册会计师在实施内控审计之前，应当在业务约定书中明确双方的责任；在发表内控审计意见之前，应当取得经企业签署的内控书面声明。

2. 简述 2011 年度《内部控制评价指引》实施后，我国企业内部控制报告较之前有何主要的变化与不同。

答案要点：

（1）在 2011 年度《内部控制评价指引》实施前，企业内部控制评价及报告的标准较多，企业在实际做法上也不统一，直接影响了报告质量。相关的标准有：沪深交易所发布的《上市公司内部控制指引》；财政部颁布的《内部会计控制规范——基本规范（试行）》；银监会颁布的《商业银行内部控制评价试行办法》；中国注册会计师协会发布的《内部控制审核指导意见》等。2011 年度《内部控制评价指引》实施后，《内部控制基本规范》及《内部控制评价指引》成为唯一的内部报告依据，遵循的标准实现了统一。

（2）2011 年度《内部控制评价指引》实施前，有关内部控制报告的制度规范均未提及内控缺陷的分类问题，企业在缺陷的认定上非常混乱，直接影响了报告质量。2011 年度《内部控制评价指引》实施后，内部控制缺陷有了重大缺陷、重要缺陷和一般缺陷的明确概念区分，在缺陷的判断上有了较为明确的标准。企业内部控制报告在内部控制有效性的表述上不再有灰色地带，这对提升内控报告质量十分有益。

（3）2011 年度《内部控制评价指引》实施后，企业内部控制报告的内容更为完整，格式更为规范，报送和披露更为及时，报告的整体时效性更强，对报告使用者更为有利。

3. 结合本章案例，分析为何会计师事务所出具了第一份否定意见的内部控制审计报告，却仍然受到媒体的质疑？

答案要点：主要原因在于社会公众对企业内部控制审计并不十分了解。财务报告审计是为了提高财务报告的可信赖程度，重在审计"结果"；而内部控制审计是对保证企业财务报告质量的内在机制的审计，重在审计"过程"。

新华制药内控的主要问题在于对大客户欣康祺医药授信过高，与其存在担保关系方形成大额应收款项高达 6073.1 万元，对其财务报表有重大影响，按内部控制审计的相关标准应当认定为重大缺陷。授信额度，其控制频率是每年发生一次，即使新华制药修改了此项控制，也不可能对此缺陷的控制重新运行足够长的时间，注册会计师只能看其下一年度一整年的运行情况才能对公司的缺陷整改情况做出结论。因此，新华制药被出具否定意见的内部控制审计报告不可避免。

从目前的公开信息看，很难判定注册会计师在内部控制审计上存在过失，媒体的质疑显得不够谨慎。

推荐读物

1. 中华人民共和国财政部，等．企业内部控制基本规范 [M]．第 1 版．北京：中国财政经济出版社，2008．

2. 中华人民共和国财政部，等．企业内部控制规范 [M]．第 1 版．北京：中国财政经济出版社，2010．

3. 中华人民共和国财政部会计司．企业内部控制规范讲解 [M]．第 1 版．北京：经济科学出版社，2010．

4. 马燕．多年无视新华制药内控重大缺陷，信永中和被指严重失职 [N]．证券日报，2012 - 04 - 06．

5. 信永中和会计师事务所．关于《证券日报》歪曲报道我所内控审计意见的严正声明 [Z/OL]．http：//www.shinewing.com，2012 - 04 - 12．

附录一

内部控制评价核心指标

核心指标	参考标准
一、内部环境	
（一）组织架构	
董事会、监事会、经理层的相互制衡	董事会及各专门委员会、监事会和经理层的职责权限、任职资格和议事规则是否明确并严格履行
董事会、监事会、经理层致力于内部控制建设和执行	1. 是否科学界定了董事会、监事会、经理层在建立与实施内部控制中的职责分工
	2. 董事会是否采取必要的措施促进和推动企业内部控制工作，按照职责分工提出内部控制评价意见，定期听取内部控制报告，督促内部控制整改，修订内部控制要求

续表

核心指标	参考标准
组织机构设置科学、精简、高效、透明、权责匹配、相互制衡	1. 组织机构设置是否与企业业务特点相一致，能够控制各项业务关键控制环节，各司其职、各尽其责，不存在冗余的部门或多余的控制
	2. 是否明确了权责分配、制定了权限指引并保持权责行使的透明度
组织架构适应性	是否定期梳理、评估企业治理结构和内部机构设置，发现问题及时采取措施加以优化调整，是否定期听取董事、监事、高级管理人员和其他员工的意见，按照规定的权限和程序进行决策审批
组织架构对子公司的控制力	是否通过合法有效的形式履行出资人职责、维护出资人权益，特别关注异地、境外子公司的发展战略、年度财务预决算、重大投融资、重大担保、大额资金使用、主要资产处置、重要人事任免、内部控制体系建设等重要事项
(二) 发展战略	
发展战略科学合理，既不缺乏也不激进，且实施到位	1. 企业是否综合考虑宏观经济政策、国内外市场需求变化、技术发展趋势、行业及竞争对手状况、可利用资源水平和自身优势与劣势等影响因素制定科学合理的发展战略
	2. 是否根据发展目标制定战略规划，确定不同发展阶段的具体目标、工作任务和实施路径
	3. 是否设立战略委员会或指定相关机构负责发展战略管理工作，是否明确战略委员会的职责和议事规则并按规定履行职责
	4. 是否对发展战略进行可行性研究和科学论证，并报董事会和股东（大）会审议批准
发展战略有效实施	1. 是否制订年度工作计划，编制全面预算，确保发展战略的有效实施
	2. 是否采取有效方式将发展战略及其分解落实情况传递到内部各管理层级和全体员工
发展战略科学调整	是否及时监控发展战略实施情况，并根据环境变化及风险评估等情况及时对发展战略做出调整
(三) 人力资源政策	
人力资源结构合理、能够满足企业需要	1. 人力资源政策是否有利于企业可持续发展和内部控制的有效执行
	2. 是否明确各岗位职责权限、任职条件和工作要求，选拔是否公开、公平、公正，是否因事设岗、以岗选人
人力资源开发机制健全有效	1. 是否制定并实施关于员工聘用、培训、辞退与辞职、薪酬、考核、健康与安全、晋升与奖惩等方面的管理制度
	2. 是否建立员工培训长效机制，培训是否能满足职工和业务岗位需要，是否存在员工知识老化现象

核心指标	参考标准
人力资源激励约束机制健全有效	1. 是否设置科学的业绩考核指标体系，并严格考核评价，以此作为确定员工薪酬、职级调整和解除劳动合同等的重要依据
	2. 是否存在人才流失现象
	3. 是否对关键岗位员工有强制休假制度或定期轮岗制度等方面的安排
	4. 是否对掌握国家秘密或重要商业秘密的员工离岗有限制性的规定
	5. 是否将有效执行内部控制纳入企业绩效考评体系

（四）社会责任

核心指标	参考标准
安全生产体系、机制健全有效	1. 是否建立严格的安全生产管理体系、操作规范和应急预案，切实做到安全生产
	2. 是否落实安全生产责任，对安全生产的投入，包括人力、物力等，是否能保证及时发现、排除生产安全隐患
	3. 发生生产安全事故，是否妥善处理，排除故障，减轻损失，追究责任。是否有迟报、谎报、瞒报重大生产安全事故现象
产品质量体系健全有效	是否建立严格的产品质量控制和检验制度并严格执行，是否有良好的售后服务，能够妥善处理消费者提出的投诉和建议
切实履行环境保护和资源节约责任	1. 是否制定环境保护与资源节约制度，采取措施促进环境保护、生态建设和资源节约并实现节能减排目标
	2. 是否实施清洁生产，合理开发利用不可再生资源
促进就业和保护员工权益	1. 是否依法保护员工的合法权益，保持工作岗位相对稳定，积极促进充分就业
	2. 是否实现按劳分配、同工同酬、建立科学的员工薪酬制度和激励机制，是否建立高级管理人员与员工薪酬的正常增长机制
	3. 是否及时办理员工社会保险，足额缴纳社会保险费
	4. 是否维护员工健康，落实休息休假制度
	5. 是否积极开展员工职业教育培训，创造平等发展机会

（五）企业文化

核心指标	参考标准
企业文化具有凝聚力和竞争力，促进企业可持续发展	1. 是否采取切实有效的措施，积极培育具有自身特色的企业文化，打造以主业为核心的企业品牌，促进企业长远发展
	2. 企业董事、监事、经理及其他高级管理人员是否在文化建设和履行社会责任中起到表率作用，是否促进文化建设在内部各层级的有效沟通
	3. 是否做到文化建设与发展战略的有机结合，使员工自身价值在企业发展中得到充分体现
	4. 是否重视并购重组后的企业文化建设，平等对待被并购方的员工，促进并购双方的文化融合

核心指标	参考标准
企业文化评估具有客观性、实效性	1. 是否建立企业文化评估制度，重点对董事、监事、经理和其他高级管理人员在企业文化建设中的责任履行情况、全体员工对企业核心价值观的认同感、企业经营管理行为与企业文化的一致性、企业品牌的社会影响力、参与企业并购重组各方文化的融合度，以及员工对企业未来发展的信心做出评估
	2. 是否针对评估结果、是否巩固和发扬文化建设成果，进而研究影响企业文化建设的不利因素，分析深层次的原因，及时采取措施加以改进
二、风险评估	
目标设定	1. 企业层面，是否有明确的目标、目标是否具有广泛的认识基础、企业战略是否与企业目标相匹配
	2. 业务层面，各业务层面目标是否与企业目标一致、各业务层面目标是否衔接一致、各业务层面目标是否具有操作指导性
	3. 是否结合企业的风险偏好，确定相应的风险承受度
风险识别	1. 目标是否层层分解并确立关键业务或事项
	2. 是否持续性的收集相关信息，内外部风险识别机制是否健全，是否识别影响公司目标实现的风险
	3. 是否根据关键业务或事项分析关键成功因素
	4. 是否识别影响公司目标实现的风险
风险分析	1. 风险分析技术方法的适用性
	2. 结合风险发生可能性和影响程度标准划分风险等级的准确性
	3. 风险发生后负面影响判断的准确性
风险应对	1. 风险应对策略与公司战略、企业文化的一致性
	2. 风险承受度与风险应对策略的匹配程度
三、控制活动	
（一）控制活动的设计	
控制措施足以覆盖企业重要风险，不存在控制缺失、控制过度	1. 是否针对企业内部环境设立了相应的控制措施
	2. 各项控制措施的设计是否与风险应对策略相适应
	3. 各项主要业务控制措施是否完整、恰当
	4. 是否针对非常规性、非系统性业务事项制定相应的控制措施，并定期对其执行情况进行检查分析
	5. 是否建立重大风险预警机制和突发事件应急处理机制，相关应急预案的处置程序和处理结果是否有效
（二）控制活动的运行	
控制活动运行符合控制措施规定	针对各类业务事项的主要风险和关键环节所制定的各类控制方法和控制措施是否得以有效实施
四、信息与沟通	
信息收集处理和传递及时、准确、适用	是否有透明高效的信息收集、处理、传递程序，合理筛选、核对、整合与经营管理和内部控制相关信息

核心指标	参考标准
反舞弊机制健全	1. 是否建立健全并有效实施反舞弊机制
	2. 举报投诉制度和举报人保护制度是否及时准确传达至企业全体员工
	3. 对舞弊事件和举报所涉及的问题是否及时、妥善地做出处理
沟通顺畅	1. 信息在企业内部各层级之间、企业与外部有关方面之间的沟通是否有效
	2. 董事会、监事会和经理层是否能够及时掌握经营管理和内部控制的重要信息并进行应对
	3. 员工诉求是否有顺畅的反映渠道
利用信息化程度	1. 企业是否建立与经营管理相适应的信息系统,利用信息技术提高对业务事项的自动控制水平
	2. 在信息系统的开发过程中,是否对信息技术风险进行识别、评估和防范
	3. 信息系统的一般控制是否涵盖信息系统开发与维护、访问与变更、数据输入与输出、文件储存与保管、网络安全、硬件设备、操作人员等方面,确保信息系统安全稳定运行
	4. 信息系统的应用控制是否紧密结合业务事项进行,利用信息技术固化流程、提高效率、减少或消除人为操纵因素
	5. 信息系统是否建立并保持相关信息交流与沟通的记录

五、内部监督

核心指标	参考标准
内部监督能够覆盖并监控企业日常业务活动	1. 管理层是否定期与内部控制机构沟通评价结果,并积极整改
	2. 是否落实职能部门和所属单位在日常监督中的责任,及时识别环境和业务变化
	3. 日常监督的内容是否为经过分析确认的关键控制并有效控制,是否按重要程度将发现问题如实反馈给内部控制机构,是否积极采取整改措施
	4. 日常监督用以证明内部控制有效性的信息是否适当和充分,监督人员是否具有胜任能力和客观性
	5. 内部审计的独立性是否得以保障,审计委员会和内部审计机构是否独立、充分地履行监督职责,审计监督与内部控制沟通是否顺畅
	6. 是否开展了必要的专项监督
	7. 内部控制机构是否追踪重大风险和重要业务,是否制定内部控制自我评价办法和考核奖惩办法,明确评价主体、职责权限、工作程序和有关要求,定期组织开展内部控制自我评价,报送自我评价报告,合理认定内部控制缺陷并分析原因,提出整改方案建议

核心指标	参考标准
内部控制缺陷认定科学、客观、合理，且报送机制健全	1. 内部控制机构是否制定科学的内部控制缺陷认定标准并予以一贯的执行
	2. 是否对控制缺陷进行全面、深入的研究分析，提出并实施整改方案，采取适当的形式及时向董事会、监事会或者经理层报告，督促业务部门整改，重大缺陷并按规定予以披露
	3. 对发现的内部控制重大缺陷，是否追究相关责任单位和责任人的责任
	4. 是否建立内部控制缺陷信息数据库，并对历年发现的内部控制缺陷及其整改情况进行跟踪检查
内部控制建设与评价文档妥善保管	1. 是否采取书面或其他适当方式对内部控制的建立与实施情况进行记录
	2. 是否妥善保存内部控制相关记录和资料，确保内部控制建立与实施过程的可验证性
	3. 对暂未建立健全的有关内部控制文档或记录，是否有证据表明确已实施了有效控制或者替代控制措施

附录二

××公司20××年度内部控制评价报告

××公司全体股东：

根据《企业内部控制基本规范》及其配套指引的规定和要求，结合本公司（以下简称"公司"）内部控制制度和评价办法，在内部控制日常监督和专项监督的基础上，我们对公司内部控制的有效性进行了自我评价。

一、董事会声明

公司董事会及全体董事保证本报告内容不存在任何虚假记载、误导性陈述或重大遗漏，并对报告内容的真实性、准确性和完整性承担个别及连带责任。

建立健全并有效实施内部控制是公司董事会的责任；监事会对董事会建立与实施内部控制进行监督；经理层负责组织领导公司内部控制的日常运行。

公司内部控制的目标是：［一般包括合理保证经营合法合规、资产安全、财务报告及相关信息真实完整，提高经营效率和效果，促进实现发展战略］。由于内部控制存在固有局限性，故仅能对实现上述目标提供合理保证。

二、内部控制评价工作的总体情况

公司董事会授权内部审计机构［或其他专门机构］负责内部控制评价的具体组织实施工作，对纳入评价范围的高风险领域和单位进行评价［描述评价工作的组织领导体制，一般包括评价工作组织结构图、主要负责人及汇报途径等］。

公司［是/否］聘请了专业机构［中介机构名称］提供内部控制咨询服务；公司［是/否］聘请了专业机构［中介机构名称］协助开展内部控制评价工作；公司［是/否］聘请了会计师事务所［会计师事务所名称］对公司内部控制进行独立审计。

三、内部控制评价的范围

内部控制评价的范围涵盖了公司及其所属单位的主要业务和事项［列明评价范围占公司总资产比例或占公司收入比例等］，重点关注下列高风险领域：

［列示公司根据风险评估结果确定的内部控制前"十大"主要风险］

纳入评价范围的单位包括：

［无须罗列单位名称，而是描述纳入评价范围单位的行业性质、层级等］

纳入评价范围的业务和事项包括（根据实际情况调整，未尽事项可以充实）：

（一）组织架构

（二）发展战略

（三）人力资源

（四）社会责任

（五）企业文化

（六）资金活动

（七）采购业务

（八）资产管理

（九）销售业务

（十）研究与开发

（十一）工程项目

（十二）担保业务

（十三）业务外包

（十四）财务报告

（十五）全面预算

（十六）合同管理

（十七）内部信息传递

（十八）信息系统

上述业务和事项的内部控制涵盖了公司经营管理的主要方面，不存在重大遗漏。

（如存在重大遗漏）公司本年度未能对以下构成内部控制重要方面的单位或业务（事项）进行内部控制评价：

［逐条说明未纳入评价范围的重要单位或业务（事项），包括单位或业务（事项）描述、未纳入的原因、对内部控制评价报告真实完整性产生的重大影响等］。

四、内部控制评价的程序和方法

内部控制评价工作严格遵循基本规范、评价指引及公司内部控制评价办法规定的程序执行［描述公司开展内部控制检查评价工作的基本流程］。

评价过程中，我们采用了（个别访谈、调查问题、专题讨论、穿行测试、实地查验、抽样和比较分析）等适当方法，广泛收集公司内部控制设计和运行是否有效的证据，如实填写评价工作底稿，分析、识别内部控制缺陷［说明评价方法的适当性及证据的充分性］。

五、内部控制缺陷及其认定

公司董事会根据基本规范、评价指引对重大缺陷、重要缺陷和一般缺陷的认定要求，结合公司规模、行业特征、风险偏好和风险承受度等因素，研究确定了适用本公司的内部控制缺陷具体认定标准，并与以前年度保持了一致［描述公司内部控制缺陷的定性及定量标准］，或做出了调整［描述具体调整标准及原因］。

根据上述认定标准，结合日常监督和专项监督情况，我们发现报告期内存在［数量］个缺陷，其中重大缺陷［数量］个，重要缺陷［数量］个。重大缺陷分别为：［对重大缺陷进行描述，并说明其对实现相关控制目标的影响程度］。

六、内部控制缺陷的整改情况

针对报告期内发现的内部控制缺陷（含上一期间未完成整改的内部控制缺陷），公司采取了相应的整改措施［描述整改措施的具体内容和实际效果］。对于整改完成的重大缺陷，公司有足够的测试样本显示，与重大缺陷［描述该重大缺陷］相关的内部控制设计且运行有效（运行有效的结论需提供90天内有效运行的证据）。

经过整改，公司在报告期末仍存在［数量］个缺陷，其中重大缺陷［数量］个，重要缺陷［数量］个。重大缺陷分别为：［对重大缺陷进行描述］。

针对报告期末未完成整改的重大缺陷，公司拟进一步采取相应措施加以整改［描述整改措施的具体内容及预期达到的效果］。

七、内部控制有效性的结论

公司已经根据基本规范、评价指引及其他相关法律法规的要求，对公司截至20××年12月31日的内部控制设计与运行的有效性进行了自我评价。

（存在重大缺陷的情形）报告期内，公司在内部控制设计与运行方面存在尚未完成整改的重大缺陷［描述该缺陷的性质及其对实现相关控制目标的影响程度］。由于存在上述缺陷，可能会给公司未来生产经营带来相关风险［描述该风险］。

（不存在重大缺陷的情形）报告期内，公司对纳入评价范围的业务与事项均已建立了内部控制，并得以有效执行，达到了公司内部控制的目标，不存在重大缺陷。

自内部控制评价报告基准日至内部控制评价报告发出日之间［是/否］发生对评价结论产生实质性影响的内部控制的重大变化［如存在，描述该事项对评价结论的影响及董事会拟采取的应对措施］。

我们注意到，内部控制应当与公司经营规模、业务范围、竞争状况和风险水平等相适应，并随着情况的变化及时加以调整。［简要描述下一年度内部控制工作计划］未来期间，公司将继续完善内部控制制度，规范内部控制制度执行，强化内部控制监督检查，促进公司健康、可持续发展。

董事长：［签名］

××公司

20××年××月××日

第五章 企业风险管理架构

本章提要

计划、领导、执行、监督等管理活动都需要组织的保障，风险管理也不例外。企业风险管理体系包括了从董事会成员、高级经理层到部门负责人，以至于普通员工的各层次人员，他们形成了业务部门、风险管理职能部门和内部审计的三道风险防线。而董事会的核心地位、管理层的支持以及内部监督的实施是风险管理框架中的关键因素。当然，企业所有的风险管理活动都会受到该企业风险管理文化的影响。本章将重点探讨如何构建企业风险管理体系、架设风险管理防线以及培育风险管理文化。

章首案例

"成败萧何" 陈久霖

2004 年 11 月 30 日，曾经在新加坡证券市场上拥有无数荣誉光环的中国航油（新加坡）股份有限公司（下文简称"中航油"）发布了一条令全世界都为之惊叹的消息：这家公司因石油衍生产品交易总计亏损 5.5 亿美元，亏损额已远远超过其净资产 1.45 亿美元。由于其严重资不抵债，已向新加坡最高法院申请破产保护。曾被称为"打工皇帝"的公司总裁陈久霖被停职，接受法院调查。

中航油于 1993 年 5 月由中国航空油料总公司（中国航空油料集团公司的前身）、中国对外贸易运输总公司和新加坡海皇轮船有限公司合资设立。1995 年，中航油集团收购了中国对外贸易运输总公司和新加坡海皇轮船有限公司拥有的中航油股权，中航油成为中航油集团的海外全资子公司。1997 年，陈久霖被任命为中航油的总经理。正是这位北大越南语出身、英语熟练并具有诗人气质的总经理使中航油"蚕蛹破茧化蝶、凤凰涅槃重生"。2001 年 12 月 6 日，陈久霖领导下的中航油（新加坡）公司成功实现 IPO，以每股 0.56 元的价格首次出售 1.44 亿只股票。截至 2003 年 10 月 29 日，公司市值已高达 8.36 亿新元，折合人民币 41 亿元。

但是，2003 年成为中航油的转折点，主要源于它在 2003 年下半年开始交易石油期权。最初交易数量较小，仅涉及 200 万桶石油，中航油在交易中还有所盈利。但是，市场不遂人愿。2004 年第一季度国际市场油价攀升，进行违规操作卖出看涨期权的中航油潜亏 580

万美元。但中航油并未及时止损离场，而是决定延期交割合同并且期望油价能回跌。不幸的是，到 2004 年第二季度，油价持续走高，公司账面亏损额增加到 3000 万美元左右，公司因而决定再延后到 2005 年和 2006 年交割，同时交易量再次增加。2004 年 10 月，国际原油市场油价再创新高，公司此时的交易盘口达 5200 万桶石油；账面亏损再度增大。10 月 10 日，面对严重资金周转问题的中航油（新加坡）首次向母公司呈报交易和账面亏损，寻求母公司的援助。为了缓解资金的压力，中航油集团在 10 月 20 日将 15% 的中航油股份私下配售给机构投资者，得到 1.08 亿美元，并将这些资金贷款给中航油（新加坡）。然而，相对于中航油的巨额亏损来说，1.08 亿美元无异于杯水车薪。截至 10 月 25 日公司实际亏损达 3.81 亿美元。10 月 26 日和 10 月 28 日，公司因无法补加一些合同的保证金而遭逼仓。12 月 1 日，在亏损 5.54 亿美元后，中航油宣布向法庭申请破产保护令。

回顾中航油事件，至少有两件事令人深思：第一件事情是关于中航油的风险管理制度。中航油（新加坡）公司曾聘请四大会计师事务所之一安永会计师事务所为其编制《风险管理手册》，设有专门的风险控制人员及软件监控系统，规定了严格的预警和止损制度。按规定，每个交易员的亏损额达到 50 万美元的时候，就必须强制平仓。中航油共有 10 个期权交易员，如果严格按照规章制度，亏损的上限仅限于 500 万美元。在 2004 年第一季度账面亏损达到 580 万美元的时候，交易就会结束，也就不会有后来的巨额损失。第二件事情是关于中航油的风险管理体系，这也是第一件事情发生的重要原因。2002 年 10 月，中航油集团曾向新加坡子公司派出了党委书记和财务经理，但是党委书记在任职两年内，一直不知公司正进行场外石油期权投机交易。而财务总监的任命更是奇怪，新加坡公司以财务总监英语水平不高为由，两次对集团公司派出的财务经理进行了更换，公司管理层最后没有用集团公司派出的财务经理，而是自己从新加坡雇了当地人担任此职。

从中航油失败的案例中，可以看到一个企业建立起科学有效的风险管理组织和制度是多么的重要。

第一节　构建企业风险管理体系的关键因素

企业风险管理是包括内部环境、目标设定、事件识别、风险评估、风险反应、控制活动、信息与交流以及监督控制等要素在内的一个闭环管理流程。相对而言，我国企业在构建风险管理体系中，管理层价值取向、企业监督机制以及董事会核心地位是关键因素。

一、管理层的支持与参与是风险管理发挥实效的前提

综观各类企业风险事件，大多与管理层的消极管理与疏忽相关。众多的财务舞弊案件都是在首席执行官或财务总监的首肯与支持下进行的。中国近几年频繁发生的小煤窑安全事故也是发生在煤窑经营者眼皮底下。而对于像巴林银行这样的事件，则完全可以归结为管理层对细节的疏忽。

管理层的支持与参与首先在于树立和推广具有风险控制意识的价值观。对一个敢于拿自己的个人声誉甚至职业生涯去冒险的管理者，很难想象他们会采取稳健的经营政策。同样，当管理层被一时的繁荣所蒙蔽的时候，也无法要求他们采取居安思危的防范举措。

管理层的支持与参与还表现在他们对风险管理活动的资源保障。我们知道，企业开展风险管理活动，需要组织、人力和物力的保证。如果没有资金和资源支持，风险管理活动将无法进行。根据 A. R. C. Morgon 2005 年 2 月的调查，美国年收入 70 亿~100 亿美元的上市公司首次遵循 SOX 法案 404 条款的平均成本支出为 1000 万美元。

管理层的支持与参与还需要他们将自己也视为被管理的对象。企业风险控制的对象应是企业中的每一件事情以及每一个人。比如，按照风险管理的要求，超过一定金额的投资项目必须经过风险管理委员会讨论决定。但是企业一把手认为风险管理委员会成员都由他领导，所以自己一人就可做主，其结果难免考虑不周，扩大投资风险。

二、建立完善的监督机制是有效控制风险的重要保障

企业的管理活动不会一劳永逸。信息掌握不充分、组织沟通不明确、环境发展不明朗以及当事人之间串通合谋等都可能导致管理制度的失灵。所以，整个企业的生产经营活动，必须被置于有效的监督之下。

企业监督机制可以分为三个层级：第一个层级是企业管理层对各职能部门以及个员工的监督，比如通过有效的岗位划分来减少一人舞弊的可能性。董事会对经营者的监督是第二个层级。由于所有者和经营者存在信息不对称，会导致经营者道德风险问题。建立直接对董事会负责的监督审计制度，能够有效降低经营者隐藏信息的风险。监督机制的第三个层级就是引入有经验的外部董事和独立审计人员。相对而言，外部董事和外部审计人员具有更强的独立性和公正性，能有效防止内部人控制问题。

三、董事会是风险控制框架构建的核心

我国《公司法》对董事会、股东大会和总经理的责权进行了较为明确的划分，董事会在其中居于相对核心的地位。董事会需要对风险管理的目标确立、组织建立、制度订立与执行以及审计与监控负责。相对而言，董事会居于风险控制框架的核心地位具有一定的优势。首先，由于股东大会召开频率较低，而且股东水平参差不齐，甚至存在众多根本不关注公司日常经营的投机性股东，所以股东大会难以肩负起建立风险管理体系和监督其实施的能力。其次，如果总经理居于风险控制框架的核心，容易导致自我监管的弊病，并且会诱发他们追求短期利益的机会主义倾向。相反，如果确立以董事会为核心的风险管理体系，一方面能够保持一定的监管独立性，另一方面也可以保证站在更高更全面的角度进行风险管理决策。

第二节　企业风险管理的组织体系

组织体系是战略落实与计划执行的有力保障，因为它明确了企业内部各成员的权责关系。企业风险管理计划的落实也必须依赖于一套风险管理组织体系。不同的企业，有着不同的风险类型和程度，由什么部门负责风险管理以及风险管理人员有何责任，可能都不尽相同。对于一家小规模企业，风险管理工作可能主要由业主本人亲自负责，最多下设安全防损经理和索赔经理各一名。但对于大型企业而言，风险管理组织就要复杂得多。企业风险管理组织框架图如图 5-1 所示。

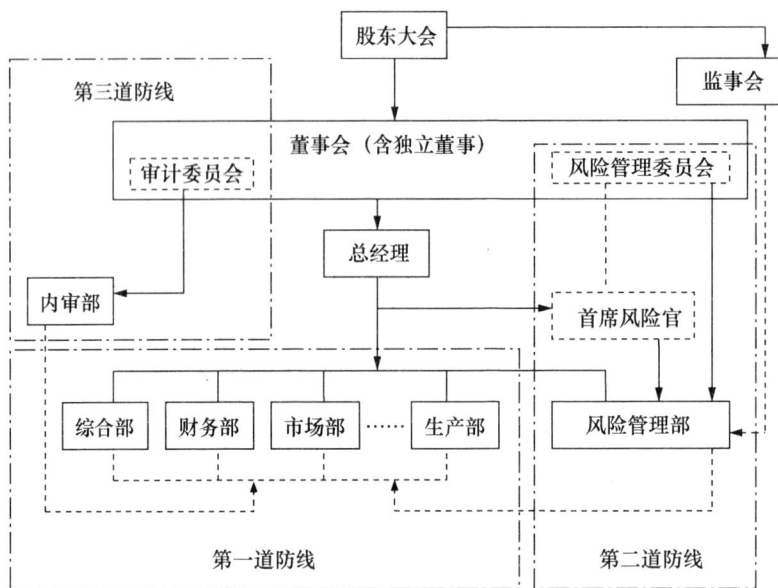

图 5-1　企业风险管理组织框架图

一、独立董事

所谓独立董事（Independent Director）是指对公司内部董事或执行董事起监督作用的外部董事或非执行董事。外部董事或非执行董事相对于所任职的公司而言，地位是完全独立的，不能与该公司有任何影响其客观、独立地做出判断的关系，从而保证他们在公司发展战略、运作、经营标准以及其他重大问题上做出自己独立的判断。独立董事既不代表主要出资人尤其是大股东，也不代表公司管理层。

美英等西方国家建立独立董事制度的目的是为了解决内部人控制问题。据经济合作组织（OECD）1999 年调查结果表明，董事会中独立董事所占的比例在英国为 34%，法国为 29%。独立董事制度对于提高公司决策过程的科学性、效益性、安全性，加强公司的竞争力，预防公司总裁和其他公司内部控制人为所欲为、损害公司和股东利益，强化公司内部民主机制，维护小股东和其他公司利害关系人的利益发挥了积极作用。

我国独立董事制度率先在我国海外上市公司中试点。国家经贸委与中国证监会 1999 年联合发布的《关于进一步促进境外上市公司规范运作和深化改革的意见》中就要求境外上市公司董事会换届时，外部董事应占董事会人数的 1/2 以上，并应有 2 名以上的独立董事。但这一硬性要求并未规定用于境内上市公司。《上市公司章程指引》对于境内上市公司的独立董事仅是采取了许可的态度。一些境内上市公司仍然大胆尝试独立董事制度。虽然实践中出现了独立董事"花瓶化"、荣誉化等一系列问题，但毕竟为我国上市公司全面建立这一制度发挥了宝贵的镜鉴作用。在总结有关经验教训的基础上，中国证监会于 2006 年 5 月公布了《关于在上市公司建立独立董事制度的指导意见（征求意见稿）》，意在向所有上市公司全面推开独立董事制度，但一些相关法律问题仍需在法理上阐明。

国资委《中央企业全面风险管理指引》中则要求中央企业"国有独资公司和国有控股公司应建立外部董事、独立董事制度，外部董事、独立董事人数应超过董事会全部成员的半数，以保证董事会能够在重大决策、重大风险管理等方面做出独立于经理层的判断和选择"。

独立董事制度在风险管理中的作用主要表现在以下两方面：一是独立董事可以凭借更加丰富的经历和宽广的视角，增加识别风险和评估风险的能力；二是独立董事们具有更强的独立性，能够减少内部人控制的风险。

二、董事会

董事会制度随着现代公司制企业的发展而出现，是公司制的内生产物，其职责是服从于"公司"，充分考虑公司现有和潜在股东的利益①。董事会由股东大会选举产生，是公司股东大会的执行机构，对股东大会负责。同时董事会也是公司经营投资活动的中心。正是董事会身兼代理人和委托人双重身份决定了它在公司治理中的特殊地位。董事会在风险管理中的职责主要表现在以下方面：

1. 创造良好的风险控制环境

控制环境是风险管理活动得以开展的土壤。好的控制环境要求从董事会这个层面向公司传达积极稳健的管理哲学和经营风格，同时还要以身作则带头实践正直、诚实的道德规范，督导企业风险管理文化的培育。

建设风险管理组织体系也是董事会职责。董事会可以设立风险管理委员会和审计委员会两个专门机构，承担风险管理与评估以及内外部审计的工作。董事会还需要安排首席执行官和首席风险官的人选，确保他们有能力执行风险管理政策。

2. 确定风险管理目标、偏好与承受度

董事会需要根据对竞争环境和自身实力的判断，制定企业发展战略，并由此确定企业风险管理的总体目标、风险偏好以及风险承受度。企业风险管理的目的是实现股东利益最大化，但是也需要实现企业各利益相关者的和谐发展。董事会的风险偏好和风险承受度也会随着企业发展阶段和竞争环境的变化而不同。比如，对于一家处在创业阶段的高科技企业，可能更倾向于采取高风险、高回报的风险管理政策，但是其风险承受度会较低。而随着企业走向成熟，其风险态度会向中立和厌恶的方向转化，而风险承受能力会更高。

3. 控制重大企业风险管理流程

董事会首先需要明确哪些风险对企业而言是重大的，批准或制定重大决策、重大风险、重大事件和重要业务流程的判断标准或判断机制。其次，通过初始信息收集，了解和掌握企业面临的各项重大风险及其风险管理现状。对于重大决策的风险评估和重大风险的解决方案，都需要董事会批准。最后，董事会需要对风险管理进行监督和改进，纠正和处理任何组织或个人超越风险管理制度做出的风险性决定的行为。

4. 实现风险管理有效信息沟通

董事会将认真审阅内部审计部门或外部中介机构提交的风险管理监督评价审计报告，并确保监督信息能够反馈到相关部门，以进一步改进风险管理。同时，董事会还必须就风险管理工作向股东会负责，审议并向股东会议提交企业全面风险管理工作报告。

---

① 于东智. 董事会与公司治理［M］. 北京：清华大学出版社，2004：7.

三、风险管理委员会

具备条件的企业，可以在董事会下设风险管理委员会。风险管理委员会一般由 3～5 名董事组成，设召集人（主任委员）1 名。委员会委员由董事会提名并讨论批准。该委员会的召集人一般由不担任首席执行官（或总经理）的董事长担任；如果董事长兼任首席执行官，召集人则一般由外部董事或者独立董事担任。该委员会成员中需有熟悉企业重要管理及业务流程的董事，以及具备风险管理监管知识或经验、具有一定法律知识的董事。风险管理委员会对董事会负责，向董事会提交风险管理决策和报告。其职责主要包括：

（1）提交全面风险管理年度报告。

（2）审议风险管理策略和重大风险管理解决方案。

（3）审议重大决策、重大风险、重大事件和重要业务流程的判断标准或判断机制，以及重大决策的风险评估报告。

（4）对公司风险及管理状况和风险管理能力及水平进行评价，提出完善公司风险管理和内部控制的建议。

（5）审议内部审计部门提交的风险管理监督评价审计综合报告，对已出现的风险提出化解措施。

（6）审议风险管理组织机构设置及其职责方案。

（7）风险管理委员会在必要情况下，可以独立聘请外部中介结构为其决策提供专业服务。

（8）办理董事会授权的有关全面风险管理的其他事项。

四、总经理与首席风险官

董事会选择并授权总经理负责公司日常经营业务，总经理向董事会负责，列席董事会会议。就风险管理工作而言，企业总经理对全面风险管理工作的有效性向董事会负责。总经理或总经理委托的高级管理人员，负责主持全面风险管理的日常工作，负责组织拟订企业风险管理组织机构设置及其职责方案。主要职责如下：

（1）组建并管理企业风险管理职能部门，任命风险经理。

（2）安排业务职能部门的职责分工并制定风险汇报和审批机制。

（3）审批非重大决策的评估报告。

（4）落实董事会有关风险决策和方案。

（5）组织日常风险监督和改进工作。

（6）就风险管理工作计划和结果向董事会汇报。

随着企业面临的风险日益扩大，风险管理工作的重要性也与日俱增。首席执行官或者总经理往往委任一名首席风险官全面负责企业风险管理日常工作。如我国工商银行、建设银行都设有首席风险官。首席风险官在国外企业中由来已久，是现代企业管理中重要的高级管理人员，是公司重要的战略决策拟定和执行者之一。他们的工作将根据董事会、股东大会的要求，对总经理或总经理授权的副总经理负责，并根据其职责协助总经理开展工作。其职责是负责组织制定并具体执行企业整体性风险管理政策和控制策略，并负责建立涵盖战略风险、财务风险、市场风险、营运风险等在内的全面风险管理组织架构。同时，首席风险官将作为牵头人参加风险决策的评估和审批工作，确保企业按照风险控制流程进行风险管理，确保各项经营业务符合有关法律、法规和政策要求，等等。

五、风险管理职能部门

企业应设立专职部门或确定相关职能部门履行全面风险管理的职责。该部门对总经理或其委托的高级管理人员负责。风险管理部对包括生产、市场、财务、人力资源、研发等在内的各业务和职能部门运营流程中的各环节进行监控，检查它们遵守公司规章制度的情况，并针对各项检查结果，向总经理和风险管理委员会汇报。具体而言，风险管理部的职责包括：

（1）研究提出全面风险管理工作报告。

（2）研究提出跨职能部门的重大决策、重大风险、重大事件和重要业务流程的判断标准或判断机制。

（3）研究提出跨职能部门的重大决策风险评估报告。

（4）研究提出风险管理策略和跨职能部门的重大风险管理解决方案，并负责该方案的组织实施和对该风险的日常监控。

（5）负责对全面风险管理有效性评估，研究提出全面风险管理的改进方案。

（6）负责组织建立风险管理信息系统。

（7）负责组织协调全面风险管理日常工作。

（8）负责指导、监督有关职能部门、各业务单位以及全资、控股子企业开展全面风险管理工作。

（9）办理风险管理其他有关工作。

需要明确的是，虽然风险管理部会涉及不同的部门，但是绝不是说风险管理部可以控制不同部门的风险。实际上，多数企业风险都是在风险管理部门和各职能及业务部门的共同努力下得到控制和有效管理的。在风险管理部内部，也会设立不同的专业团队或组织，重点控制和管理某一方面的风险。图5-2是某企业的风险管理部的内部结构①。

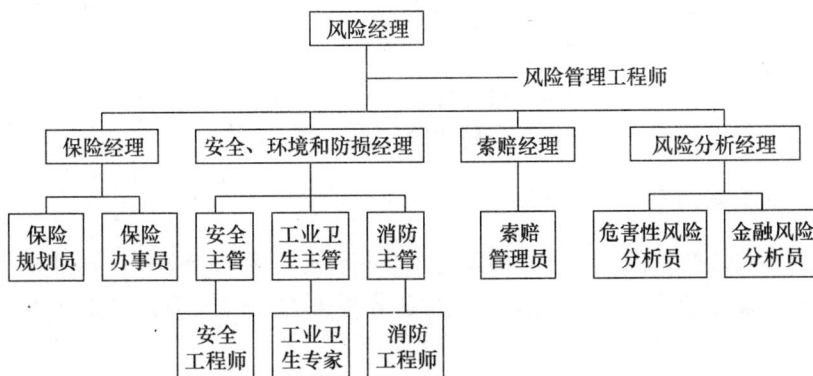

图5-2　风险管理职能部门结构图

六、审计委员会

审计委员会是董事会的一个专设机构，向董事会负责。一般而言，企业审计委员会成员应当由熟悉企业财务、会计和审计等方面专业知识并具备相应业务能力的董事组成，而

①　刘新立.风险管理［M］.北京：北京大学出版社，2006：24.

其中主任委员需要由外部董事担任。审计委员会必须履行以下职责：

（1）审议企业年度内部审计工作计划。

（2）监督企业内部审计质量与财务信息披露。

（3）监督企业内部审计机构负责人的任免，提出相关意见。

（4）监督企业社会中介审计等机构的聘用、更换和报酬支付。

（5）审查企业内部控制程序的有效性，并接受有关方面的投诉。

（6）其他重要审计事项。

审计委员会还负责指导监督内部审计部门，内部审计部门直接对董事会负责。内部审计部门在风险管理方面，主要负责研究提出全面风险管理监督评价体系，制定监督评价相关制度，开展监督与评价，出具监督评价审计报告。内部审计还可以通过将风险管理评价作为审计工作的一部分，以检查、评价风险管理过程的适当性和有效性，并提出改进建议。在风险管理方面，内部审计部门具有以下职能：

（1）对企业的财务收支、财务预算、财务决算、资产质量、经营绩效以及其他有关的经济活动进行审计监督。

（2）对企业采购、产品销售、工程招标、对外投资等经济活动和重要经济合同进行审计监督。

（3）对企业全面风险管理系统的健全性、合理性和有效性进行检查、评价和反馈，对企业有关业务的经营风险进行评估和意见反馈。

（4）将内部审计结果反馈给董事会及其相关专门机构。

内部审计参与企业风险管理具有一定的优势。首先，内部审计能够超脱部门之间的利益冲突，较为客观全面地评价企业风险。其次，内部审计人员能够充当企业长期风险策略和各种决策之间的协调人，控制和指导风险策略。再次，由于内部审计部门独立于企业管理部门，其评价和结论可以直接向董事会报告，故比其他职能部门具有更大的影响力。最后，内部审计较外部审计而言具有更强的责任感，往往会就某个风险问题深入探讨分析，了解其发生的根源，探索解决的办法。

当然，由于内部审计在独立性上较外部审计具有先天的不足。所以，审计委员会还必须借助外部审计师的力量，降低企业合规风险。

七、其他职能部门及各业务单位

具体而言，风险管理的执行工作都需要落实到各业务和职能单位。比如，对于工厂安全方面的风险，需要生产部门予以落实；对财务报告方面的风险，需要财务部门予以执行等。

各部门和业务单位的经理是本部门或本单位企业风险的管理者和汇报者。由于各部门和单位经营活动性质不同，其所面临的风险性质和大小也存在较大差异。对外投资部门可能风险决策频率不高，但是每次决策的风险都非常重大，有些会影响到企业的生死存亡。但是，企业后勤总务部门，比如食堂，每天都要面对饭菜剩余或不足的风险，可这些风险一般不会给企业带来致命的损失。每位部门经理必须时刻评估其经营活动所面临风险的大小，如果某项风险决策超出了其职权范围，则必须向风险管理职能部门或者总经理汇报，不能擅自决策。

各职能部门和业务单位还必须配合其他部门或单位进行风险管理。例如，银行销售部门需要尽可能将已掌握的客户信息反映给商业信贷审批部门，而不能为了提高销量而隐瞒客户财务状况，以免增加应收账款无法收回风险。同时，商业信贷管理部门也需要将授信额度及时告知销售部门。只有这样，才能够有效控制商业信贷风险。

第三节 企业风险管理的三道防线

企业需要将各全面风险管理的各项要求融入企业管理和业务流程中，构建起风险控制与管理的三道防线：以相关职能部门和业务单位为第一道防线；以风险管理部门和董事会风险管理委员会为第二道防线；以内部审计部门和董事会审计委员会为第三道防线。见图5-1企业风险管理组织框架图。

一、风险管理的第一道防线：业务单位防线

业务单位包含了企业大部分的资产和业务，它们在日常工作中面对各类的风险，是企业的前线。企业必须把风险管理的手段和内控程序融入业务单位的工作与流程中，才能建立好防范风险的第一道防线。

企业建立第一道防线，就是要各业务单位就其战略性风险、信贷风险、市场风场和营运风险等，系统化地进行分析、确认、度量、管理和监控。

要建立好风险管理的第一道防线，企业的各业务单位需要：

（1）了解企业战略目标及可能影响企业达标的风险。

（2）识别风险类别。

（3）对相关风险做出评估。

（4）决定转移、避免或减低风险的策略。

（5）计设及实施风险策略的相关内部控制。

（6）企业需要把评估风险与内控措施的结果进行记录和存档，对内控措施的有效性不断进行测试和更新。

在风险处理策略上，业务部门依据风险发生的可能性和风险影响的程度，可以采取避免、转移、接受和小心管理四种策略。如图5-3所示。

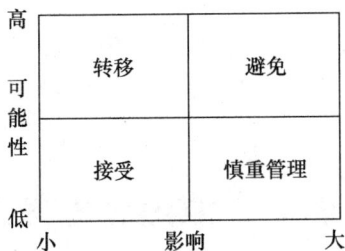

图 5-3 风险处理策略图

避免风险即禁止交易、减少或限制交易量、离开市场等安排，避免风险的发生；转移风险即采取套期、保险策略性联盟或其他分担风险的安排来转移风险；慎重管理风险即通

过投资、广泛保护的安排、定价反映风险程度等措施来慎重管理风险；接受管理风险即通过自我保险、预留储备、增加监督等管理风险。

二、风险管理的第二道防线：风险职能管理部门防线

第二道防线是在业务单位之上建立一个更高层次的风险管理功能，它的组成部分包括风险管理部门、信贷审批委员会、投资审批委员会。

风险管理部门的责任是领导和协调公司内各单位在管理风险方面的工作，它的职责包括：①编制规章制度。②对各业务单位的风险进行组合管理。③度量风险和评估风险的界限。④建立风险信息系统和预警系统、厘定关键风险指标。⑤负责风险信息披露、沟通、协调员工培训和学习的工作。⑥按风险与回报的分析，为各业务单位分配经济资本金。

相对于业务部门而言，风险管理部门会克服狭隘的部门利益，而能够从企业利益角度考察项目和活动风险。比如，销售部门有时会为了追求更大的销售额，而忽略了销售信贷可能存在的风险。但是作为销售信用的审批部门，则会更加关注货款不能收回的可能性。

风险管理部门还可以综合平衡各部门风险。企业往往在不同的发展阶段，各部门所面临的风险是不同的。而作为风险管理部门，则需要根据一定的原则，将风险分配于不同部门，对每个部门风险进行上限控制。

三、风险管理的第三道防线：内部审计防线

第三道防线涉及一个独立于业务单位的部门，监控企业内控和其他企业关心的问题。

内部审计是一项独立、客观的审查和咨询活动，其目的在于增加企业的价值和改进经营。内部审计通过系统的方法，评价和改进企业的风险管理、控制和治理流程的效益，帮助企业实现其目标。

内部审计具有三大功能：①财务监督的功能。包括审计财务账的可用性，监督企业内部管理和制度的执行。例如检查分公司和子公司上报总部的财务报表的准确性以及执行财务管理政策的情况。②经营诊断的功能。通过管理审计以及效率和效益审计，检查和诊断经营和管理过程中的偏差和失误。③咨询顾问的功能。即进行企业风险管理和发展策略方面的咨询，调查领导关心的热点问题和管理薄弱环节。例如企业兼并收购时调查被投资公司的内部管理和流程操作，了解薄弱环节或其他影响并购交易的重大事项，从而确定管理方法和并购策略等。

内部审计可以通过评估风险识别的充分性、评价已有风险衡量的恰当性以及评估风险防范措施的有效性三方面参与企业风险管理。企业的内部审计工作一般是对各业务部门和风险管理职能部门的风险管理活动进行再监督，而不是亲自参与每项风险的评估与控制。

第四节　企业风险管理文化

所谓企业文化，可以概括为一个企业在运行过程中形成的，并为企业管理层和员工所接受和认同的理想、价值观和行为规范的总和。如不同管理层对财务报告的态度、对保守或激进会计政策的理解与选择、对岗位职责分离的重视等，都会影响到企业的风险

管理活动。相应地，企业风险管理文化则为企业对待风险及风险管理的基本理念和管理哲学。

一、风险管理理念

企业风险管理理念是指企业从战略制定到日常经营中对待风险的信念和态度。杜邦公司认为首先确定风险管理理念非常重要。它是这样阐述其理念的："本公司力图在一个与业务战略吻合的水平上管理风险，不从事那些违背公司财务管理风险政策的活动"。[①] 而欧洲商业银行在风险过程中也形成了多条理念，比如，银行不能"回避"风险，只能"管理"风险；风险和回报必须对称；风险管理意识必须贯穿到全行人员，贯穿到业务拓展的全过程；风险控制要同市场营销、市场拓展有机结合起来等。先进的风险管理理念一般都具有以下特征：

（1）一致性，即风险管理目标与企业战略目标或业务发展目标的一致。风险管理不能彼此孤立进行，而是应该和业务发展战略相结合。风险管理和业务发展不是决然对立的，并不是说开展风险管理就阻碍了业务发展或者说业务发展必然排除风险管理。因为不考虑业务发展的风险管理规章制度是无法在业务部门实施的，而不考虑风险因素的盲目业务扩展也是无法持久的。

（2）独立性，即风险管理人员需要以一种独立的态度来识别风险、评估风险、制定和执行风险管理策略以及监督和改进风险管理，它是保证风险管理具有客观性的前提。但是，要求风险管理具有独立性并不是排斥部门或团队之间的交流与合作。

（3）全面性，即风险管理对象需要涵盖每项经济活动和每个岗位。特别是对于新产品、新业务，企业更要保证"风险先行"，也就是说在开展新业务之前企业就必须对此项业务所面临的风险进行评估并制定适当的风险管理方法和程序。

（4）经济性，即风险管理必须同时考虑成本与收益。企业风险管理的目的不是为了消灭企业所面临的风险，而是将风险控制在可以接受的范围内。比如，如果在销售过程中追求商业信贷风险最小化，最好的办法是不提供赊销。但是这样做的后果可能是丢失客户与市场，不符合成本效益原则。

二、培育良好的风险管理文化

实施全面风险管理，除了建立具体的风险管理制度外，还需要将风险意识和风险管理理念融入企业文化之中，形成由内而外的强大支撑力，在整个组织中贯彻风险管理精神。

（1）建立良好的企业风险管理文化，就必须将风险管理的意识和手段融入日常的管理流程，并通过讨论和培训，使风险管理的实施得到全体员工的支持，通过经验的分享，不断加强风险管理的认同性。促进企业风险管理水平、员工风险管理素质的提升，保障企业风险管理目标的实现。

（2）培育风险管理文化应融入企业文化建设全过程。大力培育和塑造良好的风险管理文化，树立正确的风险管理理念，增强员工风险管理意识，将风险管理意识转化为员工的共同认识和自觉行动，促进企业建立系统、规范、高效的风险管理机制。企业应在内部各个层面营造风险管理文化氛围。董事会应高度重视风险管理文化的培育，总经理负责培育

---

① 托马斯·巴顿. 企业风险管理［M］. 王剑锋等译. 北京：中国人民大学出版社，2004：102.

风险管理文化的日常工作。董事和高级管理人员应在培育风险管理文化中起表率带头作用。重要管理及业务流程和风险控制点的管理人员和业务操作人员应成为培育风险管理文化的骨干，以点带面，使风险意识具有群众基础。

（3）法制和道德教育对树立风险意识同样重要。企业应大力加强员工法律素质教育，制定员工道德诚信准则，形成人人讲道德诚信、合法合规经营的风险管理文化。对于不遵守国家法律法规和企业规章制度、弄虚作假、徇私舞弊等违法及违反道德诚信准则的行为，企业应严肃查处。同时，风险管理文化建设应与薪酬制度和人事制度相结合，有利于增强各级管理人员特别是高级管理人员风险意识，防止盲目扩张、片面追求短期业绩、忽视企业风险等行为的发生。

（4）需要加强风险管理培训和相关知识共享。企业应建立重要管理及业务流程、风险控制点的管理人员和业务操作人员岗前风险管理培训制度。采取多种途径和形式，加强对风险管理理念、知识、流程、管控核心内容的培训，培养风险管理人才，培育风险管理文化。

本章案例

中国工商银行的风险管理

2006 年，中国工商银行以 A + H 方式在上海证券交易所和香港联交所首次公开发行股票，创下世界 IPO 规模新高。

中国工商银行成立于 1984 年 1 月 1 日，目的是作为国家专业银行承担中国人民银行的所有商业银行职能。从成立至今，其间经历了由国家专业银行向国有商业银行转型，然后再改制为股份制商业银行。目前，中国工商银行是中国规模最大的国有股份制商业银行。至 2005 年底，该行拥有员工 361623 人，拥有境内机构 18764 家、境外机构 106 家。2005 年工商银行各项业务经营态势良好，财务实力大幅增强，资产质量显著提高。2005 年末，工行拥有资产人民币 64541 亿元，净利润 337 亿元，不良贷款率 4.69%，资本充足率 9.89%。工商银行也获得了媒体的高度评价：2005 年被《环球金融》杂志评为中国"最佳银行"；2005 年被《亚洲货币》杂志评为"中国最佳零售银行"；2006 年被《亚洲银行家》杂志评为"中国国有最佳零售银行"……

中国工商银行取得了辉煌成绩与它良好的风险管理是分不开的。2006 年的《招股说明书》中，工商银行将"全面的风险管理和内部控制"定位于其七大竞争优势之一。

首先，中国工商银行建立了良好的公司治理结构，为有效风险管理奠定了组织基础。其公司治理框架如图 5-4 所示。

该行董事会共有 14 名董事，其中执行董事 4 名、非执行董事 7 名、独立董事 3 名。监事会由 5 名监事组成。这样的治理结构可以有效管理内部人员控制问题。工商银行的风险管理委员会有 9 名委员，包括执行董事张福荣先生、牛锡名先生；非执行董事康学军先生、宋志刚先生、仲建安先生、Christopher A. COLE 先生以及独立董事梁锦松先生、钱颖一先生和 John L. THORNTON 先生。该行的审计委员会由 5 位董事组成，其中康学军先生和赵海英女士为非执行董事，梁锦松先生、钱颖一先生以及 John L. THORNTON 先生都为独

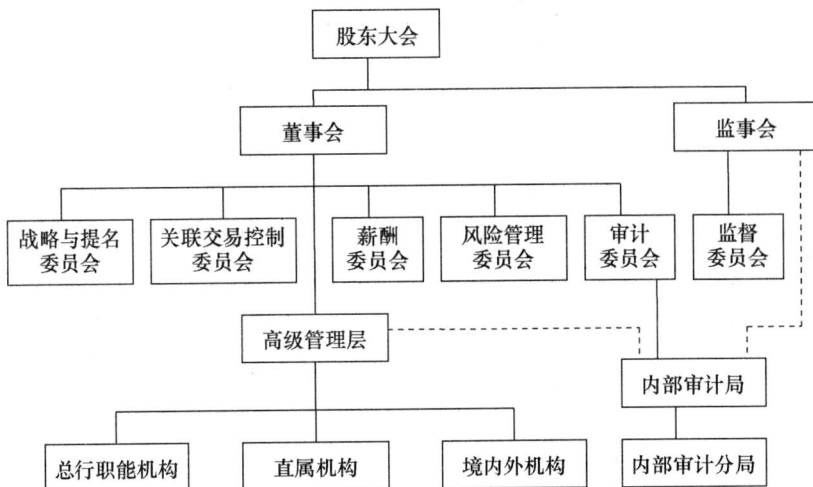

```
                    股东大会
                       │
        ┌──────────────┴──────────────┐
      董事会                        监事会
        │                            │
  ┌──┬──┬──┬──┬──┐              ┌────┴───┐
战略与提名 关联交易控制 薪酬  风险管理 审计   监督
 委员会   委员会    委员会 委员会 委员会  委员会
```

（结构图，依图示）

战略与提名委员会　关联交易控制委员会　薪酬委员会　风险管理委员会　审计委员会　监督委员会

高级管理层　　内部审计局

总行职能机构　直属机构　境内外机构　内部审计分局

图5-4　中国工商银行公司治理框架图

立董事。风险管理委员会主席和审计委员会主席都由梁锦松先生担任。可以看出，非执行董事和独立董事在其专业委员会中占绝大多数。

其次，中国工商银行建立了包括董事会层面、总行层面以及分行层面（业务单位）的三级风险管理体系。董事会风险管理委员会的职责主要是根据企业战略制定风险管理战略、政策和内部控制流程，并监督其实施情况及效果；监督和评价风险管理组织体系的建设以及在董事会授权下批准某些重大风险决策等。

2006年7月，中国工商银行委任魏国雄先生担任首席风险官，协助行长对全行各项风险管理进行监督和决策，与主管信用风险管理的副行长一起对总行信贷委员会审议通过的授信额度、贷款或其他信用相关的交易进行双签审批。

最后，中国工商银行建立了风险管理的第三道防范体系——内部审计制度。中国工商银行构建了直接对董事会负责的独立的内部审计体系。董事会下设审计委员会，提高内部审计管理决策层次。建立了垂直管理的总行内部审计局和全国的十个内部审计分局，实施区域分工、包片负责、垂直管理、财务单列、独立审计、直接报告、内部监督、严格考核的管理及运作机制，理顺了内审体系的交流、报告、管理、考核关系，全面发挥其在强化公司治理、健全内控体系、防控各类风险中的重要作用。

中国工商银行内部审计体系有其自身特色。一方面，内部部门不介入任何业务活动和业务决策，各内部审计分局也仅对其所在地区以外的区域进行审计，保证了内部审计的独立性。另一方面，工行内部审计工作计划的制定也是以风险为导向，目标是发现和改善整体风险管理系统中潜在的不足之处。

总之，正是中国工商银行良好的公司治理结构、风险管理体系和内部审计制度有效地构建了风险管理的各道防线，将各种风险控制在可接受范围内，实现了安全稳健的运营。中国工商银行风险控制框架如图5-5所示。

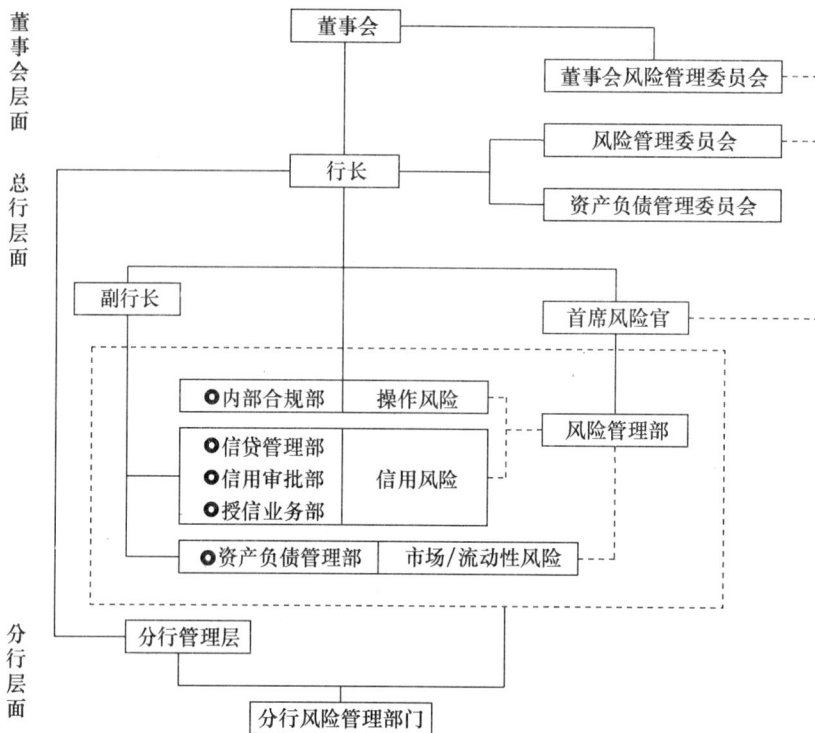

图 5-5 中国工商银行风险控制框架图

思考题及答案要点

1. 构建风险管理体系包括哪些关键因素？

答案要点：

（1）管理层的支持与参与是风险管理发挥实效的前提。

（2）建立完善的监督机制是有效控制风险的重要保障。

（3）董事会是风险控制框架构建的核心。

2. 风险管理委员会的职责包括哪些？

答案要点：

（1）提交全面风险管理年度报告。

（2）审议风险管理策略和重大风险管理解决方案。

（3）审议重大决策、重大风险、重大事件和重要业务流程的判断标准或判断机制，以及重大决策的风险评估报告。

（4）对公司风险及管理状况和风险管理能力及水平进行评价，提出完善公司风险管理和内部控制的建议。

（5）审议内部审计部门提交的风险管理监督评价审计综合报告，对已出现的风险提出化解措施。

（6）审议风险管理组织机构设置及其职责方案。

（7）风险管理委员会在必要情况下，可以独立聘请外部中介结构为其决策提供专业服务。

（8）办理董事会授权的有关全面风险管理的其他事项。

3. 企业风险管理的三道防线是如何发挥作用的？

答案要点：

（1）企业建立第一道防线，就是要各业务单位就其战略性风险、信贷风险、市场风险和营运风险等，系统化地进行分析、确认、度量、管理和监控。

（2）风险管理部的责任是领导和协调公司内各单位在管理风险方面的工作。

（3）第三道防线涉及一个独立于业务单位的部门，监控企业内控和其他企业关心的问题。

4. 科学的风险管理理念有哪些特征？

答案要点：

（1）一致性，即风险管理目标与企业战略目标或业务发展目标的一致。

（2）独立性，即风险管理人员需要以一种独立的态度来识别风险、评估风险、制定和执行风险管理策略以及监督和改进风险管理。

（3）全面性，即风险管理对象需要涵盖每项经济活动和每个岗位。

（4）经济性，即风险管理必须同时考虑成本与收益。

推荐读物

1. 刘新立. 风险管理［M］. 北京：北京大学出版社，2006：24.

2. 何文炯. 风险管理［M］. 北京：中国财政经济出版社，2005：15.

3. 托马斯·巴顿，威廉·申克、保罗·沃克. 企业风险管理［M］. 王剑锋等译，北京：中国人民大学出版社，2004.

4. COSO. 企业风险管理——整合框架［R/OL］. http：//www.coso.org，2004.

5. 国务院国有资产监督管理委员会. 中央企业全面风险管理指引［R/OL］. http：//www.sasac.gov.cn.

第六章　企业风险的识别和分析

本章提要

风险识别是风险管理的第一步,企业在经营过程中面临的风险是错综复杂的,需要认真识别和分析。风险识别在整个企业风险管理中占有重要位置,只有全面、准确地识别风险,才能衡量风险和选择对付风险的办法。风险识别是风险衡量的前提,是风险管理单位有针对性地处理风险的基础。掌握和运用识别风险的方法,可以预防风险事故的发生。

章首案例

华为的风险意识——"我们可能活不成了"①

"我是华为的,我姓任。"2004年4月22日,华为技术有限公司与文莱电讯公司合办的一个国际研讨会在文莱最豪华的酒店举行。会议开幕前,身为华为创始人兼总舵手的总裁任正非守在礼堂门口,每见到客户进场,无论大小、中外,都一一递上名片,并如是自我介绍。有客户看到名片上的姓名及头衔,一脸的惊愕。

这次研讨会也是华为承建的文莱NGN下一代网络的开通仪式。这是全球最大规模的商用NGN网络之一,用户数达12万。华为请来了全球40多个运营商,一起讨论文莱NGN的商用部署及市场发展。此时他所掌管的华为已在国际上锋芒毕露:NGN市场份额13%,为全球第二;ADSL市场份额32.9%,全球第一;2001~2003年的全球交换机新增市场份额32%,全球第一……

该举杯庆祝,任正非却语出危言:"我们可能活不成了,信息产业总的来说是困难的,主要问题是商品过剩,以前用技术门槛来封锁对手进入市场,现在技术门槛也没有了,只能靠市场推广,产品低价也卖不出去,这种恶劣的情况会维持七八年。"

当记者问及华为现在算不算成功时,任正非更是语出惊人:"我们现在生意很难做,如果我们是开餐馆就好了,毛利更高。"

"活下去"已成为华为危机感管理的前提。

任正非以低调著名,当问及何以从不接受媒体采访,他的回答率直得令人吃惊:"我

---

① 罗绮萍,任正非. 我们可能活不成了 [N] .21世纪经济报道,2004-04-26.

们有什么值得见媒体？我们天天与客户直接沟通，客户可以多批评我们，他们说了，我们改进就好了。对媒体来说，我们不能永远都好呀！不能在有点好的时候就吹牛。"

"我不是不见人，我从来都见客户的，最小的客户我都见。"任正非解释说。

两年前，摩根士丹利首席经济学家斯蒂芬·罗奇带领一个机构投资团队到深圳华为总部，任正非没有亲自接见，只派了负责研发的常务副总裁费敏接待。事后罗奇说："他拒绝的可是一个3万亿美元的团队。"

任正非对此事的回应是："他，罗奇，又不是客户，我为什么要见他？如果是客户的话，最小的我都会见。他带来机构投资者跟我有什么关系呀？我是卖机器的，就要找到买机器的人呀！"

记者再问任正非华为未来的发展重点，任正非的答案更令所有的公关人员都出一身冷汗："我们也说不清重点是什么。我们未来怎么发展，我们都是糊里糊涂的。"记者追问华为未来发展的重点是国内还是海外，他说："不知道，我真的不知道我们将来向哪个方向发展。"

分管国际业务的华为常务副总裁徐文伟说，任正非的危机意识，一直是华为的主导思想，也是他们的宏观经营理念。他说，华为确实没有重点发展什么产品或者有什么特别的市场策略，而是哪里有市场便到哪里去。

徐文伟指出，华为的海外业务发展得不错，每年的销售额有90%～100%的增长，他不肯透露海外业务的盈利状况，只说："我们在国内市场非常好的时候，用国内的高增长收入，补贴海外业务发展。"华为2003年的销售额为317亿元，海外销售达10.5亿美元，所占比例上升到27%。

面对激烈的全球市场竞争，华为的对手又是一家又一家的百年老店，徐文伟说："生存的秘诀首先是质量，必须是世界级的先进产品，同时要快速及优先满足客户的个性化需求，并提供完善的售后服务。"

他说，华为另一打动客户的口号，是"共同双赢，共同创新"。"我们不是把产品卖给你就算了，我们要与你一起成长，你活下去了，有盈利了，便会继续买我的产品。"

华为一向不以低价为手段。该公司取得阿联酋的3G合约，据说是标书出价最高的一家。徐文伟不肯证实，只说华为以合理的价钱，提供符合阿联酋严格要求的产品，再经买方一年的反复测试，才能成功中标。

华为面向全球的竞争对手，最大的不同是华为没有上市。有更多的存粮，会更容易挨过漫长的冬天，要生存下去，为什么不在国内国外上市筹集资金？徐文伟说："资金要自己挣回来，不是借回来，也不是人家给的。"

"我们不是不上市，而是在找一个合适时机。现在的工作是先把内部的管理搞好，保持财务状况稳健，这对公司发展有利。"华为现在的负债率约为50%，处于安全的水平。

第一节　风险识别的概念

一、风险识别的概念

风险识别是指风险管理人员运用有关的知识和方法，系统、全面和连续地发现企业面临的财产、责任和人身损失风险。风险识别实际上就是收集有关风险因素、风险事故和损失暴露等方面的信息，发现导致潜在损失和潜在风险的因素。对于风险识别的概念，可以从以下几个方面进行理解：

1. 风险识别是一项复杂的系统工程

风险识别是一项复杂的系统工程，即便是一个规模较小的企业，不仅包括识别实物资产风险、金融资产风险，而且还包括识别人力资本风险。同时，风险识别不仅仅是风险管理部门的工作，还需要生产部门、财务部门、信息处理部门、人事部门的密切配合；否则，难以准确、全面地识别风险。

2. 风险识别是一个连续、不间断的过程

企业及其运作的环境随时都在变化，例如，企业从其他渠道中撤出进入新的商业渠道，企业被收购或破产，企业经营的环境发生变化等，会使企业面临的旧的风险消失、新的风险出现。企业要发展，就必须不间断地识别各种风险，分析其对本企业的各种风险暴露的影响。风险识别是一个长期的过程，不能偶尔为之，更不能一蹴而就。

此外，政府法令和行政管理条例的变化，也会导致企业出现新的风险。例如，政府汇率政策的变化，会使企业面临汇率风险。

3. 识别引发风险的来源

风险是客观存在的，风险事故的发生也有一个从渐变到质变的过程，风险事故的发生是风险因素积聚、增加的结果。对此，风险管理人员在识别企业面临的风险时，最重要的、最困难的工作是了解企业可能遭受损失的来源。如果风险管理人员不能识别企业所面临的潜在风险，风险因素聚集或者增加，就会导致风险事故的发生；如果风险管理人员不能识别企业所面临的潜在风险，也就不能确定对付风险的办法。

4. 风险识别的目的是衡量风险和规避风险

风险识别是否全面、深刻，直接影响风险管理的质量，进而影响到风险管理的成果，识别风险的目的是为衡量风险和规避风险提供依据。例如，风险调查员的风险调查报告，是保险公司确定承保决策和保险费率的依据。

二、风险识别的过程

风险识别的过程实际上就是收集有关风险事故、风险因素、损失暴露和危害（损失）等方面信息的过程。例如，工业溶剂渗漏会使作业现场的工人吸入有毒气体，导致工人中毒的风险事故。对于这一事故可以进行以下分析：风险事故是工业溶剂的渗漏；风险因素是使用工业溶剂的车间通风条件较差，工人在没有防护工具的情况下离工作台太近；损失暴露是生产设备突然失控使得工人们必须进入通风条件较差的车间进行抢救；损失是工人吸入有毒气体，致使呼吸道出现严重问题。风险事故导致的直接后果是工人住院治疗，使企业医疗费用支出增加，企业受到上级有关部门行政处罚；风险事故导致的长期后果是工人申诉、请求鉴定为职业病、获得相应的补偿。防止这一风险事故再次发生的办法是重新设计工作台、安装车间的通风设备、防止工业溶剂的渗漏、向工人发放防毒面罩等。风险识别的过程包括以下几个方面：

1. 发现或者调查风险源

在风险事故发生以前，发现引发风险事故的风险源，是风险识别的核心，因为只有发现风险源，才能有的放矢地改变风险因素存在的条件，才能防止风险因素的增加或聚集。

一般来说，引发风险事故的风险源大致可以分为以下几类：

（1）物质风险源。物质环境是企业面临的最基本的风险源。例如，地震、干旱和过度降雨都有可能导致风险事故的发生。充分理解企业周围的物质环境和环境对企业的影响是分析这类风险源的核心内容。例如，土地可以为房地产投资提供场所，晴朗的天气有利于发展旅游业，但是，自然灾害的发生会使房地产投资面临风险，恶劣的天气会使旅游业的发展面临风险。又如，美国波音飞机公司为调查风险源设计了一种确定风险源校核表，列明了一些引发风险事故的风险因素，主要包括燃料系统、电容器、弹簧装置、悬挂系统、气体发生器、发电机、射频电源、放射性能源、落体、弹射体等。针对引发事故的风险源，逐一调查是减少风险事故发生的最有效的方法。

（2）社会风险源。道德信仰、价值观、人们行为方式、社会结构和制度的不同，是引发风险事故的另一个风险源。例如，当一个企业决定在某一地区投资建厂时，当地的劳动力市场是否拥有大量熟练工人就是一个重要风险因素。如果进一步分析这些风险因素就会发现，这些因素可能源于当地社会环境的变化，如法制系统、经济结构、文化背景和劳动者素质等，这些来自社会的风险源又会影响到企业投资的成败。

（3）政治风险源。在一个国家或地区，政治因素可能成为非常重要的风险源。例如，政府减少对地方政府的资助，制定严格的有害废料处理条例，都会使企业面临各种破产的风险。在国际领域，政治风险源就表现得更加复杂。外资面临被当地政府没收充公的风险，税收政策的突然变化也会给企业的经营带来破产的风险，政府财政政策、货币政策、法律环境的变化等，都会使企业面临各种各样的经营风险。

（4）法律风险源。在现代社会中，有相当一部分不确定性和风险来自司法环境，法律风险源是风险识别的重要内容之一。例如，政府奖惩的标准的变化，司法系统对商业活动的态度的变化，都会给企业的经营带来一定的风险。一般来说，政府奖惩标准的变化是难以预测的。在国际领域中，国与国之间的法律标准是大相径庭的，这会使许多问题变得更为复杂。例如，2005年，我国台湾的明基公司收购德国西门子的手机事业部，明基公司对于西门子手机部门中方雇员大幅度精减，引发企业员工的权利的争议。

（5）操作风险源。企业的运作和操作程序产生的风险和不确定性，即操作风险源。例如，企业制定不合适的提拔、雇佣和解雇制度，就有产生法律责任的风险。又如，企业员工在生产过程中违规操作有可能使其他员工面临人身伤害的风险。在国际贸易中，缺乏可信度的运输系统，也有可能产生操作风险，进而引发责任风险。

（6）经济风险源。人类经济活动也会产生风险和不确定性，进而引发企业损失的风险。一个国家经济风险可以直接从政治领域延伸出来，政治危机有可能引发经济危机。但是，随着全球经济市场规模的不断扩张，产生了一种超越任何特定政府的经济环境。尽管某个特定政府的行为能够影响到国际资本市场，但是任何一个政府都无力控制资本市场。通货膨胀、经济衰退和经济萧条成为当今相互依赖经济系统的新风险源。在地方经济的水平上，利率和信贷政策等方面的变化，也是企业面临的、重要的风险源。

（7）认知风险源。风险管理人员发现、理解、估算和测定风险的能力，是风险管理理论和现实之间差距的重要原因，认知风险能力、风险识别流程的不足或过失，是产生认知风险源的原因。改变人认知能力的不足，提高风险管理人员的管理水平，是降低认知风险的条件。

2. 减少风险因素增加的条件

在发现或者调查风险源以后，应该寻求引发风险因素减少的条件。采取的措施应该能够分清轻、重、缓、急，对于引发重大事故的风险因素要及时处理，对于危害较小风险事故要进行处理。一般来说，按照风险事故发生后果的严重程度，可以将风险因素划分为四类：一类是事故后果可以忽略，可以不采取控制措施的风险因素；二类是事故后果比较轻，暂时还不能造成人员伤害和财产损失，应该考虑采取控制措施的风险因素；三类是事故后果严重，会造成人员伤亡和系统损坏，需要立即采取措施加以控制的风险因素；四类是可以造成灾难性后果的风险事故，必须立即采取措施予以排除的风险因素。

风险因素分类提供了考察风险事故后果产生过程的方法，改变了风险因素产生的条件，可以减少风险事故发生的概率，降低风险事故造成的损失。例如，对于投资于证券市场的金融资产来说，风险因素是一些能够影响各种证券价格的宏观经济变量，如通货膨胀率和汇率，这些风险因素被称为系统风险因素。如果某些风险因素只影响一些特定证券价格的变化，那么，这种风险因素就被称为非系统风险因素或特质因素。识别证券市场系统风险因素，首先需要了解宏观经济环境和经济发展的状况，其次需要了解国家法规、政策的变化，特别是国家对资本市场监管政策的变化。识别证券市场非系统风险因素，需要了解公司的财务状况、市场潜力、未来发展的走势等，降低非系统风险因素给个人、企业带来损失的风险。

3. 预见危害或者危险

危险就是造成损失的原因，危险不能用来指那些可能带来收益的原因，因为危险一词具有损失的意义，不同的环境可以产生相同的危害和危险，造成企业、个人财物上的损失。例如，火灾危险可能产生于物质环境（如闪电），也可能产生于社会环境（如纵火、骚乱），但是，无论由什么风险因素引发的风险事故，都会产生危害、造成损失，因此，风险识别的重要步骤是能够预见到危害，将产生危害的条件消灭在萌芽状态。

4. 重视风险暴露

风险暴露是风险识别的重要组成部分，那些可能面临损失的物体，都有风险暴露的可能，必须重视风险的暴露。例如，放在家具旁边的沾满汽油的破布是风险因素，这块破布有可能引发火灾的风险，这幢房子可能被烧毁，就是风险暴露。风险管理实务中，任何企业的所有部门都有可能暴露于风险的威胁之下，为了分析风险方便，一般把风险暴露分为：实物资产风险暴露、金融资产风险暴露、法律责任风险暴露和人力资本风险暴露。目前，风险管理部门还没有找到适用于解决所有领域风险暴露的方法。相反，风险识别常常因不同的领域而有所不同。

（1）实物资产风险暴露。财产所有权的变化，可能导致实物资产和无形资产的损失，例如公众的赞誉、政治上的支持、知识产权等的损失，都属于实物资产风险暴露。财产的价值往往通过多种途径被损，例如，财产丢失或者减少。资产所有者在某段时间内无法使用自己的财产，这就是时间因素造成的实物资产的损失，而个人或企业往往忽略这种损失。

（2）金融资产风险暴露。拥有债券资产如普通股和抵押债券的人面临此类风险暴露。金融资产代表着一些明确的、金融方面的权利，例如，获得收益的权利或按某一价格购买一项资产的权利。与实物资产不同的是，金融资产的增值或损失常常与市场环境的变化相关，与这些资产所代表的资产权益的变化有关，因此，不仅债券持有者会面临此类风险暴露，而且那些签发债券的企业也面临金融资产的风险暴露。

（3）责任风险暴露。责任风险暴露源于司法系统所确定的各种义务，国家法律、法规、政府机关实施颁布的管理条例和规章等明确规定了有关当事人的责任义务。例如，国家法律规定职工在上下班途中发生交通事故属于工伤，则工伤保险机构就应该承担给付工伤保险待遇的责任。责任风险暴露包括侵权行为责任、合同责任等。

（4）人力资本风险暴露。企业对员工的投资构成企业财富的一部分，即企业的人力资源。公司经理、一般雇员和其他重要的风险承担者（如顾客、债权人、股东、供货商）可能发生的伤亡，都是人力资本风险的暴露。例如，一台高技术机器，有人认为机器可能造成损失，如伤害员工；也有人认为会带来收益，如新机器提高生产率，增加企业的利润。在这种情况下，风险管理的策略是在增加收益的同时，尽量减少员工潜在损失。需要指出的是，人力资本的损失，不仅仅指员工身体、心理上受到的伤害，而且还包括企业员工损伤带来的利润的减少、支出的增加，例如，失业和退休等都是人力资本风险暴露。企业员工的安全和福利措施等，是人力资本风险暴露的重要组成部分。

第二节　风险识别流程

风险识别是一个可以从纵横两个方面理解的流程。以时间顺序的横轴来看，风险识别可以分为感知风险和分析风险两个阶段，下一节将会讨论这类风险识别流程的一些基本方法。本节主要讨论的是以企业管理层级为纵轴的风险识别流程。

风险识别的最重要环节就是要使一个企业内部全体员工具有风险意识。风险意识是任何风险管理过程的出发点。增强风险意识的目的是为了确保一家企业的每一位员工都在：

（1）积极主动地为公司识别主要的风险。

（2）严肃认真地思考他或她所负责的风险会产生的后果。

（3）上传下达那些风险以保证引起别的员工的注意。

在一个有风险意识的环境里，大多数风险管理问题在它们变成更大的问题之前应该都可以得到处理。

有许多组织过程和积极作为可以提高一个公司的风险意识。其中最成功的五个要点是：最高层重视；提出恰当的问题；设立风险分类；提供训练和教育；把风险与补偿联系起来。下面依次来讨论它们。

一、最高层的重视

在风险管理中，公司高层的参与，特别是首席执行官（CEO）的参与对于风险管理的成功是至关重要的，甚至于比公司别的积极作为还重要。

原因很简单：风险管理的某些方面与人的本性背道而驰。虽然人们热衷于谈论营销或产品的成功，或出于节约费用的机会，但是，他们对于讨论实际或潜在的损失则要冷淡得多，当这些实际或潜在的损失与他们的业务有关时，尤其是如此。克服这种勉强性需要运用权威和权力。因此，首席执行官必须全力支持风险管理过程，不仅要通过口头而且要通过行动为风险管理定调。无论是作报告、开会或是出席别的论坛，首席执行官必须首先传达风险管理是公司顶级优先的事之理念。更为重要的是，首席执行官必须通过行动证明他或她致力于风险管理。首席执行官积极参与风险管理会议吗？公司有安排适当的预算以支持风险管理吗？高级风险管理人员参与公司的主要决策吗？当高层生产者违反了风险管理政策时，会出现什么情况？首席执行官和高级管理层对这些问题的反应对于表明他们确实致力于风险管理过程是很有意义的。

二、提出恰当的问题

一直有这么一种说法，高级管理层可以不是总有正确的答案，但提出恰当的问题是他们的职责。那么，关于风险，高级管理层应该提出的关键问题是什么呢？仅用每个单词的第一个字母组成的缩写词 RISK——收益（Return）、免疫（Immunization）、系统（System）和知识（Knowledge）就可以很明了地看出来：

（1）收益：对于企业承担的风险，企业会得到可接受的收益吗？假如一个营业单位以异乎寻常的速度增长或赢得利润，那会造成什么样的风险敞口？

（2）免疫：为了最小化不利因素的一面，我们要把怎样的限制和控制放在适当的位置？

（3）系统：我们有适合的系统去追踪和计量风险吗？

（4）知识：我们有适当的人员和技巧来进行有效的风险管理吗？

三、设立风险分类

处于不同产业领域的公司面临着不同风险。因此，公司应当努力针对自己行为情况的风险点为风险管理建立一套公用的语言。这种努力的一个重要部分应该是设立一个风险分类法，即一个描述风险种类和次种类的公用结构，对于风险管理的管理过程而言，有效的交流是一个关键的必备条件。进行有效交流的方法之一就是确保员工了解公司的风险管理工具、方法和战略。风险分类不仅在讨论风险时有用，而且使得风险既可分解成可以管理的单元，又能用于报告，并且这些单元能够组合起来用于风险敞口的计量。这不是一个一蹴而就的过程，它应该反复进行以反映营运动态和变化的本性。

四、提供训练和教育

参与建立风险管理项目的管理人员常常把训练和教育作为他们的主要成就之一而提出。除了增强风险意识外，训练和教育为员工管理自己所负责的风险提供了必要的技巧和工具。

风险教育应该从入职教育时就开始。正如向新职员介绍公司别的管理哲学和营运功能体系一样，应该向他们介绍公司的风险管理理念和公司内的各种风险管理功能体系。它也应当包括继续训练项目，那是根据各个员工的职责所需要的技巧来量体裁衣定制的。所有这些就把各个员工的职责与公司的风险管理政策以及其后的思想联系在一起了。换句话说，员工应该既要理解字面含义也要知晓其精神实质。

五、把风险与补偿联系起来

企业员工自然最关注自己的工作责任是什么以及经济激励是怎样和自己的工作绩效联系在一起的。显然，确保员工明白风险管理是他们工作的一部分，以及他们的激励补偿既在个人的层面也在企业的层面是与营运和风险管理的绩效联系在一起的，风险意识就能最好地培育起来。重要的是，这些规则对所有的员工而言都是一样起作用的。假如有人觉得同样的基本规则并没有用到所有的员工（特别是高级员工）身上，那么，别人就会很快停止关注这些规则或把这些规则看成是在追求事业的生涯中可以回避的东西。

第三节　风险识别方法

从风险识别的途径来看，企业可借助外部，如保险公司、风险及保险学会等设计的风险分析表格直接来识别自身风险。这些方法有保险调查法、保单对照法、资产—损失分析法等，但此类方法只提供一般性风险的识别。由于不同企业都各有自己的特点，各个企业可针对内部特有状况自行设计识别风险的方法，此类方法有财务报表分析法、流程图分析法等。

风险识别的各种方法在风险识别的两个阶段中有着不同程度的运用。财务报表分析法、流程图分析法、保险调查法等较多地用于感知风险阶段；风险清单分析法、威胁分析法、事故树分析法以及风险因素分析法则较多地用于分析风险阶段。还有一些方法在感知风险和分析风险中都能得到较好的运用，如现场调查法、组织内外专家磋商等。

每一种风险识别方法都存在一定的局限性，这是因为：①任何一种方法不可能揭示出经济单位面临的全部风险，更不可能揭示导致风险事故的所有因素，因此，必须根据经济单位的性质、规模以及各种方法的用途将多种方法结合使用。②经费的限制和不断地增加工作会导致成本上升、收益下降，风险管理人员必须根据实际条件选择效果最优的方法或方法组合。③如前所述，风险识别是一个连续不断的过程，仅凭一两次调查分析不能解决问题，许多复杂的和潜在的风险要经过多次识别才能获得较为准确的答案。

一、风险清单分析法

风险清单是指一些由专业人员设计好的标准的表格和问卷，上面非常全面地列出了一个企业可能面临的风险。这些清单都很长，因为它们试图将所有可能的损失暴露全部囊括在内，清单中的项目包括修理或重置资产的成本、伴随资产损毁的收入损失以及承担法律责任的可能性等。使用者对照清单上的每一项都要回答："我们公司会面临这样的风险吗?"在回答这些问题的过程中，风险管理者逐渐构建出本公司的风险框架。

这些标准调查表提出一些大众化的问题。所谓"标准"，是指全部问题对各种类型的企业都有意义。因此，其优点是具有广泛的适用性，但不能揭示某个产业的特殊性，更不能揭示某个企业的特殊性。

一个标准调查表少则几页，多则上百页，大部分标准调查表根据不同方法分成几个部分，常见的分法是按照损失暴露价值的大小来划分的。本书主要介绍一般美国企业普遍应用的识别风险的几种调查方法和对应的调查表：保险调查法与风险分析调查表、保单对照法与保单对照分析表、资产—损失分析法与资产—损失分析表。

1. 保险调查法与风险分析调查表

所谓保险调查法，是指通过保险公司的专业人员及有关的学会就企业可能遭遇的风险加以详尽的调查与分析，编制各种调查表供企业参考的一种方法。在美国，通常由保险公司、风险及保险管理学会（Risk and Insurance Management Society，RIMS）以及美国管理学会（American Management Association，AMA）设计出一种广为企业界应用的风险分析调查表。

此种标准调查表并没有考虑企业本身的特性，而是由保险公司或有关学会所提供的一般用途的风险分析表格，故适用于中小规模且风险管理政策并不太完备的企业。这种方法的优点是：①由于标准调查表由保险和风险管理专家们所提供，故可获得职业分析家们的意见。②利用此法可免费或支付少量费用即可获得专家们服务。③可以让没有任何风险管理知识的人员来回答，方便实用。这些标准表格的优点是经济方便，适合新公司、初次想构建风险管理制度的公司或缺乏专业风险管理人员的公司使用，这些表格可以帮助它们系统地识别出最基本的风险，并降低忽略重要风险源的可能性。

但是，标准表格也有两个严重的局限。首先，由于这些清单都是标准化的，适合于所有企业，所以针对性就较差，一个特殊企业面临的特殊风险就可能没有包含进去。其次，这些清单都是在传统风险管理阶段设计出来的，传统的风险管理只考虑纯粹风险，不涉及投机风险，所以风险清单中也都没有关于投机风险的项目。风险经理在使用这些表格时，要认识到这些局限性，使用一些辅助手段来配合风险清单的应用，弥补风险清单的不足。

2. 保单对照法与保单对照分析表

保单对照法是由保险公司将其现行出卖的保单种类与风险分析调查表融合，以问卷的形式制成表，企业风险管理人员依据此表格与企业已拥有的保单加以对照比较分析的一种识别风险方法。此法纯粹是从保险的立场出发，由专家们设计出保单对照分析表供企业界使用。它与保险调查法不同的是使用者必须是具有丰富的风险管理知识的专业风险管理人员，并且调查的侧重点是可保风险。

3. 资产—损失分析法与资产—损失分析表

美国管理学会在制成风险分析调查表后，又设计了资产—损失分析表。该表的内容分成两大部分：一部分为资产，另一部分为潜在损失。

资产包括有形实物资产和无形资产，其中有形实物资产由不动产、个人财产和杂项财产组成。这些资产可能的潜在损失可分为：①直接损失，包括一般不可控制和不可预测的损失、一般可控制和可预测的损失、主要与财产价值有关的损失。②间接损失。③第三者责任损失。

4. 第三者责任损失分析表

这种分析表是从企业整体出发来分析企业的所有风险，包括可保风险和不可保风险，结合其他标准调查表，如风险分析调查表，将有助于风险管理人员发现企业所面临的所有风险。

二、现场调查法

有时，用上面这些方法仍然难以识别出全部的风险，所以风险经理到现场实际检查各个部门的运作是十分重要的，这是风险经理必须做的事情。通过直接观察企业的各种设施及进行的各项操作，风险经理能够深入了解企业的活动和行为方式。

在进行现场检查前要做好充足的准备，对所要调查的部门及其风险暴露做一个大致的了解，准备好现场调查表，对所调查的每一个项目进行填写。

现场检查的优点非常明显，风险经理可以借此获得第一手资料。同时，在实践中，虽然这是风险经理最直接发现风险的方法，但风险经理毕竟不可能时刻在生产经营的第一线，最了解企业运作的是一线人员，他们不一定都有非常敏锐的风险意识，但风险经理却可以从他们的介绍中觉察到风险。这样，在现场检查之余，和其他部门的交流就显得极为重要，而与各部门管理人员建立和维持良好的关系也有助于管理的促进。这种交流既可以是口头的经常性报告，也可以是书面的定期报告。一套完善的交流制度是现场调查的有效补充，风险经理通过这种交流不仅可以认识到现场调查时没有发觉的风险隐患，还能随时掌握在两次现场调查之间出现的新风险。现场检查方法最大缺点就是需要花费大量的时间，成本较高。

三、财务报表分析法

财务分析是运用财务报表数据对企业过去的财务状况和经营成果及未来前景的一种评价，可以为评估企业未来的财务风险和经营风险提供广泛的帮助。

财务报表分析法是由 A. H. 克里德尔 1962 年提出的一种风险识别方法。虽然，克里德尔发明这种方法的本意是用来分析私营企业的资产状况，但是财务报表分析里的很多概念也能运用于公共部门的管理。克里德尔认为，分析资产负债表、营业报表和相关的支持性文件，风险管理人员可以识别风险管理单位的财产风险、责任风险和人力资本风险等。这是因为风险管理单位的经营活动最终会涉及货币或者财产，运用财务报表可以发现风险管理单位面临的各种风险。财务报表分析识别风险的方法主要有三种：趋势分析法、比率分析法和因素分析法。

（1）趋势分析法是指根据企业连续期的财务报表，比较各期有关项目增减变化的方向和幅度，从而揭示当期财务状况和营业情况的增减变化及其发展趋势。将这一指标同以往各年的可比指标进行对比，才能确定企业本期的经营效益和管理水平，才能分析是否存在着经营风险。同样，企业的成本率、费用率也可以运用趋势法进行分析。

（2）比率分析法是指以同一会计期间的相关数据的相互比较，求出相关数据之间的比例，以分析财务报表所列项目与项目之间的相互关系。比率分析法运用得比较广泛。例如，我国《企业会计制度》对企业资本金、负债、固定资产、证券及投资、成本、营业收入、利润、外币业务、企业清算、财务报告及财务评价等方面作了具体规定，运用比率分析法可以对企业财务状况的各个方面做出评价。

（3）因素分析法也叫连锁替代法，是指在测定各个因素对某一指标的影响程度时，必须对各有关因素顺序地进行分析。当分析某一因素的影响时，假定其他因素的影响不变，就可以确定风险因素对风险事故的影响。

财务报表能综合反映一个风险管理单位的财务状况，企业存在的许多问题都能够从财务报表中反映出来，财务报表是基于风险管理单位容易得到的资料编制的，这些资料用于风险识别，具有可靠性和客观性的特点。运用财务报表分析的方法，应对每个会计科目进行深入的研究和分析，研究的结果是按照会计科目的形式编制出来的，可以识别风险管理单位隐藏的潜在风险，可以防患于未然。财务报表分析法的缺点是专业性强，缺乏财务管理的专业知识，无法识别风险管理单位的风险。财务报表分析法识别风险的基础是风险管理单位的财务信息具有真实性，如果财务报表不真实，就无法识别风险管理单位面临的潜在风险。

四、流程图分析法

流程图分析法是识别风险管理单位面临潜在损失风险的重要方法。流程图分析法是将风险主体按照生产经营的过程、按照活动内在的逻辑联系绘成流程图，针对流程中的关键环节和薄弱环节调查风险、识别风险的办法。

1. 流程图的种类

流程图的类型较多，划分流程图的标准也很多。按照流程路线的复杂程度划分，可以分为简单流程图和复杂流程图。简单流程图是将风险主体的生产经营过程以大致流程进行分析，在进行风险识别的时候，用连线将主要流程的内在联系勾画出来。复杂流程图是将风险主体的生产经营过程详细地进行分析。在进行风险识别的时候，用连线将生产经营过程中的每一个程序及每一个程序中的各个环节均进行详细的分析。

按照流程的内容划分，流程图可以分为内部流程图和外部流程图。内部流程图是以风险主体内部的生产经营活动为流程路线而绘制的流程图。外部流程图是以风险主体外部的活动为主要流程路线绘制的流程图。图6-1、图6-2就给出了某服装公司的内部和外部流程图。

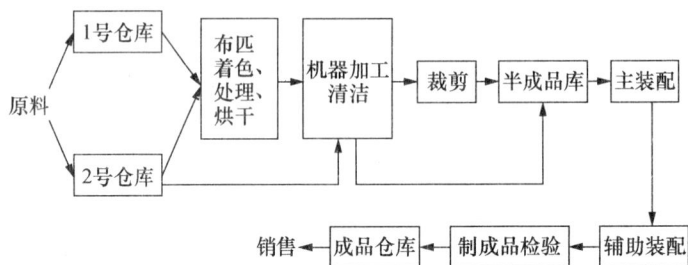

图6-1 某服装公司内部流程图

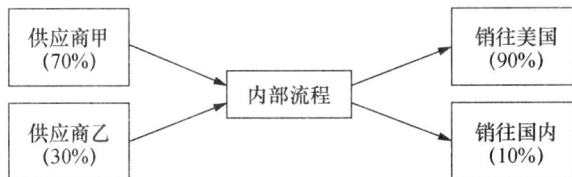

图6-2 某服装公司外部流程图

按照流程图的表现形式划分，流程图可以分为实物形态流程图和价值形态流程图。实物流程图是以某种实物在生产全过程中运行的路线而绘制的流程图。价值流程图是用标有价值额度的流程路线来反映生产经营过程中内在联系而绘制的流程图。图6-3就是一个服装公司的价值流程图。

2. 流程图的分析

流程图绘制完毕后，就要对其进行静态与动态分析。

所谓静态分析，就是对图中的每一个环节逐一调查，找出潜在的风险，并分析风险可能造成的损失后果。动态分析则着眼于各个环节之间的关系，以找出那些关键环节。例如，时尚制衣公司的主料和辅料在加工清洁后都要汇集到半成品库，然后再开始缝制，那么半成品库就是整个生产流程中一个非常关键的环节，一旦发生重大事故，公司将可能面临不能按合同如期交货而形成的产品责任风险。又如，公司有七成的原料来自供应商甲，一旦该供应商不能按期供货，就可能导致公司的连带营业中断。再如，时尚制衣公司的产品90%外销美国，那么，影响美国拒绝或减少购买中国成衣的因素，也是连带营业中断风险的来源。

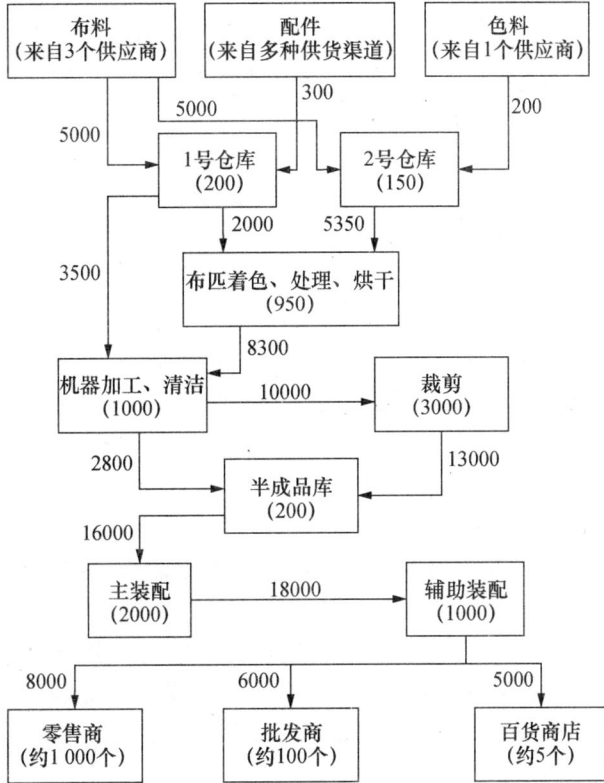

图6-3 某服装公司价值流程图

由此可以看出，流程图法的思路是：依据供货、生产和销售的程序，将公司的运作分成一个一个的环节，再逐一分析这些环节之间的关系。这样更有助于识别关键环节，并可进行初步的风险评估。流程图法的优点在于清晰、形象，基本上能够揭示出所有生产运营环节中的风险，而且对于营业中断和连带营业中断风险的识别极为有效。但流程图只强调事故的结果，并不关注损失的原因，因此，要想分析风险因素，就要和其他方法配合使用。

五、因果图分析法

风险管理实务中，导致风险事故的因素很多，通过对这些因素进行全面系统的观察和分析，可以找出其中的因果关系。因果图是日本东京大学教授石川馨1953年首次提出的。石川馨教授和他的助手在研究活动中，用因果图分析影响产品质量的因素，获得了很大的成功，并被世界许多国家的风险管理部门采纳。

1. 因果图的绘制

因果图分析法是一种用于分析风险事故与影响风险事故原因之间关系的比较有效的分

析方法。在风险管理中，导致风险事故的原因可以归纳为类别和子原因，画成形似鱼刺的图，因此。该工具又称为鱼刺图，如图6-4所示。因果图是按照以下步骤绘制的：

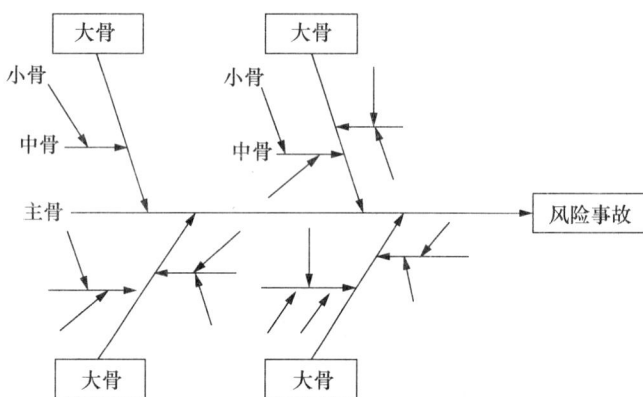

图6-4　因果图

（1）确定风险事故。因果图中的风险事故是根据具体的风险管理目标确定的，因果图分析有助于识别风险事故。

（2）将风险事故绘在图纸的右侧。从左至右画一个箭头，作为风险因素分析的主骨，接下来将影响结果的主要原因作为大骨，即风险分析的第一层次原因。

（3）用中骨列出影响大骨（主要原因）的原因，作为风险分析的第二层次原因；用小骨列出影响中骨的原因，作为风险分析的第三层次原因，以此类推。

（4）根据影响风险事故各因素的重要程度，将对风险事故产生显著影响的重要因素标示出来，有助于识别导致风险事故的原因。

（5）记录必要的相关信息。在因果图中，所有的因素与结果不一定有紧密的联系。将对结果有显著影响的风险因素做出标记，可以比较清楚地再现风险因素和风险事故的内在联系。

从图6-4可以看出，导致风险事故的因果图中，风险事故与主骨、大骨、中骨和小骨之间存在着逻辑上的因果关系。其中，主骨在引发风险事故的过程中起决定作用，大骨、中骨和小骨在因果图中是起次要作用的因素，但是，就具体的大骨、中骨和小骨等来说，每一骨所起的作用也是不同的。尽管如此，这些因素会引起主骨的变化，最终导致风险事故的发生。例如，某企业产品制造工序中，尺寸不合格产品占不合格产品的80%，因此，风险识别的重点就放在了减少导致尺寸不合格的风险因素上。根据车间人员讨论的导致产品尺寸不合格的原因，绘制出因果图，如图6-5所示。

根据调查发现，装配位置是产生不合格产品的重要原因。尽管操作标准中，对装配位置有所规定，但是，由于装配方法没有用图表示出来，这使得装配位置不尽一致，导致产品尺寸不合格，于是，车间管理人员设计了适当的装配方法。用图表示出来，并进行标准化管理，并加到员工的作业标准管理中。

2. 绘制因果图的注意事项

在绘制因果图时，应该注意以下几个方面的问题：

（1）重要原因不遗漏。确定引发风险事故的原因时，需要充分调查引发风险事故的各种原因，尽可能找出影响结果的重要原因，以免遗漏。在引发风险的各种原因中，确定重要原因对结果造成的影响，是因果图分析的关键；确定为非重要原因的，可以不绘制因果图。

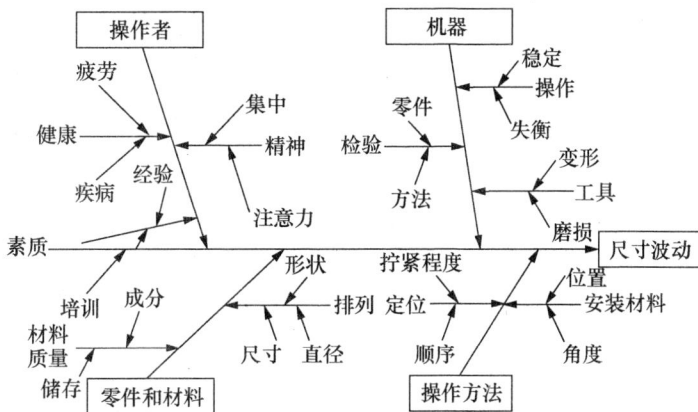

图 6-5　尺寸不合格产品因果图

（2）确定原因应尽可能具体。如果确定的导致风险的原因很抽象，分析出来的原因只能是一个大概，尽管这种因果分析图不会出现太大的错误，但是，对于解决问题作用不大。

（3）风险事故的因果图需要根据结果分别绘制。例如，同一批产品的长度和重量都存在问题，这需要绘制两张因果图来分析长度和重量波动的原因。若许多结果用同一张因果图来分析，势必使因果图庞大而复杂，管理的难度大，难以找到解决问题的对策。

（4）因果图的验证。如果分析的导致风险事故的原因无法采取措施加以解决，说明问题还没有得到解决，需要进一步细分原因，直到能够采取相应的措施为止；不能采取措施的图形，不能称之为因果图。因果图在使用的过程中，需要不断地加以改进。例如，有些因素需要删减，有些因素需要修改，还有些因素需要增加，在反复改进因果图的过程中，得到对于识别风险有用的因果图。

3. 因果图分析法的缺点

在运用因果图识别风险的过程，因果图分析法具有以下几方面的局限：

（1）对于导致风险事故原因调查的疏漏，会影响因果图分析的结论。从某种意义上说，风险原因调查是否充分，影响着因果图分析的结论。

（2）不同风险管理者对风险因素重要度的认识不同，会影响因果图分析的结论。由于风险管理主体的不同，对风险因素重要度的认识也不同，因此，风险管理者对于风险因素重要度的认识是否合乎逻辑，会影响因果图分析的结论。

（3）风险管理者的观念影响因果图识别的结论。风险管理者的主观想法或者印象，影响着风险管理的结论，因此，在运用因果图分析问题时，可以采取数据分析来分析风险因素的重要性，这种分析比较科学，又合乎逻辑。

六、层次分析法（AHP 法）

1. 层次分析法概述

层次分析法是美国运筹学家 Saaty 教授于 20 世纪 80 年代提出的一种实用的多方案或

多目标的决策方法。其主要特征是，它合理地将定性与定量的决策结合起来，按照思维、心理的规律把决策过程层次化、数量化。该方法自 1982 年被介绍到我国以来，以其定性与定量相结合地处理各种决策因素的特点，以及其系统灵活简洁的优点，迅速地在我国社会经济各个领域内，如能源系统分析、城市规划、经济管理、科研评价等，得到了广泛的重视和应用。

2. 层次分析法的基本思路——先分解后综合的系统思想

整理和综合人们的主观判断，使定性分析与定量分析有机结合，实现定量化决策。

首先将所要分析的问题层次化，根据问题的性质和要达到的总目标，将问题分解成不同的组成因素，按照因素间的相互关系及隶属关系，将因素按不同层次聚集组合，形成一个多层分析结构模型，最终归结为最底层（方案、措施、指标等）相对于最高层（总目标）相对重要程度的权值或相对优劣次序的问题。

例如，某人准备选购一台电冰箱，他对市场上的六种不同类型的电冰箱进行了解后，在决定买哪一款式时，往往不是直接进行比较，因为存在许多不可比的因素，而是选取一些中间指标进行考察。例如电冰箱的容量、制冷级别、价格、型式、耗电量、外界信誉、售后服务等。然后再考虑各种型号冰箱在上述各中间标准下的优劣排序。借助这种排序，最终做出选购决策。在决策时，由于六种电冰箱对于每个中间标准的优劣排序一般是不一致的，因此，决策者首先要对这七个标准的重要度作一个估计，给出一种排序，然后把六种冰箱分别对每一个标准的排序权重找出来，最后把这些信息数据综合，得到针对总目标即购买电冰箱的排序权重。有了这个权重向量，决策就很容易了。

3. 层次分析法应用的程序

运用 AHP 法进行决策时，需要经历以下四个步骤：

(1) 建立系统的递阶层次结构。

(2) 构造两两比较判断矩阵（正互反矩阵）。

(3) 针对某一个标准，计算各备选元素的权重。

(4) 计算当前一层元素关于总目标的排序权重。

(5) 进行一致性检验。

4. 应用层次分析法的注意事项

如果所选的要素不合理，其含义混淆不清，或要素间的关系不正确，都会降低 AHP 法的结果质量，甚至导致 AHP 法决策失败。

为保证递阶层次结构的合理性，需把握以下原则：

(1) 分解简化问题时把握主要因素，不漏不多。

(2) 注意相比较元素之间的强度关系，相差太悬殊的要素不能在同一层次比较。

本章案例

地产神话的终结——缺乏风险意识导致企业失败案例

进入 2006 年，中国的房地产价格飞涨，房地产公司急速扩张，进入黄金发展时期。孙宏斌本来距离他的顺驰帝国只有一步之遥，最后却功败垂成。2006 年 9 月 5 日，孙宏斌把顺驰中国 55% 的股权卖给了香港路劲基建公司。做出这个决定，孙宏斌一定非常痛苦，因为这家公司是他的心血之作。1994 年，孙宏斌从天津的一家二手房中介店起家，苦心经营 12 年，打造出中国地产界最剽悍的黑马——顺驰中国。

孙宏斌在 2003 年精心设计了他的整体发展战略。两年之后，顺驰成功进军全国 16 个一线城市，拥有了 42 个项目，并成为 2004 年中国内地房产销售冠军。然而，顺驰失败的祸根也悄悄埋下。到 2005 年底时，顺驰的发展已经举步维艰。一度隐身幕后的孙宏斌被迫出面收拾残局，并最终卖掉顺驰。2006 年 9 月 6 日，顺驰的买家，路劲基建董事局主席单伟豹对媒体表示，顺驰目前拖欠的土地费用加上银行贷款余额，总数高达 46 亿元。不过，卖掉顺驰这个令孙宏斌痛苦的决定，却令顺驰的一些业主拍手称快。

这种形象的背后，是顺驰正面临的严重的经营危机。

对中国地产界的大部分商人而言，顺驰几乎是一下子从石头里蹦出来的孙猴子，搅得中国地产界天翻地覆。2003 年初的时候，这家天津的房地产企业还默默无闻。2003 年 7 月，王石等中国主要的地产大腕在重庆的一次例行聚会，令它一举成名。当时顺驰的老板孙宏斌在会场上发言时，突然在众多媒体记者面前向王石宣称，他的企业将打败万科，成为中国房地产业的销售冠军。

在孙宏斌向王石叫板的两个月后，他的企业顺驰便开始在全国各大城市的土地市场上攻城略地，屡屡创造天价。2003 年 9 月，顺驰以 5.97 亿元的价格拿下石家庄 009 号地块；2003 年 12 月，顺驰又以 9.05 亿元拿下北京大兴黄村地块；2004 年 1 月，顺驰以 27.3 亿元拍得苏州工业园区凤凰城地块。孙宏斌因此获得了"地产骇客"的名号。经过一年多的征战，顺驰储备的土地面积达到了 1200 万平方米，员工急剧膨胀到 8000 人，迅速成为一家全国性的大型房地产公司。

顺驰的迅速崛起与 2001 年以来国家推行的土地招拍挂政策和中国相对宽松的信贷环境有关，有先见之明的孙宏斌在 2002 年就认为，随着各个城市土地出让程序不断规范，地价将会持续上涨，因此他要不断地获取土地。其实，顺驰此时的财力并不雄厚。顺驰中国原总裁张伟在 2004 年接受本报记者采访时，曾透露顺驰 2003 年时，公司的自有资金不足 10 亿元。而仅顺驰 2003 年年底前应该缴纳的土地出让金就已经超过 70 亿元。顺驰小马拉大车的秘诀是什么呢？

据知情人士透露，顺驰在两年之内实力之所以迅速膨胀，与 2003 年初孙宏斌为顺驰日后"飞奔"所做的三个安排有关。

孙宏斌在顺驰实行全国化发展战略之前，首先决定打通顺驰的外部融资渠道，解决扩张所需的资金问题。为此，孙宏斌成功地和天津滨海市政及天津信托结成联盟，共同进军国内地产市场。其次孙宏斌在顺驰内部建立了一套严格的资金管理系统。他要求各个项目公司的负责人和财务主管每天晚上 10 点钟要核对当天账目，不管周六、周日，风雨无阻。他极其坚决地告诫各个项目公司的老总，在顺驰处于大力拓展的阶段，他不能容忍任何项目上趴着闲钱。

最后是改革内部管理制度。

在这三个安排之中，顺驰内部的资金管理系统，成为顺驰能够在全国性扩展之初取得重大进展的关键。这个系统将顺驰的资金用到极致，并以滚动开发的方式扩大规模，通过快速运转的方式快速拿到销售回款，然后再去获得土地，进入下一个循环。

在顺驰各家分公司进行具体操作时，孙宏斌在内部一再强调的，就是一个字，"快"：

"买地时推迟首付款时间，拉长后续付款时间，买到地后尽快开工，尽快开盘，尽快回款，也就是说尽量缩短付地款到收房款之间的周期。"

这个"快"字诀在顺驰进军全国的初期，可谓无往不胜。顺驰2003年11月在南京获得土地之后，仅仅7个月就开始销售，这创下中国地产界的项目运作速度的奇迹。在其他城市，顺驰也取得不错的成绩，尽管有国家宏观调控的影响，2004年顺驰的销售额依然超过了100亿元。但这种业绩是建立在不追求项目利润率的基础之上的，尽管2004年万科的销售额只有80亿元，但利润却至少是顺驰的5倍。

但孙宏斌不久就尝到了"快"所带来的另一种滋味。顺驰的疯狂扩张和孙宏斌追求的"快"带来了致命的三"高"：高土地成本、高人力成本、高财务费用。顺驰所到之处，不仅地价大幅上升，而且人力成本和财务费用也跟着飞涨，内部管理存在巨大隐患。

2005年初，孙宏斌突然意识到顺驰的内部管理问题，他进行了人事调整，让财务出身的汪浩担任顺驰董事局主席。

此时孙宏斌还遭遇到"快"所带来的另一个挑战：他的内部管理出问题了。在顺驰，20多岁的总经理比比皆是，被业界称为"娃娃兵"。就是这群娃娃兵使顺驰的员工急剧膨胀，内部成本核算形同虚设，缺少监管。

"快"也会影响房屋质量。

同样由于放权，导致项目公司的老总权力过大，结果也滋生了许多腐败现象。

外部销售不景气，内部腐败严重，顺驰原本微薄的利润迅速被吞噬，财务状况恶化后，公司内部的资金管理系统便无用武之处。各个项目总经理由每天晚上10点钟对账，变成了每周一次的总经理办公会。而每次开会，都发现大多数项目都有巨大的资金缺口，怎么也补不上。

面对日益恶化的形势，2006年3月，孙宏斌重新担任了顺驰董事局主席，他回来之后立即调整了顺驰中国的管理架构，撤掉各个区域分公司。同时将一些项目转让给自己的合作伙伴。如将顺驰无锡的项目作价约9亿元，转让给天津滨海。同时，孙宏斌加紧在国内外私募。2005年10月19日，摩根士丹利最终还是放弃了，原因是无法接受顺驰利润率过低的现实。

卖掉顺驰，并不等于孙宏斌失去全部，他目前还拥有融创和顺驰置业这两家公司，这也是他最看重的资产，另外还拥有一家名叫汉风国际的传媒公司。一位知情人士透露，孙宏斌在构筑顺驰帝国的版图时，梦想顺驰中国成为一家上市公司，而融创是幕后运作的公司，留给他自己操作的灵活性。从孙宏斌偏执的性格来看，即使现在卖掉了顺驰，将来他有可能去赌融创的未来。不过，随着他交出顺驰的控制权，中国地产界迄今最绚烂的神话也宣告终结。

思考题及答案要点

1. 风险识别流程包括哪些要点？

答案要点：风险识别的过程实际上就是收集有关风险事故、风险因素、损失暴露和危害（损失）等方面信息的过程。风险识别的过程包括以下几个方面：

（1）发现或者调查风险源。在风险事故发生以前，发现引发风险事故的风险源，是风险识别的核心，因为只有发现风险源，才能有的放矢地改变风险因素存在的条件，才能防止风险因素的增加或聚集。

（2）减少风险因素增加的条件。在发现或者调查风险源以后，应该寻求引发风险因素减少的条件。一般来说，按照风险事故发生后果的严重程度，可以将风险因素划分为四类：一类是事故后果可以忽略，可以不采取控制措施的风险因素；二类是事故后果比较轻，暂时还不能造成人员伤害和财产损失，应该考虑采取控制措施的风险因素；三类是事故后果严重，会造成人员伤亡和系统损坏，需要立即采取措施加以控制的风险因素；四类是可以造成灾难性后果的风险事故，必须立即采取措施予以排除的风险因素。

（3）预见危害或者危险。危险就是造成损失的原因，危险不能用来指那些可能带来收益的原因，因为危险一词具有损失的意义，不同的环境可以产生相同的危害和危险，造成企业、个人财物上的损失。

（4）重视风险暴露。风险暴露是风险识别的重要组成部分，那些可能面临损失的物体，都有风险暴露的可能，必须重视风险的暴露。实物资产风险暴露。财产所有权的变化，可能导致实物资产和无形资产的损失。金融资产风险暴露。拥有债券资产如普通股和抵押债券的人面临此类风险暴露。责任风险暴露。责任风险暴露源于司法系统所确定的各种义务，国家法律、法规、政府机关实施颁布的管理条例和规章等明确规定了有关当事人的责任义务。人力资本风险暴露。企业员工的安全和福利措施等，是人力资本风险暴露的重要组成部分。

2. 举例说明某种风险的来源？

答案要点：一般来说，引发风险事故的风险源大致可以分为以下几类：

物质风险源、社会风险源、政治风险源、法律风险源、操作风险源、经济风险源、认知风险源。根据任意风险源举例即可。

3. 描述一种风险识别的方法，并说明它们的优点和缺点。

答案要点：风险识别方法有：风险清单分析法、现场调查法、财务报表分析法、流程图分析法、因果图分析法、AHP 法等，根据任意一种方法进行举例即可。

推荐读物

1. ［美］詹姆斯·林. 企业全面风险管理［M］. 黄长全，译. 北京：中国金融出版社，2006.

2. ［美］COSO. 企业风险管理——整合框架［M］. 方红星，王宏，译. 大连：东北财经大学出版社，2005.

3. 刘新立. 风险管理［M］. 北京：北京大学出版社，2006.

4. 郎咸平. 思维——国际企业和企业家的战略思维［M］. 北京：东方出版社，2006.

5. 张从忠. 危机时代应该随时保持危机意识［EB/OL］. 网易商业报道，2006 - 09 - 30.

第七章 企业风险的评估和度量

本章提要

风险评估（Risk Estimation）即风险度量（Risk Measurement）。它是将风险分析以后，依据损失发生的可能性与可能产生的幅度，予以数据化的统计过程，即风险评估是风险的量化过程。风险评估是重"未来"，但"未来"的依据是"过去"。前一章是介绍了从过去的经验如何分析风险，本章则侧重从未来的角度对企业可能的风险做出评估和度量。本章先从衡量企业可能的损失开始，择要说明量化风险的过程。介绍了企业未来可能面临的风险，以及对这些风险的评价方法。

章首案例

超过 25% 的利润不做①

1992 年末，深圳国土局主办了一次房地产沙龙。作为万科代表，我②在发言时明确告诉与会者："万科超过 25% 的利润不做。"会场哗然。

我解释说："现在只要手中有一块地，半年还没开发，地价就涨了一倍。低于 40% 的利润不做的说法由此而来。但这正常吗？万科是做贸易出身，20 世纪 80 年代做录像机，也做过 200%～300% 的利润生意。因为是超额利润，许多公司都进口录像机，供过于求，录像机降价，销售的边际利润就开始下降，甚至利润变成负数。我让财务将万科 1984 年到 1992 年的贸易记录整理了一遍，赚钱用黑字表示，赔钱用红字表示，结果红字多于黑字。这说明这么多年贸易的结果是赔钱超过赚钱；这也说明市场很公平，先前你怎么暴利赚的钱，之后你都得吐出来，而且还要多吐。现在的房地产火爆与 20 世纪 80 年代的贸易何其相似。如果任由下去，一旦市场逆转，利润空间变窄，你怎么办呢？"哪有不愿多赚钱的发展商？与会的国土局官员、开发商、新闻记者不明白我在说什么。有的与会者嘀咕："唱高调也不是这样的唱法呀。"还有的更直接："你赚不到 25% 说明你没本事。"

1993 年第一季度。地价继续上涨，钢铁、水泥、木材价格翻番。万科三个工地停工，

---

① 王石，缪川. 道路与梦想［M］. 北京：中信出版社，2006：80－83.
② 这里上下文的"我"都是指王石。

对方要求增加建筑费用，谈判代表理直气壮：不增加建筑费，开工就得赔，停工被罚款也是赔，但至少落个清净。预售楼花，如果不能按期交付使用，对万科来说损失的不仅是金钱，还有信用。不得已，只好修改合同，增加建筑费。

进入第二季度。建材价格继续上涨。建筑公司再次停工，要求增加建筑安装费。只有忍气增加。核算下来，万科卖出的楼花已经处于亏损边缘。老天爷呀，你怎么这么不公平呀，难道老老实实做好人就得吃亏吗？就在我们像热锅上的蚂蚁那样团团转的时候，中央针对股市和房市的泡沫进行调控挤压。三大建材的价格应声而落。房地产价格迅速下降。发展商叫苦不迭。

听到宏观调控的消息，我由衷地发出内心的声音："我举双手赞成！"我要求万科地盘的建筑队停工。为什么停工？"为什么？三大建材价格降下来了，我们得重新定价。"万科超过利润25%不做的理性思维获得了市场的认可。

在许多发展商艰难度日的宏观调控期间，万科地产的规模以平均70%的年均速度递增，到1998年，万科突然发现自己排在了沪深两市上市房地产企业的第一名。

第一节　企业风险的度量

一、风险衡量的概念和作用

风险衡量是在对过去损失资料分析的基础上，运用概率论和数理统计的方法对某一特定或者几个风险事故发生的损失频率和损失程度做出估计，以此作为选择风险管理技术的依据。对于风险衡量的概念可以从以下几个方面进行理解：

1. 风险衡量的基础是充分、有效的数据资料

为了使风险衡量的结果客观地反映过去发生的风险事故的状况，预测未来可能发生的状况，需要风险管理人员掌握完整的、系统的、连续的相关资料，以增强风险衡量结果的准确性。

2. 风险衡量是对损失发生的频率和程度进行量化分析的过程

风险衡量的结果可以为风险评价提供依据，也可以为风险管理者进行决策提供依据，统计分析和概率分析是衡量风险的重要工具，但是，统计分析和概率分析并不等于风险管理。

3. 风险衡量是风险管理的重要手段

风险衡量是风险管理的重要手段，也是风险管理的一个重要环节，但是风险衡量不是风险管理的目的，风险管理的目的是选择防范和处理风险的有效办法。

风险衡量的作用是降低不确定性的层次和水平。不确定性是人的主观感受，是无法直接预测的、无法准确计算的，是复杂的，掺杂着人们对风险因素的评价和风险出现概率的认识。风险管理的过程是降低不确定性层次和水平的过程。

二、损失频率和损失程度

在占有大量数据资料的基础上，衡量风险需要做好两方面的工作：一是估计损失发生的次数，即损失频率。损失频率测量的是在单位时间内损失事件发生的平均次数。例如，

某种损失的损失频率为每年 0.5 次，说明该损失平均每两年发生一次。二是估计损失程度，风险的严重性与损失程度密切相关。例如，某损失的平均成本为每年 4 万美元，就是对损失程度的估计。

1. 损失频率的估计

在衡量损失频率时，需要考虑三项因素：一是风险单位数，二是损失形态，三是损失事件（或原因）。这三项因素的不同组合，会使风险损失频率的大小也不同。下面举例说明风险单位、损失形态、损失事件不同组合下的损失频率估计。

（1）一个风险单位遭受单一事件所致单一损失形态的损失频率。如果某一事件发生，另一事件不可能发生，这两个事件是相互排斥事件。例如，在同一时间，同一建筑物不可能既发生火灾，又不发生火灾，则发生火灾和不发生火灾是互斥事件。互斥事件的概率之和为 1。如果估计一幢建筑物遭受火灾所致财产损失的损失频率是 0.005，则这幢建筑物不发生火灾的损失频率是 0.995。

（2）一个风险单位遭受多种事件所致单一形态的损失频率。如果两种或多种事件能在同一时期内发生，那么这些结果共同发生的概率就需要计算得到。例如，估计一幢建筑物同时遭受地震、火灾所致财产损失的损失频率。如果该建筑物遭受火灾所致财产损失频率为 0.005，遭受地震所致财产直接损失的频率为 0.0002，则该建筑物同时遭受地震、火灾所致损失的概率为 0.005×0.0002，即为 0.000001。

（3）一个风险单位遭受单一事件所致多种损失形态的损失频率。例如，估计一幢建筑物遭受火灾所致财产损失和责任损失的损失频率。假设建筑物遭受火灾所致财产损失的概率是 0.005，导致每人发生工伤的概率是 0.1，两人都发生工伤的概率是 0.05，那么，两人中至少有一人发生工伤的概率是 $0.1 + 0.1 - 0.05 = 0.15$，则火灾引起财产损失和责任损失的概率是 $0.005 \times 0.15 = 0.00075$。

（4）多个风险单位遭受单一事件所致单一形态的损失频率。多个风险单位遭受单一事件所致损失的概率取决于这些风险单位是否独立。根据相关性风险单位的计算，可以得出以下结论：条件概率越大，风险单位的相关性越强。一个风险单位发生事故，另一个风险单位不发生事故的概率越小。如果两个风险单位完全相关，则一个风险单位发生事故，就意味着另一个风险单位发生事故。条件概率越大，风险单位都发生风险事故的概率越大。

2. 损失程度的估计

风险损失程度是指风险事故可能造成的损失值，即风险价值。在衡量风险损失程度时，除了需要考虑风险单位的内部机构、用途、消防设施等以外，还需要考虑下面几个方面的因素：损失形态、损失频率、损失的时间和损失金额。

（1）同一原因所致各种形态的损失。同一原因导致的多种形态的损失，不仅要考虑风险事件所致的直接损失，而且还要考虑风险事件引起的其他相关的间接损失。一般来说，间接损失比直接损失更严重。

（2）单一风险事件所涉及的损失单位数。单一风险事件所引起损失的单位越多，其损失就越严重，损失程度和风险单位数大多呈正相关关系。

（3）损失的时间。一般来说，风险事件发生的时间越长，损失频率越多，损失的程度越大。

（4）损失金额。一般情况下，损失金额直接显示损失程度的大小，损失金额越大，损失程度就越大。在一些特殊的情况下，损失金额的大小使损失频率、损失时间的估计变得微不足道。

从以上影响损失的因素可以看出，风险的大小取决于损失的程度而不是损失发生的频率，风险是损失的不确定性，风险事件导致的损失频率和损失程度的大小具有随机性，损失频率和损失程度是衡量风险的两个重要指标，但是，风险的大小主要取决于损失的程度而不是损失的概率。

三、风险衡量的方法

风险的概率分布是指显示各种结果发生概率的函数，是用来描述损失原因所致各种损失发生可能性大小的分布情况。随机变量是取值带有随机性的变量。随机变量的一切可能值的集合（或值域），以及它取各可能值的概率或在值域内各部分取值的概率，二者总称为概率分布。概率分布是所有彼此互斥并且总体完备的事件的列举，这些事件由某一随机过程导致。根据损失的概率分布特征，风险经理可以获得评价风险、管理风险的依据。概率分布有离散型和连续型两大类，实际中遇到的概率分布也有离散型和连续型两大类。与频率分布一样，概率分布也分为一个变量的一元分布和多元变量的联合分布。

1. 中心趋势测量

中心趋势测量是确定风险概率分布中心的重要方法。在各种不同的测量方法中，主要有以下几种方法：

（1）算术平均数。算术平均数是指用平均数表示的统计指标，分为总体的一般平均指标和序时平均指标。一般平均指标是指同质总体内某个数量标志（在一定时间内）的平均值；序时平均指标是某一个统计指标在不同时间的数量平均值。

（2）加权平均数。加权平均数（期望值）是用每一个项目或事件的概率加权平均出来的。

（3）中位数。衡量损失、预测损失的另一种方法是计算中位数。中位数也称中值，位于数据的中心位置。

2. 变动程度的测定

衡量风险大小取决于不确定性的大小，取决于实际损失偏离预期损失的程度，而不确定性的大小可以通过对发生损失距离期望的偏差来确定，即风险度。风险度是衡量风险大小的一个数值，这个数值是根据风险所致损失的概率和一定规则的计算得到的。风险度越大，就意味着对将来越没有把握，风险就越大；反之，风险就越小。在对风险变动程度进行分析的时候引入了方差和标准差。方差的算术平方根就是标准差。标准差是衡量测量值与平均值离散程度的尺度，标准差越大，数据就越分散，损失波动的幅度就越大，较大损失出现的可能性就越大。变异系数反映风险的稳定性。变异系数越大，风险的稳定性越弱，风险就越大；相反，变异系数越小，风险的稳定性越强，损失的风险越小。

四、风险的概率分布

风险的概率分布是风险事故的总体列举，这些事故是由某一随机过程导致的。风险衡量的一个重要方面是根据风险事故的概率分布预测未来损失发生的频率和程度。常用的概率分布有离散型概率分布、连续型概率分布两大类。其中最常用的有二项分布、泊松分布和正态分布。正态分布是衡量风险损失程度的重要方法。如果企业负责风险管理的经理确定风险服从正态分布，就能够预测一定风险水平发生的概率，也能够预测一定范围内损失的概率。以上相关计算在一般统计教材中都有述及，限于篇幅，就不在这里再重复。

第二节　风险评价

风险评价是风险管理中的重要步骤，风险衡量和风险评价有时是同时进行的，有时是分步骤进行的，因此，在风险管理实务中，往往很难确定哪一步骤属于风险衡量，哪一步骤属于风险评价。风险评价可以为确定风险控制措施提供依据。

一、风险评价的概念和特点

风险评价是指在风险识别和风险衡量的基础上，把损失频率、损失程度以及其他因素综合起来考虑，分析风险的影响，并对风险的状况进行综合评价。例如，风险评估机构对金融企业的风险评级、保险公司对保险标的的风险评级等，都属于风险评价。风险评价是风险管理者进行风险控制和风险融资技术管理的基础。

风险评价按照不同的分类标准可以划分为不同的类型。按照风险评价的阶段划分，风险评价可以分为事前评价、中间评价、事后评价和跟踪评价。按照评价的角度划分，可以分为技术评价、经济评价和社会评价。按照评价的方法划分，可以分为定性评价、定量评价和综合评价。尽管风险评价分类方式不同，风险评价具有以下几方面的特点：

1. 风险评价是对风险的综合评价

在引起损失的各类风险中，有些风险是相互联系的。不同风险之间的联系可能提高或者降低这些风险对风险主体的影响。在风险评价的过程中，需要综合考虑各种风险因素的影响，对可能引起损失的风险事件进行综合评价。例如，失业的增加可能导致员工索赔诉讼、犯罪活动和公司利润的减少等。在预期的这些损失中，单独评价某一风险造成的影响，对于风险管理决策的作用不大，这就需要风险管理者能够综合考虑这些风险因素，评价风险的危害。

2. 风险评价需要定量分析的结果

随着风险管理的越来越复杂，很多公司试图更准确地评价风险。然而，在风险管理中，很难找到统一的评价标准评价各种风险可能造成的损失。运用数学模型进行定量分析，为风险评价提供了重要的依据。

3. 风险评价离不开特定的国家和制度

风险主体往往以发生损失的频率和程度来评价风险，但是，对风险单位的风险评价又离不开特定的国家、社会经济和政治制度。例如，在欧洲，星罗棋布的古老建筑物成为财产损失评价的特有问题，而环太平洋国家因台风和其他风暴引起的灾难性损失也是风险评价的重要方面，同时，对正在经历恶性通货膨胀的国家（如巴西和阿根廷）进行风险评价就面临很大的挑战，因为对这些国家财产值的评估会迅速失效，政局不稳定的动态风险使风险管理面临着很大的挑战。

4. 风险评价受到风险态度的影响

风险评价者的风险态度也会影响风险评价的结果。风险评价者的人类属性、个性和风险的类别等，都对风险评价的结果有很大影响。例如，风险评价者对自然风险、社会风险和经济风险的反应不同，风险评价的结果也是不同的。

二、风险评价标准

随着风险管理的越来越复杂，很多公司试图更加准确地评价风险，由此引入了评价损失程度的几个重要概念，即正常期望损失、可能的最大损失、最大可能损失。显然，运用这些概念在进行风险损失程度的评价时，是以风险衡量的结果为依据的。

预测正常期望损失、可能的最大损失和最大可能损失，需要考虑以下几方面的因素：

1. 财产的物质特性和财产对损害的承受力

财产的物质特性和财产对损害的承受力是确定正常期望损失、可能的最大损失和最大可能损失的依据。例如，保险公司风险经理认为，某幢楼房在装有喷水装置和防火墙的情况下，发生火灾的正常期望损失将不超过大楼价值的10%，而在喷水装置发生故障的情况下，楼房可能的最大损失是其价值的30%，最大可能损失是其价值的60%。如果这幢楼房没有安装防火墙和喷水装置，那么，楼房的正常期望损失、可能的最大损失和最大可能损失就会更高一些。

2. 损失评价的主观性

正常期望损失、可能的最大损失和最大可能损失的确定具有主观性。尽管在多数情况下，风险管理经理对于正常期望损失、可能的最大损失和最大可能损失的估计会受到主观因素的影响，人们还是发展了一些复杂的模型化方法来帮助风险经理和保险公司估计正常的期望损失、可能的最大损失和最大可能损失。如果有些风险管理经理不能容忍实际损失超过最大可能损失，那么，风险管理经理确定的最大可能损失就比较大；有些风险经理对实际损失超过最大可能损失持较宽容的态度，那么，风险管理经理确定的最大可能损失就可能小。

3. 损失评价可以是单独物体，也可以是许多物体

正常期望损失、可能的最大损失和最大可能损失估计的对象可以是单独的物体，如一幢大楼；也可能是许多物体，如汽车队、一个楼群、一段时间（如一年或几年）。

4. 损失的管理成本

确定正常期望损失、可能的最大损失和最大可能损失是估计风险管理成本的依据。例如，某保险公司在给某个地区的居民楼签发保单时，需要估计单个事件如风暴、地震等带来的最大损失。在这种情况下，最大可能损失是一种灾害对许多财产造成的损失逐项累积估算出来的，而不是许多灾害对单个财产造成的损失。正常期望损失、可能的最大损失和最大可能损失不仅是保险公司核定风险管理成本的依据，也是保险公司确定保险费率的依据之一。如果以年作为衡量损失的时间单位，就可以得到年度正常期望损失、年度可能的最大损失和年度最大可能损失。

第三节　风险评价方法

一、风险坐标图法

企业风险管理需要有权变的观点。因为，不管是谁也无法完全料定风险。即使有完全

精准的预期数量模式，其实也不无风险。人类总想胜天，新的预测工具不断出炉，例如，类神经网络（Neural Networks）、基因互除法（Genetic Algorithms）、灰色理论（Grey Theory）、混沌理论（Chaos Theory）与模糊理论（Fuzzy Theory）等。这些新的预测工具提供了新的贡献。这些理论的特色，例如，类神经网络是模拟人脑设计，从电脑程序中选出处理下次类似经验的推理逻辑。再如，基因互除法则模拟基因代代相传的机制而成。又如，"蝴蝶效应"（Butterfly Effect）则是混沌理论中注意的现象。虽然如此，任何预测模式本身即存在风险，称为模式风险（Model Risk）。所以，我们如能掌握关键数据，辅以灵活的经验判断，评估各类风险的程度，其结果在风险管理上，即有相当的帮助。

综合前述频率与幅度对风险的归类结果，我们可建构一个风险矩阵表，如表 7 - 1 所示。

表 7 - 1 风险矩阵表

损失频率		损失幅度				
		最严重	很严重	中等	不严重	可不在乎
		5	4	3	2	1
几乎可确定会发生	5	10	9	8	7	6
经常发生	4	9	8	7	6	5
发生数次	3	8	7	6	5	4
可能但未曾发生	2	7	6	5	4	3
极少发生	1	6	5	4	3	2

表 7 - 1 中可以 2 ~ 4 分为低度风险，5 ~ 7 分为中度风险，8 ~ 10 分为高度风险。风险度不同，管理工具的组合也会不同。同时，此矩阵表可依据实际需求，做不同的调整。另外，每一风险（R1，R2，R3，…，RN），可依据此矩阵表显示的分数（Score），归类它的风险水平，如图 7 - 1 所示。

图 7 - 1 风险水平的落点

二、风险度评价法

风险度评价法是指风险管理单位对风险事故造成故障的频率或者损害的严重程度进行

评估。风险度评价可以分为风险事故发生频率评价和风险事故造成损害程度评价。一般来说，风险度评价可分为 1 ~ 10 级，级别越高，危险程度越重。

无论风险单位、损失事件和损失形态的组合如何，风险管理人员为了风险管理的目的，可以宽泛地将损失频率评价为以下四种：几乎不会发生、不太可能发生、偶尔发生和经常发生。同时，也可以将损失程度分为轻微损失、中等损失、重大损失和特大损失。这种不严格的风险评价方式方便了风险的管理。但是，也应该看到，这种简单的风险评价已经越来越不适应风险管理的需要。为了准确地评价风险，可以根据风险发生的频率细分为以下几类（见表7-2）。

表7-2 风险发生的评价标准和评价分值表

风险事故发生的可能性	可能发生的概率	风险度评价
很高：风险事故的发生几乎是不可避免的	≥1/2	10
	1/3	9
高：风险事故的发生与以往经常发生的事故相似	≥1/8	8
	1/20	7
中等：风险事故的发生与以往有时发生的事故有关	1/80	6
	1/400	5
	1/2000	4
低：风险事故的发生较少与以往偶尔发生的事故有关	≥1/15000	3
很低：风险事故的发生很少与过去极少发生的事故完全相同	1/15000	2
极低：风险事故不太可能发生，与过去极少发生的事故完全相同	1/150000	1

风险度评价法可以按照风险度评价的分值确定风险的大小，分值越大，风险越大；反之，则风险越小。例如，某铸造企业在调查铸件质量时，发现不合格产品的情况如表7-3所示。

表7-3 质量不合格产品排列数据表

不合格类型	不合格数	累计不合格	比率（%）	风险评价
弯曲	104	104	52	很高（10级）
擦伤	42	146	21	高（8级）
砂眼	20	166	10	高（7级）
断裂	10	176	5	高（7级）
污染	6	182	3	中（6级）
裂纹	4	186	2	中（6级）
其他	14	200	7	高（7级）
合计	200		100	

三、概率分析法

分析风险的概率分布的一个重要方法是直方图法。直方图形象直观地反映了数据分布的情况，通过直方图可以观察和分析风险和概率分布。建立直方图的步骤是：首先，将各组端点 u_1，u_2，$\cdots$，u_r，u_{r+1} 标在直角坐标系的横轴上；其次，分别以线段 $[u_i，u_{i+1}]$ 为底边，以该组频率密度 F_i 为另一边作矩形，那么 r 个矩形构成直方图（如图 7-2 所示）。显然，频率直方图中每个小矩形的面积等于相应组的频率，而各矩形的总面积恰好等于 1。

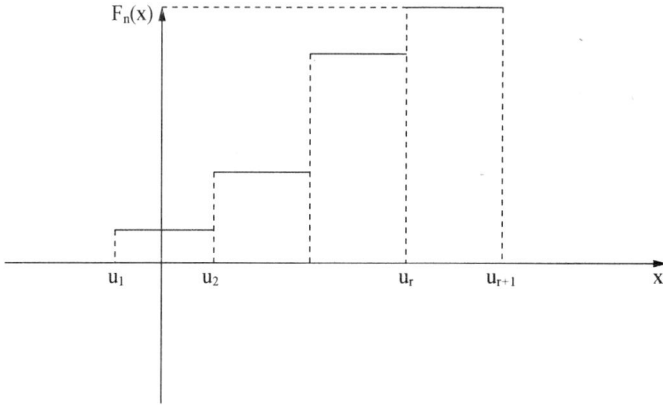

图 7-2　累积频率分布图

直方图图形分为两种类型：正常型和异常型。

（1）正常型。正常型是左右对称的山峰形状（如图 7-3 所示）。图的中部有一峰值，两侧的分布大体对称，且越偏离峰值方柱的高度越小，符合正态分布。图 7-3 表明数据所代表的风险处于稳定状态。

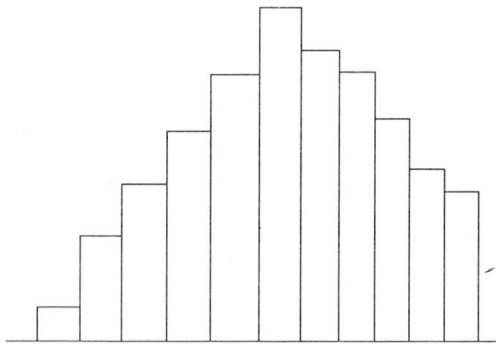

图 7-3　正常型

（2）异常型。与正常型分布状态相比，带有某种缺陷的直方图为异常型直方图，这类图形表明数据所代表的工序处于不稳定状态。常见的异常型直方图主要有以下几种：

①偏向型。直方的顶峰偏向一侧，这往往是由于只控制一侧界限或者一侧控制严格另一侧控制宽松所造成的。根据直方的顶峰偏向的位置不同，有左偏峰型和右偏峰型（如图 7-4 所示）。

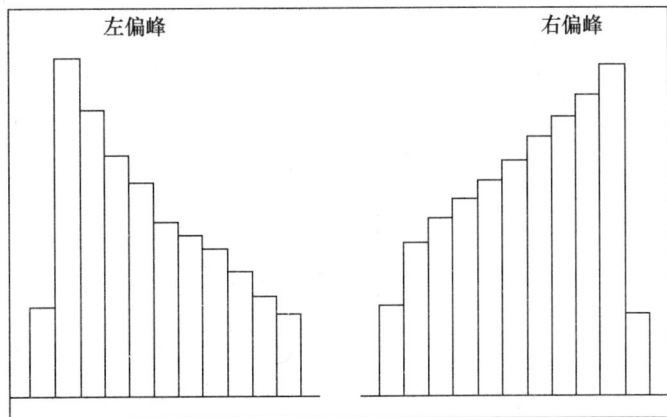

图 7-4　偏向型

②双峰型。一个直方图出现两个顶峰，这往往是由于两种不同的分布混在一起造成的。虽然测试统计的是同一项目的数据，但是，数据来源条件差距较大（如图 7-5 所示）。例如，两班工人的操作水平差距较大，将其质量数据混在一起的直方图。出现这种直方图时，应根据数据进行分层，然后分别作图分析。

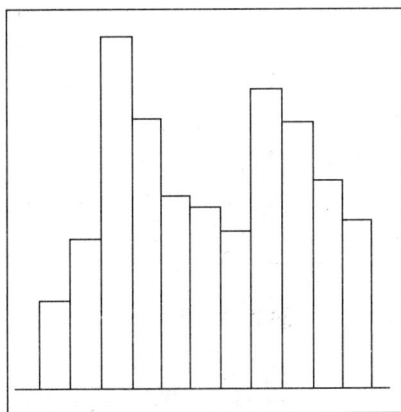

图 7-5　双峰型

③平峰型。在整个分布范围内，频数（频率）的大小差距不大，形成平峰直方图，这往往是由于某种缓慢变化的因素所造成的（如图 7-6 所示）。例如，工具的磨损、操作者的疲劳等都有可能出现这种图形。

④高端型（陡壁型）。直方图的一侧出现陡壁状态，这是由于人为地剔除了一些数据，进行不真实的统计造成的（如图 7-7 所示）。

⑤孤岛型。在远离主分布中心处出现孤立的小直方图，这表明项目在某一短时间内受到异常因素的影响，使生产条件突然发生较大变化，例如，短时间原材料发生变化或技术不熟练的工人替班操作等造成的（如图 7-8 所示）。

⑥锯齿型。直方图出现参差不齐的形状，即频数不是在相邻区间减少，而是隔区间减少，形成了锯齿状。造成这种现象的原因不是数据本身的问题，而主要是绘制直方图时分组过多或者测量仪器精度不够造成的（如图 7-9 所示）。

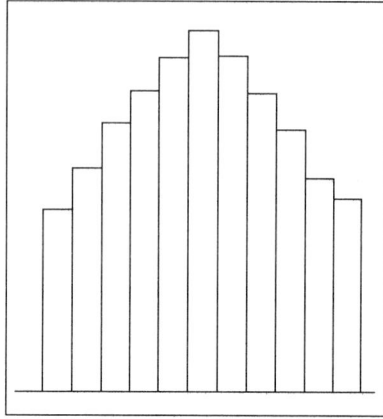

图 7 - 6　平峰型

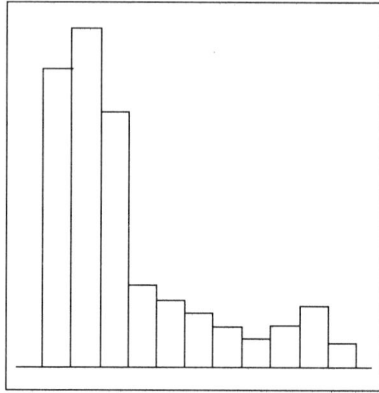

图 7 - 7　高端型

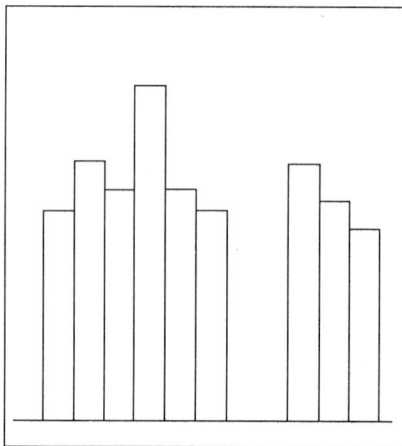

图 7 - 8　孤岛型

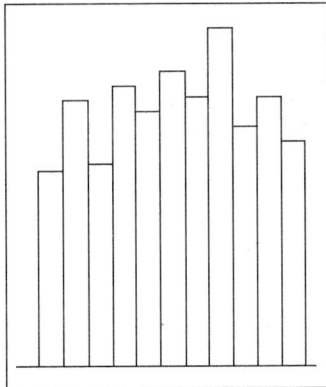

图 7-9 锯齿型

观察直方图的形状只能判断风险管理过程是否稳定正常，并不能判断是否能稳定地管理风险，而将直方图和公差相比较，即可以达到风险管理的目的。对比的方法是观察直方图是否都落在规格或公差范围内，是否有相当的余地以及偏离程度如何。几种典型的直方图和公差标准的比较情况如下：

（1）理想型。理想型表示数据分布范围充分居中，分布在规格上下界限内，而且有一定余地，这种状态表明风险管理处于正常状态，目前不需要调整，如图 7-10（1）所示。

（2）偏向型。偏向型表示数据虽然分布在规格范围内，分布中心偏向一侧，说明存在着系统偏差，必须采取措施［如图 7-10（2）所示］，使平均值接近规格的中间值。

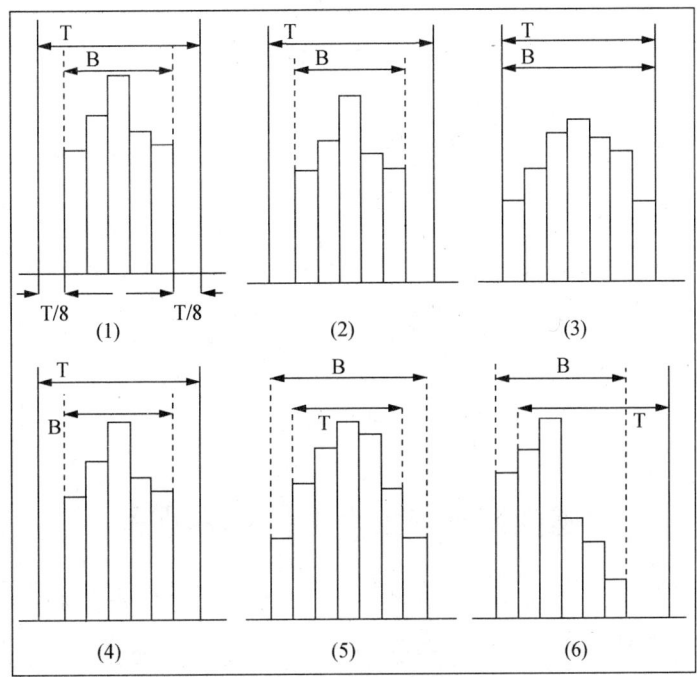

图 7-10 直方图分布状态和公差标准

（3）无富余型。无富余型表示数据分布虽然在规格范围内，但是两侧均无余地，稍有波动就会出现超差，产生风险事故［如图7-10（3）所示］。在这种情况下，应该考虑减少波动。

（4）能力富余型。能力富余型表示数据分布过于集中。分布范围与规格范围相比，余量过大，说明控制偏差严，风险管理不经济［如图7-10（4）所示］，必要时可以减少不必要的管理费用。

（5）能力不足型。数据分布范围已经超出规格范围，已经产生风险事故［如图7-10（5）所示］。在这种情况下，需要采取措施，减少变差（波动）。

（6）陡峭型。数据分布过于偏离规格中心，已经造成偏差，产生风险事故，造成这种状态的原因是控制不严，应该采取措施使数据中心与规格中心重合［如图7-10（6）所示］。在这种情况下，既要使平均值接近规格的中间值，又要减少波动。

综上所述，通过观察直方图的分布状态以及将其与公差标准相比，可以判断风险管理单位是否存在异常因素，以便采取措施，将异常因素消除在萌芽状态。风险管理下限越偏离规定的标准，风险越大。

四、风险价值法（VAR 法）

VAR 意指风险值，是因金融资产风险衡量的需要，于 20 世纪 80 年代末提出。1994年 J. P. 摩根银行首先将其作为风险衡量的工具。VAR 法是金融风险的一种度量方法，是在正常的市场条件下，在给定的概率水平下，金融参与者在给定的时间、区间内的最大预期损失。计算风险值的步骤如下：

（1）确认经济单位持有的头寸。

（2）确认影响头寸价值的风险因素。

（3）为所有风险因素确定可能的背景情况并确定发生概率。

（4）建立所有头寸的定价函数，以此作为风险因素的价值函数。

（5）使用定价函数为所有头寸在各种环境下重新定价，建立结果分布模型。

（6）在给定的概率水平下求分布的分位点。

假定某股票今天市价为 80 美元/股，每天的价格波动 $\alpha = 10$ 美元，每天价格的波动服从正态分布，则在 99% 的概率水平下，股价落在 $(80 - 2.58\alpha, 80 + 2.58\alpha)$ 内，即在 $(54.2, 105.8)$ 内，因此，VAR $= 2.58\alpha = 25.8$（美元）。

本章案例

对赌协议——企业风险的双刃剑[①]

2004 年 5 月 14 日，摩根士丹利、鼎晖投资（CDH）、英联投资三家外资股东与蒙牛管理层签订了一份"对赌协议"，主要内容是 2004～2006 年，蒙牛乳业每年的业绩复合增长率必须不低于 50%，否则管理层应将最多 7830 万股（相当于蒙牛乳业已发行股本的

---

① 江咏，朱剑锋，侯伟. 对赌双刃剑［J］. 新财富，2006（10）.

7.8%）转让给外资股东，或者向其支付相应的现金；反之亦然。

2006 年，摩根士丹利（以下简称"大摩"）在中国家电连锁行业的老大国美、老二苏宁分别盘踞中国香港和内地资本市场的情况下，投资老三永乐，并大力促成永乐成功登陆中国香港资本市场。

作为财务投资者，大摩并未到此见好就收。从永乐上市后，到其持有的股票锁定期结束前，由其研究部门现身，给予永乐"增持"的评级，并调高永乐目标价，成为永乐股价大幅上升的重要推动力量。而在其第一个股票锁定期到期的当天，大摩减持了一半的永乐股份（另一半股份还在锁定期），并几乎同时下调永乐的评级。而当永乐难以达到当初双方签订的"对赌协议"之时，大摩更是像一部庞大而精密的机器积极运转，展开了一系列看似独立实则环环相扣的操作，一方面利用减持永乐的行动，引致其他投资者跟风抛售，使永乐股价走低，市值大幅缩水，并客观上使得基于换股方式的永乐对大中的合并基本告吹。同时，大摩又调高永乐竞争对手国美的评级并增持国美，并公开发表言论支持国美并购永乐。

可以说，在国内家电连锁业这起并购案中，永乐更大程度上像是舞台上的拉线木偶，一步步被动地走向被国美并购的结局，而操控的线就掌握在大摩手里。

从企业风险的角度可以这样揭示大摩等国际投行投资中国企业的"游戏规则"：对大摩等投资者而言，"对赌协议"无非是要保护自己的投资收益，无可厚非，而对企业来说，"对赌协议"是把双刃剑——在蒙牛，"对赌协议"成了激励企业超常规扩张的催化剂，而在永乐，"对赌协议"却成了一道"催命符"。但是，企业当然不能因为"对赌协议"的"不对称"而拒绝大摩这样的国际投资者，而是要熟悉其"游戏规则"，并且客观把握企业自身的经营状况及所处的行业背景，在博弈中最大限度地利用好自己的优势，维护企业利益。

作为第一家受外资投行对赌协议及操作手法推动而被并购的中国公司，永乐也给中国企业界上了生动的一课。它彻底打破了长期以来扎根于企业决策者们脑海中的关于"财务投资者不会干涉企业运营和战略"的观念。像大摩这样的国际投行，若其投资的是蒙牛这样能够为其带来理想回报的企业，外界看到的大摩可能就是一个财务投资者的形象，否则，它完全有能力以一些市场化的手段，比如强大的研究导向、自身投资取向对国际投资者的影响力等，间接调控企业的股价表现，进而影响企业的运行轨迹。而这一系列操作的结果是，无论企业最终成败与否，其都能毫发无损，获利不菲。

有人将永乐被并购的命运归结为"对赌协议"条款过于苛刻所致，认为大摩所制定的业绩目标"强人所难"，"明知不可为而为之"。但事实上，永乐对赌协议里关于业绩的要求，其实还不及当年蒙牛"对赌协议"的要求——按照复合增长率计算，要达到协议中的净利润指标，永乐的复合增长率要求为 40% 左右，而蒙牛为 50%。那么，为什么蒙牛最终赢得了对赌，而永乐却走向了相反的命运？我们不妨先来分析大摩、鼎晖以及英联与蒙牛的对赌协议对双方的影响。

同样采取行业市盈率估算临界条件股价及投资收益的方法计算各种对赌情况下投资者的收益（见表 7-4）。

假设蒙牛乳业 2004~2006 年净利润复合增长率恰好是 50%，其 2006 年的净利润将达到约 7.84 亿元（见表 7-5、表 7-6）。

表7-4 在港上市的14家快速消费品股份，2005年市盈率情况

代码	名称	市盈率
0322	康师傅控股	28.2
2319	蒙牛乳业	27.3
1068	雨润食品	17.5
0506	中粮国际	17.7
0708	大众食品	8.2
0168	青岛啤酒	37.2
0124	金威啤酒	22.9
2088	西王糖业	13.5
0828	王朝酒业	19.6
0345	维他奶国际	22.6
0904	中国绿色	12.4
1174	太平洋恩利	9.2
2317	味丹国际	21.5
8156	中国蜂业	31.6
平均市盈率		20.67

注：计算蒙牛市值时用上表中平均市盈率20.67来代表两者的市盈率。

资料来源：西南证券。

表7-5 蒙牛2003年时以每年50%的增长率估算，2003~2006年净利润情况表

年份	净利润（亿元）	增长率（%）
2003	2.32	
2004	3.48	50
2005	5.23	50
2006	7.84	50

表7-6 按照蒙牛年增长率50%计算的大摩投资回报率

2006年净利润（亿元）P	总股本（亿股）Ⅰ	每股盈利Ⅱ	市盈率Ⅲ	每股股价（元）Ⅳ=P/I	割让股数（亿股）	总持股数（亿股）Ⅴ	总市值（亿元）Ⅵ=Ⅳ×Ⅴ	投资回报率
7.84	10	0.7841	20.67	16.21	0.783	1.3601343	22.047777	344%

而蒙牛乳业2003~2005年实际销售额及利润增长情况达到了50%以上（见表7-7）。

表7-7 蒙牛乳业2003~2005年销售额及利润增长

年份	销售额（亿元）	增长率（%）	净利润（亿元）	增长率（%）
2003	40.71468		2.32330	
2004	72.13827	77.18	3.92099	68.77
2005	108.2495	50.06	5.55523	41.68

蒙牛在 2006 年达到"对赌协议"的可能性是非常大的，2005 年 4 月 6 日，大摩等 3 家金融机构投资者以向蒙牛管理层持股的金牛公司支付本金为 598.7644 万美元的可换股票据（合计可转换成 6260.8768 万股蒙牛乳业股票）的方式提前终止双方在 1 年前达成的"对赌协议"条款，而 3 家投资者也赚取了投资额 550% 的"超豪华礼包"，这一度成为投资界的热门话题。

通过分析对比蒙牛和永乐的情况，我们认为蒙牛"赢"、永乐"输"，其深层原因在于，企业管理层除了准确判断企业自身的发展状况外，还必须对整个行业的发展态势有良好的把握，才能在与外来投资者的谈判中掌握主动。

一般说来，一个企业未来的发展，主要决定于其所处的行业情况、竞争者情况及核心竞争力。下面，我们就从这三个方面分析蒙牛与永乐各自所面临的情况：行业情况、竞争者情况和核心竞争力。

2004 年，乳品行业正延续着 1998～2003 年年均 33% 市场规模增长的浪潮，牛奶作为生活必需品的观念正开始深入普通民众，市场面临着需求大爆发的绝好机遇。而飞速增长的市场需求为蒙牛快速打开市场和开拓新消费群体提供了良好的环境——其后有市场调查表明，蒙牛所销售的主要产品 UTH 奶中，有相当一部分为过去没有订奶习惯的新消费者。

而永乐签署"对赌协议"的 2005 年，家电市场却已经经历过了一线城市的疯狂扩张，各主要大城市已被国美、苏宁这类全国性企业及包括永乐、大中在内的地方性企业所瓜分，单店收益下降，市场趋于饱和。同时，二、三线市场的开拓时机尚不成熟，市场正经历着第一轮快速扩张后的平台期，大规模新兴市场的开拓需要资金及时间的准备。永乐选择这个时点进行扩张，具有较大的难度。事实证明，永乐最终不得不选择并购其他地方性企业扩张市场，而最基础的企业经营教材也告诉我们，并购式扩张必将带来更高的成本和更艰难的管理问题，而这些永乐都遇到了。

蒙牛是幸运的，在其发展最关键的初期，市场上只有伊利一家真正意义上的全国性品牌。而包括光明等在内的老队员们仍受制于奶链和传统国企思维惰性而举步不前。大部分企业守着几个农场和一个城市玩着靠山吃山的经营方式。这给了蒙牛足够宽松的空间去大举开拓市场而遇到较少的抵抗。

永乐所面临的对手则要强悍得多。地产起家的国美、苏宁，它们民营资本天然的侵略性显然不是常年与温驯的奶牛打交道的国营乳品企业能比的。而依托上市公司平台和房地产背景则使两家公司同时具备了侵略的野心和侵略的能力。2005 年时，国美、苏宁已基本抢占了国内沿海城市及中西部大城市市场，留给永乐的空间几乎没有。而这两家企业直到现在仍以一种百米跑的心态继续着疯狂扩张的步伐，丝毫没有停止的意思。在这样一个排他性极强的市场中，永乐要在遍地都是"敌占区"的情况下快速扩张，其难度不言而喻。

可以说，蒙牛当初的对手们是没有什么核心竞争力的——除伊利、光明外，各企业品牌优势不明显，营销模式单一，产品差异化极小。奶源及供应体系扩张困难，即使开拓出市场也面临产不出奶和运不过去的问题。而蒙牛虽然是行业初入者，但却通过极为激进的广告营销模式迅速建立品牌知名度和产品需求。同时，其又在内蒙古建立大量奶源基地，又主打保质期较长的 UTH 奶，一举解决奶源和运输的问题，为其在全国范围的超速扩张提供了充足的保障。最终，营销策略、奶源充足、冷链需求小成了蒙牛的竞争优势，使蒙牛成长为一流乳品企业。

不同于快速消费品市场，家电连锁业虽然发展模式同样单一和缺乏差异化特色，但这主要是受市场环境决定而非企业能力所限。永乐所擅长的"精耕细作"，提升单店收益率的模式无法在"跑马圈地"时代的家电业闯出名堂——经营业绩再好，没有足够市场，最终也是被吞并。而现阶段家电连锁业最需要的核心优势——资金却是永乐所不具有的。国美、苏宁自身具备上市公司融资平台，具有极好的外部输血维持扩张的能力。而缺乏资金渠道的永乐，其扩张步伐必然受到限制。在得到大摩的投资后，永乐开始大肆扩张，却发现自己所长的"高收益率"已经烟消云散，但在扩张能力上，却还是无法"超苏赶美"，连最后一块核心竞争力也丧失了。

综上所述，我们可以清晰地看到，虽然蒙牛与永乐同样面临着严苛的"对赌协议"的考验，但两者所处的环境却已经在很大程度上决定了两者的最终命运。蒙牛面对着一个快速扩张的市场、竞争力缺乏的同行，依靠自身的大胆创新，就能闯出一片天地。而永乐在两个如狼似虎的竞争者面前，缺乏扩张所必需的资金优势。可以想见，即使管理层勤勤恳恳，绞尽脑汁，其所面临的未来仍然是不容乐观的。也难怪永乐执行董事兼副总裁周猛会感叹，"当时与大摩签订对赌协议时，我们的预测可能过于乐观"。

而且我们还看到，在"对赌协议"中，财务投资者所承担的风险仅仅是赚多与赚少之分，但无论输赢，"赚"是一定的。当然财务投资者们仍面临被投资企业业绩大幅低于对赌临界下限而导致损失的风险。但从大摩成功运作半年报利润仅1500万元的永乐来看，这一结论似乎可以加上一个注脚，那就是无论赌赢赌输，无论业绩好坏，聪明的财务投资者总能找到赚钱的方法——区别只在于是从公司赚钱，还是从市场赚钱。

思考题及答案要点

1. 试分析风险识别与风险评估各自侧重点是什么。

答案参考：本章第一节相关内容。

2. 企业进行风险评价需要考虑哪些因素？

答案参考：本章第二节相关内容。

3. 试列举一种风险评价方法的基本内容。

答案参考：本章第三节相关内容。

推荐读物

1. 宋明哲. 现代风险管理 [M]. 北京：中国纺织出版社，2003.

2. 王石，缪川. 道路与梦想 [M]. 北京：中信出版社，2006.

3. [美] COSO. 企业风险管理——应用技术 [M]. 张宜霞，译. 大连：东北财经大学出版社，2006.

4. 许谨良. 风险管理 [M]. 北京：中国金融出版社，2006.

第八章　风险管理策略和方案

本章提要

风险管理策略是指导企业防范风险的基本方针。根据风险发生的可能性和其影响程度大小的不同，风险管理策略分为避免策略、转移策略、慎重管理策略以及接受管理策略四种。每种风险管理策略都包括了许多类型的风险管理方法。在实际经营活动中，由于企业面临的风险具有多样性和复杂性，这使得其不得不采用风险管理策略的组合，形成一整套的风险管理方案来抵御各种风险可能给企业带来的损失。需要特别说明的是，由于企业的大多数风险是暴露在业务流程中的，通过流程梳理与改造可以解决。这时，进行风险管理的关键就落实到内部控制上。内部控制成了企业进行风险管理的重点之一。

章首案例

四川长虹电子集团始建于 1958 年，"长虹牌"彩电也曾一度是中国彩电第一品牌，1994 年 3 月四川长虹在上海证券交易所上市。1994～1997 年四川长虹的品牌市场占有率连续数年排名全国第一。然而就是这样一个多年排名第一的企业由于在 2002 年走国际化道路时选择分销商不慎，没有对 APEX 公司进行充分的信用调查，导致了出口产品得不到回款，同时也没有跟进相应的应收账款风险管理，最终于 2004 年底曝出了计提 46750 万美元的坏账准备，公司发生巨额亏损的事件。

长虹 APEX 风险事件是一个典型的缺乏风险管理的问题。长虹集团在整个事件中，事前没有对客户的信用进行充分的调查，风险评估不当；事中也没有对客户对本企业的信用情况进行充分的分析，缺乏风险防范意识，没有采取适当的风险防范策略；事后的应收账款没有止损，缺乏风险应急措施，终于导致了巨额亏损。

长虹 APEX 风险事件说明了风险管理策略和方案的重要性。那么企业的风险管理策略和方案究竟有哪些，应该如何制定、选择、执行风险管理策略和方案就成为本章内容介绍的重点。

第一节 风险管理策略

在日常管理中，企业可以根据其自身条件和外部环境，围绕企业的发展战略，确定其风险偏好和风险承受度，即企业愿意承担哪些风险，明确风险的最低限度和不能超过的最高限度；从而进行风险识别，选择不同的风险管理策略。

风险管理策略是指导企业风险管理活动的指导方针和行动纲领，是针对企业面临的主要风险设计的一整套风险处理方案。依据风险发生的可能性和风险影响的程度，风险管理策略被分为避免、转移、接受管理和慎重管理四种，如图8-1所示。

图8-1 风险管理策略图

一、避免风险

避免风险是指企业在风险发生的可能性较高以及风险的影响性较大的情况下，采取的中止、放弃某种决策方案或调整、改变某种决策方案的风险处理方式。例如，采取禁止交易、减少或限制交易量、离开市场等方式避免风险的发生。

风险避免可以根据企业对待风险的态度分为积极的避免风险和消极的避免风险。其相同之处在于企业都认识到其自身的实力不足以承受该风险发生所带来的损失，都希望在风险发生前就将其规避掉。从风险偏好的角度来说，虽然不论积极的还是消极的风险回避者都厌恶风险，但是由于消极的风险回避者不会去主动地识别风险，就更不会应对风险或接受风险的挑战；而积极的风险回避者不会由于回避风险而丧失谋取利润的机会，他们能够更好地了解自己企业的能力和状况，明白并运用风险避免策略。

所以，要使用好该策略，企业应该在恰当的时候调动自己的能动性，分情况采取以下几种方式：

1. 完全拒绝承担

即通过评估后，企业直接拒绝承担某种风险。

案例8-1：澳大利亚AFV公司是大连华泰用品有限公司的供应商。2003年，大连华泰用品有限公司突然增加了进货金额，同时出现回款不及时的现象。澳大利亚AFV公司即委托华夏信用对其进行信用调查后，发现大连华泰用品有限公司虽然是合法存在的法人实体，但长期经营混乱，通过对大连华泰用品有限公司的相关财务资料进行分析，发现企业的偿债能力很弱，与其开展业务存在很大的经营风险。据此，澳大利亚 AFV 公司立即中止了与大连华泰用品有限公司的合作，避免承担可能带来更大损失的风险。

2. 逐步试探承担

即通过评估发现，进行某项经营活动一步到位的风险太大，企业难以承担，此时采取不与风险正面冲突、分步实施的策略，则可以回避掉一部分风险，也可以使得企业有机会、有时间，待竞争能力和抗风险能力增强后再进行此项经营活动。

案例 8－2：梧州电子仪器厂在开发生产接高频插件时，面临多种策略选择。如果从日本引进全套设备需投资 800 万元，这对当时仅百人的小企业的微薄财力来说是不能企及的。若借款引进设备，稍有差池，则会使企业承担巨额债务，导致其破产。于是，该厂采用逐步试探策略，先用 200 万元引进散件和后道工序设备，待收回投资后再成套引进，结果使得新产品开发最终获得成功。这说明在企业财力有限，不能一步到位实现投资时，可以采取分步策略来避免风险。

3. 中途放弃承担

即进行某项经营活动时，由于外在环境变化等原因，使得企业中途终止承担此项风险。

案例 8－3：凯马特成立于 1897 年，是美国第二大零售商，也是美国历史最悠久的零售商之一。但其最终在 2002 年 1 月 22 日正式申请破产保护，从而成为美国历史上根据《破产法》第 11 章提出破产保护的最大零售商。其中，导致凯马特破产的原因之一就是忽略了外部技术环境变化。凯马特不愿意把钱投资于现代信息技术，在信息系统建设上行动迟缓，如在跟踪销售和订货系统上，1973 年沃尔玛 64 个商店已有 22 个都在使用计算机系统时，凯马特还在让公司 673 个商店经理把订货簿手写填上，然后每天以发货清单的形式寄往总部；在建设收款机扫描系统上，为节约资金，公司把一套系统嫁接到旧有的设备和软件上，结果无法运转，1987 年后虽重新实施，但公司并没有迅速有效地使用所收集的数据，员工缺乏库存控制方面的训练和技能，商店经理拒绝计算机和程序操作，多数采购员不愿利用电脑输入价格、查询价格、订货、记账等，甚至坚持"秘密记账"的做法。不能及时有效地利用信息技术促进公司核心竞争力的建立，成为凯马特在与沃尔玛较量中失败的关键因素。

采取风险回避的策略既具有优势，也具有劣势。优势主要表现在以下几个方面：①有效避免了可能遭受的风险损失。采取此种策略在风险还没有发生时就可以将其消除掉。②企业可以将有限的资源应用到风险效益比更佳的项目上。这样就节省了企业资源，减少了不必要的浪费。采取此策略的不足之处在于：①虽然企业主动放弃了对风险的承担，但这也是无奈的选择，风险规避同时也意味着经济收益的丧失。②由于风险时时刻刻都存在，所以绝对的风险回避是不大可能实现的，而且过度回避风险也会使企业丧失驾驭风险的能力，降低企业的生存能力。③虽然回避是消除风险比较有效的方法，但对于已经存在的风险，风险回避策略不适用。所以，此项策略一般适用于在某项工作的计划阶段确定，以避免投资失误或者中途改变工作方案造成的经济损失。④风险回避必须建立在准确的风险识别的基础上，而企业的判断能力是有限的，对风险的认识总会存在偏差，因而风险回避并非总是有效的。

二、转移风险

对于企业来说，转移风险是指将其自身可能遭遇的风险或损失，有意识地通过正当、合法的手段，转移给其他经济单位的风险处理方式。例如，采取套期、保险策略性联盟或其他分担风险等安排。

根据风险转移方式以及风险转移程度的大小，可以将其分为两种形式：第一，将企业自身可能遭遇的风险及其财务负担部分转移给其他经济单位，即风险承担者由企业自身变成了包括企业在内的多个主体。最常见的形式就是对风险事故造成的经济损失进行及时、充分的补偿，即采用保险的方式。第二，将风险所带来的财务责任由企业全部转移给另一承担主体。主要形式包括外包、租赁、委托、出售等。一般来说，企业主要是通过签订一系列上述类型的合同来完成的。

1. 财务转移方式

在这里主要介绍保险转移方式。保险是众多风险承受单位通过建立保险基金结合在一起，共同应对事故的发生。企业通过参加保险、缴纳保费将风险转移给保险公司；保险公司则将面临风险的众多企业结合起来，建立保险基金，补偿发生事故的企业。实际上，这是少数投保企业将遭受的损失转移给所有投保企业来分担，从而减少平均损失度的一种方式。

案例 8 -4：[①] 1997 年 2 月，霍尼维尔（Honeywell）公司迈出了"坚定勇敢的一步去转移它的风险"。其做法是把财产和伤害风险以及外汇折算风险混合起来放在单一的保险单中，该保险单是由祥恒威达信公司（J&H Marsh & Mclennan）代理并由美国国际集团（American International Group）承保的。对此，Honeywell 公司的副总裁兼财务总监拉里·斯特朗霍纳（Larry Stranghoener）说道："我们的目标是大幅度降低风险的总费用，同时也降低行政管理费用。"那时，Larry Stranghoener 先生正在寻找一份保单，当股市由于有时股价显著下跌而引起剧烈波动的时候，该保单将会限制 Honeywell 的金融成果的波动。

通过综合考察，Honeywell 公司的风险管理主任汤姆·修恩杰斯（Tom Seuntjens）估计与传统风险管理做法相比，Honeywell 公司能够节省 20% 以上。该公司可以把它所使用的风险载体的数目从 17 个削减为 10 个。并且由于交易的简化，办公和企业管理费用都有了真正的节省。到目前为止，Honeywell 公司已经从该保险单中尝到了甜头，并且正在考虑加入天气风险转移要素到该保险单中，以帮助抵消温暖的冬天对它的温度调节器销售的不利风险。

与风险的非财务转移方式相比，保险这种财务转移方式，需要遵循一些特殊的原则来规范保险行为：

（1）最大诚信原则。即签订保险合同的双方应向对方提供影响对方做出签约决定的全部真实情况。此原则可以通过陈述、隐瞒、保证和错误更正四个方面来说明。

①陈述，即重要事实陈述，指投保单位在保险合同生效前对有关保险标的的状况的重要事实所作的说明。此重要事实足以影响保险公司确定保险费用金额的大小或者决定是否承保的事实。这一原则要求企业在转移风险时，应该对保险标的的风险状况如实陈述，避免漏过重要情节。值得说明的一点是，错误的陈述并不一定导致保险合同的无

---

① ［美］James Lam. 企业全面风险管理——从激励到控制［M］. 北京：中国金融出版社，2006：99.

效，除非陈述的内容是重要事实。但即使是无意的错误陈述，其后果与故意错误陈述也是一样的。

②隐瞒，即投保企业没有向保险公司揭示重要事实，对重要事实保持沉默和故意不予泄露的态度。对重要事实隐瞒的法律后果与一次错误陈述是相同的，保险公司有解除合同的选择权。与错误陈述不一样的是，隐瞒必须是投保企业故意的行为。这也是区分错误陈述与隐瞒的关键。

③保证，即保险公司在承担责任之前，必须存在的某些特定事实、条件或者影响风险的环境。它可以是写入保险合同中的一项重要条款，也可以是未在合同中说明，但合同双方相互认可的条件。同时，保证也是保险公司承保的前提条件。所以，一旦违背保证，即使与风险不直接相关，也会导致保险合同无效。这是与错误陈述的区别之一。

④错误更正，适用于保险合同中存在无意的错误，即使在保险合同生效后，也可以采取一些措施加以更正的情况。一般情况下，当存在证据显示这是企业与保险公司双方的错误或者是由于一方的失误造成另一方出现错误时，保险合同就可以重新签订。

（2）经济补偿原则。保险的目的就是按照保险合同，对遭受灾害事故损失的企业单位进行经济补偿。经济补偿原则就是指保险合同生效后，当保险标的发生保险责任范围内的损失时，通过保险赔偿使被保险企业恢复到受灾前的经济状况，但是被保险的企业不能获得比保险标的发生的实际损失更多的利益。则如果投保企业在多家保险公司为某一保险标的投保相同风险的保险，损失发生后，保险公司将按比例分摊实际损失，以保证投保人不会获得额外的利益。

（3）保险利益原则。即当保险责任范围内的损失原因导致损失发生时，被保险企业必须有自身利益的损失，否则不能得到赔偿。同时，在转移风险的过程中，企业只能投保自己具有法律上承认的确定经济利益，否则无法真正转移风险。如果投保企业为不受法律认可的利益投保，则保险合同无效。

（4）代位求偿原则。即保险公司取代被保险公司向第三方索赔的权利。当事故发生后，如果损失是由被保险公司以外的第三者造成的，被保险公司既可以依据法律规定的责任向第三者请求赔偿，也可以依据保险合同规定的索赔权向保险公司要求赔偿。确定代位求偿权可以避免被保险公司获得保险公司和第三方的重复补偿，而且可以使肇事者对损失负有赔偿责任。

保险在风险转移策略中是一项较为普遍并且简单易操作的方法，因此得到了广泛的应用，为众多有风险顾虑的企业提供了保险保障。同时，也可以把保险理解为对资金充分而有效的利用。如果缺少保险所提供的风险转移机制，企业不得不预留更多的风险储备资金。正是由于保险的存在，企业维持其经营活动所需要的风险资金大大减少，相对增加用于生产经营的资金数量，可以促使企业更快发展。其次，保险公司和保险中介可以为企业的客户提供有关风险防范及其处置方面的建议和咨询，增强企业驾驭风险、防范风险的能力。

2. 非财务转移方式

风险的非财务转移方式是指企业将会引起损失的风险通过一系列的合同条款转移给非保险业的经济单位的方式。非财务转移方式主要有以下四种：

（1）外包转移。即企业将其创造价值较低、非核心的业务及其控制权交由外部专门厂商完成。实际上，企业是在充分发展其核心竞争力的基础上，整合、利用自己外部优秀的专业化资源，从而达到降低成本、提高生产效率和资金运用效率的目的。由于在激烈的企业竞争中，技术、环境、市场需求瞬息万变，企业投身于非自身核心竞争优势的项目存在巨大风险。与外部专业机构签订外包协议，有助于企业转移以下风险：

①质量风险。在签订外包合同时，应对其产品质量、交货质量、服务质量等问题做出严格、有效的规定，由外包厂商承担质量问题所导致的风险。

②技术风险。通过外包，企业能够获得拥有最先进、最前沿技术的价值链上企业的支持。这些技术往往是企业无法凭借自身实力获得的。同时，企业也可以获得外部可利用的先进设备以及服务等方面的资源，并将易于过时的技术和设备所带来的风险转移给外包厂商，使其分担企业风险。

③资金占用风险。通过外包，外部企业将帮助企业分担一部分资金占用，从而降低企业资金占用风险。例如，企业将不能创造价值的业务部分转交给外包商，从而节省一部分企业资源，以用于其他方面的投资等。

案例 8-5：任何一家企业在可获得的资源上都有自己的局限性。通过外包，企业可以更加强调对自己具有战略意义的业务或核心业务的创新，能够灵活地安排员工和调配资源于高价值的项目，转移风险，从而变得更具竞争优势。一些世界知名的大公司，已经采取了此策略。比如 IBM（现其 PC 机业务已经并入联想），通过和铁道部合作的"蓝色快车"在中国的 124 个城市设立了 160 个维修点。而同行业的戴尔公司在中国市场的售后服务一般都是通过外包来实现的，客户实际上面对的是戴尔签约的服务商。外包策略为戴尔集中精力进行按订单定制生产的"零库存"模式生产，在全球配置资源，扩大市场份额，获得低价和低成本的竞争优势解决了后顾之忧。

（2）租赁转移。财产租赁是指通过签订合约，一方把自己的房屋、场地、运输工具、设备或生活用品等出租给另一方使用，并收取租赁费。如果在租赁合同中，出租方承认对由租借企业疏忽行为所致的财产损失负有责任，那么租借企业实际上就将一部分潜在损失在合同签订过程中转移给了出租方。而在长期的租赁中，如果合同没有充分考虑通货膨胀情况对租金变化幅度的影响，制定的租金不随通货膨胀率的变化而变化，则事实上，租借企业就已将租金受通货因素影响的种种风险转移给了出租方。

（3）委托转移。即通过签订委托合同，委托企业将其财产交由受托企业委托代管，同时支付一定的费用。一般情况下，根据委托合同中的条款，在因疏忽或过失致使委托物发生损失时，受托企业应对委托企业负有赔偿责任。则委托企业就可以将委托物的潜在损失转嫁给受托企业。而受托企业在一定情况下，也可以根据合同条款将委托的损失转嫁给委托企业。

（4）出售转移。即企业在现有经营领域的市场占有率受到侵蚀，获利能力大幅下降，或者是发现了更好的领域和机会，意图从原领域脱身，转移阵地时，将原经营领域或是生产线出售给该领域的市场追随者或是市场新进入者的策略行为。通过出售，实体的所有权从卖方企业转移到买方企业，买方企业就需要对该实体承担全部的风险后果，实现风险转移。通过此方式，企业可以去掉经营累赘，快速收回资金，整合资源投身于新的事业领域。例如，西门子公司对其手机业务的剥离，以及 IBM 公司对其个人电脑业务的剥离不能不说是考虑到了风险的因素。

除了上述四种主要的风险非财务转移方式以外，适用于建筑施工企业的风险转移方式还有签订项目分包合同等。

风险的非财务转移方式具有以下优点：①非财务风险转移方式是财务风险转移方式的重要补充。由于种种局限，保险不可能完全对所有风险进行转移，因而在某些范围和领域，风险转移需要通过非财务方式来实现。即在企业广泛的经营活动中，通过签订各种经济合同来体现对企业风险的非财务方式转移。②非财务风险转移方式是一种非常灵活的风险转移方式。通过灵活、巧妙地使用各种法律以及合同条款，可以成功地转移风险。③一般情况下，非财务风险转移方式相较保险等财务风险转移方式费用要低得多（例如，合同谈判成本一般小于保险费用），因此，它是一种经济型的方式。④在某些情况下，将风险转移给那些能够更好实施风险控制与管理的更具实力的企业那里，风险就可以更好地被处理。对于社会总体来说，有助于风险损失的减少。

同时，其局限性表现在以下几个方面：①非财务方式风险转移受到法律、合同条文的限制。要求企业必须在严格遵守法律以及合同条文的基础上，寻找合同条文的不明确性和漏洞，使风险合理地转移给对方。而合同语言理解上的差异，解释的含混不清有可能使企业在转移风险时蒙受一定的损失。②违反合同以后的费用支出会较大。一旦风险损失后，合同双方不可避免地会使用法律的手段解决问题，这就相应需要支付数量可观的诉讼费。③与保险转移方式相比，由于不存在大量的风险单位的集合来平均分摊风险损失，使得接受风险转移一方企业所面临的风险损失可能会较大并且不稳定。

总之，非财务风险转移方式既有优点，也存在不少的局限性。在具体使用这一方式时，应结合企业及环境的实际情况，与其他方式配合使用，以获得更好的效果。

三、慎重管理风险

慎重管理风险是指企业有意识地接受经营管理中存在的风险，并以谨慎的态度，通过对风险进行分散、分摊以及对风险损失进行控制，从而化大风险为小风险，变大损失为小损失的风险处理策略。例如，通过多元化投资组合分散风险、通过对产品定价来影响客户的选择并符合公司的风险状态等。慎重管理风险的作用机制如图8-2所示。

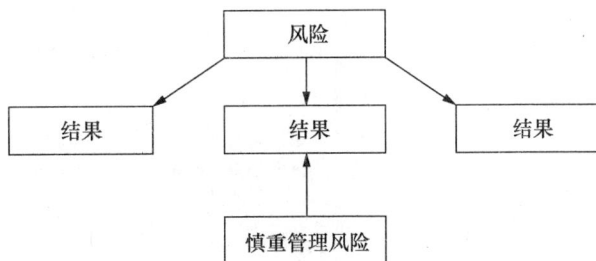

图 8-2 慎重管理风险作用机制

根据方式不同，慎重管理风险可分为风险分散、风险分摊以及备份风险单位三种形式：

1. 风险分散

风险分散是指将企业面临的风险，划分为若干个较小而价值低的独立单位，分散在不同的空间，以减少企业将遭受的风险损失的程度。其目的是减少任何一次损失发生造成的最大可能损失的幅度。风险分散可以采用的方式有多种，在这里主要介绍投资组合方式。

"不要把鸡蛋放在一个篮子里"，企业适度、恰当的投资组合（或项目组合、产品组合）可以降低机会成本并分散企业风险。需要注意的是，投资组合并不能降低企业面对市场的总体风险，只能降低单个投资项目的独有风险。在进行投资组合时，需要对可供选择的投资、项目、产品进行评价，如图8-3和图8-4所示。

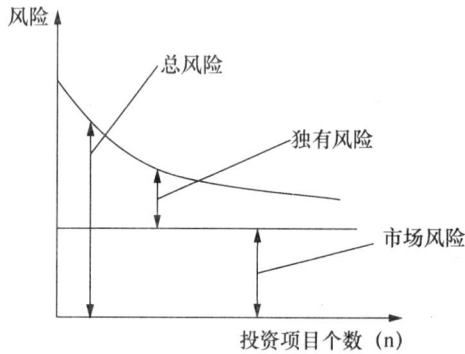

图8-3 分散风险与投资组合

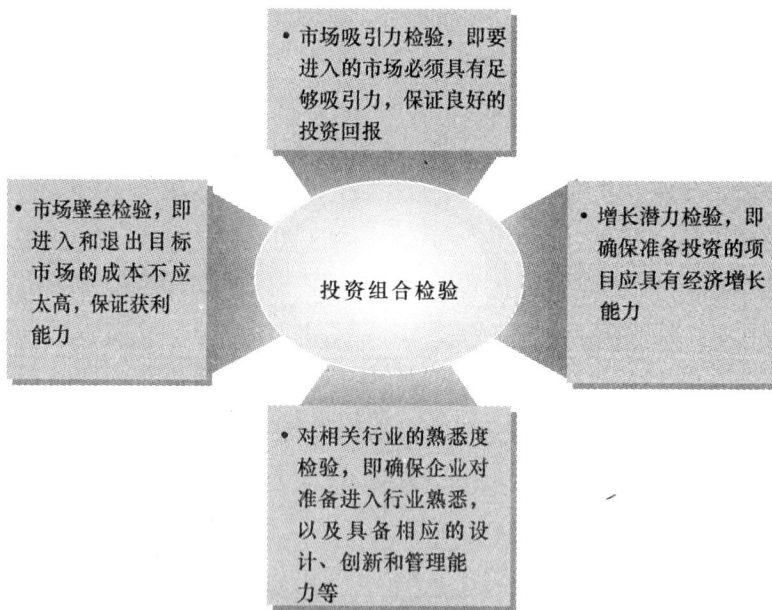

图8-4 投资组合检验标准分析图

需要强调的是在进行投资组合时，切忌盲目分散投资。将资金投入过多的项目，有可能会使得分给每个投资项目的资金产生不足，难以保证项目的顺利达成，则也相应保证不了投资收益。同时，由于资金的分散也很难使得企业产生核心竞争产品，形成不了竞争优势。这种"乱撒胡椒"的现象不仅不会分散企业的风险，反而会加剧投资风险，造成风险损失。

案例 8 - 6： 承接案例 8 - 3，导致凯马特公司破产的第二个原因就是多元化投资策略使用不当。从 1985 年开始，以折扣销售一举成功的凯马特开始实施多样化经营战略，一是向专业性折价销售方向发展，开设了折价服装销售连锁店和折价家庭用品连锁店。二是向折价书店发展，开设了 898 家联营书店。然而，这一次等着它的却不是高歌猛进的乐观景象——同是凯马特折价商店，服务内容、服务的顾客群体却不同，且由于缺乏经验，新开的专业化商店反而削弱了其竞争力。

案例 8 - 7： 巨人集团盲目追求多元化经营，涉足的电脑业、房地产业、保健品业等行业跨度太大，而新进入的领域并非优势所在，却急于铺摊子，有限资金被牢牢套死，其结果导致的财务危机拖垮了整个公司。

我国大型肉类加工企业春都集团进入 20 世纪 90 年代以后，取得了不错的经营业绩，并迅速发展起来。但是其急于把企业做得更大，发展得更快，走上了一条非相关多元化的发展道路。先后投巨资新增了医药、茶饮料、房地产等多个经营项目，导致企业资源分散，新项目与原有核心业务之间资源争夺严重，加重企业财务负担，竞争优势消失，使企业经营面临极大的困境。

2. 风险分摊

风险分摊是指由于单个企业风险承受能力有限，则选择与多个风险承受企业承担属于某个市场的一定风险，从而降低本企业所承担的风险。由于风险与收益的相互配比，风险分摊与收益分摊是相辅相成的。

具体到单个具有一定风险的项目来说，风险分摊最常见的形式是联合投资。联合投资是一种基于风险分摊的要求，通过联合投资协议，投资企业根据各自的情况选择不同的资金进入时期、进入金额等条件，在保证投资项目顺利实施的情况下，投资各方在共享收益的同时，分散各自承担的风险。企业由于自身实力有限，往往不具备独自承担项目全部风险的能力，而这种多家企业投资于同一领域的合作性行为，可以有效地将各自的优势资源经过配置、调整以及聚合后投入到某一共同的风险项目中，从而达到提高资源利用效率、分担资金风险的目的。同时，可以减少市场上同行业的竞争度，从而降低整个领域的非系统风险。

案例 8 - 8[①]：朗新信息科技有限公司是一家从事行业和企业的解决方案与服务的 IT 企业，INTEL 高盛、PSINET 和深圳创新科技投资公司联手向其投资取得了巨大成功。其中，INTEL 高盛在联合投资中充当战略投资者的身份，其作为全球互联网经济的重要推动者，与朗新合作开发了一系列基于 Linux 的互联网解决方案。高盛公司作为金融投资者和全球著名的投资银行，拥有强大的 IT 行业分析队伍。其为郎新加强财务管理、提高管理水平、了解行业动态、把握技术方向以及寻找行业并购对象提供了强有力的支持。PSINET 作为本地投资者和世界著名的专业从事互联网数据中心的公司，与郎新在互联网领域开展广泛合作，为公司开辟业务市场、了解行业动态、寻找合作伙伴提供了帮助。深圳创新科技投资公司是具有本地背景的大型风险投资公司，熟悉国内资本市场运作模式，其为郎新在开拓南方市场、树立境内资本市场形象方面起到重要的作用。这是通过联合投资来分散风险从而达到"双赢"的典型代表。

但是，需要注意的是联合投资的运作实施建立在多家企业合作的基础之上，各个投资

① 谢科范. 企业风险管理 [M]. 武汉：武汉理工大学出版社，2004：60.

企业都谋求以更少的成本获得更多的利润分配，而在合作契约通常不完备的情况下，各个投资主体之间可能会存在利益冲突，出现"搭便车"的情况。例如，联合投资中某一企业付出的努力较少，但仍按照比例分摊了投资收益，另一投资企业却同时承担了大部分风险。这样会严重打击联合投资人的积极性，不利于发挥联合投资的协同管理效果，也不利于项目的顺利进行，无法实现正常的风险分摊。

3. 备份风险单位

备份风险单位是指企业再备份一份维持正常的经营活动所需资源，在原有资源因各种原因不能正常使用时，备份风险单位可以代替原有资产发挥作用。需要注意的是，备份风险单位并没有使原有风险变小，而是重复设置风险或者风险单位的一部分，在风险事故发生时使用备份的风险单位。也就是说，备份风险单位可以减少一次事故的损失程度，但并未减少风险损失发生的概率。例如，计算机文件备份并将备份文件隔离存放，有助于起到减少损失的作用。而公司的重要财务资料的缺失，会给企业带来严重的问题和财务风险，备份风险单位可以起到损失抑制的作用。

四、接受管理风险

接受管理风险是指企业接受现今经营管理中存在的风险，并对其进行管理与控制的策略。使用这种策略时，企业需要自行承担风险发生后的损失，并要求其能够获得足够的资金来置换受损的财产，满足责任要求的赔偿，维持企业的经营。

一般情况下，企业遇到如下情形就可以采用接受管理风险策略：①接受管理风险的费用比采取其他方式的附加费用低；②预测的最大可能损失比较低，而这些损失是企业在短期内能够承受的；③企业具有自我保险和控制损失的优势，一般说来，企业每年接受管理的风险最高额应为公司年税前收入的5%，超过这个限度就不适合采取接受管理风险策略。

按照风险管理的计划性，接受管理风险策略可以分为主动接受管理和被动接受管理。企业在识别损失、明确风险存在及其后果并权衡了其他处置风险技术的利弊之后，主动接受并管理风险，安排好适当的财力准备就是主动接受管理风险方式。被动接受管理风险是指企业没有能够识别风险及其损失，没有考虑到选择其他风险管理策略的条件下，不得不由企业本身承担损失的风险处置方式。

按照风险接受程度，接受管理风险策略可以分为全部接受风险和部分接受风险。全部接受风险是企业主动采取决策，全部承担某个项目可能出现的损失，并拥有充分的财力应对损失的发生。而部分接受风险是指根据企业的实际情况，决定部分担负可能面临的风险。

企业采取接受管理风险的策略，需要大量的资金作为坚实后盾，其可采取的筹资的方式有：

（1）现有收入。企业可以以现有收入来补偿频率高、影响程度小的损失，即直接将其摊入公司的成本或费用中，而不建立专项的资金准备。采用此种筹资方式，企业可以随时动用资金弥补损失，提高效率；同时不需要选拔专人来对风险资金准备进行管理，降低管理费用。但是，此种方式不适用于突发的数额较大的损失，而采用此种方式也会使企业的损益状况发生较大的波动。

（2）建立意外损失准备金（非基金）。即企业在年度初期，根据历年发生损失的统计资料以及企业财务状况来确定的，以备不测之需而预提的一定数额的准备金。当企业发生较大的损失时，就可以拿出一定数量的资金来弥补损失，但这样会占用企业一部分资金。

（3）建立专项基金。即为应对可能面临的各项损失风险，企业根据不同用途设置的专项基金。例如，意外损失基金、设备更新基金等。这要求企业每年从资金中提取一定数额，形成这些基金。采用此种方法，企业可以积累较多的资金储备，形成一定的抗风险能力。但是，专项基金的管理成本较高，管理不好会引发挪用资金等问题。

（4）从外部借入资金。当企业无法在风险损失发生后从内部筹集到足够的资金时，可以选择从企业外部借入资金弥补风险事故带来的损失。企业可以与金融机构达成应急贷款和特别贷款协议。当某些风险事故发生概率比较小且损失未发生时，签订应急贷款协议具有优势。而当较大的损失事故发生后，企业无法从内部筹措补偿资金时，只能向外部金融机构申请特别贷款。金融机构批准这两种贷款条件较高，都要求企业具有较强的竞争优势、资信状况较好、偿还贷款的能力较强等。尤其是特别贷款要求条件会更加苛刻，例如，要求企业在未来一段时间内有条件偿还贷款，提供质押担保或第三方的担保等，获得贷款很不容易。

除了筹集资金，提高企业自身的抗风险的能力以外，企业还可以通过以下两种方式接受管理风险：

（1）套期保值：企业运用金融协议，通过持有一种资产来冲销另一种资产可能带来损失的风险。套期保值的典型应用就是抵消价格损失的风险，企业需要的某种资产可能同企业持有的另一种资产的价格负相关，例如，如果煤炭公司的股票收益与火力发电企业的股票收益负相关，投资企业可以利用这种负相关，在持有电力公司股票的同时持有燃料公司的股票，这样就可以消除煤炭价格变动给投资者带来的收益减少的风险。这两种股票收益变动的风险就可以通过同时持有这两种股票来抵消。

（2）设置专业自保公司：比较正规的接受管理风险策略一般是完全按照保险的机制来运行的，即自我保险。其中，尤其以面临风险的企业设立专门的分支机构来做风险的自我保险最为正规，这样的专门的分支机构就是专业自保公司。

专业自保公司是由母公司设立并受母公司控制的实体，其存在的目的就是为母公司提供保险。由于企业利用传统保险时可能会遇到一些困难，例如，有些情况下无法得到保险，或者获得传统保险成本太高等，这时就需要企业自己设立专业自保公司承担风险。同时做得好的专业自保公司也可以通过对外提供保险为母公司创造利润。目前，自保公司大多由大企业举办，主要集中在能源、石化、采矿、建筑材料等行业。但是，仍然需要注意的是，与保险公司相比，专业自保公司也具有接受业务有限且业务来源不稳定、经营规模较小、不易吸引专业人才等局限性。

案例8-9：20世纪50年代中期，许多美国公司经历了向跨国公司转变的过程。当美国公司制订计划，在外国设立分支机构时，它们发现向外国保险公司购买保险一般都比向美国的保险公司购买保险成本高。这些跨国公司通过利用专业自保公司，与外国保险公司一起构造保险计划。一般情况下，母公司向美国保险公司购买保险，然后为母公司的专业自保公司提供再保险。

从总体上说，企业采用接受管理风险策略具有以下优势：

（1）成本较低。因为从长远来看，保险费等其他费用总金额可能会超过平均损失。以保险来说，其费用中除了必须包含补偿损失所需的费用外，还包括保险公司的运营成本以及利润和各种税收。因此，在保险费中只有一部分是用来补偿损失的，而另一部分则是保险公司的各种成本和税收。显然，接受管理风险可以使企业直接避免其中许多费用的支出。

（2）控制理赔进程。企业可以通过采用接受管理风险策略控制理赔进程。在很多情况下，保险公司复杂的理赔过程以及赔偿数额不能使企业满意。而其理赔工作又常常不及时，使企业的损失不能得到赔偿，影响企业恢复生产的进程。

（3）提高警惕性。在采用接受管理风险策略的情况下，企业更注重损失控制，会尽可能降低损失发生的频率和损失的严重程度。企业一旦决定自己控制风险，由于经济利益关系，就必须以高度的警觉来实施这一计划，注重风险管理的教育与培训。相反，在采用购买保险等其他方式的情况下，企业往往不十分注意损失控制来防范风险。

（4）有利于货币资金的运用。与购买保险相比，对于企业来说，如果不发生损失事件，就丧失了对所缴纳保险费用的所有权和使用权；而即使发生了损失事件，企业获得了经济赔偿，也会在一定时间内丧失对货币资金的使用权。而在采用接受管理风险策略下，则可以使这笔资金得到较好的运用。虽然在损失发生之前，需要事先准备一定数量的货币资金，但是在损失发生之前，可以不必支付这笔费用。那么在一定时间内及一定程度上，企业可以灵活运用这笔资金并以此获得一定的效益。

同时，采用接受管理风险策略也具有不利之处：

（1）可能的巨额亏损。在特殊情况下，如发生巨灾等，采用接受管理风险策略可能会使企业面临承担巨额的风险损失，以至于可能危及企业的生存与发展。这说明，接受管理风险策略只适用于风险保持在一定限度内的情况，超过则会给企业带来不利的后果。

（2）可能更高的成本费用。在接受管理风险策略下，企业往往需要聘请专家进行指导和评估，在某些情况下，可能会比采用其他策略支出的费用更大。同时，如果采用购买保险的方式分散风险，保险公司可以将各种费用在很多的投保公司之间分摊，具体到每个公司身上的部分不可能很多。而如果仅仅依靠企业自身的力量，其费用开支就远比保险公司大得多。因此，在某些情形下，接受管理风险的费用开支可能比其他方式更高。

（3）获得服务种类和质量的限制。由于企业自身实力有限，当采用接受管理风险策略时，本来由保险公司提供的一些专业化的服务就失去了。当然，可以通过另外单独向保险公司或其他的专业性风险管理公司购买，但在决策时，企业应考虑这些费用的大小。

（4）可能的员工关系紧张。如果企业自己安排某些风险预防策略，如为企业职工安排福利补偿问题，无论如何处理，在很多情况下都会有员工认为不公平，造成企业与员工、员工与员工之间的关系紧张，影响企业组织工作的效率和对外形象。而如果通过企业外部保险公司来处理，则会避免该类情况的发生。

总之，企业应根据其不同业务特点统一确定风险偏好和风险承受度，并采取相应的风险管理对策。在这个过程中，需要防止和纠正忽视风险，片面追求收益而不讲条件、范围，认为风险越大收益越高的观念和做法；同时，也要防止单纯为规避风险而放弃发展机遇。企业可采用的风险管理策略方式总结如图 8-5 所示。

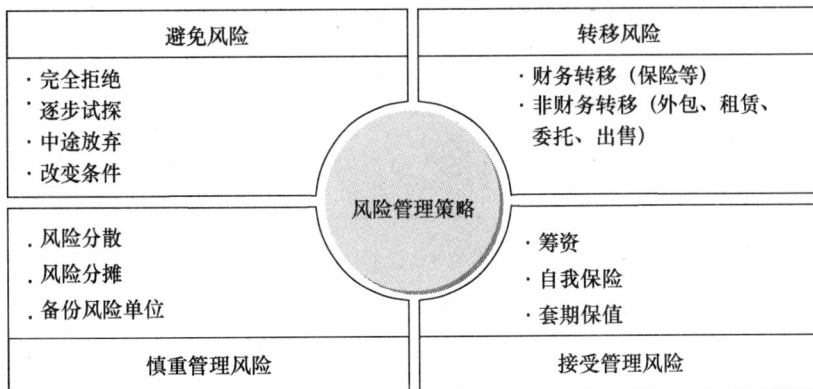

图 8 - 5　风险管理策略详细图解

第二节　风险管理解决方案

建立在风险识别、风险衡量、选择风险管理策略的基础之上的风险管理解决方案是企业风险管理的重点。其制定及执行直接影响到风险管理的效果。因此，制定科学、合理、全面的风险管理解决方案是进行企业风险管理的重中之重。

一、风险管理解决方案制定前提条件

在制定风险管理解决方案之前，企业需要考虑的因素有很多。这些因素构成了风险管理解决方案制定的前提条件。

1. 明确影响解决方案制定的主要风险

影响风险管理解决方案制定的主要风险如图 8 - 6 所示。

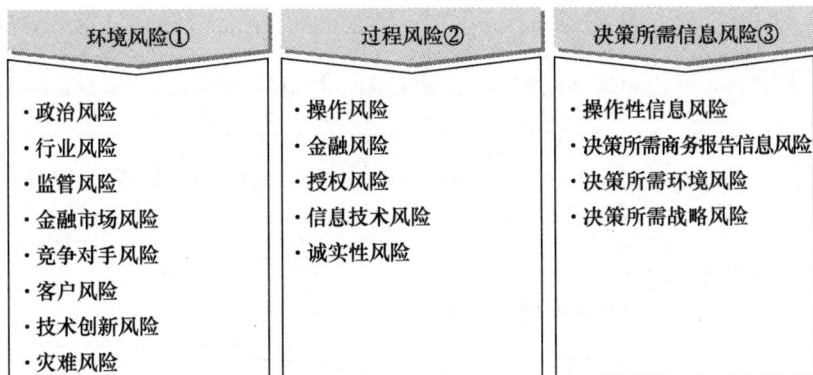

图 8 - 6　影响风险管理解决方案制定的主要风险

（1）当外部力量能够影响企业的经营模式时就出现了环境风险。

（2）过程风险是指由于企业未能有效地获得、管理、更新、处置其资产，或者是企业未能有效满足客户的需求，未能创造价值，又或者是因为企业资产存在着误用、滥用的可能而使企业价值降低等因素所导致的风险。

过程风险所包含的详细内容如图8-7所示。

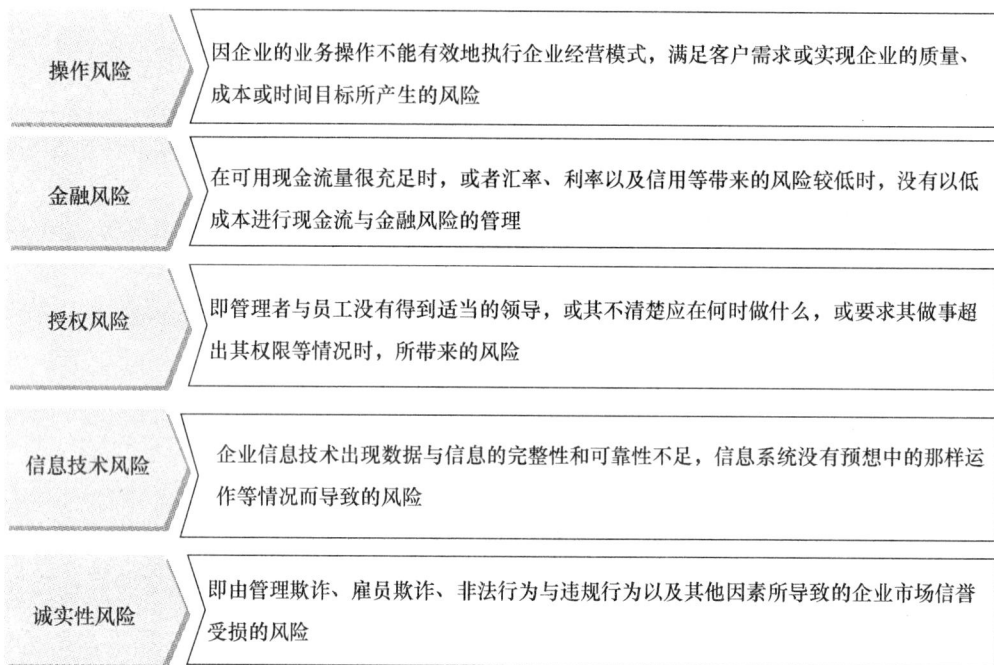

操作风险	因企业的业务操作不能有效地执行企业经营模式，满足客户需求或实现企业的质量、成本或时间目标所产生的风险
金融风险	在可用现金流量很充足时，或者汇率、利率以及信用等带来的风险较低时，没有以低成本进行现金流与金融风险的管理
授权风险	即管理者与员工没有得到适当的领导，或其不清楚应在何时做什么，或要求其做事超出其权限等情况时，所带来的风险
信息技术风险	企业信息技术出现数据与信息的完整性和可靠性不足，信息系统没有预想中的那样运作等情况而导致的风险
诚实性风险	即由管理欺诈、雇员欺诈、非法行为与违规行为以及其他因素所导致的企业市场信誉受损的风险

图8-7 过程风险详解图

（3）决策所需信息风险是指由于用以支持企业经营模式、报告企业内外部经营业绩、评估企业经营绩效所需信息的不相关或不可靠所导致的风险。

决策所需信息风险详细内容如图8-8所示。

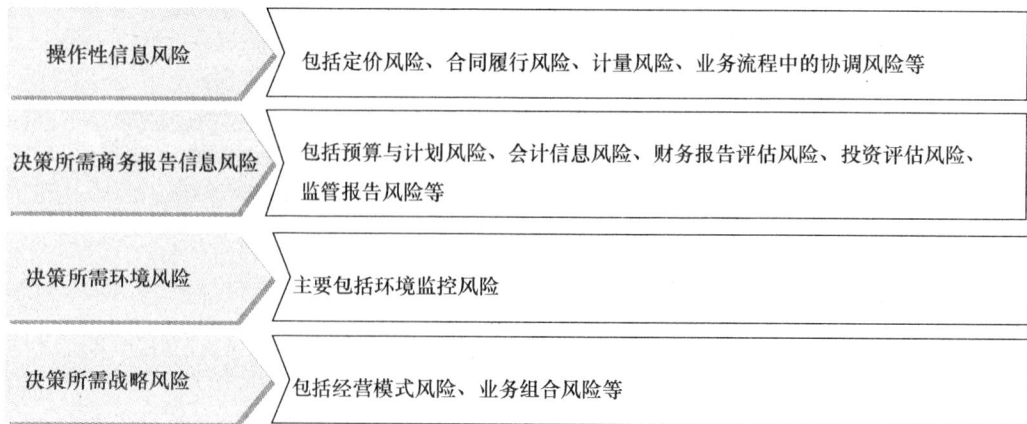

操作性信息风险	包括定价风险、合同履行风险、计量风险、业务流程中的协调风险等
决策所需商务报告信息风险	包括预算与计划风险、会计信息风险、财务报告评估风险、投资评估风险、监管报告风险等
决策所需环境风险	主要包括环境监控风险
决策所需战略风险	包括经营模式风险、业务组合风险等

图8-8 决策所需信息风险详解图

2. 考虑选择风险管理策略的因素

在进行风险管理策略选择时，有两种因素应加以考虑：与管理决策有关的因素以及风险性质因素。与管理决策有关的因素如图 8-9 所示。

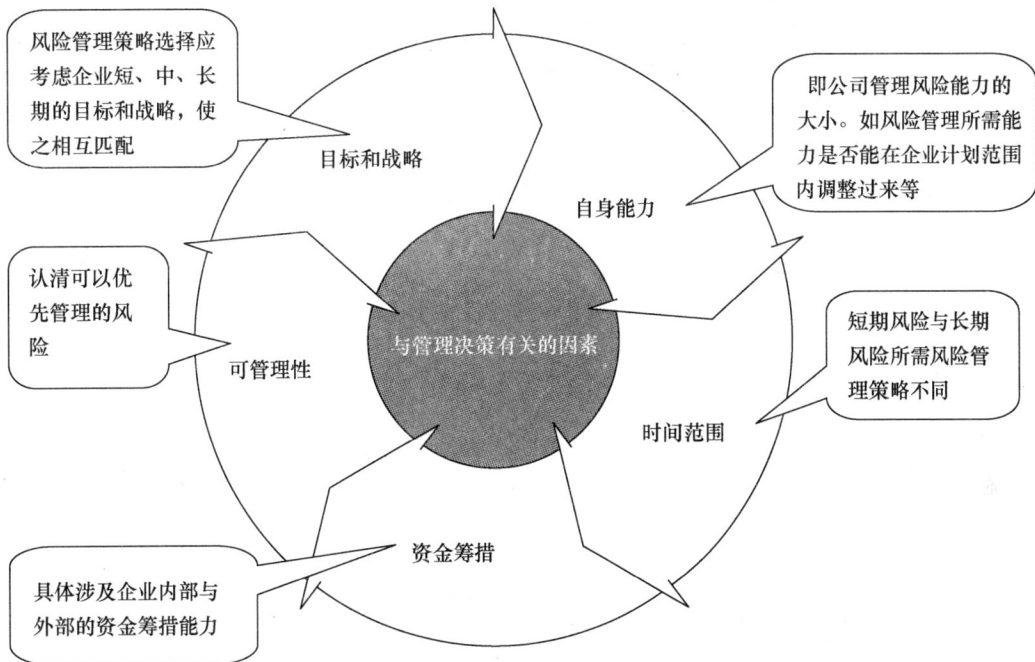

图 8-9 与管理决策有关的因素

同时，企业面临风险的特性也要在做策略选择之前考虑进去。例如，进行风险情况分析，明确未来会发生什么，对企业的影响如何等，即进行风险的评估，明确对策略的选择。

3. 遵循风险管理方案制定的原则

在考虑了以上各个因素之后，应在一定的原则条件下对风险管理策略进行选择。原则如下：

（1）可行性。选择风险管理策略的目的是为了更好地进行风险管理。此策略选择后，风险管理部门确定的风险管理方案应该是可行的，其执行所需条件是企业可以承担和接受的。

（2）全面性。企业面临的风险是复杂的、多样的。对于这些不同的风险，企业应该全方位考虑，进行全面的风险解决策略和方案的制定。

（3）匹配性。由于风险管理策略也是多样的，每种风险管理策略都有其适用性和局限性。这就决定了应寻求由风险管理策略或风险策略组合决定的最佳解决方案，使之与不同的风险相匹配。

（4）成本收益性。采用不同的风险管理方案会发生不同的成本，一般说来，随着其成本的增加，企业获得的安全保障会越高。但是，高成本的风险管理方案并不一定是最好的方案，高成本也同时会使企业担负不了。此时，企业的目标就是以最少的经济投入来获得最大的安全保障，即遵循成本收益原则。

（5）综合性。一方面，风险管理解决方案的应用范围不仅仅是针对个别风险，还包括了分类的风险和关联的风险组合；另一方面，其解决方案涵盖了组织职能设置、内部控制、风险理财和风险管理信息系统等各个风险管理的专业领域，具有综合性的特点。

（6）灵活性。风险管理解决方案来源于企业的实践，没有一个标准的模式。企业可以根据需求灵活地选择和组合，形成符合自身特点的风险管理解决方案。

二、风险管理解决方案制定流程

制定风险管理解决方案需要经过以下几个步骤，如图 8 - 10 所示。

| 1 确定风险管理目标 | 2 设计风险管理解决方案 | 3 选择并执行风险管理最佳解决方案 | 4 风险管理解决方案效果评价 |

图 8 - 10　风险管理解决方案制定流程

1. 确定风险管理目标

企业在进行风险管理时，首先需要确定的就是风险管理的目标。根据成本收益性原则，企业风险管理的目标就是以最低的成本获得最高的安全保障。企业应根据公司状况，即是否建立了整体的风险管理目标及监督结构等情况，并考虑所面临的不同风险情况，确定风险管理目标。

2. 设计风险管理解决方案

根据风险管理目标以及企业面临的特定风险和特定条件可以设计特定的一个或多个风险管理解决方案，如表 8 - 1 所示。

表 8 - 1　风险管理解决方案组合

程度　方案　可能性	高	低
高	避免/转移	转移/慎重管理
低	转移/接受	接受

3. 选择并执行风险管理最佳解决方案

在设计各种风险管理解决方案后，风险管理部门需要比较分析各种风险管理解决方案，比较实施各种风险管理解决方案的成本，进行选择和决策，并寻求各种风险管理策略的最佳组合。需要注意的是，风险管理解决方案的执行是贯穿于整个风险管理活动始终的，它是一个动态的、双向的制定过程。也就是说，最佳解决方案制定好以后并不是一成不变的，在整个方案执行过程中由于企业内外环境的变化可能会导致面临风险的改变。这时，就需要对风险解决最佳方案进行调整与改进，以适应其变化。

4. 风险管理解决方案效果评价

风险管理解决方案效果评价是指对风险解决方案的效益和适用性进行分析、检查、评估和修正。企业需要注意的是，风险管理解决方案的效果在短期内可能难以表现出来并进行评价。同时，由于风险的特性，如隐蔽性、复杂性和多变性，可能会使得风险管理解决方案有时可能不能发挥其应有的作用，达不到预期的目标和效果。这时就需要对风险管理解决方案执行效果做出反馈，进行适时的评价和调整，使得风险管理解决方案更加完善。

三、风险管理解决方案

由于每个企业内外环境条件不同，同时所面临的风险在特定时期是不一样的，那么企业就需要根据实际遇到的风险状况制定与执行特定的风险管理解决方案。在这里，本节从企业在经营活动中面临的主要风险——战略风险、财务风险、竞争风险和组织风险四个方面，对企业风险管理解决方案进行介绍。

1. 战略风险解决方案

在这里，主要从企业一系列的战略活动出发，以并购活动为例，说明在面临风险时具体应采取的风险解决方案。

由于并购能够给企业带来规模经济、扩大市场势力、财务协同等优势，使得很多企业积极进行并购活动，并把其作为重要的战略发展手段之一。企业并购与企业的整体发展战略密切相关，在一定程度上关系到企业长期发展的好坏。虽然在现实中，并购活动具有很高的发生率，但是其成功率也较低。企业并购活动中隐含着大量风险。

案例 8 - 10：（承接案例 8 - 7）春都集团陷入困境的另一个原因就是盲目进行企业并购活动。其跨地区、跨行业收购兼并了洛阳市璇宫大厦、平顶山肉联厂、重庆万州食品公司等 10 家扭亏无望的企业。这些并购更加分散了企业有限的资源，加大了企业的财务负担，使企业面临的风险进一步扩大。

如何制定并采取方案控制好其中的风险，成了并购活动成功与否的关键。针对并购活动中存在的各种风险，其较为有效的控制方法如下：

（1）并购决策风险防范方法。并购活动必须与企业的发展战略保持一致。在做出并购决策时应做好如下工作：①对目标企业进行全面的调查和研究，搜集与并购企业相关的各方面的信息，并依据这些信息对并购企业进行详细、全面、具体的分析、评价与对比，并最终确定符合企业发展要求的目标企业。②对并购方案进行可行性分析研究。只有对目标企业的发展前景、经济效益以及并购方式等情况进行全面系统的分析与论证，才能为目标企业的选择提供依据。

（2）并购信息风险防范方法。防范因信息不对称为企业并购带来的风险，企业必须建立完善的组织机构，制订完备的信息管理制度，加强信息的搜集与处理。另外，除了建立自己的信息收集机构外，企业还可以利用"外脑"（如管理咨询公司等中介机构）来帮助企业完成信息的搜集和处理。在实际操作中，如果处理得比较谨慎，或者外界的服务到位，那么许多风险是可以避免的。

（3）并购整合风险控制方法。目标公司被并购后，必须对其组织结构、管理体制等方面进行调整，使之与并购企业相适应。此时，应根据双方的管理风格与管理风险进行综合考虑。如果两者相近，则可以以并购方的管理风格对目标公司的管理予以彻底改造；如果相差太远，就应在充分尊重目标公司管理风格的基础上，逐步改造，以避免管理冲突的风险。同时，目标公司具有的管理优势也应大胆吸收。

（4）并购财务风险控制。并购企业在实施并购活动时，应采取如下措施对财务风险进行控制：①应对并购各个环节的资金需要量进行核算，并据此制定出目标企业完全融入并购企业所需的资金预算量。同时，根据企业财务状况和融资的可能性，确保企业进行并购活动所需资金的有效供给。②为了不影响并购的效果，减少信息不对称所带来的风险损失，应谨慎对待并购过程中的资产评估问题，进行详细的成本效益分析。③应全面了解、掌握目标企业的债务情况，对目标企业的业务往来账目进行周密而细致的审查，并与目标企业提供的债务清单进行详细对比。④采取灵活的并购方式减少并购过程的现金支出。可以采用效益补偿方式、① 连续抵押方式②等防止企业并购过程中资金风险的出现。

2. 财务风险解决方案

企业财务风险根源于自然和社会环境的不确定性、市场经济运行的复杂性、企业理财过程和经营活动的复杂性和经营者认识能力的滞后性以及手段方法的有限性。财务风险贯穿于企业资金运动的整个过程。企业进行财务风险管理时所要达到的目标就是以最小的成本确保企业资金运动的连续性、稳定性和效益性。也就是说，以最小的成本获得企业理财活动的最大安全保障。通过专家意见、指标分析、报表分析等方法对财务风险识别后，应对不同财务下就各类财务风险分别对其解决方案进行介绍。

（1）筹资风险防范方法。

案例 8 - 11：PT 网点是一家从事房地产开发的公司，其于 1992 年上市募集资金 1.26 亿元，主要投向双龙、双狮、宝都等 10 个房地产项目。在公司房地产项目仅竣工了 3 个，并且盈利比预期减少的情况下，1994 年上半年又上马了 7 个项目，1995 年公司资产负债率从 57.45% 上升到 74.2% 的情况下，又上马了 4 个对外投资项目。至 2000 年审计报告显示其对外财产抵押共计 13699.7 万元，公司实际上已经破产。PT 网点筹资规模不当、筹资投入欠妥是其经营失败的重要原因。并且企业的风险意识十分淡薄，在资产负债率大幅度上升的情况下，没有采取有效的措施控制筹资风险。相反，却一再"借新债还旧债"，导致债务负担越来越重，企业丧失了持续经营能力。

企业在筹资过程中，应该做到以下几点：①合理确定企业在一定时期所需资金的总额，在满足企业生存发展需要的同时，不造成资金的闲置。合理的筹资量应该与企业的经济周期和财务状况，以及企业未来现金流量相匹配。②合理安排企业不同时期的收支，分散债务到期日。如果企业购货付款与偿还债务的时间过于集中，就会很容易发生资金周转困难，造成不能在债务到期日及时归还本金和利息。如果这种现象经常出现，会给企业日后筹资带来很大的风险。因此，企业应合理安排收支，保证在债务到期日有足够的资金用于偿债。同时，可采用分散债务到期时间的方法，避免集中偿债。③制定合理的筹资策略，使筹资结构与资产结构相匹配，降低风险。④利用衍生金融工具，例如利用利率期货、期权或外汇期货、期权，进行套期保值，把企业的利率或汇率确定在企业可以接受的水平，避免利率、汇率变动可能给企业带来的不利影响。

（2）投资风险防范方法。投资按照对象的不同可以分为证券投资和项目投资。下面按照这两种方式进行风险管理解决方案的介绍。①证券投资风险防范方法。首先，企业应当

---

① 效益补偿式并购是指并购企业在承担被并购企业全部债权债务的同时，对于被并购企业资产大于债务的投入部分，并购企业用被并购企业资产加入后实现的利润，按双方商定的基数和年限逐年递增清偿，直至全部清偿完毕为止。

② 连续抵押式并购是指一家企业在并购另一家企业时，以被并购企业作抵押向银行申请相当数量的用于并购的贷款，在成功并购后，再以被并购企业作抵押，向银行申请并购新的企业贷款，如此连续抵押下去，不断完成并购。

对证券进行深入的分析。例如，对利率环境、通货膨胀状况、行业状况进行分析。其次，应正确选择证券的种类及其组合，以分散风险。再次，应利用衍生性工具作为套期保值工具，规避企业可能面临的商品价格风险、利率风险、汇率风险等。最后，应加强对证券投资的管理，以增加企业收益，减少投资风险，保证企业理财目标的实现。②项目投资风险防范方法。与证券投资类似，进行项目投资时首先应分析投资环境，充分了解市场行情，确定投资规模。其次，在可能的情况下形成对规模投资，降低成本风险。最后，进行多样化投资分散风险时，一定要谨慎地选择投资的行业、业务、时机等，认清企业的能力，避免投资风险损失的发生。

案例 8 - 12：2004 年 4 月，曾经是中国最大的民营企业的德隆轰然倒下。当初被人们称作"股市第一强庄"的德隆系，这个旗下拥有 177 家子孙公司和 19 家金融机构的巨型企业集团在瞬间瓦解。如此一个庞大的德隆系，就是由于公司面对的风险失控而崩溃。从融资和投资角度来看，其搭配不合理。支撑企业战略发展的长期股权投资，因为关联公司之间的控制权交易，而没有新的资金注入，使得长远发展的资金储备严重缺乏。德隆只是通过旗下的金融机构协调整个集团内部资金的运作；并依靠资产、股权、信用等为抵押大量增加银行的借贷，甚至深入银行内部，通过持有商业银行的股权，获得庞大的资金流动。短期融资用以支撑长期投资项目的不同阶段开发。这就导致投资没有后续庞大连续的资金作为保障，企业面临的由此导致的风险巨大。

（3）资金回收风险防范方法。在这里，主要介绍应收账款以及存货的风险防范方法。①应收账款风险防范方法。应收账款的风险主要是发生坏账损失时的风险。应收账款所带来的效应实质上是企业为客户垫付了一笔相当数量的资金，而其回收会产生机会成本，造成应收账款的风险来源。因此，企业应首先制定合理的信用政策，加强对客户的信用调查，利用可靠的手段对客户进行信用评级。其次，应加强应收账款的内部控制，把应收账款压缩在合理的限度内，并尽可能收回应收账款，减少坏账损失。例如，建立分工明确、配合协调的内部管理机制，建立应收账款回收责任制等手段加强对应收账款的回收。②存货风险防范方法。企业的存货过少，可能满足不了客户的需求；而存货过多，也可能会造成企业资金的积压，这都会造成企业的财务风险。同时，如果存货管理不善，也会产生由于意外损失所带来的风险。加强存货风险管理的关键在于确定合理的经济存货量和做好存货的日常管理工作。

案例 8 - 13：在市场竞争激烈的行业中，销售和回款两难的问题非常突出。山东某制药股份公司却通过强化内部的应收账款管理，有效地控制了拖欠账款的发生，同时保证了销售额的稳步增长。该公司对现有客户进行财务评估并进行信用分类，再根据客户的信用级别，实施不同的风险管理策略。对信用状况良好的客户进行信用销售，对信用不良的客户进行限制信用销售或只限于现金结算。对新客户给予一定的信用额度，并实行信用登记和调查制度，经过信用评估后，根据信用级别调整最初的信用额度。同时，该公司对销售人员实行销售额和回款额相结合的考评制度，要求销售人员定期收集客户信用资料，并对客户进行信用评估。这一措施有效地加强了客户信用的定期跟踪，减少了拖欠账款的现象。

（4）收益分配风险防范方法。收益分配是指企业对其实现利润向投资者进行的分配。其风险是指由于收益分配可能给企业今后的生产经营活动产生的不利影响。由于在特定时期、特定环境下，合理的收益分配政策，能够调动投资者的积极性，提高企业的声誉，增强企业的盈利能力；不合理的收益分配政策，会降低企业的偿债能力，挫伤投资者的积极性，增加企业的经营风险。

防范收益分配风险的关键在于制定正确的收益分配政策，此政策的制定应既有利于保护所有者的合法权益，又有利于企业长期、稳定的发展，不可盲目提高分配标准，而减少企业的积累，也不可盲目降低分配标准，而损害投资者的积极性。以股份公司为例，其收益分配政策集中表现为股利分配政策。企业可以在不同的情况下使用不同的股利分配政策：①稳定增长或固定的股利方案。即把每年股利固定在某一水平上，并在较长的时期内保持不变，当企业对未来利润显著增长有信心的情况下，再提高股利发放额。此时，在企业亏损的年份，发放的股利也是保持不变的。这样有利于稳定投资者信心，反映出企业的财务风险也较低。②固定股利支付率方案。即用盈余的一个确定的百分比作为股利发放。由于企业每年实现的净利润是不同的，采用该政策时，公司股利支付也会随之大幅度变动。在这种情况下，容易造成公司不稳定的感觉，对稳定股价不利。但是，在企业收益锐减甚至亏损时，股利分配额将急剧下降甚至没有，不会给企业带来更进一步的负担。③低股利外加额外股利方案。即在一般情况下，公司只派发固定的低股利，但在盈余多的年份，可以视情况派发额外的股利。此方案灵活性较大，当企业的各年收益变化较大时适合采用该政策。但是投资者对可获得的股利数还是不确定的，使其可能会丧失信心。

案例 8 - 14：2005 年，山业公司提取了公积金、公益金后的税后利润为 1000 万元，第二年公司的投资计划所需资金为 800 万元，公司的最佳资本结构为权益资本和债务资本各占 70% 和 30%，公司以前年度股利风险防范政策采用的是低股利外加额外股利政策。现在公司为了提高市场投资者对公司股票的信心，希望采用新的股利政策。问山业公司可以采用哪种新的股利政策？

参考答案：公司可采用稳定增长或固定的股利方案。

3. 竞争风险解决方案

企业竞争就是指在市场经济条件下，企业作为商品生产者和经营者为了谋求长期的生存和发展，追求经济利益最大化，获得有利的生存能力和生存空间而发生争夺、较量和对抗的经济关系。由于企业现有的竞争性资源非常有限，企业为了获得对自己有利的各种经济资源如技术、资金、人力等就必须参与竞争。企业在市场中面临的竞争是多样的，下面以价格竞争为对象对企业应采用的风险解决方案进行介绍。

企业采用的有效价格竞争策略是不同的。在全面考虑产品成本和市场需求情况下，制定合理的产品价格以获得竞争力的策略就是有效价格竞争策略。例如，一般情况下，在开发新市场的过程中，企业为了迅速打开市场局面，获得市场份额以及先入优势，其往往会采用低价格进入策略。在企业传统产品市场中，由于产品、技术等优势丧失，企业也会选择降价手段来保持市场份额，或希望减少库存、快速获得回报。

企业发动价格战的初衷在于根据市场供需平衡机制，当价格降低时，市场总需求会增加。不可否认的是，价格竞争作为企业参与市场竞争的一种表现或策略，在某一段时间内为企业所创造的利润是不可低估的。但是由于竞争对手的效仿，短期内企业的市场份额或需求量会有所增加，但长期范围内企业的市场份额并不一定增加，这就使得企业将会面临很大的竞争风险。因此，企业在发动价格战前一定要三思而后行。不但应具有并维持低成本优势的能力，还要考虑竞争对手的反应速度和反应程度。

　　案例 8－15：从国内汽车行业可以看出价格战正硝烟弥漫。从 2003 年初开始，红旗明仕Ⅱ代降价 1.08 万元，挑起汽车的首轮降价风潮，到 2003 年末将近有 50 种车型以不同的方式降价。接着从 2004 年至今，新款车型在最初上市撇油以后，都在不断降价。不可否认的是，价格战确实可以在一定程度上，在一定时期内给企业带来立竿见影的效果，但价格战究竟应该在什么时候打给企业带来的利益最大而伴随风险最低呢？就国内汽车销售市场来说，目前存在的问题是市场上消费者对汽车的价格持观望态度。同时，中国汽车生产厂商的规模和对价格的承受能力却较弱，并且产品品种单一，成本互补性较差。这个矛盾导致了中国汽车企业发动价格战的风险太高，从而不适宜发动价格战的结果。

　　4. 组织风险解决方案

　　企业的组织结构是否合理决定了该组织在解决问题时是否有效率，在遇到风险时是否能够及时做出反应。这在很大程度上决定了企业在面临风险时的处理能力。不同类型的企业组织由于其结构特点面临着不同的风险。下面就两种不同类型的企业组织风险进行分析。

　　（1）"大企业"组织风险。"大企业"组织风险是指在企业成长的过程中，因为企业规模扩大、涉及领域较广和管理层次增加后，可能产生的信息传递失真、指令执行出现偏差以及组织机构功能失调等情况所带来的风险。主要表现在以下几个方面：①组织结构臃肿，部门繁多。这主要是由于组织结构设置不合理、不科学造成了企业大量无关紧要部门的出现，这些部门之间业务范围交叉，责任和权力分配不清，并且部门之间信息难以沟通，协调困难。同时，在遇到问题时，可能会导致各个部门之间相互推诿，严重影响组织的正常工作效率。②员工缺乏工作积极性，组织内部缺乏竞争。由于岗位设计存在可能重叠、可能不必要的情况，使得企业组织内部缺乏竞争，员工缺乏工作的热情。这也会进一步使得企业整体缺乏凝聚力，缺乏对真正人才赏识和重视，最终造成人才的大量流失。③审批程序复杂，组织效率低下。在"大企业"中，一项决策的最终审批实施往往需要多个部门领导的签字才能通过。审批程序的复杂容易造成信息的阻塞和决策的时滞，面对瞬息万变的市场，无法采取灵活机动的策略，反应能力很差，效率低下。

　　防范"大企业病"所带来的组织风险，就应从"病症"入手进行组织创新，同时调动员工的工作积极性。

　　案例 8－16：当海尔在其发展过程中发现了类似"大企业病"的症状时，首次提出了OEC 管理体系，即"日事日毕，日清日高"，其核心在于每个员工都有自己负责的事项，并且尽量避免重复劳动。后来的 SBU（战略事业单位）的提出，更倡导"每个人都是一个盈利单位"。海尔倡导的内部实行市场链的做法把员工的积极性调动起来，把外部竞争效应内部化，每个员工的收入不是部门领导说了算，而是市场说了算，市场链制度非常有效。除此之外，海尔还正在进行自主管理建设，已涌现出不少自主管理班组，以此来防范"大企业病"。

　　（2）"家族式企业"组织风险。"家族式企业"面临的组织风险主要表现在以下几个方面：①无法为组织扩张引进大批适当人才。当企业发展到一定规模以后，企业就需要大批相应的配套经营管理人才和生产技术人才，使得家族成员利益与企业组织利益可能产生不一致，从而引发家族成员与企业组织的矛盾冲突。②家族成员之间矛盾重重。在企业初创时期，家族成员之间具有团结互助的向心精神。而随着企业规模的不断扩大，投奔企业的家族成员会越来越多，来自不同关系的组织成员会结成不同的利益共同体，为了利益而相互倾轧，造成整个企业的停步不前，甚至衰落。③家族情结干扰组织效率。这会使得真正的人才在企业中受到冷落，或产生报酬分配不均等问题，造成人才的流失与企业业绩的下降。④缺乏对组织其他成员的吸引力。家族式管理的内聚力只局限于家族成员内部，而对组织其他的成员来说，他们可能并没有感到应有的主人感和归属感。当组织管理缺乏其他成员的参与与配合时，家族企业的家族领导人会变得视野狭小，判断力不敏锐，甚至于刚愎自用，从而阻碍企业的健康发展。

案例 8 - 17： 王安电脑一度是美国 500 强大企业，而在 20 世纪 80 年代却迅速衰败。其原因是多方面的，而公司在组织方式上的家族式管理，是造成经营失败的重要因素。其背离了现代企业"专家集团控制，聘用优才管理"的通用方式，任人唯亲，造成用人不当。1986 年，王安不顾众多董事和部署的反对任命儿子王烈为公司总裁。其实，王烈掌管研究部门时就表现不佳，才识平庸，令董事会大失所望。一些追随王安多年的高层管理人员愤然离去，公司元气大伤。仅 1 年多时间，公司财务状况急剧恶化，亏损数亿美元。同时，晚年的王安在经营上固步自封，使公司失去了原有日新月异的优势，不但未赶上发展兼容性高的个人电脑这一新潮流，而且失去了王安电脑原有的特色和性能，导致了公司的全面瓦解。

防范"家族式企业"组织风险最主要的是杜绝任人唯亲。家族式企业相对于其他企业而言更具有凝聚力和向心力，因此，任人唯贤的用人机制有利于扬长避短，发挥其家族式组织管理优势。同时，有效的家族式企业组织管理需要有合理、有效的规章制度，加强制度的约束与激励。

除了以上两类具有典型特点的企业面临着特殊的组织风险外，大多数企业还都面临着一项共同的组织风险，即"代理风险"。主要是指由于经理人市场机制不完善造成对经理人能力的错估，授予企业经理人权责利的不对称，以及企业所有者与经理人的目标不一致等原因造成经理人给企业带来的组织风险。为了防范经理人带来的组织风险的措施包括：建立并完善现代企业制度，制定行之有效的企业管理人员激励机制、约束机制、合理的甄选机制以及业绩考核标准等。但是，最主要的防范企业"代理风险"的手段还是建立良好的经理人市场，通过市场来选拔、任用、监督和激励经理人。而这需要政府部门、企业界以及经理人本身的共同努力与参与。

总之，企业在面对不同的风险时，应该充分考虑所面临风险的内在属性以及企业能力大小，采用不同的风险管理策略，制定有效的风险管理解决方案，减少风险所带来损失对企业的影响。在这里还要补充强调的一点是在企业中应相应地设置风险管理组织职能，即以风险管理线条搭建的，包括风险管理职能部门和其他相关部门的组织架构。风险管理组织职能是风险管理解决方案必不可少的一部分，无论风险管理解决方案如何制定，最终都要落实管理职责，否则风险管理只是空谈。风险管理职能部门承担着风险评估、汇总风险信息、落实风险管理责任、风险管理制度建设、维护更新风险信息库等职责，在风险管理中起着不可替代的作用。企业可以通过设立风险管理职能部门，与其他相关部门组成有效的风险管理组织体系，把风险落实到部门，把责任落实到人，保障风险管理解决方案的实施。

第三节 企业内部控制措施的制定

企业的大多数风险是暴露在业务流程中的，通过流程梳理与改造可以解决，这时的风险管理解决方案则落实到内部控制上。从风险管理角度来说，内部控制是指围绕风险管理策略目标，针对企业的战略、规划、产品研发、投融资、市场运营、财务、内部审计、法律事务、人力资源、采购、加工制造、销售、物流、质量、安全生产、环境保护等各项业务管理及其重要业务流程，通过执行风险管理基本流程，制定并执行的规章制度、程序和措施。从内部控制的定义不难看出，内部控制是一种过程，是针对业务流程设计并实施相应的规章制度、程序和措施，从而达到实现风险管理目标的目的。

一、企业内部控制措施概述

1. 企业内部控制目标

企业内部控制的目标应当与风险管理的总体目标一致，并且内部控制系统的目标应当有助于风险管理总目标的实现，是总目标的具体化。在这里，把内部控制目标分为五个方面，如图 8-11 所示。

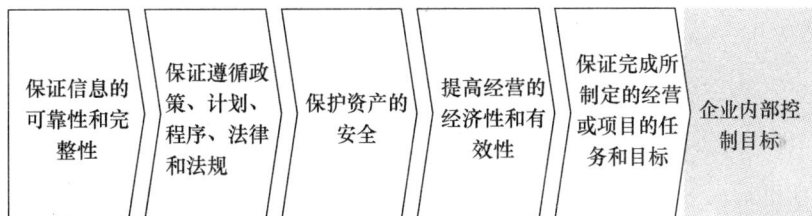

图 8-11 企业内部控制目标

（1）保证信息的可靠性和完整性。企业信息系统一般分为会计信息系统和经营信息系统。会计信息系统生成包括提供管理人员使用的预算报告和成本报告在内的一系列财务报告；经营信息系统则负责收集经营活动各方的信息，并生成各层次的经营活动报告、责任报告等。内部控制的目标之一就是保证信息系统所产生的信息的可靠性和完整性。

（2）保证遵循政策、计划、程序、法律和法规。政策、计划和程序是企业管理层制定的，法律和法规则来源于企业外部。遵循这一系列的规章制度，是为了保证企业组织有计划地、系统地、有秩序地开展经营活动。同时，企业应设置专门人员检查这些规章制度的遵循情况，评价政策、计划和程序的适当性。

（3）保护资产的安全。为了保护企业组织资产的安全所设计的内部控制措施往往可以通过观察来了解。如设置保险箱、安装防盗门、聘用保安、设置计算机密码等。对于贵重的资产还要采用多重的保管设施和手段。

（4）提高经营的经济性和有效性。由于企业拥有的资源是有限的，企业在经营过程中应尽可能减少有限资源的耗费，来实现理想的成本水平和效益水平。如如果设备未能充分利用、工作人员设置过多、非生产性开支过大等都是对组织的危害。最能反映企业经营经济性和有效性的就是财务报表。

（5）保证完成制定的经营或项目的任务和目标。企业组织的一切经营活动和一切控制措施的采用都是为了保证其目标的实现。企业要通过审查和评价内部控制系统，对企业是否朝着既定的目标前进做出判断。

2. 企业内部控制措施制定原则

企业建立内部控制制度体系既要以《会计法》、《公司法》等法律法规作为依据，又要结合企业的具体情况，便于企业有效增强内部管理，防范风险，保护企业财产，增加企业效益。具体来讲，企业内部控制体系的建立要符合以下原则，如图 8 - 12 所示。

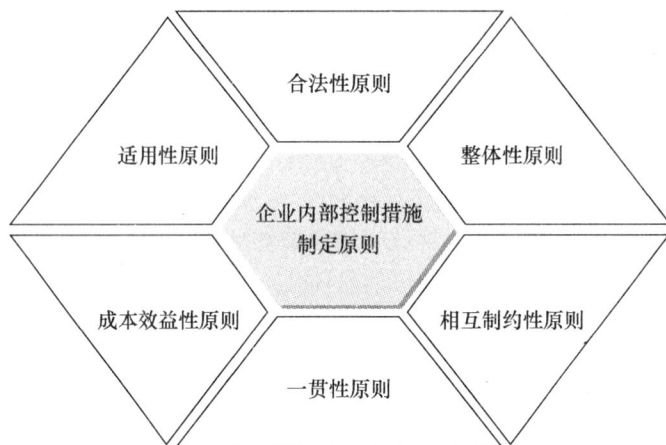

图 8 - 12　企业内部控制原则

（1）合法性原则，就是指企业必须以国家的法律法规为准绳，在国家的规章制度范围内，制定本企业切实可行的内控制度。这是企业建立内控制度体系的基础，在大量的违法违规的企业中，一则是因为不依法办事，更重要的是因为企业财务内控制度本身就脱离了国家的规章制度，任意杠为，最后给国家给企业造成了损失，给社会带来了不良影响。

（2）整体性原则，就是指企业的内控制度必须充分涉及企业风险管理工作的各个方面，它既要符合企业的长期规划，还要注重企业的短期目标，把握全局，注重企业内部控制的整体实施效果。

（3）相互制约性原则，即凡是办理具有固定风险的经济业务事项涉及的不相容职务应当严格加以分离，不得由一个人或一个部门包办到底。其中，固定风险是指在缺少内部控制制度的情况下经济业务事项本身客观上存在发生错弊的可能性，如果对此不加以控制就会导致错弊的发生。所谓不相容职务是指集中于一人办理，既容易发生错弊同时又能够自行加以掩盖的两项或多项职务。

（4）一贯性原则，就是指企业的内控制度必须具有连续性和一致性，不能朝令夕改，随时变动，否则就无法贯彻执行。我们在制定企业内控措施时，要高度重视这一点，要力求制度尽可能连续。

（5）成本效益性原则，是指企业的内控措施的选择与建立要考虑经济性原则，就是说在运用过程中，从经济角度看必须是合理的。一项制度的制定是为控制企业的某些环节、关键点，并最终落实到提高企业管理水平及增加效益上，若违背了这个观点，就变得得不偿失。

（6）适用性原则，是指企业内控措施应便于实际运用，也就是说其操作性要强，要切实可行。这是制定财务内控制度的一个关键点。适用性原则的主要要求可概括为"内容规范、易于理解、便于操作、灵活调整"。

3. 企业内部控制措施内容

国务院国有资产监督管理委员会制定的《中央企业全面风险管理指引》（以下简称《指引》）中提出了企业内部控制措施的 9 项制度，搭建了内部控制的核心构成框架。

《指引》中规定企业制定内控措施，一般至少包括以下内容：

（1）建立内控岗位授权制度。对内控所涉及的各岗位明确规定授权的对象、条件、范围和额度等，任何组织和个人不得超越授权做出风险性决定。

（2）建立内控报告制度。明确规定报告人与接受报告人、报告的时间、内容、频率、传递路线、负责处理报告的部门和人员等；建立内控批准制度。对内控所涉及的重要事项，明确规定批准的程序、条件、范围和额度、必备文件以及有权批准的部门和人员及其相应责任。

（3）建立内控责任制度。按照权利、义务和责任相统一的原则，明确规定各有关部门和业务单位、岗位、人员应负的责任和奖惩制度。

（4）建立内控审计检查制度。结合内控的有关要求、方法、标准与流程，明确规定审计检查的对象、内容、方式和负责审计检查的部门等。

（5）建立内控考核评价制度。具备条件的企业应把各业务单位风险管理执行情况与绩效薪酬挂钩。

（6）建立重大风险预警制度。对重大风险进行持续不断的监测，及时发布预警信息，制定应急预案，并根据情况变化调整控制措施。

（7）建立健全以总法律顾问制度为核心的企业法律顾问制度。大力加强企业法律风险防范机制建设，形成由企业决策层主导、企业总法律顾问牵头、企业法律顾问提供业务保障、全体员工共同参与的法律风险责任体系。完善企业重大法律纠纷案件的备案管理制度。

（8）建立重要岗位权力制衡制度，明确规定不相容职责的分离。主要包括：授权批准、业务经办、会计记录、财产保管和稽核检查等职责。对内控所涉及的重要岗位可设置一岗双人、双职、双责，相互制约；明确该岗位的上级部门或人员对其应采取的监督措施和应负的监督责任；将该岗位作为内部审计的重点等。

二、企业内部控制措施制定流程及实施方式

1. 企业内部控制措施制定流程

企业内部控制是一个持续的过程，即根据需要完成的任务和目标评估企业所面临的风险，再根据风险评估设计内部控制系统和内部控制措施并授权给有关人员执行，同时依据标准对内部控制设计的适当性和执行的有效性进行测试和评价，分析差异以及里外事项，采取适当的改进措施，如图 8-13 所示。

同时，企业内部控制措施制定也是一个持续的、动态的过程。这个过程主要包括内部控制措施的设计、执行、评价和改进四个环节，是一个循序渐进的过程，如图 8-14 所示。

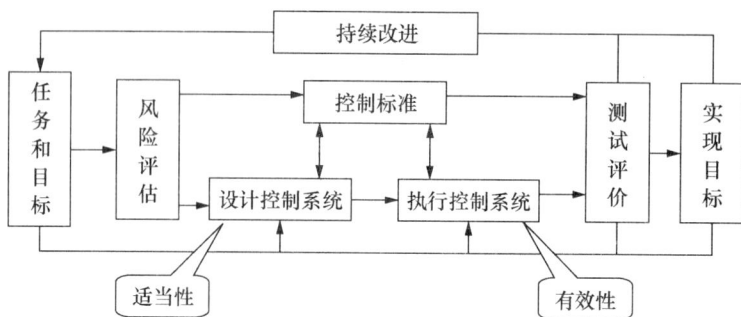

图 8 - 13 企业内部控制过程

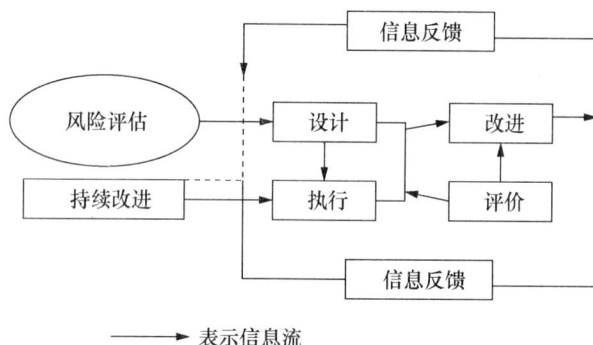

———→ 表示信息流

图 8 - 14 企业内部控制措施制定流程

（1）内部控制措施设计，即制定内部控制措施。内部控制措施设计的好坏直接影响到内部控制的执行效果，以及企业风险防范的效果。企业管理当局应根据设计任务的需要成立专门的组织进行制度设计工作。例如，可由单位领导人、有关生产、供销、技术、质量等方面的管理人员，以及财务会计人员、内部审计人员组成设计小组，必要时可以聘请有关中介机构或专家参加。设计时应注意根据单位规模、经营特征，确定业务应采取的控制方式。

（2）内部控制措施执行，即企业各个职能部门及其管理者和员工在企业经营过程中贯彻执行已制定的各项内部控制措施，按照制度的规定进行计划、组织与协调经济活动以及具体业务的过程。在这个过程中应特别注意以下几个问题：①内部控制措施的有效执行需要一个良好的控制环境。因此，需要在企业内部营造出一种浓厚的氛围，使企业全体成员理解贯彻执行内控措施的意义。②制定贯彻执行内控措施的切实措施，对岗位员工进行培训，使之清楚明了自己应遵守的制度规定，提高监督意识。同时，应设置合理的奖惩制度，对好员工进行激励，对违反制度的员工严格惩罚，不能姑息迁就。③内部控制措施评价，即对内部控制措施设计和执行两个环节的恰当性和有效性进行测试和评价。评价是内部控制活动中一个承前启后的重要环节，是内部控制措施持续改进的一个重要信息反馈渠道。这要求企业重视对其内部控制系统的研究，着重对措施中的缺陷进行深入细致的分析，提出弥补缺陷以及改进的措施或者备选方案。④内部控制措施的持续改进。由于企业面临的风险在不同的时期是不同的，也就要求其内部控制措施不是一成不变的，而应是处于不断的改进中的。并且只有及时地对措施加以改进，内部控制才能起到防御风险的作用。

2. 企业内部控制措施实施方式

企业实施内部控制措施时必须依赖科学的方式才能进行。根据内部控制措施应包括的内容，其实施方式主要有目标控制、组织设计控制、授权控制、预算控制、措施控制、责任考核控制、内部审计控制、应急措施控制八种，如图 8 – 15 所示。

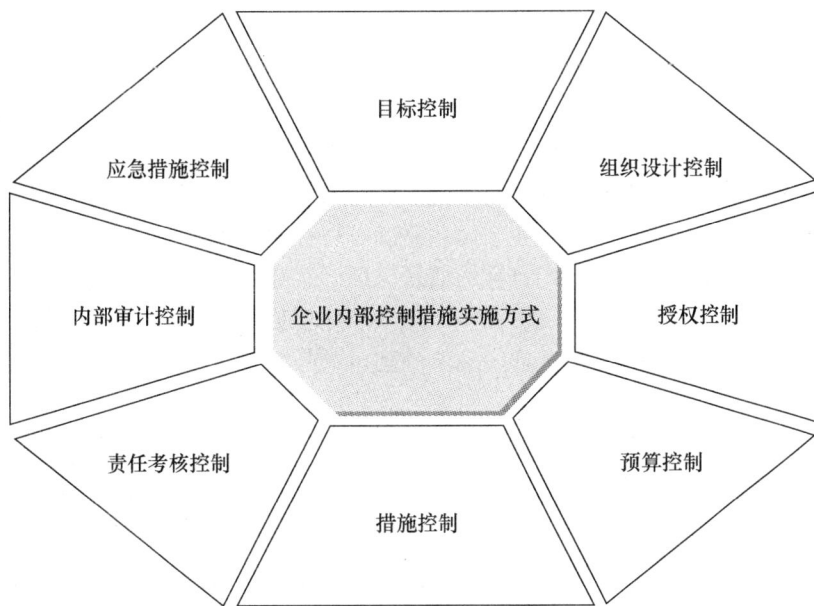

图 8 – 15　企业内部控制措施实施方式

（1）目标控制方式。企业一个部门或单位的业务活动或风险管理活动应有不同层次的明确而合理的计划和目标，并由专人对其执行过程和结果实施监督和检查，进而进行信息反馈和调节的控制方法。在这个控制过程中，目标被一级一级地分解到组织的各个单位，即组织的整体目标被转换为每一级组织单位的具体目标，构成一个目标的层级结构。为了实现目标，企业应进行组织、激励、监督和检查等工作。

目标控制体现了"责、权、利"的密切结合，是一种立体的多维的经济责任控制体系。在进行目标控制时，企业应注意以下几点：①目标的实现，应有组织的高层主管的积极参与，以确立整个组织对目标控制的信心。②目标的实施应有周详的计划，并应特别注重对各级单位主管有关目标控制的培训。③目标控制在目标实现过程中要建立信心反馈机制。在执行和实现的过程中，若发现原定目标有失公允和合理，应对其进行修订或重新设定。

（2）组织设计控制方式。对企业组织机构设置、职责分工的合理性和有效性进行的控制。①组织机构设置。企业应建立股东大会—董事会—管理层的法人治理结构，其中董事会成员应由内部管理董事和外部独立董事混合组成，并赋予独立董事对公司财务报告和利润分配方案、对外投资、财产处置、收购兼并等事项发表独立意见的权利。同时，为保护股东利益，确保公司各项政策、制度的贯彻执行和保证公司的合法合规经营，企业还应建立独立于董事会的监事会或主要由公司外部独立董事参加的审计委员会。②组织分工设置。合理的组织分工是保证经济业务按照企业既定方针执行、提高经营效率、保护资产和增强会计数据可靠性的重要条件。其关键在于不相容的职务分离，即要求不相容职务分别由几个人担任，以便于相互监督。企业内部的主要不相容职务有：授权批准职务、执行业务职务、财产保管职务、会计记录职务以及监督审核职务。

（3）授权控制方式。在一般的公司制企业中，授权一般是由股东大会授予董事会，董事会将大部分权力授予公司总经理和高层管理人员，总经理和高层管理人员再向下层管理人员进行授权。公司每一层管理人员既是上层管理者的授权客体，又是向下级管理人员进行授权的主体。授权控制要求各级人员在其业务处理职责权限范围内，无须请示便可直接处理业务，同时也要求明确各级人员应予履行的职责。同时，应建立授权批准检查制度，通过必要的检查程序以确保每类经纪业务授权批准的工作质量。

（4）预算控制方式。从本质上说，预算控制是年度经济业务开始时根据预期的结果对全年经济业务的授权批准控制。企业全面预算既可以控制各项业务的收支，又能控制整个经济业务的处理，是企业实现既定目标的前提保证。企业管理部门可以根据预算所确定的标准进行控制，评价工作成效，找出偏差，并采取纠正措施消除偏差。在实际应用中，企业可以设置由各部门主管如销售经理、生产经理、财务经理等组成的，并由企业总经理领导的预算委员会来完成上述职能。

（5）措施控制方式。主要包括记录报告控制和资产管理控制两种方式。①记录报告控制。首先，任何管理的形式和程序都要有对管理行为负有责任的授权记录，在正式说明财务成果和经营状况时，应有记录报告制度。要使各种记录有效、准确、真实反映经济业务，必须进行可靠性控制。例如，要保证会计记录的可靠性，必须建立会计凭证的审核制度；建立账账核对制度；建立复核制度；建立分批控制和检查差错制度；采用科目控制、凭证控制、账簿控制、报表控制、核算控制以及电算化控制等。其次，需要建立内控报告制度和内控批准制度。明确内控报告的时间、内容、频率、传递路线、负责处理报告的部门和人员，并规定批准的程序、条件、范围和额度、必备文件以及有权批准的部门和人员及其相应责任等。②资产管理控制，即要求企业建立健全出、入库手续，安全保管，及时记账核对，资产清查等制度。具体来说建立严格出、入库手续；财产物资要实行"永续盘存制"，在账面上随时反映出结存数额；建立安全保管和科学保管制度；建立定期财产清查制度。同时还应逐步地实行职务轮换制，不定期地调动包括财会人员在内的管理人员的职务，以确保财产安全。

（6）责任考核控制方式。具体措施包括建立内控责任制度以及内控考核评价制度。按照权利、义务和责任相统一的原则，企业应明确规定各有关部门和业务单位、岗位、人员应负的责任和奖惩制度，并形成明文规定的文件；同时具备条件的企业应把各业务单位风险管理执行情况与绩效薪酬挂钩。

（7）内部审计控制方式。内部审计是由企业内部审计部门的审计师所进行的审计，其职能性质是审核和评价企业内部控制系统，包括审查和评价内部控制的设计、有效性、遵循情况和是否达到目标。内部审计的本质是对内部控制执行情况的一种监督形式，即对内部控制的"再控制"。为了充分发挥内部审计的监督评价职能，必须建立健全内部审计机构。在设置时，企业应考虑以下几点：①内部审计机构是否能够独立行使对内部控制系统建立与运行过程及结果进行监督的权利。②内部审计机构是否具备监督与评价内部控制系统相适应的权威性，是否可以对监督和评价过程中所遇到的有关问题或情况有一定的处置权。③内部审计机构与企业中其他机构在工作中是否相互配合、相互制约、相互促进。④内部审计机构是否具有效率。⑤内部审计机构是否与企业外部审计机构在监督评价企业内部控制体系方面可以协调一致。

一般来说，内部审计可分为财务审计、经营审计与管理审计。检查企业财会部门的工作情况以及各部门遵守财务会计制度的情况，并根据审查出来的问题，协调各部门解决，这是财务审计任务。在经营审计中，内部审计人员应以产、供、销等业务经营活动和结果为具体审计对象，审查企业业务经营活动的效果，控制经营活动中的风险。管理审计以改善企业的管理素质和提高管理水平为目的，审查企业在计划、组织、控制、决策等管理职能表现，控制管理活动风险。

（8）应急措施控制方式。为了应对突发的风险状况，企业应配备应急措施加以应对。并建立重大风险预警制度，对重大风险进行持续不断的监测，及时发布预警信息，制定应急预案，并根据情况变化调整控制措施。

案例 8－18：宁波维科精华集团股份有限公司关于内部会计控制制度有关事项的说明：

1. 公司简介

宁波维科精华集团股份有限公司（以下简称"公司"或"本公司"）系经宁波市经济体制改革办公室甬体改办〔1993〕44 号文批准，由原宁波线带集团公司独家发起，采用定向募集方式设立。现有注册资本 293494200.00 元，折 293494200 股（每股面值 1 元），其中已流通股份：A 股 110975000 股。公司股票已于 1998 年 6 月 9 日在上海证券交易所挂牌交易。

本公司属纺织行业。经营范围：纱、线、带制品、床上用品、家纺织品、针织品、装饰布、医用敷料的制造、加工（制造加工限另地经营）；实业项目投资，纺织设备租赁；百货的批发、零售、代购代销；仓储。主要产品：纱、线、带制品、床上用品、家纺织品、针织品、装饰布等。

2. 公司建立内部会计控制制度的基本目标

公司建立内部会计控制制度，主要是为了达到以下基本目标：

（1）规范公司会计行为，保证会计资料真实、完整，提高会计信息质量。

（2）堵塞漏洞、消除隐患，防止并及时发现、纠正错误及舞弊行为，保护公司资产的安全、完整。

（3）确保国家有关法律法规和公司内部规章制度的贯彻执行。

3. 公司建立内部会计控制制度遵循的原则

公司内部会计控制制度的建立遵循了以下原则：

（1）内部会计控制符合国家有关法律法规和财政部《内部会计控制规范——基本规范（试行）》，以及公司的实际情况。

（2）内部会计控制约束公司内部涉及会计工作的所有人员，任何个人都不得拥有超越内部会计控制的权力。

（3）内部会计控制业务处理过程中的关键控制点，落实到决策、执行、监督、反馈等各个环节。

（4）内部会计控制保证公司内部涉及会计工作的机构、岗位的合理设置及其职责权限的合理划分，坚持不相容的职务相互分离，确保不同机构和岗位之间权责分明，相互制约、相互监督。

（5）内部会计控制遵循成本效益原则，以合理的控制成本达到最佳的控制效果。

（6）内部会计控制随着外部环境的变化、公司业务职能的调整和管理要求的提高，不断修订和完善。

4. 公司内部会计控制制度的主要内容

公司2001年1月1日至12月31日与会计报表相关的内部控制制度设置和执行情况如下：

（1）控制环境。公司已按照《中华人民共和国公司法》、《中华人民共和国证券法》和有关监管部门要求及《宁波维科精华集团股份有限公司公司章程》规定，设立了董事会、监事会，在公司内部建立了与业务性质和规模相适应的组织结构，各部门有明确的管理职能，部门之间相互牵制监督。①股东大会：根据《公司章程》的规定，公司股东大会的权力符合《公司法》、《证券法》的规定，股东大会每年召开一次，并应于上一会计年度终结后的六个月内举行；在《公司法》及《公司章程》规定的情形下可召开临时股东大会。②董事会：公司董事会由7名成员组成，公司董事会经股东大会授权全面负责公司的经营和管理，制定公司经营计划和投资方案、财务预决算方案、基本管理制度等，是公司的经营决策中心，对股东大会负责。公司已制定《董事会议事规则》。③监事会：公司监事会由5名成员组成，其中包括2名职工监事。监事会经股东大会授权，负责保障股东权益、公司利益、员工合法权益不受侵犯。监事会对股东大会负责并报告工作，根据该公司内部涉及会计工作的各项经济业务及相关岗位，并针对公司章程规定组成并行使职权。公司已制定《监事会议事规则》。④管理层及组织架构：管理当局为适应公司经营模式，协调研发、生产、市场营销与财务管理间的关系，以便及时取得经营、财务信息，公司明确了各高级管理人员的职责，并建立了与经营模式相适应的组织机构，科学地划分了每个机构的责任权限，形成相互制衡机制。总经理按《总经理工作暂行规定》全面主持公司日常生产经营和管理工作，下设三位副总经理分别主管营销、科技、人力资源。公司内设机构有营销管理部、综合办公室、财务管理部、科技开发部、人力资源管理部五个部门，聘用的高级管理人员均具备一定的学历、管理经验，能确保控制措施有效执行。⑤企业文化：公司全体员工在长期的创业和发展过程中培育形成并共同遵守的最高目标、价值标准、基本信念及行为规范构成本公司的企业文化。⑥公司日常经营管理制度：公司已建立并实施了一整套有关采购、生产、营销、研发、人事等方面的经营管理制度。为合理防范经营风险、财务风险并降低公司采购成本，公司对材料采购过程中客户档案的建立、请购、订购、签订采购合同、进料验收、质检、退货、保管、领料、发料和退料等一系列环节建立了工作制度。公司按编制的生产计划组织实施生产，并定期分析实际执行情况。为充分发挥公司营销网络作用、提高整体营销能力及市场占有率，公司建立一系列加强销售业务管理的制度，包括建立销售客户的档案、订立完整销售合同、对相关的业务进行利润分析、成立收汇风险小组对外销产品的安全运输及货款的回笼进行全程跟踪；同时对营销业绩建立完善的考核体系，实行有效激励；结合分、子公司的实际情况，对销售合同的审批、签订、保管和执行以及货款的回笼制定了具体的规章制度，以实现公司整体营销目标。⑦外部影响：影响公司的外部环境主要是国家、地方有关政策变动和管理监督机构的监督、审查，经济形势及行业动态等。公司能适时地根据外部环境的变化不断提高控制意识，强化和改进内部控制政策及程序。

（2）会计系统。公司已按《公司法》、《会计法》、《企业会计准则》和《企业会计制度》等法律法规及其补充规定的要求制定了公司的会计核算制度和财务管理制度，并制定了明确的会计凭证、会计账簿和会计报告的处理程序。

（3）控制程序。为合理保证各项目标的实现，公司建立了相关的控制程序，主要包括：交易授权控制、责任分工控制、凭证与记录控制、资产接触与记录使用控制、独立稽查控制、电子信息系统控制等。①交易授权控制：明确了授权批准范围、权限、程序、责任等相关内容，公司内部的各级管理层必须在授权范围内行使相应的职权，经办人员也必须在授权范围内办理经济业务。②责任分工控制：合理设置分工，科学划分职责权限，贯彻不相容职务相分离及每一个人工作能自动检查另一个人或更多人工作的原则，形成相互制衡机制。不相容职务主要包括：授权批准与业务经办、业务经办与会计记录、会计记录与财产保管、业务经办与业务稽核、授权批准与监督检查等。③凭证与记录的控制：合理地制定了凭证流转程序，经营人员在执行交易时能及时编制有关凭证，编妥的凭证及早送交会计部门以便记录，已登账凭证依序归档。各种交易必须做相关记录（如员工工资记录、永续存货记录、销售发票等），并且将记录同相应的分录独立比较。④资产接触与记录使用控制：严格限制未经授权的人员对财产的直接接触，采用定期盘点、财产记录、账实核对、财产保险等措施，以使各种财产安全完整。⑤独立稽查控制：公司综合办公室内设的内审人员负责内审工作，内审人员对公司的总经理负责，负责对货币资金、有价证券、凭证和账簿记录、物资采购、消耗定额、付款、工资管理、委托加工材料、账实相符的真实性、准确性、手续的完备程度进行审查、考核。⑥公司根据各分、子公司的电算化基础，在电子信息系统开发与维护、数据输入与输出、文件储存与保管等方面做了较多的工作。

5. 公司主要内部控制制度的执行情况和存在的问题

本公司对内部控制制度设计和执行的有效性进行了自我评估，现对公司主要内部会计控制制度的执行情况和存在的问题说明如下：

（1）公司在2001年度着力完成与控股股东的"三分开"，以建立健全完善的法人治理结构。公司采取了一系列措施已逐步实现了公司与控股股东之间人、财、物三分开；公司股东大会、董事会、监事会相关会议均形成记录，并制定了董事会、监事会议事规则；董事会全面负责公司经营与管理活动；总经理主持公司的日常经营管理。公司股东大会议事规则的建立及独立董事的聘请工作已经2001年度股东大会决议通过。

（2）公司已按国家有关规定制定了会计核算制度和财务管理制度，并明确制定了会计凭证、会计账簿和会计报告的处理程序。在具体执行中，公司所属各子公司执行统一的财务管理制度工作仍有待于进一步加强。

（3）公司已对货币资金的收支和保管业务建立了较严格的授权批准程序，办理货币资金业务的不相容岗位已做分离，相关机构和人员存在相互制约关系。公司已按财政部《内部会计控制规范——货币资金（试行）》和《现金管理暂行条例》明确了现金的使用范围及办理现金收支时应遵守的规定，并已按《支付结算办法》及有关规定制定了银行存款的结算程序。在实际操作中，存在公司与宁波维科集团股份有限公司结算中心资金往来的批准、授权手续不够完善的现象。

（4）公司在筹资业务方面，能较合理确定筹资规模和筹资结构，选择恰当的筹资方式，较严格地控制财务风险，降低资金成本。

（5）公司已较合理地规划和落实了采购和付款业务的机构和岗位，明确了存货的请购、审批、采购、验收程序。采购货款的支付需在相关手续齐备后才能办理，大额款项的支付必须经批准同意。但在实际执行中，存在部分采购业务未签订采购合同，采购订单也未能连续编号，以及对部分料到单未到的材料平时未能及时地进行暂估，在年末时才予暂估的情况。

（6）各分、子公司建立了实物资产管理的岗位责任制度，能对实物资产的验收入库、领用发出、保管及处置等关键环节进行控制，采取了职责分工、实物定期盘点、财产记录、账实核对、财产保险等措施，能够有效地防止各种实物资产的被盗、偷拿、毁损和重大流失。

（7）公司及各分、子公司建立了成本费用控制系统，能做好成本费用管理的各项基础工作，明确费用标准，分解成本费用指标，控制成本费用差异，考核成本费用指标的完成情况，落实奖罚措施，降低成本费用，提高经济效益。

（8）公司在销售与收款业务方面，按市场营销管理制度要求，制定了可行的销售政策，建立了国外应收款风险控制制度。公司制定了加强业务管理系统的规定，规范了内外销合同、利润分析单及装运单制作、签订、审批、留存程序，明确了收汇风险小组及财务部的职责。公司根据实际情况将年初确定的营销指标进行分解，下达给各相关营销机构和人员，并确定销售利润指标和货款回笼的相关要求，考核营销费用。出口业务平时由于单证传递的时间差，存在少量收入确认滞后的现象。

（9）对外投资方面，公司为严格控制投资风险，按《公司章程》的有关规定，建立了相应的《投资管理制度》，并按投资额的大小确定的投资决策权的行使，结合对投资事前、事中、事后工作制定了完备的内部控制制度。公司综合办公室负责对外投资审核，包括收集、归档对外投资的董事会、监事会、股东大会决议及相关文书资料，并建立健全的对外投资台账，跟踪、分析投资效益的制度。

（10）公司制定了《担保管理制度》，明确公司的财务部为担保合同的管理部门，负责公司担保合同的签订、履行、变更、终止和保管工作，同时根据担保金额的大小规定了担保审批权的归属和对担保业务发生后对被担保人的经营情况、资金状况的事后监督制度。目前公司除为子公司提供担保外，未对公司外部单位提供担保。

（11）公司已建立了预算体系，能够做好预算的各项基础工作。但在实际执行中，公司未能将年度的预算方案有效地分解落实到各个职能部门，故预算的实际执行情况不够理想。

（12）公司在内部审计方面，在综合办公室设置了一名专职的内审人员，另有四名兼做内审工作的分公司财务主管，内审人员对公司的总经理负责。这与《公司章程》及有关审计条例规定不符，使内部审计的独立性不够；同时由于专职的内部审计人员数量较少，尚难以真正发挥内部审计应有的作用。

6. 公司准备采取的措施

公司现有内部控制制度基本能够适应公司管理的要求，能够对编制真实、公允的财务报表提供合理的保证，能够对公司各项业务活动的健康运行及国家有关法律法规和公司内部规章制度的贯彻执行提供保证。针对目前公司在内部会计控制制度方面存在的问题，公司拟采取下列措施加以改进提高。

（1）进一步完善公司的制度建设，根据公司的实际情况及时地制定如科研项目、预算管理等方面的制度；公司的档案归口综合办公室，为公司专用的人员、场地和设施的配置工作进一步落实。

（2）公司的会计核算制度及财务管理制度将根据会计制度的变化及企业的实际情况及时进行更新修订或制定补充规定，并统一各子公司的财务制度采取有效措施保证其能被严格地执行；加快原始单据的传递以保证财务信息的及时性；平时对料到单未到的材料也予以暂估入账，加强财务对实物的控制。

（3）公司将进一步规范关联方资金往来的审批，严格按照《现金管理暂行条例》完善收付款凭证的稽核手续。

（4）逐步统一公司实物资产的管理制度，实现货物的采购与验收完全分离，提高采购货物的质量；按标准统一目标，进一步规范实物流转与单证流转。

（5）进一步完善投资决策的组织体系，包括设立隶属董事会层面的战略发展委员会。在具体操作上，严格按制度、程序、规范管理投资活动，加强对投资的事后分析。

（6）对公司营销业务，落实对新客户的信用调查工作，完善合同签订、修改审批制度并严格执行，从金额和期限两个方面明确赊销的审批权限。集团内部购销业务按市场定价原则进行，并签订购销合同。

（7）在预算控制方面，强化对预算方案的分解与落实，并加强预算执行效果的分析。

（8）在内部审计方面，考虑设立独立的内部审计机构，提高内部审计的独立性，并逐步过渡到符合《公司章程》的要求，同时充实专职的内部审计人员，制定适当的内部审计计划，扩大内部审计工作范围，切实解决内部审计发现的问题，以利于内部控制制度的进一步完善及有效执行。

（9）进一步加强企业文化建设，增进公司的凝聚力和战斗力；加强公司品牌战略的实施，提高公司产品的知名度和竞争力。

公司管理层认为，公司已根据实际情况建立了满足公司需要的各种内部控制制度，并结合公司的发展需要不断进行改进和提高，相关制度覆盖了公司业务活动和内部管理的各个方面和环节，并得到了有效执行。公司内部控制制度完整、合理、有效，不存在重大缺陷。

思考题及答案要点

1. 案例：近几年来，李东生一直是国内企业家群体当中最活跃的一分子，2004年尤其如此。2004年他坚定地实施"走出去战略"，先后将汤姆逊的彩电业务与阿尔卡特的手机业务掌控到自己手中，当之无愧地跻身2004年中国新经济年度人物行列，并获得亚洲风云人物、法国国家荣誉勋章、全球最具影响力的商界领袖等一系列荣誉。但是，在一系列荣誉扑面而来的时候，风光无限的李东生及其领导下的TCL未来的处境绝对不是坦途一片。

TCL集团股份有限公司创办于1981年，前身为全国最早的12家合资企业之一"TTK家庭电器有限公司"，生产录音磁带。在1985年转而与香港长城电子合资生产电话机后，TTK变成了TCL（Telephoto Comunication Limited）通讯设备有限公司。

在接下来的日子里，TCL在电话、电视机、手机领域都取得了引人注目的成绩。2002

年，TCL 手机业务销售额和利润额均做到了国产手机第一名，仅次于摩托罗拉和诺基亚，而彩电业务也跨入了国内三强之列。

以此，TCL 制订了雄心勃勃的"龙虎计划"。而为了实现这个计划中所定下的增长率，光靠企业自身的积累和滚动是无法达到的，必须进行大规模的兼并重组。同时，TCL 的两大支柱产业电视机和手机在国内的业务也受到了严峻的挑战，再加上中国加入世界贸易之后密集的反倾销调查，进行跨国收购成为 TCL 的最佳选择。在李东生看来，跨国收购，既可以获得核心技术，又可获得海外的销售渠道，还可以轻松避开美国、欧盟设置的贸易壁垒，对 TCL 来说可谓一举三得。

于是，2003 年 11 月，TCL 与全球第四大消费电子制造商汤姆逊彩电业务合资，在深圳组建了合资企业 TTE CORPORATION（TTE）。其中，TCL 国际控股和汤姆逊分别持有 TTE 67% 和 33% 的股权。TTE 方面称，新公司的主要经营目标就是未来 18 个月内在北美、欧盟市场实现盈利。

就在人们对 TCL 兼并汤姆逊的彩电业务津津乐道之时，TCL 再次出手。2004 年 6 月 18 日 TCL 与阿尔卡特在巴黎签订"合资认购协议"，合资组建 TCL—阿尔卡特移动电话有限公司。2004 年 10 月 10 日，TCL 通讯与法国阿尔卡特合资组建的 TCL—阿尔卡特移动电话有限公司（简称 TAMP）在香港正式成立。TCL 出资 5500 万欧元持有 55% 股份。

表面上看，TCL 通过这两次跨国重组得到了大量的知识产权，并且还绕开了美国和欧盟的种种限制，似乎是非常成功。但是背后隐藏的种种风险却让我们对于未来的前景充满疑虑。

TCL 集团希望通过兼并汤姆逊的彩电业务和阿尔卡特的手机业务实现其宏伟的"龙虎计划"，可谓机会和风险并存。对 TCL 来说，两次并购所带来的机会和风险是平衡的吗？尝试对其面临的主要风险作简要分析。

答案要点：

（1）TCL 的彩电和手机业务都面临激烈的竞争，未来的盈利水平具有很大不确定性。彩电与手机是 TCL 现在的两大支柱产业，任何一个产业发生问题，都会对 TCL 产生灾难性的影响。

（2）新的合资企业面临巨大的整合风险。TCL 并购汤姆逊彩电业务和阿尔卡特手机业务的目的是希望产生协同效应，实现企业的快速增长。能否产生协同效应，很大程度上依赖于两家新企业的内部整合。可以说，两家合资企业的整合情况决定了并购的成败。

（3）并购可能带来现金流风险。由于短期内很难扭转汤姆逊和阿尔卡特业务巨亏的局面，同时整合将不可避免地带来费用的增加，TCL 的跨国并购短期内将为 TCL 带来巨大的财务负担。如果在未来一段时间内 TCL 在中国国内市场的经营状况恶化，或者如果 TTE 和 TAMP 在较长的时间里整合不顺畅，虽然 TCL 目前有较充沛的现金流，但未来仍将面临现金流中断的风险，TCL 的融资能力将经受考验。

（4）各国政策和法律的不确定性、手机和彩电技术的日新月异、关键人才的流失等都会对 TCL 的跨国并购带来不确定性影响。

2. 案例：某企业仓库保管员负责登记存货明细账，以便对仓库中的所有存货项目的验收、发、存进行永续记录。当收到验收部门送交的存货和验收单后，根据验收单登记存货领料单。平时，各车间或其他部门如果需要领取原材料，都可以填写领料单，仓库保管员根据领料发出原材料。公司辅助材料的用量很少，因此领取辅助材料时，没有要求使用领料单。各车间经常有辅助材料剩余（根据每天特定工作购买而未消耗掉，但其实还可再为其他工作所用的），这些材料由车间自行保管，无须通知仓库。如果仓库保管员有时间，偶尔也会对存货进行实地盘点。

根据上述描述，回答以下问题：

（1）你认为上述描述的内部控制有什么弱点？并简要说明该缺陷可能导致的错弊。

（2）针对该企业存货循环上的弱点，提出改进建议。

答案要点：

（1）存在的弱点和可能导致的弊端。①存货的保管和记账职责未分离。将可能导致存货保管人员监守自盗，并通过篡改存货明细账来掩饰舞弊行为，存货可能被高估。②仓库保管员收到存货时不填制入库通知单，而是以验收单作为记账依据。将可能导致一旦存货数量或质量上发生问题，无法明确是验收部门还是仓库保管人员的责任。③领取原材料未进行审批控制。将可能导致原材料的领用失控，造成原材料的浪费或被贪污，以及生产成本的虚增。④领取辅助材料时未使用领料单和进行审批控制，对剩余的辅助材料缺乏控制。将可能导致辅助材料的领用失控，造成辅助材料的浪费或被贪污，以及生产成本的虚增。⑤未实行定期盘点制度。将可能导致存货出现账实不符现象，且不能及时发现及计价不准确。

（2）存货循环内部控制的改进建议：①建立永续盘存制，仓库保管人员设置存货台账，按存货的名称分别登记存货收、发、存的数量；财务部门设置存货明细账，按存货的名称分别登记存货收、发、存的数量、单价和金额。②仓库保管员在收到验收部门送交的存货和验收单后，根据入库情况填制入库通知单，并据以登记存货实物收、发、存台账。入库通知单应事先连续编号，并由交接各方签字后留存。③对原材料和辅助材料等各种存货的领用实行审批控制。即各车间根据生产计划编制领料单，经授权人员批准签字，仓库保管员经检查手续齐备后，办理领用。④对剩余的辅助材料实施假退库控制。⑤实行存货的定期盘存制。

推荐读物

1. 国务院国有资产监督管理委员会. 中央企业全面风险管理指引［Z］. 2006.

2. ［美］Steven J. Roof. 超越 COSO——加强公司治理的内部控制［M］. 北京：清华大学出版社，2004.

3. ［美］James Lam. 企业全面风险管理——从激励到控制［M］. 北京：中国金融出版社，2006.

4. ［美］Michel Crouhy，Dan Galai，Robert Mark. 风险管理［M］. 北京：中国财政经济出版社，2005.

5. 顾孟迪，雷鹏. 风险管理［M］. 北京：清华大学出版社，2005.

6. 友联时俊管理顾问. 企业内部控制和风险管理［M］. 上海：复旦大学出版社，2005.

7. 刘钧. 风险管理概论［M］. 北京：中国金融出版社，2005.

8. 李凤鸣. 内部控制设计［M］. 北京：经济管理出版社，1997.

9. 林义. 风险管理［M］. 成都：西南财经大学出版社，1990.

第九章　企业风险管理的执行、监督与改进

本章提要

　　企业风险管理除了具有目标和规范的制度之外，更重要的是后续的执行、监督和改进，已有的案例已经表明，无论企业风险管理制度的规范如何、合力如何，如果没有强力的执行、监督与改进，企业风险管理的制度就会陷于形式化。如果执行良好，企业风险管理就能释放企业的资源和资金储备，使其能投入有助于增进股东价值的活动。是否能够良好执行，监督也是一个不可或缺的环节。在分析、总结本企业的经验教训、借鉴其他企业的成功经验的基础上，持续改进企业的风险管理将会使企业在市场中更具竞争优势。本章详细介绍了企业在风险管理过程中如何保证风险管理计划的执行、如何进行风险管理的监督与控制以及如何保证风险管理的持续改进。

章首案例

　　2004 年 11 月底，中航油新加坡公司因进行衍生品交易而蒙受 5 亿多美元巨亏后，在新加坡普华永道会计公司事后提交的调查报告中，"风险管理"成为出现频率颇高的一个词。报告认为，中航油新加坡公司的巨额亏损由诸多因素造成，其中无法回避的一点就在于，缺乏对期权交易的风险管理规则和控制。

　　虽然中航油在期权交易方面遭受了巨大的风险损失，但问题的症结并不在于中航油没有注意到风险管理，事实上中航油在风险管理的框架和规则设计上还是大量借鉴了国外的先进经验的，事出的根本原因在于先进的风险管理规则并没有在中航油内部得到执行和监督，更没有根据形势的变化做出相应的改进。

　　在借鉴国外经验的基础上，中航油内部设有风险委员会，《风险管理手册》设计得也很完善，《手册》规定了相应的审批程序和各级管理人员的权限，通过联签的方式降低资金使用的风险。制定的《风险管理手册》明确规定，损失超过 500 万美元，必须报告董事会；采用世界上最先进的风险管理软件系统将现货、纸货和期货三者融合在一起，全盘监控；同时建立三级风险防御机制，通过环环相扣、层层把关的三个制衡措施来强化公司的风险管理，使风险管理日常化、制度化。但在公司主要领导的行为不受这些规则控制时，这种风险管理制度就形同虚设了，风险委员会也没有起到监督风险管理执行的作用。前总裁陈久霖从来不报损失，还一度声称在严格的风险管理系统总体控制下，期货操作不存在较大风险。由此可见，中航油新加坡公司的"表面文章"都做到了，企业有相关的风险管

理制度，但也仅限于此，企业风险管理陷于形式化的境地，相应的风险管理制度并未得到有效的执行、监督及控制，从而给企业带来了巨大的损失。

只有当企业风险管理成为日常业务的一部分，得到切实的执行、监督并不断改进时，其真正价值才会体现出来，成为在复杂环境里管理公司的唯一有效办法。企业绝不能让风险管理思想只成为董事会挂在嘴边的时髦词语，而实现企业风险管理绝非易事，它必将改变每个人的工作方式，并且要有一个监督机制来促使它的执行。

企业应以重大风险、重大事件和重大决策、重要管理及业务流程为重点，对风险管理初始信息、风险评估、风险管理策略、关键控制活动及风险管理解决方案的实施情况进行监督，采用压力测试、返回测试、穿行测试以及风险控制自我评估等方法对风险管理的有效性进行检验，根据变化情况和存在的缺陷及时加以改进。

第一节　风险管理计划的执行

企业风险管理往往能让企业针对各种风险设置事前的预防措施、事后的补救措施，促使管理者寻求适用于企业整体的解决方案并制定出具体的风险管理计划，从而使损失降到最低。如果执行良好，企业风险管理就能释放企业的资源和资金储备，使其能投入有助于增进股东价值的活动。因此，应把风险管理融入日常运营，而不是让员工在出现风险时消极应对，成功的风险管理也是现代企业竞争优势的来源。在这个竞争日趋激烈的时代，企业风险管理为创建更精明、更安全的企业而扮演的角色必将会得到进一步的加强，因此，企业内、外部有关部门应通力合作，贯彻执行企业风险管理决策。

一、最高管理层的公开承诺和支持

整个企业范围内风险管理的成功推行，必须要有公司高层领导的鼎力支持作为保证。企业最高领导在企业的高层确定风险管理的基调，从而影响企业内部环境中的员工操守和价值观及其他因素，以确保企业全面风险管理的有效执行。首先，由于企业全面风险管理有可能影响一些人的既有利益，如果最高管理层不以高姿态做出公开承诺和支持，任何风险管理项目都无法启动，企业就不可能成功地建立起整个企业范围内的新的风险管理模式，更不可能得到有效的执行。其次，除了促成风险管理模式的转变，高层管理者还应参与后续工作。高层管理者不能只把新管理模式的实施视为下属的职责，他们必须努力参与到实施管理过程中去。只有高层管理人员把自己看作风险管理的引导者，风险管理的执行才更有保障。如果离开了高层始终如一的支持，企业全面风险管理新模式的建立根本无法实现。

美国加州联合石油公司全面风险管理模式的成功推行就得到了企业最高层的大力支持。曾经作为麦肯锡公司顾问的公司首席财务执行官蒂姆·林就非常强调将风险管理视为企业良好风险管理的重要性。如果没有他在转变过程的积极参与，加州联合石油公司绝不可能在短时间内成功建立起整个企业内的新的风险管理模式。内部审计部门的卡尔·普利姆、企业环境和安全部门的乔治·沃克为模式转变做了引导性的积极工作，加强了两个部门之间的合作与综合，这对新风险管理模式的建立产生了重要的推动作用。微软的财务总监布伦特·考利尼克斯也是微软风险管理模式的支持者，他认为微软的首席执行官应该是比尔·盖茨，因为他最终承担企业研发和市场风险。风险管理经理劳瑞·约根森和包括其他几位财务主管在内的管理人员，和考利尼克斯一起组成了微软的风险管理部。而中航油显然是一个企业最高层无视风险管理在现代企业管理中的重要作用的一个失败的案例。

二、制定明确、切实可行的目标及客观标准和过程

企业应制定明确、切实可行的目标，一个行之有效的目标使得公司可以在其业务及战略目标的基础上对其业务、产品及企业风险进行细分，有助于企业关注那些容易使公司业绩变化、减少收入、现金流并增加资本损失的因素。确定目标有助于认清行业和公司的难题所在及其历史遗留问题，有助于认清并强调各方面的差距，使制定的风险管理的客观标准不超过企业风险管理的能力限度。只有当目标是明确并且切实可行时，企业才有可能有效地执行风险管理。

三、制定正式的章程和工作内容的描述

为了有效执行全面风险管理，企业应逐步建立规范化、流程化、模板化、知识化的管理模式，强化风险管理体系中的最基础、最前线、最主动的一层控制（程序措施）。建设体系化、文档化的制度规范、操作指引、文件模板、相关知识资源，逐步实现流程规范、文档规范、风险执行到位。强化严格执行既定且不断完善的工作事务流程及规范，避免由于操作、执行不合规而引致的不必要风险。建立组织记忆力，减少随意性和对个人的依赖。

四、合理分配权责，明确责任人并获得责任人的认可

一旦单个的或众多相关的风险管理战略确立下来，就要委任适当的风险责任人，每个风险责任人设计和实现一种风险管理能力，以执行他所负责的具体战略，负责推进过程、提供报告，贯彻相应的方法及实施既定的风险战略政策。风险管理的有效执行需要清楚地理解角色分工和责任，明确风险管理职责，将所有风险的管理责任落实到各个有关职能部门和业务单元，并对不同层级的岗位设置不同的信息处理和管理决策权限。它保证各个级别的经理们都是风险管理流程积极的参与者。企业全面风险管理并不要求企业有一个中央化的风险管理决策流程。相反，它从设计上增加每一个业务单位的风险责任。这种"由下而上"的方式鼓励管理者积极衡量并控制所在部门的风险。在微软，风险管理部门不断地加强对业务部门的宣传，向他们强调识别风险的重要性，并使他们意识到在进行决策时风险的潜在影响。

另外，应建立对后果的责任承担制度。明确风险责任人员及其所负责任是成功执行全面风险管理的重要前提，风险责任人要对所造成的损失负责。企业全面风险管理的目标之一就是将风险管理纳入到日常议程和组织决策当中，最终将意味着每一位员工均负有责任，因此，这些人应该了解风险是什么，为什么会发生，对风险应该采取什么措施。如果没有明确的风险责任制，那么这一过程就将是无效的。科勒尔解释说："因为一个人承担了具体责任，所以我们知道怎样采取实际行动。"当人们承担起风险管理责任时，将会明确界定他们的作用及同其他风险责任人的责权关系；只有个人明确了目标，并同意为了达到这些目标而承担责任和后果的前提下才有可能有效地执行全面风险管理。

五、选择/发展最佳风险管理人选

风险管理人的最基本权力是对每个人的工作进行明确的划分，以便于他们能够掌握和控制无论是企业内部还是外部的不利于实现企业目标和业绩目标的人员。风险管理过程是由人来执行的，为更好地执行企业的风险管理，公司必须拥有一个或多个具备必需的知识、专业技能和经验的员工；实现有效的风险管理，关键的就是企业应组织并确保关键的风险管理职位让上述那些真正有能力的人才来承担，成为风险责任人。在这方面，员工之间的能力差距非常明显，企业应建立一个有效的人力资源管理部门，采取一系列的措施提高人才素质，或者通过培训，从外部聘请有能力的人才来管理风险，以确保所选人员达到要求，保证企业风险管理的有效执行。

六、各部门相互交流与协作，将风险控制程序融入业务流程

企业全面风险管理开始关注企业的流程，而流程往往是跨部门、跨职能的，并在高层的监督下相互配合。一般来说，企业的风险管理由首席执行官全面负责，但整个企业范围的风险管理要求企业内部各方面必须相互协调，风险管理需要企业内部各级人员的广泛参与，企业内部的每个人不仅应该清楚本部门以及本岗位所面临的风险是什么，还要了解其他部门和岗位所面临的风险。风险管理计划的执行需要与其他单位的工作结合在一起，特别是重大事件的风险管理和突发事件的紧急应对方案更是需要有多部门的通力协作。

要使企业的全面风险管理正常运转，所有公司雇员的目标必须相互协调，统一各自的行动、发布并分享各自领域的相关信息；为了更好地发展整体的风险管理程序，还应认清各个独立职能部门的风险活动之间的相互作用，理解各种风险之间的相互关系，企业还可以组织一个成员为公司各个业务及监督单元代表的风险委员会。委员会召开月度会议，共享信息并进行讨论，并协调风险管理与其他领域的管理活动，互相协作，分享最佳的风险管理经验。

微软的风险管理部门非常重视与业务部门面对面的交流。按照微软财务总监的说法，通过这样的交流方法，风险管理部门至少可以掌握企业所面临的90%的风险。[①]

七、强化约束和激励机制，加强企业业绩、责任和风险之间的联系，促进各部门的相互协调

为了有效实施企业全面风险管理，高层经理应该将有着许多不同利益的个体团结为有着共同利益的统一整体。企业的激励方案应使管理者和员工不仅能从实现盈利得到奖励，成功的风险管理还可成为员工的业绩表现并使他们从降低风险得到回报，以此提高组织的风险意识。

例如风险调整资本收益（RAROC）指标综合考虑了项目的预期收益和风险。按照风险调整资本收益来决策，一项风险更高的投资必须产生高于低风险投资的回报。应用该指标能测算每一层次的风险上应该有多高的回报，收益是否足以抵消风险。将该指标与激励方案结合将有助于企业风险管理计划的有效执行。

---

① 托马斯·L. 巴顿，威廉·G. 申克，保罗·L. 沃克. 企业风险管理［M］. 王剑峰，寇国龙，译. 北京：中国人民大学出版社，2004：15.

1998 年，大通银行引入了 SVA 法，把绩效考核与风险管理的激励联系起来。在原有的激励机制中，由于信贷员是根据收入多少来衡量业绩的，因此，只要能使收入增加，信贷人员就认为应该发放贷款。考虑到贷款收益的增长不一定能弥补资金成本的上升，引入 SVA 法后，计算利润需要从收入中扣除资金的风险调整费用。大通银行的信贷审批人员认为承担的风险越大，需要扣除的风险费用就越高。

企业的激励方案还应促进不同部门之间风险管理的相互协调。在许多公司，信息在企业范围内是垂直向下流动的，大多数经理只是对其所属的人员、资源及其必须承担的工作负有责任，他们只是在自己部门范围内确定最优决策，而在协作战略方面，他们只是简单地接受更高层经理的指示，很少与其他部门进行水平的沟通，也很少与其他部门的上级或者下级经理进行沟通，除非有一种机制激励他们去做。因此，企业必须促使大家在风险管理执行过程中加强相互协调和沟通，了解企业的每一项重大决策对其他决策的影响，促进经理们在决策时考虑企业整体的利益。

八、建立企业风险管理文化

采用整个企业范围内风险管理模式的企业，除了要建立一些制度外，还必须要有足够的耐心，把风险意识融入自己的企业文化中，风险意识必须是企业文化的一部分。从某种程度上讲，企业风险管理是企业内每一个员工的责任，成功实施企业风险管理的关键在于企业成员全面接受新的态度、知识与行为模式，使得从首席执行官到普通员工，都把风险管理作为自己的一项职责。确保各级员工能够在日常工作中有效地发现新的风险因素或者原有风险因素的变化情况，并及时向风险管理责任部门和人员汇报，最终提请相关管理层设计并实施应对措施。

企业可以通过开展宣传教育工作，使广大员工深刻认识到开展企业全面风险管理的目的、意义、途径和方法，并明确各部门的工作职责和流程，变被动执行为主动推进，以期达到统一思想的目的，实现事半功倍的效果。

第二节　风险管理的监督与控制

风险管理是否按照设定的程序运行需要进行监督，如对交易和业务活动进行定期性和程序性的检查，以确保每个职能部门的管理者能够完全了解他们正在承受的风险程度和确保公司在可承受的风险下运行；风险管理的有效性也需要定期检查，以确保企业的风险管理能根据内外部环境进行相应的调整。因此，企业应建立监督结构体系并持续有效地对企业的风险管理进行监督与控制，如果没有有效的监督机制，企业管理层根本无从准确获知风险管理是否在有效执行。

中航油事件发生后，人们都会问这样一个问题，这么大的损失是在一夜之间发生的吗？如果不是，那公司在损失 4 亿美元、3 亿美元、2 亿美元、1 亿美元甚至 5000 万美元和 1000 万美元的时候为什么没有及时采取补救措施？

陈久霖事后在接受记者专访时透露了母公司中航油集团处理危机的几个细节："中航油集团 2004 年 10 月 3 日就开始了解到事件的严重性。当时的账面亏损为 8000 万美元，如果那时集团决定斩仓，整个盘位的实际亏损可能不会超过 1 亿美元。然而，集团领导大部分在休假。9 日，新加坡公司正式向集团提出书面紧急请示。如果当时斩仓，实际亏损应为 1.8 亿美元。然而直到 16 日，集团才召开党政联席会议。"由此可见，未对风险进行有效的监督和控制是导致中航油最后出现巨亏的重要原因，如果企业能实施有效的监督和控制，在出现亏损时就及时斩仓的话就不会出现巨亏了。

一、理顺信息沟通渠道

企业应建立贯穿于整个风险管理基本流程、连接各上下级、各部门和业务单位的风险管理信息沟通渠道，确保信息沟通的及时、准确、完整，为风险管理监督与改进奠定基础。

来自于企业内部和外部的相关信息必须以一定的格式和时间间隔进行确认、捕捉和传递，以保证企业的员工能够执行各自的职责。有效的沟通也是广义上的沟通，包括企业内自上而下、自下而上以及横向的沟通。有效的沟通还包括将相关的信息与企业外部相关方的有效沟通和交换，如客户、供应商、行政管理部门和股东等。

企业可以利用适当的手段就战略导向、全企业业绩和雇员责任等问题进行沟通。沟通的手段包括局域网网站、全企业大会、全集团大会、专题讨论会、培训、公告、跨部门工作组以及实时指导等。

二、企业风险管理的监控

1. 企业风险管理的监控方式

目前，企业风险管理的监控可以以两种方式进行：一种是持续的监控，另一种是个别评价。企业风险管理过程就是通过持续的监控行为、个别评价或两者的结合来实现的。持续的监控行为发生在企业的日常经营过程中，包括企业的日常风险管理和监督行为、员工履行各自职责的行为，持续的监控是企业内的一种日常性的制度安排，具有普遍性，因此，持续监控得越有效，那么越不需要个别评价。这也就是说，个别评价活动的广度和频度有赖于风险预估和日常监控程序的有效性。在进行个别评价时，必须充分考虑环境变化的性质和程度以及可能的相关风险、风险管理人员的能力和经验以及持续监控的有效性。

（1）企业风险管理的持续监控。在正常运营过程中，企业要执行许多不同的活动来监控风险管理构成要素的有效性。这些活动包含在了日常经营中的信息日常审查里。相对于个别监控，由于持续监控被实时地执行并根植于企业主体之中，因此，持续监控更加有效。对于日常的监控活动，我们可以举出以下事例①，管理当局审查主要经营活动指标的报告，如新的销售或现金状况的快报，有关未交付订货、毛利的信息和其他主要的财务与经营统计数据；经营管理人员把产量、存货、质量测量、销售和其他从日常活动中获得的信息与系统产生的信息以及预算或计划进行比较；管理当局根据已制定的风险敞口范围审查绩效，如可接受的错误率、悬而未决的项目、调整的项目、外汇敞口余额或来自订约方的风险；管理人员审查主要的绩效指标，如风险方向和大小的趋势、战略和战术行动的状态、实际结果相对于预算或前期的趋势和变化等。美国 COSO 认为，一般情况下，持续监控活动应由直线式的经营管理人员或辅助式的辅助管理人员来执行，这是因为，这些管理

---

① ［美］COSO. 企业风险管理——应用技术［M］. 张宜霞，译. 大连：东北财经大学出版社，2006：107.

人员可以对他们所掌握的信息进行更深入的思考，通过分析信息所暴露出来的关系、矛盾或其他问题，寻找产生问题的环节和责任人，在进一步掌握信息的基础上，确定是否需要提出改进的措施。COSO 特别强调，持续监控活动应与经营过程中的政策所要求执行的活动区分开来。例如，作为信息系统或会计程序所要求的步骤来执行的交易审批、账户余额调节等最好界定为企业控制活动。

（2）企业风险管理的个别评价。个别评价是企业风险监控的另一种方式。个别评价往往是由企业的经营目标、业务流程或管理主体等方面发生变化而引起的。个别评价的参与人员范围更广泛，包括企业的高层管理人员、风险管理人员、内部审计部门和外部专家。个别评价一般是要定期实施的，实施的频度由企业根据自身对风险变化的情况的判断加以确定。以下是一个生产商如何设计其新库存控制系统的一个个别评价过程：[①] 一家大型制造公司的管理当局为其企业资源计划（ERP）系统安装了新模块，以提高其全球供应链流程。目标包括降低库存成本、提高追踪能力和提供更多有关存货可用性的信息。假定系统实现顾客服务目标的极端重要性以及该流程的变动范围，就可以确定，在上线部署后的四个月内，每个月对该流程实施一次个别评价，而且在其后的两年内每六个月实施一次个别评价。个别评价由来自信息技术职能部门、内部审计职能部门的人员和外部咨询人员组成的小组来执行。第一次评价集中在：①系统变化控制；②组织变动准备；③安全；④数据质量；⑤与遗留系统的接口。

随后的评价致力于处理的准确性和完整性，包括传输和移交、相关控制活动、更改接近与控制、人工界面以及信息输出的使用和有效性。

2. 企业风险监控的重点

企业的内部和外部环境是随着时间的变化而变化的，因此，以前有效的风险应对措施可能逐渐失去作用，控制活动的效果会降低。企业转变了经营目标、引入了新的业务流程或员工队伍结构发生了重大变化都会导致上述结果的出现。因此，企业风险管理的监控也是对风险管理有效性进行评估的全过程，即随时对企业风险管理的构成要素的存在和运行进行评估。

企业一般通过测度业绩以监控风险管理过程与风险控制的实施，相应地，要收集可用的业务单位信息，并在一个统一的标准上对其评估与汇报，最终向董事会及适当层次的经理提出正式报告，监控的内容包括对相关人员所用方法及为执行选定的风险管理战略、所设计的特别技术环节实施即时监控。企业的执行官员、高级管理者、过程/活动责任人以及风险责任人、内部实施及执行人员们所用的一切正式及非正式的程序都在监控之列。监控的重点包括：[②]

（1）现存的重点风险。经理们应该用重点测试、系列分析等技术，附以成文的框架来判断公司风险预测报告中提及的风险变动是否真的发生。

（2）新出现的风险。对各种外在条件和因素（环境风险）及公司内部的条件和因素（过程风险）的改变，企业应按时间标准加以识别，确保对重要变化进行额外评估以制定适用的风险管理方案。

---

① ［美］COSO. 企业风险管理——应用技术［M］. 张宜霞，译. 大连：东北财经大学出版社，2006：108.

② ［美］詹姆斯·德阿克. 企业的泛风险管理——一种动态的处理风险与机遇的系统化策略［M］. 丁一兵，译. 长春：吉林人民出版社，2001：160－161.

（3）风险管理绩效。助理执行官以及风险责任人在评估所选定的风险的时候，要应用有效的方法，采取正确的行动。总之，将风险管理绩效的结果在平衡计分卡上列出是最佳做法。

（4）特定的度量措施、政策与程序。对这些方面的监控可以确保风险度量的可信性，确保风险管理过程按预期进行，并确保公司的政策和运作程序与风险管理相协调。

3. 企业风险管理的步骤或程序

企业应依据其自身对风险情况的掌握，定期对所辖单位或流程的风险管理有效性进行自我评价。这样做一方面能够提高普通员工对风险管理工作重要性的认识，提升风险管理的意识和水平；另一方面，管理者主导的风险管理自我评估工作如果真抓实干，不流于形式的话，往往能够比外部独立的评估做得更加细致，对成本和收益的把握能够更加准确，对于发现的漏洞所设计的改善措施也更加容易推行。外部评价则有助于企业发现自身发现不了的风险和问题并进行改进。

（1）各部门自查和检验。企业各有关部门和业务单位应定期对本部门或单位的风险管理工作进行自查和检验，对风险管理的实施进行检查，看是否遗漏风险因素，决策是否合理，采用措施是否恰当，环境变化是否产生了新的风险因素。及时发现缺陷并改进，其检查、检验报告应及时报送企业风险管理职能部门。

负责进行自查和检验的是流程责任人，每个流程负责人应该对相关流程的运作风险负责，而监督正是其主要工作，包括进行业绩评价，定期对流程风险进行自我评估及日常的沟通。每一责任单元对风险进行自我评估（Self Assessments）。例如，某流程负责人应该通过对风险自我评估中所提相关问题予以关注，进一步评估本流程的业绩表现、风险及风险控制手段。当然，风险自我评估中必须要确保流程责任人能识别风险及分析风险根源，从而可以采用最佳实践和控制程序来防范重大风险。

风险自我评估可以采取多种方式进行。例如，业绩指标的设立、会议、调整及访谈等都是有助的自我评估方式。有些流程其涉及的经理及所关注到的员工可能是来自不同职能部门的，通过培训机制则可以提高风险评估的效果，同时亦可减少所需花的成本。

（2）风险管理职能部门评价。企业风险管理职能部门应定期对各部门和业务单位风险管理工作实施情况和有效性进行检查和检验，并对风险管理策略进行评估，对跨部门和业务单位的风险管理解决方案进行评价，提出调整或改进建议，出具评价和建议报告，及时报送企业总经理或其委托分管风险管理工作的高级管理人员。

企业内部审计部门通常提供对一个业务单元、流程或部门的风险与控制活动的评估，从频度上看，应至少每年一次对包括风险管理职能部门在内的各有关部门和业务单位能否按照有关规定开展风险管理工作及其工作效果进行监督评价。他们执行审计、定期或持续的审核，这些活动提供了一个关于企业风险管理任何一个或所有构成要素（从公司的内部环境到监控）的客观视角。在一些情况下应特别关注风险识别、可能性和影响的分析、风险应对、控制活动以及信息与沟通。企业内部审计部门的结果就是向风险管理执行委员会及董事会提供保证：风险管理的关键流程表现是有效的，主要的测量及报告是可靠的，既定的政策也处于持续的合规状态。此外，企业内部审计部门可以根据其对公司的了解情况考虑新的公司活动和环境会如何影响企业风险管理的应用，并在其对相关信息的复核和测试中进行考虑。

在企业风险管理框架中，内部审计人员在监督和评价成果方面承担重要任务。内部审计是企业自我独立评价的一种活动，具有得天独厚的优势。它本身在企业中不直接参与相关的经济活动，处于相对独立的位置，但同时又处在各项管理活动中，对企业内部的各项业务比较熟悉，对发生的事件比较了解。他们必须协助管理层和董事会监督、评价、检查、报告和改革风险管理。通过对风险管理的审查和评价，可以从中找出薄弱点，发现风险管理的不尽完善和执行无力之处，进而提出改进意见和措施，以监督风险管理的有效执行。

（3）外部评价和改进建议。企业可聘请有资质、信誉好、风险管理专业能力强的中介机构或顾问对企业全面风险管理工作进行评价，出具风险管理评估和建议专项报告。报告一般应包括以下几方面的实施情况、存在缺陷和改进建议：①风险管理基本流程与风险管理策略；②企业重大风险、重大事件和重要管理及业务流程的风险管理及内部控制系统的建设；③风险管理组织体系与信息系统；④全面风险管理总体目标。当然，中介机构或顾问也不一定每次都要针对上述问题进行全面评价，企业也可以根据自身的具体情况要求中介机构或顾问对上述问题的一项或几项进行评估提出改进意见，这涉及了中介机构或顾问的职能定位问题。例如，可以要求中介机构或顾问对公司财务部门进行检查，或参加风险管理实施过程，或帮助开发风险管理方案，或提供其他公司如何管理风险的资料。值得注意的是，从已有的国外案例来看，在所有情况下，中介机构或顾问并没有取代高层管理者的参与，而只是起到协助和促进公司组织自身的知识和能力发挥的作用。也就是说，中介机构或顾问只能起到补充和支持的作用，绝不能取代高层管理者在风险管理中的作用。

根据检查情况，企业要总结经验教训，及时补充风险管理计划，以利于下一步风险管理的推行。

无论是进行持续的风险监控还是个别评价，都必须定期对风险管理效果进行评估及反馈，重新检查和审视风险管理的目标和实际效果，分析差距，为以后的改进打下基础。企业风险管理的反馈是指企业实施风险管理方案后的一段时间内（半年、一年或更长一些时间），由风险管理部门对企业相关部门进行回访，考察评价企业实施风险管理方案后管理水平、经济效益的变化，并对企业风险管理全过程进行系统的、客观的分析的过程，这一过程也可以成为企业风险管理后的评价。通过风险管理活动实践的检查总结，评价风险管理的准确性，检查风险处理对策的针对性，分析风险管理结果的有效性；通过分析评价找出成败的原因，总结经验教训；通过及时有效的信息反馈，为未来风险管理决策和提高风险管理水平提出建议。

这一过程的评价必须遵循这样几个原则：①评价的独立性。风险管理后评价必须保证公正性和独立性，只有这样才能保证风险管理向着既定的目标趋进，否则，风险管理的目标就很难实现。②评价的可信性。评价者的独立性和实际经验、资料信息的可靠性和评价方法的适用性决定着风险管理后评价的可信性。可信性的一个重要标志是应同时反映出风险管理的成功经验和失败教训。③评价的可操作性。由于风险管理后评价成果要对决策产生作用，因此，评价必须具有可操作性。④评价的透明性。一般来说，评价成果的透明度越大，扩散效果越好，越有益于企业更多的员工在风险管理的实施过程中借鉴以往的经验和教训。⑤评价的反馈性。风险管理后评价的结果要及时反馈到决策部门，作为新的风险管理方案立项和评估的基础，以及调整风险管理战略与策略，同时，也是改进和完善风险管理执行中的问题，从而提高风险管理水平的需要，这是风险管理后评价的最终目标。

第三节　风险管理的持续改进

一个有效实施的企业风险管理过程是建立与完善风险管理能力的系统方法，也是一个持续改进的过程。对于一个企业来讲，应通过持续改进来追求更卓越的风险管理能力。风险管理的持续改进可通过标杆管理，多方信息沟通与知识分享以及系统持续的学习来实现。

一、标杆管理

当我们改进风险管理的战略、方法时，企业应明确：企业希望拥有什么样的风险管理能力？企业自身的风险管理人员应该具有什么样的风险管理能力并得到了充分的训练？企业内部关于风险管理的信息流动和沟通机制是否完善并运行良好？对于这些问题的回答必须有一定的参考标准，这个标准可以称为风险管理标杆。企业可以将自己内部最佳的风险管理实践，或者与其他主体比较，以其他主体的企业风险管理作为标杆。

1. 风险管理标杆的类型

（1）内部风险管理标杆——以企业内部最佳风险管理实践为基准的标杆管理。它是最简单且易操作的标杆管理方式之一，辨识内部风险管理的绩效标杆的标准，即确立内部风险标杆管理的主要目标，可以做到企业内信息共享。辨识企业内部最佳风险管理职能或流程及其实践，然后推广到其他部门，不失为提高企业风险管理绩效最便捷的方法之一。不过单独执行内部风险标杆管理的企业往往持有内向视野，容易产生封闭思维。因此，在实践中内部风险标杆管理应该与外部风险标杆管理结合起来使用。

（2）竞争风险管理标杆——以竞争对象风险管理绩效为基准的风险标杆管理。竞争风险管理标杆的目标是与有着相同市场的企业在风险管理的绩效与实践进行比较，直接面对竞争者。这类风险标杆管理的实施较困难，原因在于除了公共领域的信息容易接近外，其他关于竞争企业的内部风险管理信息不易获得。

（3）职能风险管理标杆——以行业领先者或某些企业的优秀风险管理作为基准进行的标杆管理。这类风险管理的标杆合作者常常能相互分享一些风险管理的技术和信息，企业可以在行业或者产业协会的主导下进行比较。其他企业可能会提供比较的信息，而一些行业中的同业复核（Peer Review）职能机构能够帮助一家企业对照同业来评价它的企业风险管理。[①]

（4）流程风险管理标杆——以最佳风险管理流程为基准进行的标杆管理。风险标杆管理是某种工作流程，而不是某项业务与操作职能。这类标杆管理可以跨不同类型的组织进行。它一般要求企业对整个风险管理流程和操作有很详细的了解。

2. 标杆管理的步骤

（1）确定比较目标。比较目标就是能够为公司提供值得借鉴信息的公司或个人，比较

---

① ［美］COSO. 企业风险管理——整合框架［M］. 方红星，王宏，译. 大连：东北财经大学出版社，2005：103.

目标的规模不一定同自己的企业相似，但在风险管理方面应是世界一流做法的领袖企业。

（2）收集与分析数据，确定风险管理标杆。分析和寻找最佳实践风险管理标杆是一项比较烦琐的工作，但这对风险管理的成效非常关键。风险管理标杆的寻找包括实地调查、数据收集、数据分析、确定风险管理标杆指标。风险管理标杆的确定为企业找到了对比、学习的目标。

（3）分析与总结。在前面工作的基础上，通过与选定标杆的比较，寻找出自身实践的差距。这是一个系统的分析过程，尤其要明确企业在风险管理的规则和实施过程的差距。此外，由于每个企业所处的环境有很大差别，因此，每个企业所面对的可能的主要风险差别也很大。因此，企业应该对自身可能面对的几个主要风险的管理和应对进行很好的总结，提出和改进行动方案，更好地管理风险。需要注意的是，在进行比较时，企业必须考虑到不同企业的目标及资源情况，以制定适合自身的最佳风险管理；实施风险管理也不能一蹴而就，而是一个长期、渐进的过程。如魁北克水力发电国际公司的风险管理就在不断地改进，最初它们只是关注最主要的风险，到第二年时它们将增加另外一批风险，到第三年时会增加第三批风险。企业的风险管理确立其由主要到次要的风险管理观念，着重强调最主要的风险管理，并把企业引向成功。另外，在实施标杆管理的过程中，要坚持系统优化的思想，不是追求企业某个局部的风险管理最优，而是要着眼于企业总体的风险管理最优。

（4）制定并实施改进计划。在确定了风险管理标杆并明确差距之后，企业就可以针对本身在风险管理过程中暴露出的问题进行持续的改进。

二、知识分享、系统持续的学习和改进

在企业内外部进行纵向与横向的持续的信息交换与知识分享促进是企业风险管理持续改进的重要因素之一。只有企业内外部进行的持续的信息交换和知识分享，企业才能明确自身的业绩、内外部环境的变化、行动界限和限制，从而确立新的目标和战略，并朝着新的目标和战略进行持续改进。

系统的学习和改进是实施风险管理的关键。管理的精髓在于创造一种环境，使组织中的人员能够按组织远景目标工作，并自觉进行学习和变革，以实现组织的目标。通常被认为是从组织的利益出发，组织员工进行知识共享的过程。风险管理是一个变动的过程，风险管理往往涉及未来的不确定性，难以客观地掌握和驾驭，因此，它必须得到企业学习与个人学习的支持。企业需要将风险管理作为企业的文化融入员工的日常行为，并通过培训使员工接受并了解企业统一的风险管理过程。例如，MarineMax 把风险管理培训纳入了MarineMax 大学的课程中。推进风险管理的企业都把知识分享、教育与培训视为事关企业风险管理成败的事情。有效的风险管理培训也有助于业务单位的经理人员和风险管理责任人关注企业的风险管理观点、战略、政策与过程，并能使他们了解支持全面风险管理战略实施的信息系统。它同样有助于对企业全面风险管理的接受与责任感的树立。

员工培训应该强调以下领域：① 公司的风险战略与政策；企业风险识别与风险评估架构及其理由；关键性的自我评估过程如何与日常业务活动结合起来；企业选择的有效的风

---

① ［美］詹姆斯·德阿克. 企业的泛风险管理———一种动态的处理风险与机遇的系统化策略［M］. 丁一兵，译. 长春：吉林人民出版社，2001：184.

险度量方法的有效运用；风险管理基本框架的组成要素以及它们在形成与发展风险管理能力方面的应用；对现有沟通渠道的参与；企业实现持续改进行为以及它对于企业风险管理和雇员个人的影响。

风险管理的完善过程是一个企业存续期间的持续的永恒过程，因为风险管理的完善程度永远是相对的，企业的资源也是有限的，这也就意味着风险管理的持续改进只能是相对的。每一个阶段，企业都会面临新的问题，都能学到新的东西。在风险管理过程中，管理层将会持续地提出如下一些问题：在决策过程中什么信息是最有用的？过去发生了哪些错误？哪些事项的发生管理层并未预见到？在过去制定战略风险管理并未使用到的哪些外部环境信息在将来可能会更有帮助？如若获取了这些信息，结果有什么不同？这意味着公司现行信息获取流程出了什么问题？公司如何改进目前的风险控制机制？

本章案例

案例1 内部控制自我评价在宝钢国际的运用[①]

内部控制是全面风险管理的必要环节，内部控制的动力来自企业对风险的认识和管理。因此，对内部控制的评价也就成为风险管理监督与控制很重要的一部分。本案例主要介绍了上海宝钢国际经济贸易有限公司实施内部控制自我评价的基本过程。

上海宝钢国际经济贸易有限公司（简称宝钢国际）是上海宝钢集团公司的全资子公司，原名为宝钢集团国际经济贸易总公司，1993年成立，注册资本14.5亿元人民币。2001年公司更名为上海宝钢国际经济贸易有限公司，并于2002年、2003年先后两次增资，现注册资本为22.49亿元人民币。宝钢国际作为宝钢集团的三大产业支柱之一，负责宝钢股份和集团内其他公司的购销、进出口业务，是钢铁产业链中重要的一环。公司现已建立了覆盖全国和全球十多个国家和地区的营销网络，并利用自身及宝钢集团的技术、产品、服务和大规模国际采购与销售的优势，与客户建立了长期、广泛的经营合作关系及战略伙伴关系，是一家集矿业、钢材贸易、加工配送、金属资源业、设备工程业、钢制品业、物流业、电子商务业和汽车贸易于一体的综合性贸易公司，公司员工2200人。

宝钢国际管理层在对加拿大标准协会（CSA）进行深入研讨后认为：提高管理水平，完善内部控制制度是公司发展和治理的需要。而且，完善的内部控制是ERP实施和业务流程优化的保证。宝钢国际自成立以来一直在推进ERP的实施和完善，提出"所有的权力在系统中实现，所有的交易在系统中运行，所有的资源在系统中受控"。公司的业务流程优化也备受关注，作为一个既有内贸又有外贸，拥有40余家子公司的大型贸易公司，业务流程的优化是一项持续的工作。而内部控制可作为ERP和流程优化的保证。缺少了内部控制，这两项工作将成为空中楼阁。所以，对内部控制状况展开全面、系统的评价就成为当务之急。同时，宝钢国际作为市场化运作的企业，面临各类经营风险，必须对风险进行管理和控制。内部控制的评价工作的内容之一是对风险的识别和管理，这为公司在经营领域开展全面风险管理做了前期工作，可视为风险管理工作的序曲。

---

① 张谏忠，吴轶伦. 内部控制自我评价在宝钢国际的运用 [J]. 会计研究，2005（2）.

从宝钢国际的组织发展来看，其实施 CSA 有一定的必然性。原因是：一方面，宝钢国际拥有六个事业部，经营的业务涵盖钢铁、矿石、汽车、成套设备贸易，废钢加工回收业务，招标，电子商务及物流服务等。这正如 CSA 在西方国家诞生时的组织背景。由于业务复杂多变，受人力资本和工作时间的限制，完全依赖少量的审计人员实施完整有效的审计监督十分困难，宝钢国际目前的经营风险比以往任何时候都大。另一方面，由于宝钢国际采取事业部制，使得在此组织机构下职能部门和业务单元的冲突无法避免，而以监督和检查为天职的内部审计部门首当其冲。CSA 作为一种很好的双向沟通机制，从其在美洲国家出现的那天，就受到企业中审计部门和业务单位的一致好评。可望借助 CSA 这一平台让各部门减少摩擦，创造和谐。

在对 CSA 进行前期了解后，宝钢国际决定进行 CSA 项目试点，实施主体是设备工程事业部下的三个业务单元（物资贸易部、备件贸易部和设备工程贸易部）。由审计部人员与被评估业务单元的管理人员共同组成 CSA 项目评价小组，在外部咨询顾问——德勤会计师事务所的指导下，协同事业部管理部，从内部控制特别是控制环境和业务流程入手关注岗位设置有无牵制、业务模式有无缺陷、执行者是否了解遵循制度、有没有超越授权范围、有没有不在会计报告和公开的业务台账上反映的违规违法业务等高风险环节，帮助各业务单元自发提出切实可行的改善建议，并明确责任人和改善时间。宝钢国际是按以下步骤实施内部控制自我评价的：

（1）前期计划工作。在取得管理层的支持后，公司选择了德勤会计师事务所的风险管理部作为合作方，由其在工作方法和智库方面提供帮助。组织了评价小组，并对事业部中高级管理者和评价小组成员做了讲解和培训。

（2）风险初步确定。通过访谈和穿行测试，确定了内部控制评价范围，设计并发放调查问卷。通过反馈的问卷，分析内部控制的薄弱环节，列入研讨会讨论重点。

（3）研讨会的组织与召开。确定参加人员和会议时间，提前通知参加人员并提供讨论大纲。使用独立的会议室，使用电子投票设备或其他匿名投票方式以最大限度保证与会人员的意见不受他人影响。每次研讨会，评价小组都指定一位会议主席，主持研讨会，并安排书记员及时记录。所提的问题和讨论应紧紧围绕高风险的内部控制的薄弱环节。会议主席应激发所有与会人员充分发表意见，独立思考，并针对内部控制的缺失提出建设性的改善建议。会议主席还应控制会议进程，避免跑题和陷入互相指责、争吵的混乱局面。

（4）出具内部控制自我评估报告。评价小组把讨论的问题归类整理，认真分析，并适当做出中肯的评论。我们运用热力图的方式表达各个具体评价对象的风险程度。例如，在采购环节中"采购价格"是 5 分（风险最高，用红色表示），"供应商资信"是 4 分（风险较高，用黄色表示），而"票据结算"是 1 分（风险最低，用白色表示）。更重要的是在每个高风险点后都应有集体讨论后提出的内部控制完善措施和责任人、完成时间。对此，我们运用了风险控制矩阵（Risk Control Matrix，RCM）。RCM 是一个矩阵式的表单，包括流程环节、控制点、控制措施、风险程度、改善措施、责任人、完成时间。经过持续完善后的 RCM 可作为公司内部管理手册和风险控制的模板。

（5）落实整改措施。落实整改是内部控制持续完善的关键一步，也是开展内部控制评价的最终目的。

审计部在业务人员实施整改后安排后续追踪。同时，还运用调查问卷的方法了解员工对 CSA 的认知度，以及对本次内控评价的看法和建议，以便于在下次评价活动中进一步完善工作方法。

项目小组充分利用内部审计人员的专长，设计了内部控制评价的专用工作手册。同时，保留了 CSA 的核心理念，研讨会是其集中体现。研讨会是本次 CSA 项目中最主要、最具特色的一种开展方式，集中体现了 CSA 的核心理念，研讨会的特色集中体现在以下三个方面：首先，研讨会的讨论内容以风险为导向（特别是控制环境和控制活动中的软控制）。研讨会召开之前，评价小组通过前期的访谈和问卷调查就控制环境和业务流程中影响公司目标实现的风险达成一致，并决定研讨会的特定议程和问题。研讨会上，主持人引导与会者就目前的业务操作严格围绕所列问题积极讨论其所涉及的风险、风险发生原因和可能造成的后果，并归纳整理出相应的控制措施。其次，研讨会是一个发现问题、分析问题、解决问题和共同分享信息的双向沟通过程。研讨会上，一方面通过主持人的提问引出适合会议目标的业务、数据和改善方案；另一方面，每一个与会者能看到其他人员所关注的问题，这样就把信息和思想在与会者之间进行传递沟通，帮助达成统一共识，使研讨会达到和谐并取得最佳预期效果。这种过程不仅有助于管理人员进一步发现经营过程中那些容易发生错弊而需要加以控制的关键环节，也有利于管理层推行改进后统一的管理方法。最后，对于所有与会者来说，研讨会也是一次很好的跨专业领域的学习机会。对业务部门员工来说，研讨会加深了他们内部控制和风险防范的意识，帮助他们在今后的业务操作过程中自发地进行规范化操作和风险的事前、事中控制，也便于他们接受研讨会后以管理文件、公司制度形式落实下来的管理规范。此外，通过研讨会的前期准备和举办，审计部人员深入到业务部门，了解部门职能、人员职责和业务流程，为今后客座审计等工作的开展奠定基础。

案例 2　中国航油集团公司全面加强风险管理①

中航油新加坡事件发生后，中国航油集团公司立即开始了全面深刻的反思，积极探索在新形势下建立风险管理的长效机制。

集团公司首先在全系统开展了"我从新加坡公司事件中吸取什么教训"的大讨论，增强了干部职工的风险意识。通过讨论和反思，集团公司领导班子清醒地认识到，中航油在防范重大经营风险过程中还存在较多问题：一是对中国企业"走出去"的市场运作规则和法律环境缺乏全面了解，对新加坡公司的风险管理着力点不全面，风险意识不足，管理经验和知识不够，对从事国际油品交易的经营风险估计不足。二是对境外上市的子公司疏于监管与控制。集团公司对境外上市子公司在管理理念、管控方式和手段上未能适应新加坡公司经营环境和业务特点的需要。三是对新加坡公司风险控制机制的缺陷未有清醒的认识；新加坡公司虽然建立了风险管理机构和三级风险防御机制，但该机制最大的缺陷是，风险控制归口到总经理一个人来把握，而非由经营层和董事会两条线进行监控，导致新加坡公司管理层过度集权，承担了执行和监督职能，既当运动员又当裁判员。四是对新加坡公司的权力制衡机制未能有效发挥作用。新加坡公司虽然设立了法人治理结构，但在实际运作过程中，受管理体制、机制等多种因素制约，法人治理结构对权力的制衡作用未能很好地发挥。在大讨论活动中，新加坡公司更进一步地认识到，期权亏损事件发生，根本原

---

① 中航油突出重围 [N]．中国民航报，2006 - 08 - 14．

因是风险控制执行力不够，它们还聘请专家组成治理评估委员会，针对改进公司治理、完善和落实风险管理机制等问题提出了 26 项改进措施。集团公司的核心企业——中国航空油料有限责任公司结合实际，深入剖析了航油采购、市场营销、供油安全、工程建设等方面存在的风险隐患，有针对性地采取了相应措施。

以总结新加坡公司事件教训为契机，为避免新加坡公司事件的重演，中国航油集团及时启动了建设有中国航油特色的风险管理体系的巨大工程。一是开展了高风险业务的调查，着重对投融资、担保、固定资产支出、大额资金往来、重大物资采购等重大风险源进行了分析摸底。二是按照国务院国有资产监督管理委员会《中央企业全面风险管理指引》的有关要求，加强重大风险的预警和防范，建立健全风险的识别、监测、控制和化解机制。确定了航油板块和新加坡公司作为集团公司风险管理的重点单位，财务、投资和贸易是风险管理的重点部门。三是大力加强风险管理培训，拓宽风险管理知识，先后举办了有公司高管、财务审计和董事、监事参加的各类培训班，总经理莫长斌还结合新加坡公司的教训和自己的切身体会，亲自作了《加强风险管理，建设具有中国航油特色的风险管理体系》的报告，增强了各级领导干部和关键人员的风险意识，提高了风险管理能力。四是在公司系统内全面推行常年法律顾问制度，明确重大决策、重要项目安排和大额度资金调动和使用必须经过法律顾问审核通过后方可实施。五是加强了投资活动的管理。调整和完善投资管理相关规定，逐步建立投资项目经济评价参数体系，为决策提供科学、量化的参考指标，开展投资项目后的评估工作，确保项目全过程的合法性、投资的安全性和投资效益的可靠性。六是加强了集团公司资金的集中管理，加强对境外企业财务监管和高风险投资业务的监管，规范对外借款、担保程序和范围，控制债务风险。

为了适合构建中国航油的风险管理体系，集团公司充分发挥中介机构的智囊作用，聘请毕马威会计事务所协助集团公司评估企业风险，建立风险管理架构，完善控制制度，细化控制流程。

中国航油集团公司决心通过认真吸取新加坡公司事件教训，加快构建符合中国航油实际的企业治理结构和风险管理体系，努力使集团公司的风险管理水平处于中央企业的前列。

在全力推进新加坡公司重组、加强风险管理的同时，集团公司稳步推进"空陆海"发展战略，并在今年对其发展战略进行了重新审视和优化。集团公司紧紧抓住核心业务——航油板块的发展，努力巩固航油市场。按照国务院关于民航体制改革方案的精神，引进中国石油和中国石化作为战略投资者，并与首都机场集团、上海机场集团等国内重要机场集团结成合作伙伴，努力巩固国内航油市场的占有率。与此同时，开展相关多元化业务，努力培育新的利润增长点，创立和发展了其他成品油业务和航运业务，陆地石油公司和海天航运公司正式组建营运并盈利。中国航油集团战略的顺利推进，进一步增强了集团公司整体实力，标志着中国航油逐步成为以航油业务为核心的集约多元型企业。

针对新形势，提高管理水平的一个重要方面就是要"加强控制力，提高执行力"。由于集团公司成员企业都是独立法人，重要子企业也都实行了股权多元化，如何合理有效地实施集团公司管控，增强集团公司决策的落实力度，是中国航油急需解决的重要问题。集团公司一是完善规范母子公司的管理体制。推动多数成员企业建立了现代企业制度，制定了一整套体现母子公司权力配置和运行的制度、规范和程序体系，规范了"三重一大"的决策程序（"三重一大"是指企业重大决策、重要干部任免、重要项目安排以及大额度资金调动和使用）。二是改善治理结构，加强董事会建设。在重要子企业的董事会下设立风险、审计、薪酬和提名委员会，明确了委员会的权限、工作程序和办事机构，以确保董事会对公司的有效管控。新加坡公司还增设了披露委员会，并选举独立董事担任公司董事长，开创了中国海外上市的国有企业的先河，其目的就是要建立一个让投资者高度放心的有较高治理水准的上市公司董事会，进一步加强董事会规范运作的力度，改善董事会的存在质量，减少内部人控制董事会所引起的种种弊端，从而提高公众对公司的信任度。三是加强干部管理，进一步明确了集团范围内重点岗位干部的选拔程序，拓展集团公司的管控手段。四是大力开展执行文化建设，在集团公司范围内推行"执行没有任何借口"的理念，要求集团公司的决策能够得到迅速、不折不扣的执行。通过这些工作，集团公司的管控能力进一步加强，令行禁止的执行文化深入人心。

集团公司提高经营管理水平的另一个重要方面就是，大力推行低成本战略。为了应对未来的市场开发和竞争，中国航油深深认识到低成本战略是集团公司生存发展的关键，因此中国航油大力推行全面预算管理，一直致力于降低成本费用，层层分解细化各项费用指标，采取多种措施降本减费。据介绍，和同类机场相比，中国航油的吨油进销差价已接近世界先进水平，这标志着中国航油的低成本战略已见成效。

妥善处理新加坡公司期权亏损事件，显示了中国航油集团在国务院国有资产监督管理委员会（以下简称国资委）的领导下控制危机局面和处理复杂问题的能力。成功经历了这场风雨的考验，极大地鼓舞了全体干部职工的士气，更加坚定和增强了全体职工建设具有国际竞争力的航油集团的信心和决心。

在经历了新加坡事件危机、国际油价屡创历史新高、国内外油价持续倒挂、航油资源频繁告急、航油市场开放和价格改革提速等不利因素的影响后，2005年中国航油集团的各项工作都取得历史最高水平，在国资委业绩考核评比中获得优良成绩。2005年供应油品975.2万吨，其中航油929.5万吨，比2004年的789.1万吨增长17.8%，实现销售收入344亿元，比2004年的238亿元增长44.5%；人均销售收入483万元；净资产收益率为7.37%。

2006年集团的发展更呈现了令人鼓舞的态势，两条战线成绩显著。新加坡公司全面完成重组工作，股票成功复牌，当日股价最高达1.85新元，创历史新高。同时，国内航油业务供应范围增至122个机场，首都机场航油扩建工程、浦东成品油码头工程、广州联邦快递亚太转运中心供油工程等一批重点工程陆续开工建设。陆地板块地面加油站总数达到54个，销售油品44万吨；航运板块业务实现运输航油588航次，代理国内航煤运输137万吨；目前，中国航油排名为全球华商企业第104位。

目前，中国航油改革发展面临的形势仍然严峻，肩负的任务也更加繁重和艰巨，集团公司决心在国资委的关心和支持下，上下一心，励精图治，重塑企业良好的品牌形象，全面提升集团公司整体竞争力，走向更加成熟、稳健的发展之路，力争实现进入国资委前80家有国际竞争力大型集团的目标。

风雨过后见彩虹。中国航油新加坡公司的阴影即将成为过去，教训将成为经验。在经历这场灾难后，中国航油集团已经在新的起点上稳步前进，走向更加灿烂的明天。

思考题及答案要点

1. 风险管理计划执行有哪几个环节？

答案要点：

（1）最高管理层的公开承诺和支持；

（2）制定明确、切实可行的目标及客观标准和过程；

（3）制定正式的章程和工作内容的描述；

（4）合理的分配权责，明确责任人并获得责任人的认可；

（5）选择/发展最佳风险管理人选；

（6）各部门相互交流与协作，将风险控制程序融入业务流程；

（7）强化约束和激励机制，加强企业业绩、责任和风险之间的联系，促进各部门的相互协调；

（8）建立企业风险管理文化。

2. 企业风险管理监控的重点主要是哪几个方面？

答案要点：

（1）现存的重点风险。经理们应该用重点测试、系列分析等技术，附以成文的框架来判断公司风险预测报告中提及的风险变动是否真的发生。

（2）新出现的风险。对各种外在条件和因素（环境风险）及公司内部的条件和因素（过程风险）的改变，企业应按时间标准加以识别，确保对重要变化进行额外评估以制定适用的风险管理方案。

（3）风险管理绩效。助理执行官以及风险责任人在评估所选定的风险的时候，要应用有效的方法，采取正确的行动。总之，将风险管理绩效的结果在平衡计分卡上列出是最佳做法。

（4）特定的度量措施、政策与程序。对这些方面的监控可以确保风险度量的可信性，确保风险管理过程按预期进行，并确保公司的政策和运作程序与风险管理相协调。

3. 企业风险管理监控的步骤或程序是什么？

答案要点：

（1）各部门自查和检验；

（2）风险管理职能部门评价；

（3）外部评价和改进建议。

推荐读物

1. 托马斯·L. 巴顿，威廉·G. 申克，保罗·L. 沃克. 企业风险管理［M］. 王剑峰，寇国龙，译. 北京：中国人民大学出版社，2004.

2. ［美］詹姆斯·德阿克. 企业的泛风险管理——一种动态的处理风险与机遇的系统化策略［M］. 丁一兵，译. 长春：吉林人民出版社，2001.

3. ［美］COSO. 企业风险管理——整合框架［M］. 方红星，王宏，译. 大连：东北财经大学出版社，2005.

4. ［美］COSO. 企业风险管理——应用技术［M］. 张宜霞，译. 大连：东北财经大学出版社，2006.

5. 张谏忠，吴轶伦. 内部控制自我评价在宝钢国际的运用［J］. 会计研究，2005（2）.

第三篇
企业应用部分

第十章　资源型企业的风险管理

本章提要

随着全球经济的快速增长，对于资源的需求量越来越大，而资源的可耗竭性使得各国政府、企业和社会对于资源的关注程度日益提高。各国企业纷纷走出国门寻找资源，但是，商业范围的扩展和资源勘查、开采难度以及环保要求的提高等也给企业带来了更多的风险。与一般的加工型企业相比，资源型企业既有一般企业的特点，也有自身的特殊性，这就决定了其所面的风险既有所有企业都必须面临的一般性风险，也有其自身特点所衍生出的特殊风险，尤其是资源与金融相结合所产生的更多的不确定风险尤其值得关注。国外资源型企业在全面风险管理方面已经做了大量的工作，探索出了一些新的观念和方法，全面风险管理的推行突出地反映在了企业思维和运作模式上的巨大变化，而且已经取得了明显的成效。本章系统介绍了资源型企业的范围界定及其特征和风险管理重点，并通过三个实例详细分析资源型企业的风险管理的导入、实施和初步结果。

章首案例

2005 年 8 月 29 日，"卡特里娜"飓风袭击了美国墨西哥湾沿岸。密西西比河出海口、能源重镇新奥尔良市的防洪大坝在巨浪冲击下崩溃，低于海平面的城市中心陷入一片汪洋。以新奥尔良市为辐射中心的大批能源设施，包括石油天然气钻井平台、传输管道、炼油厂等，或者受到破坏，或者保护性关闭。飓风的灾难性后果是墨西哥湾石油产量减少95%，天然气产量减少88%，全美国汽油供给减少10%。灾难发生后，能源期货市场立刻做出反应，天然气期货价格飙升20%，原油上升12%，电力上升10%。为了减小这次能源供给冲击所带来的负面效应，布什政府紧急宣布动用战略石油储备，以稳定能源市场价格和供给，该项措施起到了一定的效果，但市场对于何时供给能够全面恢复仍存疑问，在接下来的时间内，能源市场价格仍然起伏不定。

在 8 月 29 日的"卡特里娜"飓风袭击发生之后不到一个月的时间内，9 月 21 日，"丽塔"飓风也光临了新奥尔良，而且这次飓风的威力更加强大，几乎推进到了美国能源之都休斯顿，并迫使休斯顿进行了空前规模的大疏散，超过 200 万人在两天的时间内撤离到周边城市，大批能源设施停产关闭。但是，飓风最终并没有达到休斯顿，而是于 9 月 24日绕过休斯顿北上，沿途横扫路易斯安娜沿岸地区，毁坏了大批离岸油气设施。这次破坏再次导致了能源价格的全面上涨，在能源期货市场上，天然气价格再次跃升20%，原油价格也上涨 10%。

自然灾害对能源企业的影响并不仅限于破坏设施和推动价格上涨，而且给企业的市场运作也带来了巨大的风险。沃尔特能源公司是一家中型的能源生产企业，主要经营天然气业务，包括天然气开采、传输和用户服务。为了稳定收入流和锁定利润，按照一般规避风险的办法，沃尔特定期在能源期货市场卖出期货合同，其数量与公司的供应能力大致相当。这符合正常的通过期货市场规避风险的原则，是经典的背靠背（Back to Back）交易，卖出期货合同虽然放弃了可能的未来价格上涨所带来的利润增值，但也防止了可能的价格下跌所带来的利润损失和收入不确定性。在生产保持正常的情况下，无论期货市场能源价格上升还是下降，这种交易都可以将生产利润锁定在一个较高水平上。

但是，"卡特里娜"飓风和"丽塔"飓风的相继肆虐，迫使沃尔特停止天然气生产，背靠背交易的基础不复存在。在现货市场上，由于生产中断，沃尔特出现了短期的现金收入断流。而在期货市场上，飓风推动的能源期货价格上升使沃尔特卖出的期货合同出现账面亏损，因此，交易所按照规定要求沃尔特追加保证金（Margin Call）3000 万美元，双重损失导致沃尔特陷入了更大的现金流危机。面对危机，沃尔特有两种选择：一是努力争取支撑到天然气生产恢复，恢复现金流，这种选择面临的最大风险是，如果能源期货价格再次出现攀升并持续一段时间，巨额保证金就可能使公司濒于破产；二是平仓，赎回期货合同，承受账面亏损，这种选择又有两种可能的结果，如果天然气实物价格与期货价格保持在同一水平，那么亏损就将被实物销售所抵消，企业风险消失，但如果实物价格由于供给恢复而回落，实物价格低于赎回的期货合同价格，那么账面亏损就会转化为实际亏损。

这是一个典型的能源企业的风险管理实例。企业考虑到了市场价格下滑所带来的风险，但却忽略了期货市场锁定利润水平的现实基础、实物市场与期货市场的时间差、现金流对市场波动的敏感度和企业信贷对市场风险的承受力。[①]

第一节　资源型企业的界定及其特点

资源型企业的风险管理是伴随着时代的发展而提出的一个崭新的理论命题，属于交叉学科，它涉及微观经济学、产业经济学、管理学、财务学、循环经济等众多学科和领域。本章的主要内容是资源型企业的风险管理，因此，在展开之前，首先必须界定清楚"资源型企业"的基本内涵，然后进一步概括出其基本特征。

一、资源型企业的界定

资源型企业这一概念本身是对开采和以资源为主要投入的企业的统称，是一种通俗的说法，因此，在正式文献中的使用概率并不是很高。与资源型企业相类似的概念主要有资源企业、资源采掘企业、矿山企业、矿业企业等，由于并没有明确的内涵界定，因此，学者们在使用到这一概念时界定的内容也各不相同。总体来看，有关文献对这一概念范围的界定可以分为狭义和广义两种。

---

① 李赛时. 市场条件下的能源风险管理 [J]. 中国金融（半月刊），2005（23）：18 – 20.

　　狭义的资源型企业仅指在作为自然资源重要类型的矿产资源领域运作的企业，外延较窄。从这个角度出发，资源型企业或其近似定义主要有，刘冀生在其《企业战略管理》一书中提到，资源采掘型企业是指生产煤炭、石油、有色金属、非金属矿藏等产品的企业；谭秋贤在《资源型企业周边地区稳定的经济学思考》中认为，所谓资源型企业，是指集合着各种生产要素，主要以开发矿产资源为主，为社会提供矿产品及其初级产品，以营利为目的，具有法人资格，实行自主经营、独立核算的营利性的经济实体；李祥仪在《矿业经济学》中定义了矿山企业，认为矿山企业就是以矿产加工和经营为主的企业，按照开采对象的不同，李祥仪所定义的矿山企业包括石油和天然气开采业、煤炭开采业、金属矿开采业和其他矿开采业，这些内容基本上包括了国家统计局标准产业分类中的采矿业；杨艳琳在《资源经济发展》中定义了不可再生资源企业，该类企业是指专门或主要从事不可再生资源的勘探、开采、加工及相关运输、销售和服务的企业。简单地说，就是生产矿产资源的企业。

　　广义的资源型企业涉及了所有自然资源领域，外延较宽。从这个角度出发，资源型企业或其近似定义主要有，成金华在《市场经济与我国资源产业的发展》一书中认为，由于资源产业是以资源再生产为主要目标的经济部门，因此，资源经营企业是以资源再生产为主要任务的企业；潘文宇在《浅析信息技术对资源型企业作用机理》一文中提出，资源型企业即以自然资源的开发为主，进而包括自然资源加工及其后续工序，尽可能利用区域内存在的自然条件，来实现经济增长的企业。

　　结合上述广义和狭义的资源型企业定义，本书将资源型企业界定为"主要从事矿产资源开采以及电力的生产和供应的企业"，该定义的范围介于广义和狭义之间。之所以这样界定，原因是：首先，如果定义的外延过于宽泛，就不能突出研究目标的主要特点；其次，可再生资源和不可再生资源具有本质的不同；再次，电力的生产与供应也是一种资源耗竭性活动，是人类社会动力供给的转化形态；最后，资源型企业的生产活动会给环境带来很多难以消除的影响，也受到环境和社会的特别限制和制约。

二、资源型企业的特点

　　与其他类型的企业相比，资源型企业特征特别明显，在这些特征中也蕴含着资源型企业风险管理的内容，我们在此主要关注的资源型企业特点主要有以下几个方面：

　　1. 生产对象的有限性和生产的时限性

　　矿产资源是资源型企业的主要生产对象，资源型企业的生存时限决定于矿产资源的储量和开采强度，这是因为矿产资源是有限的、不可再生的"耗竭性资源"，这也是资源型企业与一般加工企业的不同之处。矿产资源的"有限性"和"不可再生性"，直接影响着资源型企业的生命周期，在开采强度一定的情况下，企业拥有的储量多，企业就能长期发展；储量少，企业就面临生存危机。从外部看，资源间的相互替代，也将导致资源开采出现不经济现象。社会进步程度越高，新资源发现速度越快，资源在原来的技术等级上被开采的经济性就越低，资源被停止生产的可能性就越大。例如，法国正是因为大量使用了核能，煤炭作为能源生产的经济性极大降低，最终被迫停产。一般来讲，资源型企业要解决矿产资源不足而导致的直接生存风险，主要方法有两个：一是"开源"，即扩大矿产资源的来源，充分利用国内外两种资源，具体可以采取找新矿源、用贫矿、开发潜在矿等措施；二是"节流"，即千方百计地改善利用矿产资源的技术和管理水平，使有限的矿产资源得到最大限度的利用。

2. 先期开发性投入大，企业发展具有高风险性

由于地质构造运动的不均匀性和复杂性，造成矿产资源在世界各地和我国各地分布的不均衡性。资源型企业的主要优势是资源，而资源分布的不均衡性使得一般情况下资源所在地很难与其他区位，如交通、市场需求等优势结合在一起。矿址选择受制于矿产资源赋存地，导致绝大部分资源型企业远离城镇，交通、通信、动力等协作条件很差，资源型企业必须在工作开展的初期就进行大规模的开发性投入，完成大量的基础设施建设，造成投资大、建设周期长、见效慢等问题。不仅如此，与其他行业的企业相比，资源型企业在其发展过程中，除要承担开发型投入和经营风险外，还要承受过多的自然风险。矿产资源赋存隐蔽，成分复杂多变，自然界不存在雷同的矿床，因而寻找、探明以至开发利用矿产资源的过程必然存在着不同程度的投资风险。以煤炭为例，经常面临的是储量勘查不准确，水、火、瓦斯突出及煤尘爆炸等问题。各种资源开采条件的各异性及作业环境的恶劣性都会加大资源生产的不确定性。实践证明，现代矿业具有找矿难度大、成本高、效果差、勘探、开发的风险多等特点，是一般加工企业所不可比拟的。当资源型企业退出生产领域时，因其设备具有高度的专用性，不能另作他途，从而导致很高的退出壁垒；资源型企业也易受国际资源市场及其替代品等竞争的影响，投资回收期延长，从而增加了资源型企业的进入壁垒，这些因素结合在一起的综合作用决定了资源型企业相对于其他行业企业的筹资风险更大。另外，资源型企业发展受国民经济波动的影响大，尤其是宏观经济萧条带来的市场疲软，会造成资源型企业生产能力大量闲置。因此，资源型企业必须尊重这一特点，努力实现投资主体多元化，争取多渠道融资，以分担投资风险。

3. 生产的周期性和经济效益的递减性

资源的有限性及其不可再生性的特点决定了资源型企业发展呈现出明显的周期性和经济效益递减的特征。一般而言，资源型企业生产发展通常经历四个阶段：第一阶段是勘查期，资源型企业在建设之前，先要对资源状况进行勘查，然后进行设计，这一时期一般较长，在开始勘查到正式生产、达产一般要 7～10 年，最短也要 3 年，同时这一时期是完全的投入期，没有产出和经济效益，因此，只有具有足够强大的资金实力支持才有条件开始资源的前期勘查工作。第二阶段是投产期，从基本建设完成到矿石产量达到设计能力为止。这个阶段，大型资源型企业一般需要 5 年左右的时间，中、小资源型企业需 2～3 年。第三阶段是生产期，即达到设计生产能力后，资源型企业生产均衡，产量稳定，这也是资源型企业经济效益最好的阶段。一般生产稳定年份不低于矿山总服务年限的 2/3。第四阶段是衰老期，随着资源被生产和消耗，开采范围内储量的逐渐减少，产量逐年降低，资源产品成本将会不断上升。这主要是由于资源被埋在地下，而开采顺序一般是自上而下的，由于资源提升、运输距离增长，矿山开采条件逐渐恶化，企业生产成本增加，矿山的经济效益递减。这个阶段大型矿山不超过 7～10 年，中、小型矿山不超过 3～5 年。矿山经济效益的递减趋势是资源型企业独具的特殊规律。针对这一规律，资源型企业要积极实施可持续发展战略，在发展的第二阶段就开始考虑企业的未来出路问题。

4. 生态环境的破坏性

矿产资源的开发和利用会给矿山生态系统带来一系列地质、生态环境问题。矿山的开采活动形成的露天采矿坑、尾矿区、废石场，破坏了植被，占用了大量土地；采空区、陷落区等严重破坏了公路和建筑，给人民群众的生活、安全带来了极大危害；随着开采深度的加深，导致地下水位的下降。近年来，资源型企业的矿山环保工作虽然取得了一些成绩，但由于矿山开采造成的生态破坏和环境污染具有点多、面广、量大的特点，加上环境欠账多，治理速度缓慢，全国矿山环境恶化趋势至今还没有得到有效遏制。因此，资源型企业必须严格执行环境保护法及矿山复垦制度，采取各种可能的措施使企业走上绿色矿山之路，建设循环型企业。

5. 产业层次低级化和产品的无差别性

资源产业是国民经济发展过程中的先期投入行业，处于社会生产链的最前端，肩负着为国民经济提供原材料和形成积累的作用。随着经济的发展，更高级产业不断向下延伸，将形成资源性产业层次低级化发展趋势，资源型企业的利润向下游转移，使之积累能力不断下降，丧失自我发展的功能，陷入衰退的循环之中。资源型企业所处的产业层次低，还表现为由该产业培育出的劳动力技能相对低下，经营观念保守落后，管理能力和开拓意识不强等。

严格经济学意义上的"无差别产品"，不仅指产品之间的质量完全相同，还包括在销售条件、商标装潢等方面完全相同。同一类的资源型企业的产品基本上属于无差别产品，对于消费者来讲，购买哪一家基本上都一样。在这种情况下，资源型企业就面临着很大市场价格风险，一旦矿产品供过于求的程度加深，价格就会下降，企业就会陷入收入流减少、库存增加甚至裁员、缩小生产规模的境地。

6. 资源的金融特征

资源首先是以物质的形式存在。石油、天然气、煤炭、铁矿石等的生产、传输、储存、转换和消费都需要现实的基础设施。整个资源运作过程要受到时空限制及自然条件的影响。资源的供应和消费必须保持实物数量的平衡，资源实物性地存在和发生效用是整个社会经济活动的基础。但资源业也往往是资金密集型行业，成功的金融运作是资源业有效运作的前提条件，因此，资源就具有了明显的金融特征。资源对经济具有基础性作用，因此，保有资源就等同于持有资金，资金加资源的投资组合在基金操作中屡见不鲜。现货市场、期货市场、场外市场等为资源的物质—金融二重性相互转化提供了必要的机制。市场上的实物交易使得资源由生产向消费的转换得以实现；而市场上的金融行为（主要是期货交易）则调动资金流向，调节生产和消费的平衡。虽然资源期货交易的直接动机是盈利或避险，但这些市场行为客观上促使资源和资金流向经济效率较高的单位并有助于提高社会的整体生产力。例如，在美国能源市场上，平均市场交易量是实际生产和消费量的 8～10 倍。换句话说，能源在从生产到最终消费的过程中平均被易手 8～10 次。资源的物质—金融二重性及其在市场上的相互作用决定了其风险特征。

第二节　资源型企业风险管理的重点

一般的加工型企业会从国际市场获取一定的原材料或向国际市场出售物品，这些原材料具有很强的相互替代性，较易获得，向国际市场出售的物品也可以转向国内市场销售。而对于资源型企业而言，国外是其获取原始矿产的主要来源，而且资源的获得除需要大量投入外，还面临大量风险，因此，相对于一般加工型企业，资源型企业尤其是大型资源型企业往往面临着更大的国内、国外两种风险来源。资源型企业面临的风险主要包括以下方面：

一、价格风险

影响资源价格的因素极其复杂，自然灾害、气候条件、经济发展、人口数量、资源储量、金融操作、环境政策、政治因素等，都会极大地影响到资源的价格。资源价格的变化幅度往往也会非常大，以美国能源为例，部分因为放松管制，能源商品的价格风险程度比金融市场风险如与利率、汇率和股票价格相联系的风险高得多，1993～1999年，虽然美国的房地产价格年度波动率为12%；标准普尔500指数年度波动率约为14%；而同期天然气和电力的年度波动率则分别为121%和228%。这些剧烈的价格波动对资源型企业的买卖双方都造成了巨大的风险。例如，一家石油精炼企业，不仅要面对它要购买的原油价格波动的市场风险，同时也要面对它要出售的精炼石油产品的价格波动的市场风险。它的边际利润基本上就是这两种价格的差额，因此，双重受制于市场风险。

二、基准风险

不少资源型企业把对冲（Hedge）交易作为控制价格风险的有效工具。但即使如此，仍不能够全面地规避风险，这是因为在对冲交易中，资源型企业还面临着基准风险。

在期货交易中，基准风险（Basis Risk）指的是因为期货合约的价格变动与合约的基础金融工具或商品的价格变动不能保持完全一致而带来的风险。在金融市场中，处于一个地理位置的市场交易中的证券可以很容易在另一个地理位置的市场中与一种类似的证券进行套利，这将最终消除市场价格差异。相反地，像石油、天然气、煤炭这样的商品却无法如此容易的跨区套利，相距很远的同一种商品对于市场来讲就是不同的商品。在不同地区的同种商品的价格会由于当地因素的影响而不同。在这些条件下，如果一个地区需要该商品的企业不得不从其他地区购得它，那么就是暴露于基准风险中了。导致基准风险的因素有人为的（期货合约规定的数量不见得与企业的需求数量相匹配）或气候引起的，也包括监管框架或市场环境的区域差异导致的资源型企业在期货市场中实物仓位的错位和金融仓位的错位。因为能源价格涨落显著，任何一种错位都可能酿成巨大损失。特莉能源公司在美国新泽西州经营电力零售业务，向大约10万用户供应电力。2005年8月5日，当地气温陡升，该公司因预测错误，对用户耗电量少估算了约900百万瓦小时，电价从每百万瓦小时100美元飞跃至700美元，公司被迫从现货市场上购电以供应用户，仅此一日的持仓错位就让该公司净亏54万美元。这就是说，特莉能源公司在它的期货头寸（空头）上受到的巨大损失却没有能够从它的实物头寸（多头）的相应收益中得到弥补。在很多企业都有自己的风险管理策略和程序并且这些策略和程序都被看好的情况下，（实物）多头和（期货）空头之间与气候有关的基准风险的敞口会导致它们巨大的损失风险。沃尔特能源公司所面临的风险也是一个类似的典型案例。

三、交易量风险

资源型企业经常面临着定价压力和成交量的风险。资源型产品的价格管制放松以后，市场竞争环境就会发生变化，资源型企业的管理者们就会面临价格下降的前景，例如在中国，煤炭业放开较早，价格实现了市场化，所以价格一直不高，即使目前的高涨，也是与整个经济形势和其他资源价格上涨有关。放松管制后，资源型企业必须为了争取客户和资本而进行竞争，而且由于市场竞争的加剧使得长期合约的使用受到了遏制，所以资源型企业还不得不管理它们的交易量风险。一旦交易量下降，就意味着企业市场份额的缩小、收入的减少和市场影响力的下降。

四、跨国公司竞争的风险

当前，经济全球化的趋势日益凸显，且进程越来越快。由于我国各类资源的市场需求潜力巨大，国外的大型跨国公司正逐步凭借其雄厚的资金、技术力量和管理优势，通过独资、合资、合作和外资并购等方式在我国从事各类资源的开发，国内竞争逐渐进入白热化的状态。在这一过程中，国内资源型企业面临的风险主要是市场份额的萎缩和人才的流失。跨国公司以利润最大化为目标，凭其上述优势，一方面通过增持股份逐步挤出国内所有者的资本，挤垮其他的同类企业；另一方面利用控股权掌控资源型企业的发展方向和利益分配。跨国公司还会利用高报酬等条件与国内企业争夺各类人才，实施人才的"本土化"战略。

五、现金流风险

现金流是企业维持正常运营的必备条件。企业如果现金流过于充裕，那么就意味着资金使用效率不高，存在资金闲置的问题，而如果现金流始终处于极度紧张的状态，那么一旦发生突发性事件，企业就会面临现金流中断的风险。在产品市场上，现金流中断主要是由于产品销售不出去或者应收账款不能及时回收而企业正常开支不能削减造成的。而在金融市场上，现金流的中断则可能产生于期货市场中买卖平衡被强制破坏。在对冲的期货交易中，其基本前提是实货交易和纸货交易的买卖平衡，从而使市场价格升降对产品组合的影响相互抵消。正常条件下的对冲交易是有效的风险管理工具。但是，一旦市场条件变化，资源的物质—金融二重性发生时间上的脱节，则市场对冲交易就可能给国内资源型企业带来极大的现金流风险。

六、汇率风险

汇率风险是指跨国公司在其经营活动中，因外汇汇率变动而使公司的负债和支出增加、资产和收入减少的可能性。跨国公司进行国际投资时首先要受公司所在国货币价值的影响，对兼营涉外业务的跨国公司来说，经营所在国的货币相对于本国货币的价值下跌时，则本国企业的涉外经营业务就面临着折算风险。其次，跨国公司面临的另一种风险则是外国政府将其货币冻结起来，不能兑换成别国货币（主要是本国货币）。这样一旦投资者在国外进行投资后，东道主国家政府将其货币冻结起来，货币兑换受到限制，从而使投资者面临无法收回投资的交易与经济风险。

七、利率风险

利率风险是指公司在资本的筹集和运用过程中，由于各种不确定因素引起利率的变化，直接或间接地造成公司投资贬值或收益损失的风险，主要包括公司的借款和贷款活动中利率的变化、不同国家金融市场利率的变化，以及不同国际金融市场不同货币利率的变化所产生的风险。主要表现在以下几方面：①证券投资的利率是相对固定的，市场利率却是变化的，其变化与证券价格的变化方向相反；②当公司发行新债券时市场利率上升，新债券的利率随之提高，原来发行的利率较低的债券价格必将出现波动，从而影响原有投资者的收益；③股票投资的收益取决于企业的经营成果，当企业由于经营管理不善或外部因素的影响，致使当年盈利低于市场平均利率时，投资者将承担利率损失；④市场利率提高时，企业的筹资成本相应增大，将导致经营效益下降，盈利减少，从而使投资者收益下降。

八、国际政治风险

在国际风险中，政治因素所引起的风险处于关键地位，区域性（如欧佩克国家）或全球性政治经济危机、经济封锁和物资禁运等经济制裁措施、经贸摩擦、全球性的自然灾害以及大规模的武装冲突和局部战争等均会对国际资源市场及资源价格产生冲击。在国际政治风险中，跨国公司也无法避免所要面临的经营投资所在国及本国的国家风险。国家风险主要是指东道国政治、法律及各种社会不确定因素给跨国公司经营活动带来的风险。通常，政治风险主要有以下特点：首先，该国经营环境急剧变化，投资表现为具有经营的不连续性；其次，难以预测经营环境的变化，具有很大的不确定性；再次，整个社会中的各种政治力量的权力与权威关系极为复杂；最后，由于上述原因，使跨国公司的利润或其他目标的实现受到显著影响。政治风险对跨国公司经营活动的影响主要有两种形式：一是"国有化"；二是变相"没收"。这两种政治风险都会给跨国公司以致命的打击。

九、项目风险

任何工程都存在风险。资源型企业的开工项目一般规模都很大，投入的人力物力经常是以亿元、十亿元甚至上百亿元为计数单位，因此，它们必然要经常面对项目风险。所谓项目风险是指因为施工过程中的不确定因素给项目的预算和工期带来的负的影响，从而造成经济损失的可能性。资源型企业在项目运行中会遇到很多风险，尤其是新区的勘探项目以及海外的勘探项目，由于地质、地理和社会条件比较陌生，而且世界上没有绝对相同的矿床，因此，发生风险的可能性比老区的勘探要大得多。项目运行中的风险主要包括：①合同保证责任的风险。合同保证责任的风险主要包括保证工期的责任，保证作业质量或工程质量的责任，保证资料质量或地质成果质量的责任，以及发生残次问题的担保责任。②经济情况变动带来的风险。经济情况的变动给工程作业带来的风险主要有两个方面：一是通货膨胀引起的物价和劳动工资等方面的变动；二是汇率变动的影响。③项目运行条件不明确引起的风险。项目运行条件不明确主要指地质、地理和社会条件不明确，具体来讲包括地质条件（如岩石、构造、地层压力等）、交通条件、物资供应、社会治安、地方政府对项目的支持程度等情况的不清楚，这会造成作业的困难，增加项目投入。④由于项目的特殊性造成的项目风险。项目的特殊性造成的项目风险有灾害或工程上的制约导致重复作业和追加工程，缺少足够的现场勘查和工程作业的技术资料，以及缺少新技术或特殊作业的作业经验等。

十、其他风险

除上述风险外，资源型企业还面临着其他的一系列风险。一是法律风险。过去 20 年来，法律诉讼已经成为资源型企业日益关注的问题，随着全球范围内环境保护游说团体的激进主义和可持续发展的新工业模式的出现以后，问题变得更加严重了。例如，1989 年埃克森美孚（Exxon）公司在其埃克森·瓦尔兹（Exxon Valdez）号油轮的石油泄漏事件后，不得不同意支付大约 11.5 亿美元用于平息针对它的各类案件，这还不包括损失的石油的代价和随之而来的清理费用。对国际规则和目标国的法律法规不熟悉也容易出现风险，例如，如果不遵守国际劳工标准就会面临遭受起诉的风险。二是信用风险。主要是指来自于下游行业企业因资不抵债而出现破产、所负债务难以偿还给资源类企业的风险。资源型企业也经常面临着客户不履行责任即违约的风险。违约行为通常发生在市场环境极为不利的时候，例如，如果经济不景气而导致资源市场上供过于求，很多客户由于经营效益差或出于恶意会拒绝履约或停止付款，很多客户甚至以转移购买为要挟，要求企业提供产品却拖延付款，这都给资源型企业的经营带来了很大的风险。但是，在我国，即使经济形势不错，也存在着较大信用风险，这与当前我国的上下游产业之间利润差距过大有着直接的关系。目前，我国 80% 的资源型企业利润都集中在了石油、天然气、煤炭、电力和有色金属五大行业中，这种利润分布结构不仅不利于整体经济竞争力的提高，还可能带来资源类企业信用风险的增加。从价格谈判能力来看，资源型企业目前显然还处在相当优越的地位上，而下游的工业消费品行业却出现两头受挤的困境，市场风险大大增加，由此可能引起的破产必然会对资源类企业形成不良负债。三是替代性风险。在技术进步的影响下，资源型企业还面临着替代产品竞争的风险。这主要是由于勘探技术进步使更多的优质资源被发现；运输技术的进步使原来不具有费用优势的资源具有了优势；资源生产技术使原来不能开采的资源能够开采或成本更低；加工技术进步使资源综合价值提高，并使已有的生产过程相对粗放；技术进步生产出了人工合成材料并大规模投入市场，替代了地下资源。

第三节 资源型企业风险管理案例

一、案例 1——魁北克水力发电公司[①]

魁北克水力发电公司作为一家资源型企业，其风险管理的经验可以概括为：转变经营理念，把风险与机遇作为一个整体来管理；关注企业成长以及国际投资，明白步入一项新的事业所冒的风险；从最上层的委任开始引发企业的全面风险管理。

凭借 57 亿美元的利税，魁北克水力发电公司（HQ）不仅仅是加拿大而且也是全世界最大的电力公司之一，但是，如今大部分极富经济生机的河流都已经被筑坝启用了，而且更为严峻的问题是整个世界市场结构的改组，单纯的政府主导的电力市场正在向竞争的电力市场倾斜。在这种形势下，魁北克水力发电公司必须改变其以往的经营理念和文化理念。

经营理念的转变正在通过拓展商业范围以及投资额度得以实现。摆在公司面前的一个可行选择是对清洁新颖的电力资源投资，这是对逐步老化了的、污染环境的煤炭以及核电

---

① ［美］詹姆斯·德阿克. 企业的泛风险管理——一种动态的处理风险与机遇的系统化策略［M］. 丁一兵，译. 长春：吉林人民出版社，2001：217-231.

工业的极具挑战性的反应。例如，1998年秋季，公司开始与各个合作伙伴在加拿大领土上共同建造100万千瓦功率的风力发电厂，与其配套的项目融资可以从加拿大基金利率署获得优先投资权。国际投资重点的转移也推动了经营理念的转变。但是为了成功地实施经营理念的转变，公司认识到必须同时改变公司的文化理念。企业全面风险管理的具体措施虽然能够很好地管理公司的运营，但是公司的管理人员已经习惯了相对无风险的商业环境。竞争文化的转变不仅仅引进了许多新的机遇，同时也引进了一些风险。经过董事会和高级管理层的充分考虑，公司决定推行全面风险管理，因为公司高层确信，通过使员工更加深刻地认识到公司所处的市场地位，通过使他们更加明了公司所承担风险的深刻内涵，以及为什么公司要承担这些风险，将有助于公司推进理想的行为模式。

1. 引入新的"企业风险管理人"

1998年，公司意识到，当时的魁北克水力发电公司的风险管理条例从本质上而言是消极的或是防御性的，基本上起不到应对风险的作用。而公司的业务条例绝大多数是出于单纯的政治目的，二者均是早期的、过时的条例。

如今较为客观的做法是发展出一套具备前瞻性、整体性和高度集成化的方式，使之更适合于充满竞争的全球市场。为了实现这种转变，公司设立了一个新的职位——负责控制和集中风险管理的总经理，总经理的任务就是创造出一种文化理念或者风险意识，从而为公司职员提供工具，并且帮助他们取得最大可能的成功，该总经理可以直接向总裁汇报工作。

实际上，新的"企业风险管理人"有其重要的任务：

（1）发展一种观点：该总经理的工作之一就是发展集中风险管理的更加全面的理念，产生出一个让委员会成员、高级行政官员以及中层管理人员均认可的观点。这将意味着把集中风险管理的理念提法提高到超出理论上的范畴，从而在本质上将这一过程转变成为一系列的客观实践目标。这同时也意味着主动地宣传集中风险管理这一项目的利益，以寻求获得更广泛的理解和认可。企业风险管理人不是要接管风险管理的责任，而是要为业务单位和委员会提供一个有效的管理框架，以及进入这一框架的正确手段。

（2）发展一种企业层面的视野：第二项任务就是将集团的各种风险点集中起来，实现真正意义上的汇总。最初将关注风险识别和风险评估，但是最终将要求发展风险管理和优化各项风险的切实可行的工具。企业风险管理人不只是消除风险，还要从概念上理解什么是风险并且能够解释为什么他们正承担着一系列的风险。这样，在企业层面上，要确保企业的业务单位能够理解各项措施，并且能够有效地运用这些措施，从而创造出一个优化了的风险体系。

特定的风险优化战略不仅仅需要改善个体业务单位，也要改善处于集团水平上的"现存风险"。风险模式对于公司发展前景同样也很重要，魁北克水力发电公司正致力于为简化的或者是决定性的各种风险管理尺度提供更多的可能的方法。最终的目标就是建立一个持续性的、前瞻性的、富有生命力的以及优化了的组织，来此确定它的业务计划、风险评估以及风险管理的过程。

（3）评估公司衍生交易以及保险：第三项任务就是评估公司的衍生交易以及保险产品的使用情况。毫无疑问，采用一种企业层面的风险管理框架会对公司的各项交易操作目标以及决策过程产生冲击。然而，这里的关键问题是要运用操作上的优化来减少业绩变化，使其达到可以接受的水平。同时确保坚持已经建立起来的政策和控制方式。

魁北克水力发电公司正在加快使用衍生交易。公司正在进行着规模越来越大的能源产品的贸易。但是，这些市场是极其复杂性的，因此，公司就使用诸如期货、期权这样的衍生工具来锁定风险。同时，利率风险和货币风险也正在得到积极的管理——后者随公司的国际化进程而出现了快速增长。正如任何一个工业公司一样，保险产品也是风险战略的一个重要因素。

引入新的"企业风险管理人"意味着公司加强其风险管理目标，并开始关注利用衍生交易与保险使风险过程和控制实现优化。一套完整的生产程序应该在满足交易单位对于速度和流动性需求的同时，满足高层管理部门对于可控制的要求。最终，公司应该确保：①业务单位会理解它们所承担的风险并且了解去哪里才能够找到合适的措施来管理这些风险；②利用资本市场去管理这些风险是行之有效的。

2. 风险管理的五步方针

公司始终要采取一体化的方式来管理它的财务风险，例如，将货币风险与其他相关财务风险结合起来。公司的目标是建立起管理各种风险的统一框架，这需要每一个管理人员都要对他们各自的企业风险负责任。从这一点出发，未来的蓝图就是，一旦识别了风险，就要对其做出结论：保留还是抵消？是摒弃还是规避？是转移还是接受或进行利用？这一蓝图的最后一点就是根据汇总裁量来评估这些风险的效用。

企业全面风险管理如何才能够提供给魁北克水力发电公司的管理层以有效的工具和洞察能力来识别并管理风险，进而改善其业绩？总经理马西尔先生提出了一个五步方针：

（1）帮助业务单位构思它们的机遇和风险：必须清楚地了解业务环境。风险图是最好的风险识别过程。但是，在制作风险图的过程中，最大的问题是让人们承认他们所承担的风险，因为在此之前，尚无人谈及这些。对此，马西尔先生的解决办法是，将它暴露于大庭广众之下，以便共同探讨。另一个行之有效的方法就是首先关注所有的业务单位都关心的一些普通的风险。按照这种办法，每一位管理人员都会觉得威胁小些，因为他们认识到，他们并不孤独。随后，该过程结出的累累硕果会让行政管理人员看到他们所冒的风险与机遇的成功融合。

（2）为重要风险建立风险容忍度。一旦风险图被起草、论证，并且最终定型，对于业务单位来说，接下来的任务就是开始决定风险的优先次序。这一过程的关键之处在于确定"必要条件"：处于什么情况下、什么水平下的风险是可容忍的。

（3）评估标准的选择：对于每一个关键性风险，业务单位均被要求去确定可能行动的全部范围。了解每一个潜在战略的应用是很重要的。在这一过程中，企业风险管理人员的作用是提供一个有关企业如何管理所接受风险的规范的、有意识的决定。他们帮助业务单位的管理人员制定决策，而不是告诉他们什么是他们必须要做到的。

（4）修订一个行动计划。一旦可以选择的项目已经被确定下来，业务单位就必须做出相应决策，而且，它们的决策要在业务计划中加以阐述和说明。风险管理和业务计划二者要紧密结合，成为一个一体化的体系。而且，业务单位要认识到，一旦识别到了业务风险，它们就有责任去监督风险是否被管理。这是一个不可推卸的责任：风险决策的成功或者失败已经成为业务单位全面评估和持续改善目标的一部分。

（5）在汇总的基础上管理风险。迄今为止，在这项工作的最初期阶段，仅仅是在单个业务单位的层面上进行风险分析，最终公司将致力于将各业务单位的风险汇总起来。只有在汇总的基础上，这些机遇才能够被认清，从而得以利用。

人们认为，在某些业务单位中的某些风险管理举措对于整个企业范畴来说是多余的；或者，在一个业务单位的投资决策中的风险很高，而在别的业务单位其风险却很低。所有这些结果，都应该区别对待，加以分析，每个业务单位都应该根据实际情况和给定的机遇来重新评估它们拟定的行动。同样地，来自于原来部门的某些形式上的"担保"或许会成为一个业务单位的业务计划和评估标准的一部分，这也是为了企业能够获得整体上的优化成果。

语言和报告的一致性是至关重要的，总体而言，公司的目标就是发展起一个连续的沟通循环和创造性思维方式，使企业的所有风险变成一个真正的优化组合。但是，管理部门认为企业全面风险管理最初应该由处于相应的风险管理职位上的管理人员共同负责，他们的工作也包括提供过程方案、报告以及方针政策来优化贯穿于整个组织结构的种种风险。

3. 魁北克水力发电公司的国际化与"七大"关键风险

迄今为止，上述步骤已经在两个业务领域中得以实施。第一个就是美国和加拿大相邻电网的电力销售。虽然公司长期以来一直从事这一业务——20多年来，它一直按照传统方式销售电力，但这只是在保证价格和销售额的某种平衡下进行调整。随着燃料价格的不断下降，竞争环境越来越恶劣，运用一套更规范的手段来评估风险和机遇显得更为重要。

尽管对于公司来说改进地区性电力销售非常重要，但是地区性电力市场的未来增长潜力却是很有限的，但就公司业务的国际化来讲，情况就大大不同。开发与管理国际电力投资是一项复杂的、资本高度集中的、充满竞争的，因此也就充满了风险的业务。但是，对于那些有着足够能力的公司而言，这同时又是一次难得的机遇。尽管如此，对于魁北克水力发电国际公司而言，国际直接投资仍是一项新的尝试。这意味着承担新的、更重大的企业风险。很明显，这将不同于以往国内的风险管理。对这些风险的管理需要新的能力。因此，魁北克水力发电国际公司自然就成了马西尔先生的综合风险评估与管理体系的首要分析对象。

借助于一个风险图过程，风险评估小组发展了一套详细的风险评级标准。根据这一标准，公司的"七大"关键风险如下：

（1）人力资源。魁北克水力发电国际公司的最主要风险就是人力资源问题。魁北克水力发电国际公司的全体工作人员已经习惯于不从利润驱动角度出发来管理项目或者进行预算。为了强调风险，魁北克水力发电国际公司组建了一个人力资源职能部门来组织并确保关键的职位让那些有能力的人才来担当。在这方面，员工之间的差距非常明显，因此，公司采取一系列的措施来提高人才质量，或者通过培训、从别的公司聘请来缩小员工间的差距。

（2）项目选择（投资评估）。通过制作风险图管理过程，处在第二位的风险及投资选择风险被突出出来，评估小组聘请主要的咨询公司从头到尾重新设计投资过程——包括项目核定、模拟咨询、投资评估、方针战略以及全部的预测手段和技术。因为，公司的利润不仅仅依靠资产的管理，更依靠于以适当的价格获取利润。这并不意味着现存的机制完全不再适用了。评估小组一直配备有咨询公司以及金融专家、投资家提供大量的模型和技术。然而，魁北克水力发电国际公司认识到，有必要进一步进行突破性改进。目前，公司正在发展一项更为复杂的风险调整 NPV 模型，它能够反映国际直接投资和项目管理的关键风险。除此之外，公司希望能够运用一套概率模型来预测单一项目的回报率。风险评估小组最终将发展出一套模型来演示一项潜在投资是如何在现存的整体业务中发挥作用的，投资项目如何融合在现存的整体业务中，是投资选择和资本配置的关键因素。

（3）合同风险。魁北克水力发电国际公司已经习惯于签订各种专业服务合同。然而，这些仅仅是相对较小的合同，只涉及相对有限的资本投资和少数国家。而目前，公司的国际投资金额越来越大，资金投向越来越多的国家，因此，很有必要对合同风险进行严格评估，这对公司来说是一个重大变化。在一个受到管制的垄断市场中，是由公司自己单方面决定合同条款，但在有着自己的法律法规的别国市场中，或在一个自由竞争市场中，严格考察合同条款以尽量避免损失就有了至关重要的意义。因此，公司在这方面做出了巨大的努力，目前，在公司的整个投资评估过程中，合同风险都被摆在重要位置上。

（4）政治风险。基础设施的投资周期会长达10年、20年甚至30年，因此，极易受到各种风险的冲击，如暴力、战争、征用以及各种各样的国有化措施等。然而，风险图过程突出了这一混乱现象的另一个因素：不对风险进行明确界定，我们就不会在投资东道国拥有足够影响力，进而也就不能够减小因政府政策的改变而带来的潜在风险。为此，魁北克水力发电国际公司正在同一家咨询公司共同工作来制定一套适用于管理政治风险的模型。例如，公司关注并且分析各个主权国家的制约因素，从而确定适用于政治风险的战略。这项工作尚未完成，但是，目前公司正在寻找途径收集并分析来自于内部和外部资源的相关数据和信息。

一个与公司密切相关的问题就是评估各种保险形式的有效性。这包括有关的准政府组织或者当地的出口信贷机构（ECAS）提供的便利。迄今为止，公司为所有的投资项目购买了政治风险保险，这是由于公司认识到当前的投资组合还远没有完善到能够完全抵制一次重大的政治风险事件的程度。在近一阶段，或许就在3～5年，魁北克水力发电国际公司将会在这方面做出努力来减少因重大政治变化、风险事故而引起的损失。

（5）竞争风险。公司热切关注其交易能力的改进，以及竞争环境下项目管理能力的提高。在过去，公司不必去分析所面临的竞争或者详细分析其市场地位，但是为了发展，现在不得不关注这些方面的问题。

（6）合作风险。公司也认识到必须提高自身识别最佳合作伙伴的能力，这些伙伴与公司承担共同的投资风险。在确定合作伙伴之前，公司需要明确：什么是共同投资风险？公司应该跟谁合作？为什么要合作呢？公司怎样才能确保其投资资金和合作伙伴的资金都得到充分的保障呢？公司不应该与谁合作，为什么不与之合作呢？同样重要的是，一旦认定了合作伙伴，公司就需要考虑怎样才能和合作伙伴有效地合作以确保这一关系的成功呢？这一风险在那些国际投资规模巨大并常常导致腐败事件的国家当中是相当重要的。共同投资风险伙伴和供应商至少必须具有可信度与声望，公司必须对其背景进行考察，并进行严格的筛选。

（7）财务风险。最后，随着国际的投资项目的增加，外汇与利率风险的影响也在增加，魁北克水力发电国际公司现在有两个专业人员，他们的任务就是衡量并且量化上述风险及其他的财务风险，评估套期保值战略，寻求适用的分析体系和模型，以及软件系统。最终在整个集团的层面上管理这些风险。

4. 案例总结

企业全面风险管理方法在魁北克水力发电公司甚至在魁北克水力发电国际公司仍处于初级阶段。但上述内容还是反映了其在思维和运作模式上的巨大变化。公司已经开始制作风险图，并已经使企业全面风险管理得到公司员工的认可和接受，现在公司正在寻找适当的激励机制，以推动其管理人员在各自业务单位和整个公司这两个层面上尽其所能地开展风险管理工作。业务经理认识到：他们必须在 1999～2000 财政年度的业务计划中讨论风险和与风险有关的活动。从这一点出发，公司的目标是进一步发展实现企业全面风险管理前景所需要的模式和工具。改变对企业人员的授权或许是公司风险管理人员正在运用的方法中的最为重要的方面。风险意识是一种理想的组织原则，而在企业全面风险管理方法中，对人员的授权至关重要。公司只有既在业务单位层面上，又在全企业层面上与风险做斗争，才能真正地优化风险与收益。

二、案例 2——加利福尼亚联合石油公司①

加利福尼亚联合石油公司是一个老牌的石油生产公司，也是目前世界上最大的由投资者拥有的石油天然气勘探和生产公司。该公司的主要特点是，长期保持了"独立性"；长期采取低成本战略；最近突出了专业化的策略，将其主要精力放在了勘探和生产上，这使公司得以将资本投入在核心业务上。

1. 加利福尼亚联合石油公司所面临的主要风险

(1) 项目风险。一般的制造业企业在年复一年固定的工厂内进行生产，关注的内容主要有制造成本、运输成本、销售对象、毛利润。石油行业与之不同之处在于，企业每年都需重建一部分工厂，大概每年需要重建工厂的 1/3。否则，到年底公司的日产量就会损失掉 1/3。而且石油企业的生产环境也很不寻常，要进行无数次的作业，可最终能够得到回报的只有一部分，实际上大部分都不会得到任何回报。企业必须为少数成功的概率去支付大部分的试验费用。尽管新的开发面临很多风险，但对于石油公司来讲，这样的风险是不能回避的，否则，就不能达到增加资源的目的，供应管道就会中断。而且，由于多年的开发，现在发现新资源时，其存量已经比一二十年前小得多了。加利福尼亚联合石油公司资源储备的补充情况就反映了这一问题，1999 年，加利福尼亚联合石油公司的全球储量增加了 1800 万桶。之所以这样，只是因为公司购买了 3800 万桶的资源，而当年新发现的资源只有 3100 万桶。那一年，新发现的资源仅占总产量 48%。1996 年、1997 年、1998 年加利福尼亚联合石油公司全球石油储量中新发现资源占当年产量比重分别为 68%、57% 和 121%。

(2) 事故风险。埃克森瓦尔迪兹油井事故总是提醒着人们不要忘记石油作业中所面临的另一个风险——事故。石油开采过程中的事故会破坏环境，导致人员死亡及严重的资产损失。在加利福尼亚联合石油公司漫长的发展史上，同其他公司一样，是在一个复杂而充满危险的行业中运作。事故是不可能避免的，包括石油火灾这样的工业噩梦。据公开资料显示，1926 年的两起事故共导致约 800 万桶原油的损失（相当于 1999 年加利福尼亚联合石油公司 1/8 的产量），当时这两次灾难被称为自 1906 年旧金山大火以来的最大的火灾。因此，尽管加利福尼亚联合石油公司是低成本的石油开采公司，但公司管理层的一致共识是不能因为经济原因牺牲安全。加利福尼亚联合石油公司目前的安全工作已经能够达到将任何一个员工如同他们离开家时一样的、完整无损地送回到家中。但是即使有到位的强有力的安全保障，严重的事故也有可能在毫无征兆的情况下发生。最近的一次事故在近海钻

① 托马斯·L. 巴顿，威廉·G. 申克，保罗·L. 沃克. 企业风险管理 [M]. 王剑峰，寇国龙，译. 北京：中国人民大学出版社，2004：175－215.

井平台上（由另一家公司经营），损失了价值数千万美元的钻井，所幸的是，事故发生时没有造成任何的人员伤亡。

（3）价格风险。加利福尼亚联合石油公司的石油和天然气只要一生产出来就会在开放的市场上销售。如同其他交易商一样，加利福尼亚联合石油公司容易受到价格波动风险的影响，而在石油行业中，这种影响可能非常巨大。为此，公司会主动采取远期契约、期货、期权及其他碳氢化合物的衍生金融工具来规避价格波动的风险。即使如此，加利福尼亚联合石油公司的石油全球平均净销售价格（平衡盈亏后），从 1997 年的每桶 17.17 美元跌到 1998 年的每桶 11.67 美元（下降了大约 34%），1999 年又反弹到每桶 15.38 美元（32% 的涨幅）。但是与此同时，衍生工具的使用限制了公司在 1999 年中后期价格飞涨中获利的能力。

（4）政治风险。政治风险是另一个十分重要的因素。加利福尼亚联合石油公司的大部分钻井作业是在近海，其中许多都离优美的娱乐海滩不远。在这种位置钻井，必须获联邦政府的允许，除非政府失察。加利福尼亚联合石油公司在中东及其他地区的石油天然气开发在很大程度上都有赖于同合作政府的良好关系。

（5）敏感性分析。石油价格和钻井成功率对加利福尼亚联合石油公司的收益有极为重要的影响。如表 10-1 所示，全球石油价格每桶变动 1 美元，公司净收益会变动 3300 万美元，每股收益变动 0.14 美元。钻井成功率变动 10%，会引起公司净收益变动 2700 万美元，每股收益变动 0.11 美元。在石油和天然气价格不稳定、钻井成功率不确定的条件下，加利福尼亚联合石油公司面临着来自这两个方面因素的重大的收益风险。

表 10-1 加利福尼亚联合石油公司的收益敏感性，2000 年全年的影响

单位：百万美元

	税前收入变化	税后收入变化	每股收益变化
价格			
世界价格每变动 1 美元	47	33	0.14
Lower-48 国家每立方米	28	18	0.07
天然气价格每变动 0.10 美元			
勘探钻孔			
总成功率变动 10%	44	27	0.11

资料来源：Presentation by Tim Ling.

（6）深水作业的风险。随着大陆上成熟油田的资源越来越少，公司正将未来发展的重点放在深水作业上，这既会降低公司年报中的收益，也会带来一系列前所未有的风险。

对加利福尼亚联合石油公司来讲，钻孔的恰当深度是 3000~4000 英尺，但是该公司一直致力于在 5000~10000 英尺深的水下作业，这使其面临与浅水作业相比截然不同的一系列独特的挑战和风险。

深水钻井的风险很大，成本高。一个原因是地震信息成本高，这主要是由于数据的收集和分析比较复杂，必须由专业公司来做。加利福尼亚联合石油公司在深水作业上取得了巨大成功，到目前为止，该公司已经将大约 5 亿美元的资金投放在了墨西哥湾深水作业上。但深水作业也对加利福尼亚联合石油公司报告的净收益产生了重大的负面影响。1999

年，持续性权益如墨西哥湾大陆架的开采权所创造的税前收益为 8.31 亿美元，而新兴的深水业务却导致了 3.42 亿美元的税前损失。另一个原因是深水钻井的经济可行性对石油价格的波动极为敏感。深水开发是数十亿美元的投资，而对二三十年以后的商品价格做出预计是一件很难的事情。这种开发项目的风险特性与众不同，它有别于在浅水区的项目，浅水项目从投资开发到储油层耗尽的时间间隔要短得多，从而使商品价格预计的风险减小。

2. 加利福尼亚联合石油公司风险管理的起源——内部审计

目前，对于各公司来讲，将风险管理的概念与狭义的企业管理概念整合起来已经是大势所趋。因为对于公司来讲，这两者是一致的，如果公司的风险失去控制，公司的损失也会失去控制。加利福尼亚联合石油公司曾经的管理层顾问蒂姆·林在长期的风险管理工作中总结其对风险的看法为：风险管理应该是全体员工的职责，而不是某一个人的职责，一个好的管理者也应该是一个好的风险管理者。

在今天的商业环境下，要为扩大内部审计职能部门的预算寻找理由已经越来越难了，而这些部门仍致力于传统的服从于现存控制论、系统的审计方法。各公司正日渐接受这样的观念：内部审计应当是一项增值的活动；它应该努力探寻问题的根本原因，并找出可行的解决方案。在 COSO 体制下，风险评估是内部控制的基本组成部分。基本来说，经济组织必须在了解其所面临的风险性质后，才能对其进行控制。

卡尔·普利姆是加利福尼亚联合石油公司的首席内部审计师。进入公司后，他很快意识到，他接管的内部审计部门效率不高，原因在于它只关心传统的内部控制内容（如职责分工）是否得到遵守，而忽视了加利福尼亚联合石油公司所面临的大部分基本的业务风险。内部审计部门没有很好地利用资源，加利福尼亚联合石油公司只从投资中得到甚少的回报。因此，他很快就把更加以风险管理为基础的内部审计方法引入到了加利福尼亚联合石油公司。

3. 风险管理规程

加利福尼亚联合石油公司在内部审计中做了三项试验性研究，由此产生了加利福尼亚联合石油公司的第一个真正意义上的风险管理系统文件。其中，第二项研究更有益于全公司的风险比较，它相当于加利福尼亚联合石油公司所说的一个组合方案的概念。这项研究包括对六家国际合资业务进行评估，或者如加利福尼亚联合石油公司所说，对合伙人经营的事业（POV）的相关风险进行评价，POV 研究的思考空间很大。修订的 POV 风险因素（部分）如表 10 - 2 所示。风险矩阵状况表如表 10 - 3 所示。

表 10 - 2　修订的 POV 风险因素（部分）

财务风险
无法避免合同条款的再协商和/或再解释
未能识别外汇风险
社会政治风险
未能遵守政府规章
未能处理好政府官员的干涉
可能的外国政府征用资产
未能鉴别某一掌管一个地理区域的政府组织（部门、协会、政府等）
在合理时间段内（5~7 年）无法出口

未能执行有效的企业持续性发展计划

建设风险

未能符合建筑时间表和/或日程要求

未能合理计算成本，导致资金成本超标

营运风险

人员、技术未能按要求操作

未能为财产毁坏/损失进行适当保险

未能预料到给料或燃料供应的波动/不确定性

未能估算成本，导致营运成本超标

收益风险

未能制定与阶段性发展相一致的出口解决方案以使净现值最大化

未能进行充分的市场分析，未能发现可供选择的市场机会

未能为缺少排水渠的情况做准备

未能维持竞争性的市场地位

未能应对未决的或威胁性的诉讼

产品输出未能达到日程和预算的要求

估算风险

未能恰当估计资源存在的状况

未能恰当估算资源数量、质量和可移转性

未能按当前合同交付特定品质的资源

表 10－3 风险矩阵状况表

	财务	社会政治	建设	营运	收益	资源
目标 A	1）M	5）M/H 7）M 9）M	12）L	14）L	20）H 21）H 24）H 19）H	26）M
目标 B	2）M	5）H 7）H 8）H	11）H 12）L	14）L 16）L	20）H 22）H	26）L
目标 C	1）M/H	9）H	11）L		21）H	26）M 27）L
目标 D	2）L	4）L	12）M	14）M 17）L 18）L	20）M	
目标 E		6）M 9）L		14）L	23）M	25）L
目标 F	1）L	9）M	11）L			

注：H＝高；M＝中等；L＝低。

POV 的每一位营运经理都对一个企业负责，他们与内部审计代表一起，制定一个高水平的、详尽的企业面临的主要风险列表。然后，每个企业分别对此风险列表进行讨论，并拿出一个风险矩阵状况表来测定哪种风险对哪个企业影响到了何种程度。

POV 的营运经理和内部审计师一起讨论一组风险中每种风险的发生概率及其对公司的潜在影响。他们在最坏的情况下来分析各种风险，以找出最根本的发生原因，据此探讨可能的控制方法，决定实施方案。最后，他们会对风险管理系统的变化制定"路标"或指数。他们的计划是为所有的 POV 的业务制定预警路标，这样每一个 POV 的营运经理都可以利用这些路标作为业务风险的预警信号来控制业务。

1999 年春天，内部审计部门开始与 Spirit Energy76 合作进行第三项试验性研究。内部审计的目标，是对加利福尼亚联合石油公司在该地区的勘探和生产过程建立一个初始程序模板和架构，并对每一个基本过程和自过程进行风险评级。与此同时，加利福尼亚联合石油公司高层管理者要求所有业务部门将风险评估作为公司新业务管理系统（OMS）的一部分来执行。

当加利福尼亚联合石油公司的内部审计部门开发风险评估系统的时候，其 HES 审计职能部门也正在进行一项非常接近于内部审计所做的有关风险处理方法的重大改革。

在一个规模庞大的、发展成熟的成功地像加利福尼亚联合石油公司这样的公司内，实现以 HES 为基础的 800 个问题式系统到新的以风险为基础、生产为中心的系统的转变，这样的实例说明了以风险为中心的企业文化变革的巨大动力。这种转变不仅对加利福尼亚联合石油公司在健康、环境、安全方面的有效管理意义重大，而且对其核心的勘探和生产业务也同样意义重大。OMS 草案是公司强大的损失控制系统的自然产物，它清晰地反映了高层管理者将业务管理和风险管理同等对待的理念。

4. 风险管理系统的改进

与任何负责的石油天然气公司一样，健康、环境和安全事务（HES）对加利福尼亚联合石油公司来说是非常重要的。在此有一个问题，就是要确保采用相关性最高、最新的操作方法和程序，并将此作为日常运营的一部分。不幸的是，企业普遍对这些问题表现为事后的反应。在灾难性的 1926 年初有关火灾之后，加利福尼亚联合石油公司成立了一个防范火灾的安全部门，由它负责研究最好的避免和控制石油火灾的办法。而这个行业最严重的两次火灾都发生在 1974 年前，其原因在于加利福尼亚联合石油公司和其他公司都从这些灾难中吸取了教训。

20 世纪 90 年代初，由于发生在芝加哥炼油厂的一次可怕的事故，加利福尼亚联合石油公司决定采用国际安全评级系统（ISRS）。ISRS 的基本原理非常合理，那就是"了解你的行业，了解存在哪些风险，恰当地应用良好的系统来最小化风险，并定期评估系统的执行情况"。ISRS 系统在 1990 年时被认为是达到了最新发展技术水平的。但是，这一系统在加利福尼亚联合石油公司的应用中也存在很多问题，部分原因是这个系统更强调对系统执行情况的文件记录，而较少关注系统的执行情况，部分原因是因为它最初只是针对制造业环境的安全问题而建立的。加利福尼亚联合石油公司必须对该系统进行大规模改造以满足自身的特殊需要。即便如此，这个系统对服从性的要求还是很高的。HES 的一个审计师可以很简单地对有关安全和环境的 800 个问题回答出对或错。每一个问题都会得到一个分数，而且只有对或错，没有中间分数。可以预料，营运管理层会逐渐致力于在这方面取得可以接受的分数。但是公司真正想要的是一种关注环境和安全问题的企业文化，这种文化渗透到管理所涉及的每一件事，而不是仅仅渗透到一个准备由 HES 审计师的独立性的检查系统。

石油和天然气行业正在经历一场快速的变革，其动因多半是由于新技术。这些技术同以前的技术一样，可能很危险甚至是致命的。加利福尼亚联合石油公司的管理层一味着眼于测定 ISRS，是无法应对挑战的。只有一种以风险为基础的系统才能有效地应对快速的变革。管理层无须再为审计师作业报告上的 800 个问题的得分焦虑了，他可以通过生动的自我评估，鉴别出风险最大的区域并找出应对方法。审计师的角色将转变为一种更高层次的咨询者和协助者，而不再是单纯的服从者。但是，要改变那些在旧系统下工作了多年的一线经理的观念并不容易。对于大生产业务的经理来说，新系统看上去非常麻烦。许多对变革的抵制与其说来自于额外的工作，不如说来自于对健康、环境和安全问题的固有观念：让骨干员工去解决吧！

5. 作为文化变革的风险管理

加利福尼亚联合石油公司正逐渐向其整个组织灌输这样的思想，风险管理是优秀企业高效管理体系的组成部分，而不仅仅是附属。公司风险管理的理念见表 10 - 4。当公司正面临着一个全面的经营风险时，这种风险可以分为几个部分，但应当在一个整体性的风险处置规划中得到解决。经营风险的一体化管理只有在如下情况下才可能做到：一线经理了解公司的发展目标，并且了解这些多样的风险是如何妨碍公司目标实现的。

表 10 - 4　一种新兴的看待风险的观点

从	到
各种风险	商业风险
多种控制计划	整合商业风险管理
服从	贡献
职员驱动	一线驱动
审计	自我评估

风险（目标）- 控制计划 = 风险暴露

理解目标→理解风险→管理风险→可接受的风险暴露

加利福尼亚联合石油公司将风险视为：任何阻碍达到目标的事物；不可避免，是我们经营目标和经营方式的产物；威胁任何公司产权的事物。

加利福尼亚联合石油公司的风险管理执行策略为：将关注的焦点集中在"行动流和目标，而不是职能和职位"上。

OMS 系统的指令被设计得有些含糊，这是为了避免产生"另一个法人主体"或与公司其余部分不同的印象。审计部门和 OMS 人员花费了很大的气力，跨越职能和等级的界限和组织内各个阶层的人谈话，以赢得公司全体员工对风险评估的支持。

6. 案例小结

从非法经营者利曼·斯图尔特的艰难创业到今天取得全世界最大的石油天然气钻探和生产公司的地位，加利福尼亚联合石油公司一直都在积极探索寻找和生产石油更为经济、安全的做法。对这些风险处理不当可能会使公司破产。

但直到最近，加利福尼亚联合石油公司才接受了这一概念——风险的处理应该在一个一体化的、全企业范围的基础上进行，而不是留给不同领域的职员去分别应对。加利福尼亚联合石油公司的管理层认为，风险管理是一个一线的职能，这意味着它必须渗透到公司的一切事物中去。

从内部审计部门和健康、环境及安全部门开始，对风险评估和控制的关注正逐渐影响所有的业务部门。像这样一个整体氛围的变革是要花费时间的，但加利福尼亚联合石油公司致力于此，值得自豪的是，迄今为止它已取得了实质性的成就。

思考题及答案要点

1. 什么是资源型企业？资源型企业的特点是什么？

答案要点：资源型企业主要从事矿产资源开采以及电力、燃气、水的生产和供应的企业。资源型企业的特点是：①生产对象的有限性和生产的时限性；②先期开发性投入大，企业发展具有高风险性；③生产的周期性和经济效益的递减性；④生态环境的破坏性；⑤产业层次低级化和产品的无差别性；⑥资源的金融特征。

2. 资源型企业面临的主要风险有哪些？

答案要点：资源型企业面临的主要风险有：①价格风险；②基准风险；③交易量风险；④面临跨国公司竞争的风险；⑤现金流风险（Liquidity Risk）；⑥汇率风险；⑦利率风险；⑧国际政治风险；⑨项目风险；⑩其他风险。

推荐读物

1. 国务院国有资产监督管理委员会. 中央企业全面风险管理指引 [Z]. 2006.

2. 托马斯·L. 巴顿，威廉·G. 申克，保罗·L. 沃克. 企业风险管理 [M]. 王剑峰，寇国龙，译. 北京：中国人民大学出版社，2004.

3. [美] 詹姆斯·德阿克. 企业的泛风险管理——一种动态的处理风险与机遇的系统化策略 [M]. 丁一兵，译. 长春：吉林人民出版社，2001.

4. [美] COSO. 企业风险管理——整合框架 [M]. 方红星，王宏，译. 大连：东北财经大学出版社，2005.

5. 黄娟等. 资源型企业——可持续发展战略研究 [M]. 北京：地质出版社，2005.

第十一章　商业银行的风险分析与管理

本章提要

作为一国信用中介、支付中介，具有存款货币创造能力的商业银行从诞生之日起，就面临和承担着各种风险，可以说，风险是商业银行存在和获利的前提。随着金融市场的日益自由化和金融活动的日益复杂化，商业银行面临的风险在不断发生变化，风险管理能力成为现代商业银行的核心竞争力之一。

2004 年，巴塞尔新资本协议最终定稿。新资本协议对商业银行的风险管理水平和监管当局的风险监管能力提出了更高的要求。虽然我国商业银行暂时不用履行巴塞尔新资本协议的条款，但在金融管制放松和银行业竞争加剧的新背景下，如何有效地管理风险将是我国商业银行无法回避的严峻问题，这不仅关系着每一个商业银行的生存、发展能力，也关乎我国金融体系的安全和整个经济的健康运行。

本章全面介绍了商业银行的风险演变趋势、风险管理组织架构、信用风险管理、利率风险管理和操作风险管理。

章首案例

1998 年 6 月 21 日，中国人民银行发表公告，关闭刚刚诞生两年 10 个月的海南发展银行。这是新中国金融史上第一次由于支付危机而关闭一家有省政府背景的商业银行。海南发展银行成立于 1995 年 8 月，是海南省唯一一家具有独立法人地位的股份制商业银行，其总行设在海南省海口市，并在其他省市设有少量分支机构。海南发展银行成立时总股本为 16.77 亿元，其中，海南省政府出资 3.2 亿元，是其最大股东，关闭前有员工 2800 余人，资产规模达 160 多亿元。

1997 年底，按照省政府意图，海南发展银行兼并了 28 家有问题的信用社，资产质量因此大幅下降。之后，公众逐渐意识到问题的严重性，开始出现挤兑行为。储户几个月的挤兑耗尽了海南发展银行的准备金，而其贷款又无法收回。为缓解海南发展银行的支付危机，国家曾给予 34 亿元资金救助，但仍是杯水车薪。为控制局面，防止风险蔓延，国务院和中国人民银行最终宣布于 1998 年 6 月 21 日关闭海南发展银行。从关闭之日起至正式解散之日前，由中国工商银行托管海南发展银行，具体包括接收并行使原海南发展银行的行政领导权、业务管理权及财务收支审批权；承接原海南发展银行的全部资产负债，停止海南发展银行新的经营活动；配合有关部门实施清理清偿计划。对于海南发展银行的债务，采取自然人和法人分别对待的办法，自然人存款即居民储蓄一律由工行兑付，法人债权则先进行登记，待银行全部资产负债清算完毕以后，按折扣率进行兑付。1998 年 6 月 30 日，原海南发展银行各网点开始了存款的兑付业务，由于公众对中国工商银行的信任，兑付业务并没有造成大量挤兑，大部分储户只是把存款转存工商银行，现金提取量不多，因此没有导致太大的社会震动。

第一节　商业银行风险演变趋势

一、与众不同的商业银行风险

1. 商业银行的特殊性

在金融服务产业中，商业银行是历史最为悠久、业务范围最为广泛的金融组织形式，是现代金融服务产业的中坚部分。从起源和发展历史看，商业银行是指以追求利润为目标、以金融资产和负债为经营对象，综合性、多功能的金融企业。我国《中华人民共和国商业银行法》中规定，商业银行是指依照本法和《中华人民共和国公司法》设立的吸收公众存款、发放贷款、办理结算等业务的企业法人。

商业银行通过中介资金供求和转换资金期限等服务，为社会经济活动提供巨大的资金来源，并且是一国支付体系的中心环节。和一般工商企业相比，商业银行的特殊性在于其是经营货币资金的高度杠杆化特殊企业；和其他金融企业相比，商业银行最大的特征在于能够吸收活期存款、创造存款货币，为此，历史上商业银行也称为存款货币银行。

2. 商业银行风险的特殊性

正因为商业银行是一个特殊的金融企业，其风险也是与众不同的。

（1）风险的客观性。商业银行风险的客观性是指风险贯穿商业银行经营活动全过程，风险是商业银行存在和获利的前提。美联储前主席格林斯潘在《美国银行家》杂志世纪版（1999 年 12 月出版）的开篇文章《风险、监管与未来》中指出："显然，银行之所以能够为现代社会做出这么多的贡献，主要是因为它们愿意承担风险。"

（2）风险的可控性。商业银行风险虽然不可避免，但市场经济主体可以依据一定的方法、理论对之进行识别、防范和控制。

（3）风险的隐蔽性。商业银行风险因其信用中介特征常常被掩盖到信用危机爆发时才会显现。

（4）风险的传染性。商业银行风险的传染性是指一家商业银行流动性风险的恶化，往往会影响到其他商业银行乃至银行体系的稳定性。这种传染性：一是和商业银行的支付中介职能有关，二是和商业银行的资本结构和负债特征有关。商业银行吸收的储蓄资金是高度流动性的，储蓄者多且分散，当一家银行出现支付困难时，由于缺乏必要的信息，储蓄者往往无法判定这是单个银行的问题还是整个银行体系的问题，唯一的方法就是从各个银行提现。大量储户的提现行为造成了对银行的挤兑，而高杠杆化又使银行的资本金不能完全缓解这一不利冲击，最终，一些经营良好的银行也出现了流动性危机，这又加剧了储户对其他银行的不信任，形成更大规模的挤兑行为。

（5）风险相关性。商业银行的风险管理行为往往会加剧经济的周期性波动，而周期性波动的加剧又会反过来放大商业银行风险。例如，在经济上升时期，投资机会多、资金需求旺盛、企业盈利前景良好，此时，商业银行会大量发放贷款，增加货币供给，助长经济繁荣。但一旦经济出现停滞迹象，商业银行为了防范风险，往往会要求借款者提前还款，并对新增贷款持谨慎态度，这不仅加剧了企业的流动性风险，使企业经营更加困难，而且收缩了社会货币供应量，进一步加大了经济紧缩程度，这反过来又影响到商业银行自身的安全性。

总之，商业银行作为一国重要的信用中介和支付中介，又具有创造多倍存款货币的能力，其风险的爆发会对整个社会经济造成不可估量的恶性后果。在本章一开始提到的案例中，如果没有政府出面，海南发展银行的倒闭必然会给当地社会经济带来不小的震荡。因此，商业银行的风险管理不仅关乎其自身安全，更关乎整个金融体系和社会经济的稳定和发展。

二、从商业银行风险管理的角度看巴塞尔资本协议

巴塞尔委员会是 1974 年由西方十国集团的中央银行行长倡议建立的。1988 年，巴塞尔委员会正式颁布实施了《统一资本计量与资本标准的国际协议》（International Convergence of Capital Measurement and Capital Standards），即通常所说的巴塞尔资本协议。从具体内容看，1988 年的巴塞尔资本协议主要就商业银行的资本与风险资产的比率，即资本充足率确定国际认可的计算方法和标准。1988 年巴塞尔资本协议首先界定了商业银行资本的构成，并规定总资本由核心资本和附属资本组成；其次，对不同的资产分别赋予不同的信用风险权重；在以上基础上，要求商业银行的资本充足率（资本充足率 = 总资本/风险加权信用资产）不低于 8%。在推进全球商业银行监管的一致性和可操作性方面，1988 年巴塞尔资本协议具有划时代的意义。但是，随着商业银行经营复杂程度的不断增加和风险管理水平的日益提高，1988 年巴塞尔资本协议已经越来越滞后于风险监管的需要。为此，1999 年 6 月至 2003 年 4 月，巴塞尔委员会先后公布了新资本协议的三次意见征求稿。2004 年 6 月，新资本协议最终定稿，并于 2006 年 12 月底开始正式实施。

此次新资本协议的五大目标是：促进金融体系的安全性、稳健性；继续促进公平竞争；更全面地反映风险；更敏感地反映银行头寸及其业务的风险程度；重点放在国际活跃银行，基本原则适用于所有银行。为了实现这五大目标，新资本协议在第一支柱——最低资本要求之外，又提出了监管当局监管和市场约束两大支柱，这三大支柱相辅相成、互为补充。

其中，更全面地反映风险是指新资本协议将资本覆盖的风险范畴从最初的信用风险扩大到信用风险、市场风险和操作风险。相应地，资本充足率的计算也变为：

$$\frac{总资本}{风险加权信用资产 + （市场风险所需资本 + 操作风险所需资本）\times 12.5}$$

这三种风险以外的银行风险，如流动性风险、清算风险、声誉风险等主要由第二、第三支柱监管。

巴塞尔资本协议的制定是从商业银行监管当局的角度出发的，但如果站在商业银行风险管理的角度，巴塞尔资本协议的意义又在于：首先，强调了资本和风险的关系。资本是商业银行抵御风险的最后一道屏障，商业银行风险度量和风险管理的结果最终都会反映到

资本要求上，这也是为什么1988年资本协议和新资本协议都将8%的资本充足率要求作为协议框架的第一支柱。其次，通过比较1988年资本协议和新资本协议的主要内容，我们基本可以勾勒出国际银行业风险管理的发展趋势，即从单一的信用风险管理向全面风险管理发展、风险管理技术日趋成熟和复杂。

我国银行监管委员会已经表态暂不实行巴塞尔新资本协议，但从新资本协议中吸收先进的风险管理理念和方法，对于提高我国商业银行的风险管理水平，应对日益激烈的市场竞争具有重要意义。

三、我国商业银行风险管理面临的挑战

我国商业银行的风险管理起步较晚，和西方发达国家商业银行的风险管理水平相比，存在很大差距。如果我国商业银行不积极面对现有挑战，努力缩小风险管理能力差距，不仅会影响自身竞争力，也会祸及我国整体金融安全。

1. 外部环境对我国商业银行风险管理构成的挑战

（1）金融管制的放松。为了进一步完善我国市场经济体系，为了达到世贸组织关于开放金融业的要求，我国已经采取并将继续采取措施逐步放松金融管制。具体表现为：对利率形成机制进行市场化改革；放宽汇率波动幅度，实行更为灵活的汇率制度；对外资银行实行国民待遇；允许银行业、保险业等在一定条件下进行混业经营；逐步开放资本市场等。在这一背景下，我国商业银行面临的风险将与日俱增，现有风险管理水平也会受到极大挑战。

（2）社会征信系统和金融市场中介服务机构仍待完善。完善、统一的社会征信系统是商业银行风险管理不可或缺的一个基础因素。信用评级机构、独立的会计、审计事务所、律师事务所以及其他金融信息和管理技术咨询公司等金融市场中介服务机构对商业银行的风险管理也发挥着重要作用。但目前，我国还没有建立起统一的社会征信系统，特别是个人征信系统；金融服务中介机构的发展程度也没有达到商业银行风险管理要求的水平。这些外部基础环境的缺失给我国商业银行的风险管理带来了很大不便。

2. 内部环境对我国商业银行风险管理构成的挑战

（1）产权结构和公司治理。合理的产权结构及科学的公司治理是商业银行经营管理也是风险管理的先天条件和制度基础。单一的国有产权既造成了我国国有商业银行的所有者缺位，又使其承担了一部分政策性任务。有效激励约束机制的缺乏使银行管理者很容易出现自利行为，由此产生的风险，又被管理者借经营性风险和政策性风险很难分清而推脱掉。政府财政几次对国有商业银行不良资产的剥离和注资都说明国有商业银行的管理者并不真正需要对风险负责，这在很大程度上降低了管理者对银行风险进行管理的责任感和动力。频繁发生的银行大案、要案更是突出暴露了我国商业银行在公司治理和内部控制方面的缺陷。

（2）风险管理组织体系。①风险管理组织架构不合理，还没有形成现代意义上的独立的风险管理部门和管理体系。②风险管理队伍建设落后，人才匮乏。

（3）风险管理机制。①缺乏覆盖全行的风险信息报告机制。②缺乏以风险为导向的资源配置机制。③缺乏对风险管理的评价考核机制。

（4）风险管理方法和技术。我国商业银行普遍缺乏识别、衡量、评价和控制风险的技术方法和工具，风险管理仍然停留在以定性分析为主的阶段。由于国内金融市场尚处于发

育阶段，作为避险（特别是市场风险）工具使用的金融衍生工具还相当缺乏。

（5）风险管理信息系统。我国商业银行改善风险管理方法的最大障碍是风险管理信息系统建设的严重滞后。由于风险管理所需大量业务信息的缺失，银行无法建立风险管理模型、无法准确掌握风险敞口，这直接影响了风险管理决策的科学性，也给风险管理方法的量化增添了困难。

（6）巨额存量不良资产。长期以来，由于各种政策和经营上的原因，我国商业银行，特别是国有商业银行累积了巨额的不良资产。虽然通过建立资产管理公司已剥离了相当一部分，但由于新的不良资产仍在形成，目前我国商业银行的存量不良资产仍然很可观，据中国银监会的统计，至 2006 年第一季度，我国国有商业银行和股份制商业银行的不良贷款为 12068.4 亿元，占全部贷款的 8.26%[①]。这些存量不良资产给我国商业银行的风险管理带来了沉重的负担。

第二节　商业银行风险管理组织架构

一、商业银行风险管理组织架构的主要模式

所谓组织架构（结构）就是组织中正式确定的使工作得以分解、组合和协调的框架体系[②]。建立协作和制衡的风险管理组织架构是商业银行实施有效风险管理的关键所在。风险管理组织架构的设计应该和商业银行风险管理的发展相匹配，随着风险管理的不断变化，组织架构的安排也需随之灵活调节。

风险管理组织架构设计除遵循一般经济学和管理学的组织结构理论外，还要密切结合风险管理的职能和效率要求，经典的风险管理组织架构可分为三种：

1. 职能型风险管理组织架构模式

职能型风险管理组织架构（见图 11 - 1）中，商业银行按管理职能设置各种职能部门，风险管理部门与其他职能部门平行，负责整个商业银行业务的风险控制。此模式适用于资产规模小、从事业务种类较单一的商业银行。

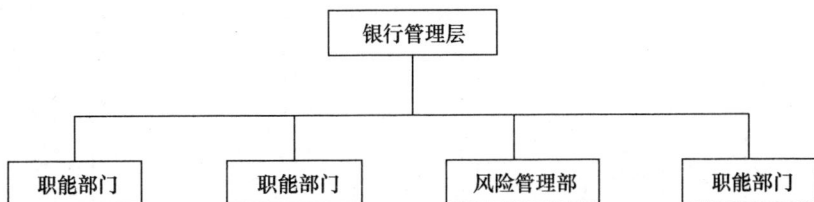

图 11 - 1　职能型风险管理组织架构

---

① 数据来自中国银监会网站。
② Stepfen. P. Robbins，Mary Coulter. 管理学［M］. 第七版. 北京：中国人民大学出版社，2004：267.

2. 事业部型风险管理组织架构模式

该模式下，商业银行按业务种类或经营地域设置事业部，各事业部设风险管理部门，总行设风险管理职能部门、监管事业部风险管理部门。事业部型风险管理组织架构既便于各事业部对本部门面临的风险进行及时监控，又有利于总行对整体风险的把握和控制（见图 11 - 2）。

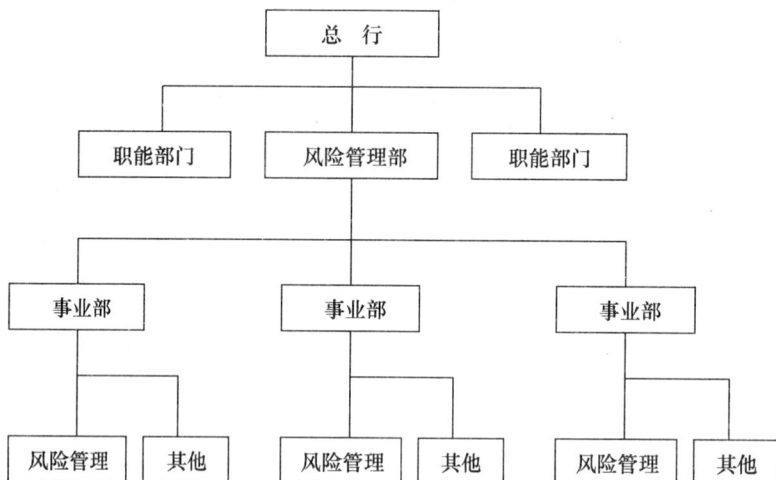

图 11 - 2　事业部型风险管理组织架构

3. 矩阵型风险管理组织架构模式

此模式将职能划分和业务划分结合起来，在银行内部形成一个矩阵结构。风险管理由风险管理职能部门和业务部门共同负责，风险管理人员接受相应业务部门和风险管理职能部门的双重领导。矩阵型风险管理组织架构具有较大的灵活性和适应性，有利于风险信息在内部的传递和沟通（见图 11 - 3）。

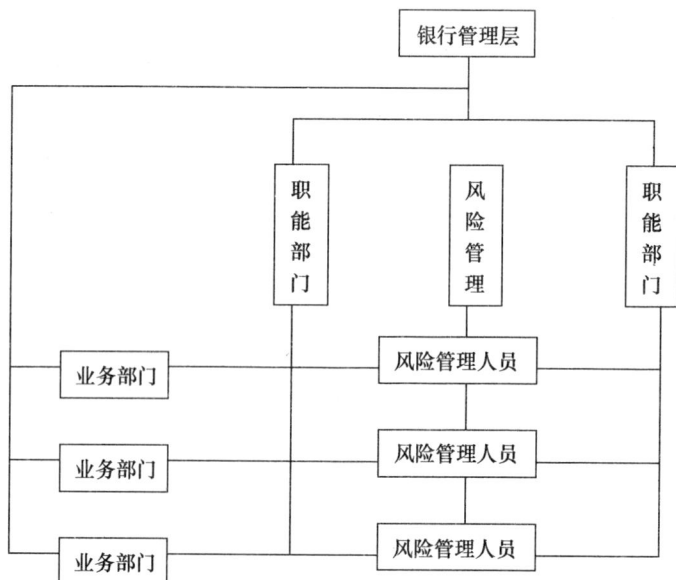

图 11 - 3　矩阵型风险管理组织架构

二、国外商业银行风险管理组织架构现状

1. 国外商业银行风险管理组织架构特点

西方商业银行大多具有良好的公司治理结构，在此基础上，逐渐形成了各具特色的全面风险管理组织架构。总体来看，这些商业银行的风险管理组织架构都具有董事会和风险管理委员会直接领导、以独立的全面风险管理部门为中心、风险管理与各个业务部门紧密联系的特点。

西方商业银行全面风险管理组织架构下的风险管理机构主要包括：

（1）董事会。董事会的主要职责就是防范、控制、处理商业银行面临的各种风险，确保商业银行的稳健经营，对商业银行风险管理负最终责任。

（2）风险管理委员会。风险管理委员会由董事会直接领导，对董事会负责，并独立于商业银行其他管理部门，是商业银行内部最高层次的风险决策部门。

（3）风险管理职能部门。风险管理职能部门隶属于风险管理委员会。风险管理职能部门可能是由几个分离的部门组成，也可能是整合成一个完整的风险管理部。风险管理职能部门在风险管理委员会的直接领导下，行使日常的风险监督、衡量、评价和量化的职责。

（4）稽核委员会。稽核委员会的主要职能是保证银行内控得到有效执行。稽核人员定期稽核银行内部各个业务部门的风险管理和控制，并及时向稽核委员会报告。稽核委员会对各种问题进行汇总分析后向董事会和执行委员会提起报告，以便于管理层及时采取措施解决存在的问题。

（5）风险经理。风险经理是风险管理和控制的一线人员，在风险管理职能部门和业务部门之间发挥纽带作用，其职责是确保业务部门贯彻风险管理政策，并向风险管理部门提供日常报告。

西方商业银行的全面风险管理组织架构的一般模式大致如图 11-4 所示。

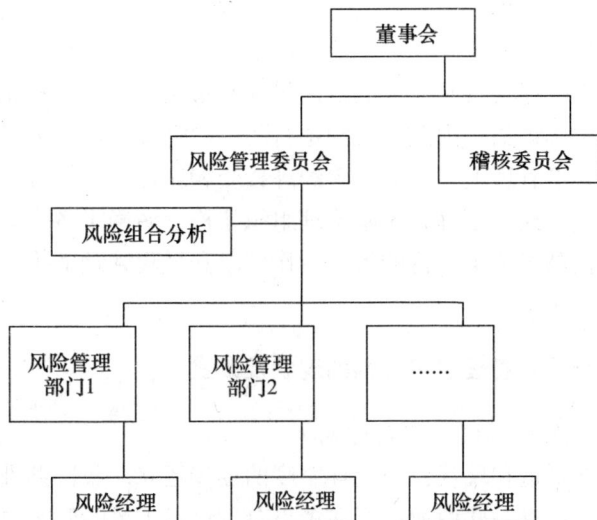

图 11-4 西方商业银行的全面风险管理组织架构一般模式

2. 国外典型商业银行风险管理组织架构

（1）美国花旗银行。美国花旗银行在董事会层面设有由八位独立董事组成的风险、资本及子公司委员会，负责银行整体的公司治理和风险管理问题，监督、复核银行所承受的风险。管理层的风险管理委员会主要负责对全行风险管理工作的执行情况进行检查和复核。风险管理委员会下设信贷政策委员会和市场风险管理委员会，对各业务部门的具体风险管理工作进行分层、分级管理。美国花旗银行的风险管理组织架构，如图 11 - 5 所示。

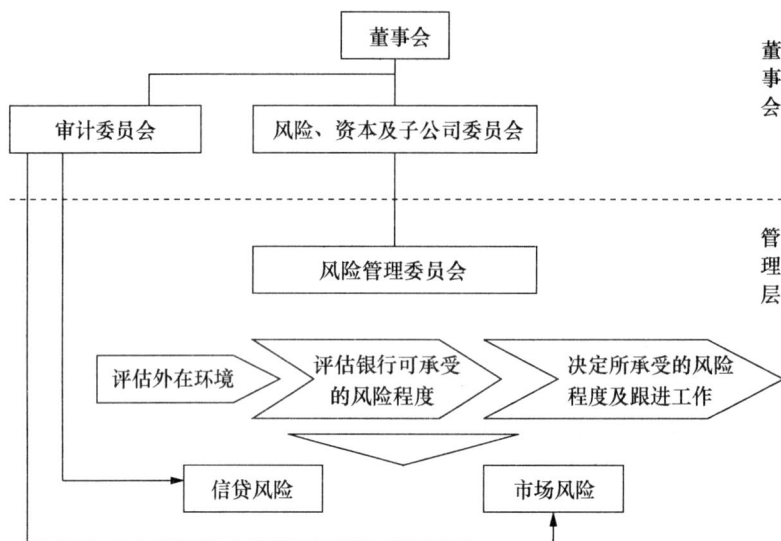

图 11 - 5 美国花旗银行风险管理组织架构①

（2）美洲银行。美洲银行实行的是以机构偏平化为基础的矩阵型风险管理组织架构。美洲银行董事会下设银行管理委员会，领导各业务部门和全面风险管理职能部门，统筹安排整个银行的风险管理。全面风险管理职能部门下设业务风险经理和职能风险经理，前者和业务部门的客户经理一起对日常业务的信用风险和市场风险进行评估和管理，后者则负责整个银行风险的监控和评估。因此，美洲银行的风险管理是由业务部门和风险管理职能部门共同负责的。在人事管理上，业务风险经理接受相应业务部门和全面风险管理职能部门的双重领导。这种偏平式、矩阵式风险管理组织架构，明确了各个业务部门的职责，使领导权力相互制衡，提高了整个银行的市场运作效率和风险管理能力。美洲银行的风险管理组织架构如图 11 -6 所示。

三、我国商业银行风险管理组织架构的现状及改进

1. 我国商业银行风险管理组织架构的现状

随着股份制改革的推进和现代公司治理制度的逐步建立，我国商业银行的风险管理组织架构也在发生变革。已有一些商业银行在董事会下设置了风险管理委员会并界定了其职责，如中国建设银行规定，其风险管理委员会的责任是：制定本行风险战略和风险管理政

---

① 张向菁. 商业银行竞争力研究 ［M］. 第 1 版. 北京：中国金融出版社，2004：327.

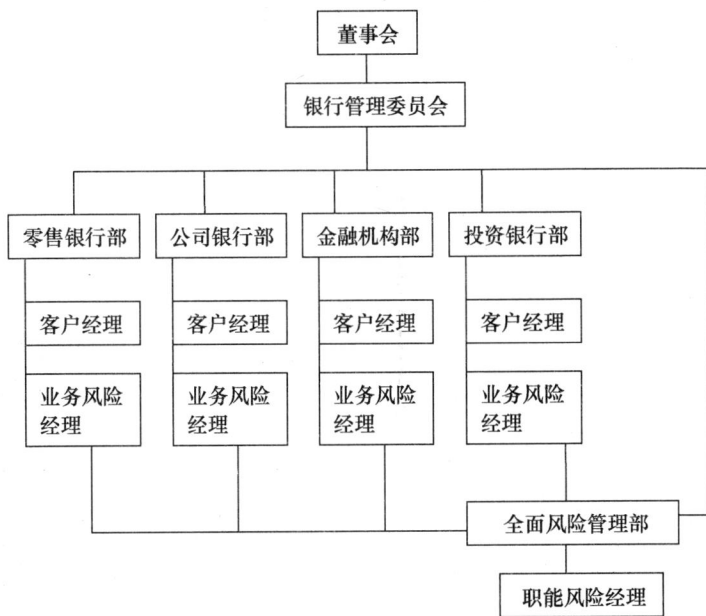

图 11-6 美洲银行风险管理组织架构①

策，并对其实施进行监督；指导本行的风险管理和内部控制制度建设；评价风险管理部门设置组织架构、工作汇报线、工作程序的成效，并提出改善意见；向董事会提出完善本行风险管理和内部控制的意见；对本行的整体风险状况进行定期评估②。风险管理委员会加上原有或新设于分支机构、职能部门和业务部门的风险管理相关机构，我国商业银行初步搭建起了现代风险管理组织架构。

图 11-7 和图 11-8 分别展示了中国银行股份有限公司和中国光大银行的风险管理组织架构。

但是，和西方商业银行相比，我国商业银行的风险管理组织架构仍存在很多问题。如具体实施风险管理的风险管理部门一般只设信贷风险管理部门，没有设立专门的市场风险管理部门和操作风险管理部门；风险管理部门中没有设置风险管理经理；风险管理委员会对风险管理部门的管理缺乏垂直性和独立性等。

2. 参照全面风险管理组织框架，建立有效的商业银行风险管理组织架构

商业银行全面风险管理要求将信用风险、市场风险等各种风险以及包含这些风险的各种金融资产与资产组合、承担这些风险的各个业务单位纳入统一的体系中，依据统一的标准对各类风险进行测量，且依据全部业务的相关性对风险进行控制和管理。

全面风险管理组织框架的基本原则是：

（1）全面风险管理原则。即全面风险管理包括全员风险管理、全过程风险管理和全方位风险管理。

（2）集中管理原则。是指组织中应同时设立风险管理委员会和具体的业务风险管理部门。

---

① 朱剑锋. 借鉴国际银行经验构建我国银行业风险管理体系 [J]. 国际金融研究, 2004 (4)：73-75.

② 资料来自建设银行网站。

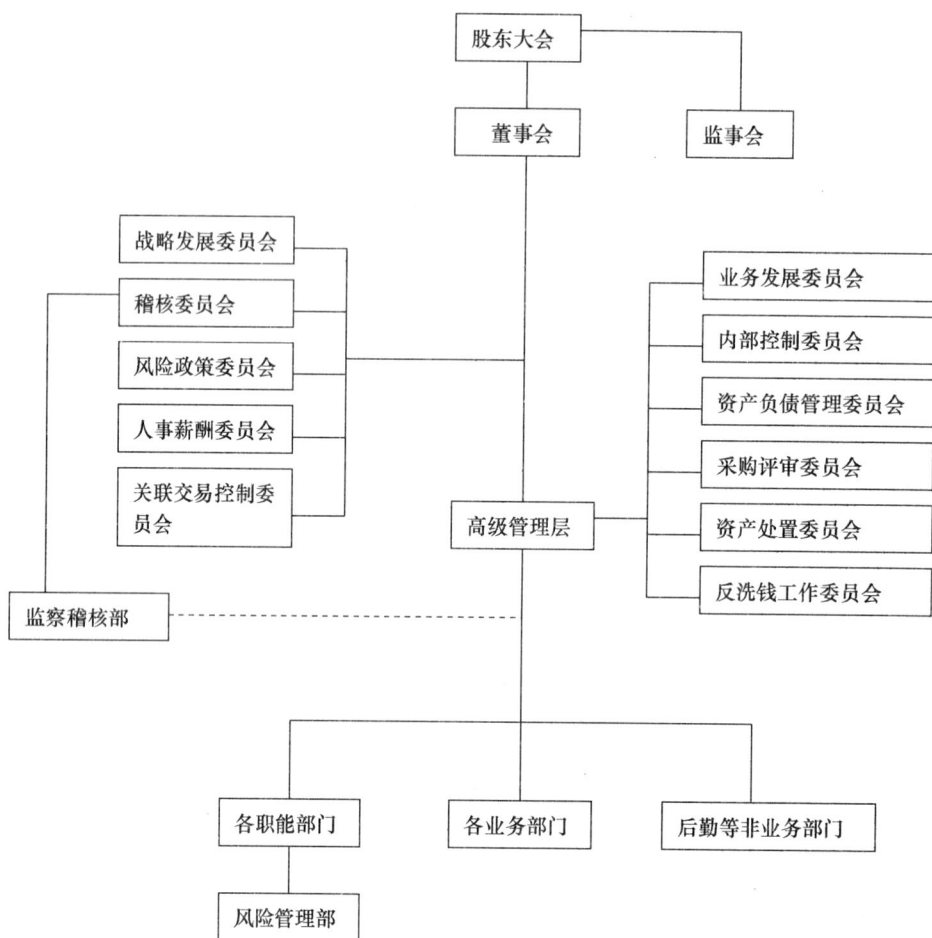

图 11 - 7 中国银行股份有限公司的风险管理组织架构

资料来源：中国银行网站。

（3）垂直管理原则。是指董事会和高级管理层应该充分认识到自身对内控所承担的责任。

（4）独立性原则。是指内控的检查、评价部门应独立于内控的管理和执行部门，并有直接向董事会和高级管理层汇报的渠道。

参照全面风险管理组织框架的基本原则，结合实际情况，我国商业银行可从以下几个方面考虑，建立有效的风险管理组织架构。

（1）在总行设置风险管理委员会。风险管理委员会作为整个商业银行风险管理的最高决策机构，直接对董事会负责，其成员可以由银行内外的风险管理专家和金融专家组成。风险管理委员会的主要职责是：制定全行的风险管理目标、总体战略和政策；确定下属各风险管理职能部门和各层次风险经理的职责范围和风险管理权限；制定风险管理激励约束机制和考核机制；颁布风险量化标准；对各风险管理部门提供的数据、情况进行综合分析和评价，并及时反馈给董事会和下属风险管理部门，以便进行风险管理和控制。

（2）在风险管理委员会下设置不同的风险管理部门，并设置相应的风险经理。在风险管理委员会下，设置分管理信贷风险、市场风险和操作风险的风险管理部门，并在每个风

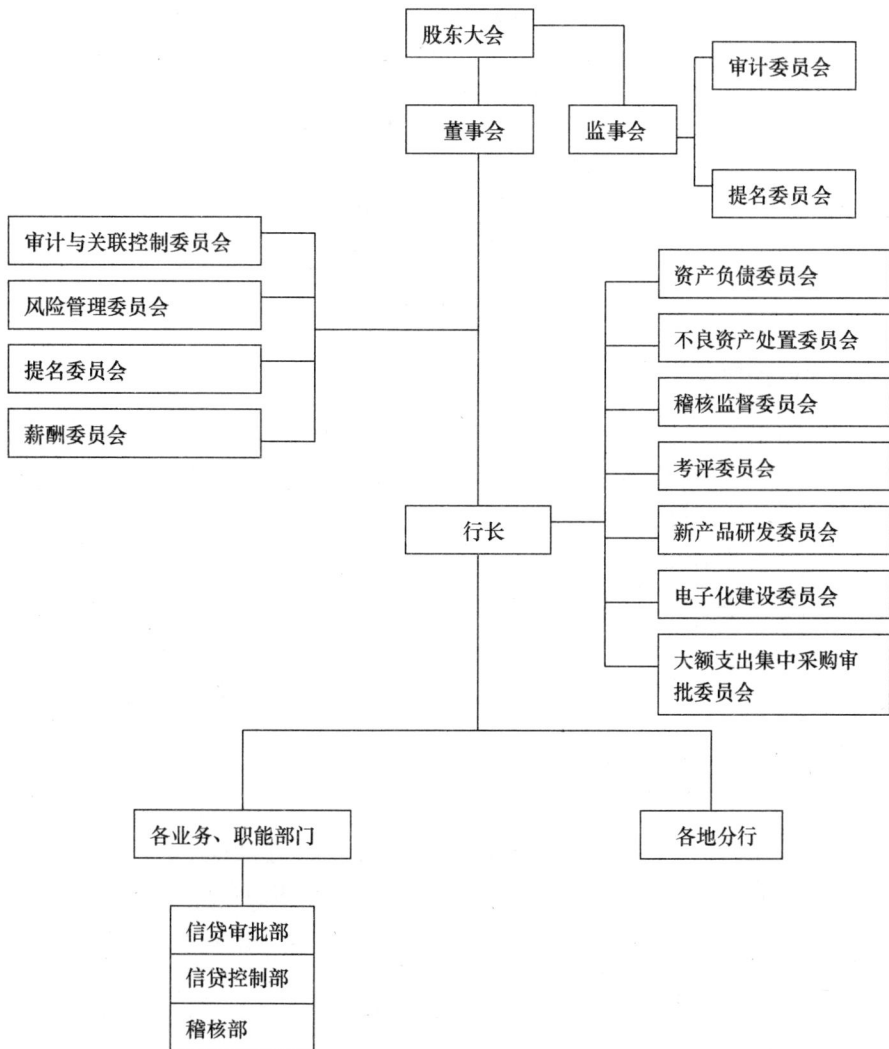

图 11-8 中国光大银行的风险管理组织架构

资料来源：中国光大银行网站。

险管理部门中设置风险经理。风险管理部门的主要职责是：制定本部门具体的风险管理目标、政策和操作程序；监测各分行的风险管理和风险限额使用情况；审核风险敞口和风险集中情况；设计、评价财务风险报告；设计压力条件来衡量非正常市场状况所产生的影响；审核和批准信贷人员和业务操作人员使用的定价模型和风险评估系统等。

风险经理的主要职责是：负责风险管理部门的日常工作，协调风险管理部门和其他部门的工作；及时和风险管理委员会沟通，并向分行的风险管理处传达风险管理工作中的具体操作程序；根据风险管理需要，进行客户风险识别，贷款授信、发放等工作。

（3）在总行设稽核审计部门。稽核审计部门直接向董事会负责。其主要职责是：负责风险管理的监督、评价和监督内部审计工作；检查、评价内部控制的健全性、合理性和遵循性；督促管理层纠正内部控制存在的问题。

（4）在各分行设立风险管理处。在分行设立和总行风险管理部门相对应的风险管理处。在人事上，风险管理处应受上一级风险管理部门垂直领导以保持其独立性。风险管理处的主要职责是：具体管理分行的信用风险、市场风险和操作风险；收集分行风险资料数据，并向上一级风险管理部门进行汇报。

第三节　信用风险管理

一、信用风险的内涵

信用风险是指因借款人违约或借款人信用质量恶化而使商业银行遭受损失的风险。这一定义隐含了信用风险的"数量"和"质量"。风险的"数量"，即受险金额是指已发放贷款的未偿还余额及客户可能提取贷款的金额。风险的"质量"则由违约发生的可能性及抵押、担保等风险缓释工具共同决定。

信用风险一直是商业银行面临的主要风险。1988 年巴塞尔资本协议仅将信用风险纳入了商业银行资本覆盖范围，新资本协议虽然强调了市场风险和操作风险的重要性，但信用风险仍是其主要关注的风险种类。

二、信用风险度量

巴塞尔新资本协议提出了度量信用风险的两类方法：标准法和内部评级法，内部评级法又分为初级评级法和高级评级法。符合条件的商业银行可以自主选择信用风险度量方法，但巴塞尔委员会相信采用高一级方法（三种方法由低到高的顺序是：标准法、初级内部评级法、高级内部评级法）的银行能够获得更大的自主权和更多的资本优惠。

1. 标准法（The Standardised Approach）

（1）标准法基本思想。标准法的基本思想就是外部评级机构对商业银行信用资产的评级结果，对应不同级别信用资产的监管风险权重，风险加权信用资产由信用风险资产和监管风险权重相乘得出，即

风险加权信用资产 = $\sum$ 信用风险资产 × 相应风险权重

标准法下，商业银行不同性质的债权对应不同的风险权重。债权的性质有：对主权国家和中央银行的债权、对非中央政府公共部门实体和多边开发银行的债权、对银行和证券公司的债权、对公司的债权、对零售资产的债权、由居民房地产抵押和商用房地产抵押的债权、逾期债权、表外项目等。

以对主权国家和中央银行的债权为例，不同评级结果对应的风险权重见表 11-1。

表 11-1　对主权国家和中央银行的债权的风险权重

主权国家信用评级	AAA 到 AA -	A + 到 A -	BBB + 到 BBB -	BB + 到 B -	B - 以下	未评级
风险权重	0%	20%	50%	100%	150%	100%

注：一个国家中央银行的信用风险等同于国家风险。根据标准普尔的评级结构，评级的序列为 AAA、AA +、AA -、A +、A、A -、BBB +、BBB、BBB -、BB +、BB、BB -、B +、B、B - 等。

（2）信用风险缓释（Credit Risk Mitigation）。标准法中确定的信用风险缓释工具包括抵押、表内净扣（On - balance Sheet Netting）、担保和信用衍生工具。①抵押。标准法认可的抵押品分为五类：现金类；黄金；债券类；股票类；证券和基金类。这些抵押品均属于变现能力强的金融产品，而变现能力稍差的实物抵押品没有得到认可。②表内净扣。是指在符合条件的情况下，银行可以对同一交易对象的资产和负债进行表内净扣。③担保。合格的担保和反担保人包括国家、公共部门实体、银行（多边开发银行）和风险权重低于交易对象的证券公司、评级为 A - 以上的其他实体。④信用衍生工具。只要信用衍生工具是直接的、明确的、不可撤销的、无条件的，同时满足一些操作要求，就可以作为信用风险缓释工具。

信用缓释工具得到认可后，资产的信用风险度量就要扣除这些缓释工具的影响。

2. 内部评级法（The Internal Ratings - Based Approach，IRB）

（1）内部评级法的含义。和标准法依赖外部评级结果不同，内部评级法是建立在商业银行内部评级结果基础之上。其基本思想是：由于债务人可能出现违约，银行必须根据已经掌握的定性和定量信息对损失进行评估，并将这种评估与资本充足率挂钩。这个过程从度量单笔授信损失开始，过渡到度量整个银行资产组合损失。对资产组合损失的度量是20世纪90年代以来国际活跃银行在信用风险管理领域取得的重大成就之一。

按照内部评级法要求，银行账簿上的信用风险暴露分为5类：公司、零售、同业、主权和股权。风险加权信用资产 = 信用风险敞口 × 风险权重，其中，信用风险敞口也称违约风险暴露，风险权重以商业银行内部对客户的信用评级结果为基础，由违约概率、违约损失率和有效期限三个因素确定。因此，计算风险加权信用资产最为关键的风险指标就是：违约概率、违约风险暴露、违约损失率和有效期限。

①违约概率（PD）。违约概率是借款人在一定时间内违约的可能性，是贷款发放前银行的"预先估计"。为了得到不同级别客户的违约概率，首先需要对违约进行定义。巴塞尔委员会给出了违约的参考定义：当银行认为借款人不可能全额偿还债务，银行对清算抵押品（如果有抵押品）的行动没有追索权时，银行就可以认为借款人违约。

②违约风险暴露（EAD）。违约风险暴露是指蒙受违约风险的受险金额。由于违约发生时间是不确定的，未来受险金额也是不确定的。但不同信用资产未来受险金额的不确定性程度是不同的，例如，分期偿还贷款事先安排了偿还时间表，因此几乎不存在受险金额的不确定性问题，而信贷承诺业务由于允许借款人在授信额度内提取所需贷款，其未来受险金额的不确定性就很大。

③违约损失率（LGD）。违约损失率是指预期违约损失占违约风险暴露的百分比。违约损失包括本金损失、不良贷款的持有成本（如无法获得的利息）和清偿成本。

④有效期限（M）。有效期限是指风险暴露剩余的经济期限，以年表示，是预期现金流剩余期限的加权平均数，现金流数量为权重。即

$$有效期限 = \frac{\sum_t t \times CF_t}{\sum_t CF_t}$$

CF_t 是 t 年内按照合约每年偿付的现金流（包括本金、利息和费用）。

和标准法一样，内部评级法在度量信用风险时，也可以考虑风险缓释工具的影响。

内部评级法又分为初级评级法和高级评级法。初级评级法和高级评级法的区别主要在

于怎样度量与内部决定违约概率、违约损失、违约风险暴露指标。初级评级法中，银行只能自行估计违约概率，而高级评级法中，银行可以自行估计违约概率、违约损失和违约风险暴露。

（2）内部评级法的意义和实施要求。商业银行内部评级体系是一个动态调整体系，银行对数据要不断进行更新和维护以便及时监控和验证计算违约概率、违约损失率等关键指标。为了保证评级过程和量化结果符合内部政策要求和外部监管要求，需要对内部评级体系进行有效的监控。如果商业银行内部的数据验证和内部控制能够稳定、有效地发挥作用，那将极大地促进巴塞尔新资本协议将银行面临的风险与最低资本要求紧密挂钩这一目标的实现，从而使那些从事高风险授信业务的商业银行准备更多的资本金。

相对于标准法，内部评级法能更精确地度量信用风险，因此可使商业银行节约资本。但在采用内部评级法之前，商业银行必须满足以下条件：对信用风险进行有意义的区分；评级具备完备性和完整性；有效监督评级体系和过程；建立科学的评级体系标准，估计违约概率；强有力的 IT 系统完成相关数据的收集；在风险管理过程中运用内部评级结果，对内部评级结果进行内部和外部验证以及回馈检测。此外，银行内部必须围绕内部评级建立起四个相互依赖、相互支撑的体系。第一个体系是支撑内部评级法的内外部数据维护体系；第二个体系是进行评级和验证评级结果准确性的体系；第三个体系是保障评级体系准确运转的监控体系；第四个体系是将评级结果转换成内部评级法要求的参数的量化体系。

三、信用风险管理实现过程

信用风险管理是指运用现代管理工具和技术对授信过程中存在的各类债务人违约的可能性和不确定性进行预测、监督、控制，以贯彻执行商业银行发展战略，实现风险和收益配比。信用风险管理是一个连续的过程，从交易产生开始，到将风险、收益、交易量汇总为止。一般而言，信用风险管理具有自下而上对风险进行监控和报告的性质。信用风险管理环节分为整体环节和具体授信业务环节。

1. 整体信用风险管理环节

（1）信用风险评级。商业银行对借款人的信用评级通常是以外部评级资料为基础，利用自身的评级政策和方法，对借款人的信用等级进行更细致的划分。以贷款业务为例，在提供贷款前，银行一般会根据借款人的资信状况、授信种类、授信数额、担保条件等对可能发放的授信进行事先评级，以便决定是否发放授信以及利率、费用和担保方式等，贷款发放后，还要对此笔授信定期进行评级。

（2）风险管理信息系统。建立风险管理信息系统的主要目的是随时获取信用风险敞口的分布和集中情况。风险管理信息系统应根据要求及时收集、汇总某地区、某行业、某产品以及某个风险级别的授信状况。风险管理信息系统提供的这些信息一方面为审批具体授信业务提供参考，另一方面为贷款组合管理和风险评级模型提供数据支持和资料保障。

（3）信用交易的审批和决策机制。目前，国际通行的信用交易审批决策机制大致分为委员会制和个人负责制两类。委员会制的优点是集思广益、决策风险小，缺点是效率较低，不易理清个人责任；个人负责制则正好相反。因为大银行管理幅度宽、层级多、面临的市场环境复杂多变，客观上要求较高的审批效率，因此，大银行一般采用个人负责制，而小银行则多实行委员会制。大银行个人负责制的一般程序为：将贷款权限授予不同层级的个人，权限大小往往取决于贷款金额、风险评级以及受权者的职务和地位。一笔贷款往往要求两个或两个以上人员的签字才能发放。

（4）信用风险的内部控制。商业银行的内部稽核部门定期对信用交易进行检查。此外，商业银行还经常聘用注册会计师进行外部审计，以便及时发现和消除信用管理中的漏洞。

（5）限额控制。所谓限额控制就是根据资本消化信用风险损失数额的能力来确定授信业务的规模并加以控制。商业银行首先确定全行的授信限额，并将之分配至各个业务部门和分支机构，业务部门和分支机构再根据业务发展状况和授信政策将限额进一步分配至不同的业务和金融产品中。

商业银行在制定具体客户的授信限额时，需要考虑两方面的因素：一是客户的最高债务承受能力，二是银行的损失承受能力。为了防止银行信用风险过于集中，大多数国家都设定了单个客户授信最高额度占资本的比率。巴塞尔委员会建议此比率最高为25%，并且，当银行达到25%的限制比率后，应将该比率立即下降到10%。在进行单个客户的授信额度管理时，商业银行要特别注意对"单个客户"的界定。根据国际惯例，单个客户不仅指自然人或法人，还包括相互有联系的客户集团。如果某一银行客户能通过持股等方式直接或间接控制该银行的其他客户，或和其他客户有密切联系，如在财务上存在相互依赖关系、银行债务偿付来源相同等，那么这些客户的总风险应被银行视为单个客户的风险。

2. 具体授信业务环节

具体到单一授信业务流程，信用风险管理可细分为四个程序。

（1）授信前调查。根据通行的5C原则①，由业务拓展部门负责初查，尽职调查部门进行复查，重点调查客户资信情况、担保情况、授信可行性情况等。

（2）授信时审查。由尽职调查部门及授信评审部门负责，重点审查授信的合规性、手续的完备性、总体风险防范的可信性和可行性等。

（3）授信后监察。授信后，由业务部门、清算部门负责监控借款人的偿债能力变动、授信使用情况及偿还进度等。

（4）不良授信催收及资产保全。由资产保全部门负责，相关业务部门配合，制定和实施不良授信的清收计划和方案。

第四节　市场风险管理

一、市场风险管理内涵

1. 市场风险的定义和分类

根据我国2005年3月1日施行的《商业银行市场风险管理指引》，市场风险是指因市场价格（利率、汇率、股票价格和商品价格）的不利变动而使银行表内和表外业务发生损失的风险。市场风险存在于银行的交易和非交易业务中。市场风险可以分为利率风险、汇率风险（包括黄金）、股票价格风险和商品价格风险。

---

① 即借款者品质（Character）、能力（Capacity）、资本（Capital）、担保（Collateral）和经营环境（Condition）。

巴塞尔新资本协议将市场风险纳入了资本要求的范围，但被资本覆盖的市场风险仅包括交易账簿①中的利率和股票价格风险以及银行账簿和交易账簿中的汇率和商品价格风险。

2. 市场风险的度量方式

（1）敏感性分析（Sensitivity Analysis）。敏感性分析是指在保持其他条件不变的前提下，研究单个市场风险要素（利率、汇率、股票价格和商品价格）的变化可能会对金融工具或资产组合的收益或经济价值产生的影响。

（2）情景分析（Scenario Analysis）。与敏感性分析对单一因素进行分析不同，情景分析是一种多因素分析方法，结合设定的各种可能情景的发生概率，研究多种因素同时作用时可能产生的影响。

（3）风险价值（Value at Risk）。风险价值是指在一定的持有期和给定的置信水平下，利率、汇率等市场风险要素发生变化时可能对某项资金头寸、资产组合或机构造成的潜在最大损失。例如，在持有期为1天、置信水平为99%的情况下，若所计算的风险价值为1万美元，则表明该银行的资产组合在1天中的损失有99%的可能性不会超过1万美元。目前，风险价值已成为计量市场风险的主要指标，也是商业银行采用内部模型计算市场风险资本要求的主要依据。

（4）压力测试（Stress Testing）。商业银行不仅应采用各种市场风险度量方法对在一般市场情况下所承受的市场风险进行分析，还应当通过压力测试来估算突发的小概率事件等极端不利情况下可能对其造成的潜在损失，如在利率、汇率、股票价格等市场风险要素发生剧烈变动、国内生产总值大幅下降、发生意外政治和经济事件或者几种情形同时发生的情况下，银行可能遭受的损失。压力测试的目的是评估银行在极端不利情况下的亏损承受能力，主要采用敏感性分析和情景分析方法进行模拟和估计。

3. 市场风险的限额管理

商业银行实施市场风险管理，应当确保将所承担的市场风险控制在可以承受的合理范围内，使市场风险水平与其风险管理能力和资本实力相匹配。限额管理正是控制市场风险的一项重要手段。商业银行应当根据所采用的市场风险度量方法设定市场风险限额。市场风险限额可以分配到不同的地区、业务单元和交易员，还可以按资产组合、金融工具和风险类别进行分解。负责市场风险管理的部门应当监测对市场风险限额的遵守情况，并及时将超限额情况报告给管理层。常用的市场风险限额有交易限额、风险限额和止损限额等。

（1）交易限额是指对总交易头寸或净交易头寸设定的限额。

（2）风险限额是指对按照一定的计量方法所计量的市场风险设定的限额。

（3）止损限额是指允许的最大损失额。通常，当某项头寸的累计损失达到或接近止损限额时，就必须对该头寸进行对冲交易或将其变现。

二、利率风险管理

利率风险是由于利率发生不利变化而导致银行财务状况恶化的风险。

巴塞尔新资本协议将利率风险分为银行账簿下的利率风险（也称非交易性利率风险）和交易账簿下的利率风险（也称为交易性利率风险）。前者是第二支柱的重要内容，后者

---

① 交易账簿记录的是银行为交易目的或规避交易账户其他项目的风险而持有的可以自由交易的金融工具和商品头寸。

直接体现在第一支柱资本充足率的计算中。

1. 利率风险的分类

非交易性利率风险按照来源的不同，可以分为重新定价风险、收益率曲线风险、基准风险和期权性风险。

（1）重新定价风险（Repricing Risk）。重新定价风险也称为期限错配风险，是最主要和最常见的利率风险形式，来源于银行资产、负债和表外业务到期期限（就固定利率而言）或重新定价期限（就浮动利率而言）所存在的差异。这种重新定价的不对称性使银行的收益或内在经济价值会随着利率的变动而变化。

（2）收益率曲线风险（Yield Curve Risk）。重新定价的不对称性也会使收益率曲线的斜率、形态发生变化，即收益率曲线的非平行移动，对银行的收益或内在经济价值产生不利影响，从而形成收益率曲线风险，也称为利率期限结构变化风险。

（3）基准风险（Basis Risk）。基准风险也称为利率定价基础风险。在利息收入和利息支出所依据的基准利率变动不一致的情况下，虽然资产、负债和表外业务的重新定价特征相似，但因其现金流和收益的利差发生了变化，也会对银行的收益或内在经济价值产生不利影响。

（4）期权性风险（Optionality）。期权性风险是一种越来越重要的利率风险，来源于银行资产、负债和表外业务中所隐含的期权。一般而言，期权赋予其持有者买入、卖出或以某种方式改变某一金融工具或金融合同的现金流量的权利，而非义务。期权可以是单独的金融工具，如场内（交易所）交易期权和场外期权合同，也可以隐含于其他的标准化金融工具之中，如债券或存款的提前兑付、贷款的提前偿还等选择性条款。

2. 利率风险的度量方式

（1）利率敏感性缺口分析（Gap Analysis）。利率敏感性缺口分析是衡量利率变动对银行当期收益的影响的一种方法。具体而言，就是将银行的所有生息资产和付息负债按照重新定价的期限划分到不同的时间段。在每个时间段内，将利率敏感性资产减去利率敏感性负债，再加上表外业务头寸，就得到该时间段内的重新定价"缺口"。以该缺口乘以假定的利率变动，即得出这一利率变动对净利息收入变动的大致影响。当某一时段内的负债大于资产（包括表外业务头寸）时，就产生了负缺口，此时市场利率上升会导致银行的净利息收入下降。相反，当某一时段内的资产（包括表外业务头寸）大于负债时，就产生了正缺口，此时市场利率下降会导致银行的净利息收入下降。

（2）久期分析（Duration Analysis）。久期分析也称为持续期分析或期限弹性分析，是衡量利率变动对银行经济价值影响的一种方法。具体而言，就是对各时段的缺口赋予相应的敏感性权重，得到加权缺口，然后对所有时段的加权缺口进行汇总，以此估算某一给定的小幅（通常小于1%）利率变动可能会对银行经济价值产生的影响（用经济价值变动的百分比表示）。各个时段的敏感性权重通常是由假定的利率变动乘以该时段头寸的假定平均久期来确定。一般而言，金融工具的到期日或距下一次重新定价日的时间越长，并且在到期日之前支付的金额越小，则久期的绝对值越高，表明利率变动将会对银行的经济价值产生较大的影响。久期分析也是对利率变动进行敏感性分析的方法之一。

（3）模拟技术（Simulations）。模拟技术通过模拟利率未来变化及利率变化对现金流的影响，来仔细评估利率变化对银行收益和经济价值的影响。风险价值分析法就是常见的模拟技术之一。

3. 利率风险管理方法

（1）缺口管理。缺口管理是在利率预测的基础上，通过调整利率敏感性缺口和久期缺口状况来防范利率风险。缺口管理主要有两种策略：主动策略和防御策略。①主动策略。主动策略是指商业银行根据对利率的预测，适时主动调整利率敏感性缺口和久期缺口的方向和大小。以利率敏感性缺口为例，预测市场利率上升时，银行应扩大正缺口值，即增加利率敏感性资产、减少利率敏感性负债；反之，预测市场利率下降时，银行应采取相反的做法。②防御策略。缺口管理的主动策略存在一定风险，因为当利率走势和预测相反时，银行会蒙受更大的损失。因此，一些小规模银行为稳妥起见，更倾向于采用防御策略，即尽量保持缺口为零，以达到利率风险免疫的效果。

（2）利率衍生工具管理。利用利率衍生工具对利率风险进行管理是指通过建立衍生工具头寸，在利率变动时产生一个与资产负债净损益方向相反、数额相等的损益量，从而达到规避利率风险的目的。利率衍生工具主要有远期利率协议、利率期货、利率期权和利率互换等。

三、汇率风险管理

1. 汇率风险分类

商业银行汇率风险主要是由于汇率波动的时间差、地区差以及币种、期限结构不匹配等因素造成的，也称外汇风险。汇率风险分为交易风险、折算风险和经济风险三种类型。

（1）交易风险是指商业银行在外汇买卖业务或在以外币进行贷款、投资以及随之进行的外汇兑换活动中，因汇率变动可能遭受的损失。

（2）折算风险是指由于汇率变动而引起商业银行资产负债表某些外汇项目金额变动的风险。

（3）经济风险是指由于汇率的非预期变动引起的商业银行未来现金流变化的可能性。

2. 汇率风险计量和管理

（1）汇率风险的计量。汇率风险的计量方法主要有两种：外汇敞口分析和风险价值法。

①外汇敞口分析。外汇敞口分析是衡量汇率变动对商业银行当期收益的影响的一种主要方法。外汇敞口主要来源于商业银行表内外业务中的货币错配。在某一时段内，当银行某一币种的多头头寸与空头头寸不一致时，所产生的差额就形成了外汇敞口。在存在外汇敞口的情况下，汇率变动可能会给商业银行的当期收益或经济价值带来损失，从而形成汇率风险。

根据巴塞尔委员会的要求，确定与汇率风险相联系的资本需要量前，先要计算外币总净外汇敞口。计量外币总净外汇敞口的方法通常有三种：净汇总敞口（the Net Aggregate Position，NAP）法、总汇总敞口（the Gross Aggregate Position，GAP）法、汇总短敞口（Shorthand Aggregate Position，SAP）法。

第一，NAP法。NAP是银行各币种多头头寸形成的长敞口与空头头寸形成的短敞口相互抵消后的绝对值，用公式表示为：

$NAP = L - S$

其中，L 为各币种的长头寸，S 为各币种的短头寸。

当外汇敞口组合中的货币变动高度相关时，长头寸外币敞口和短头寸外币敞口之间的汇率风险可以互相抵消，这种组合下，适合采用 NAP 法衡量汇率风险。

第二，GAP 法。GAP 是银行各币种多头头寸形成的长敞口与空头头寸形成的短敞口之和，用公式表示为：

$$GAP = L + S$$

当外汇敞口组合中的货币变动完全不相关时，长头寸外币敞口和短头寸外币敞口之间的汇率风险就不能互相抵消，这种组合下，适合采用 GAP 法衡量汇率风险。

第三，SAP 法。SAP 是银行各币种多头头寸形成的长敞口与空头头寸形成的短敞口之间取值较大的一方，用公式表示为：

$$SAP = \max[L, S]$$

SAP 实际上是 NAP 和 GAP 的算术平均，而 SAP 法也是 NAP 法和 GAP 法的折中。巴塞尔委员会在计量外币总净外汇敞口时，采用的是 SAP 法。

②风险价值法。外汇敞口分析虽然是商业银行衡量汇率风险的一种传统方法，但它难以对汇率风险进行具体量化，而风险价值模型则能对风险度做出比较准确的估计，从而有利于风险管理者正确地量化和把握汇率风险，更好地控制汇率风险。

（2）汇率风险敞口管理。对外汇敞口引起的汇率风险，商业银行通常采用限额管理和外汇衍生工具套期保值等方式进行控制。常见的外汇衍生工具有：远期外汇合约、货币期货、货币期权和货币互换等。

第五节　操作风险管理

一、操作风险内涵

1. 操作风险的演变

在商业银行面临的风险中，信用风险与市场风险很早就受到了重视，并形成了较为成熟的风险管理技术。但对操作风险而言，尽管其是一种古老的风险，把它作为商业银行的三大风险之一则是最近几年的事。可以说，在操作风险的量化与管理上，国际银行业还处于初级阶段，尽管操作风险在商业银行经营中十分普遍，而且引起的后果也很严重。

巴塞尔委员会在 2002 年进行了一次针对操作风险的全球性调查，这次调查是前两次调查的延伸和扩展。调查对象是全球 19 个国家的 89 家商业银行，这些银行被要求提供 2001 年发生的所有金额在 1 万欧元（含）以上的操作风险事件。最终，89 家银行向巴塞尔委员会报告了 47269 起操作风险事件，每家银行平均发生了 528 起，有 5 家银行的操作风险事件超过了 2000 起。这 89 家银行中的 27 家曾参与过巴塞尔委员会 2001 年关于操作风险的调查，那次调查中，平均每家银行的操作风险事件只有 195 起[①]。鉴于操作风险事件的频繁发生，巴塞尔新资本协议第一次将操作风险纳入了资本覆盖范畴。

2. 操作风险的界定

国际上对操作风险的界定一直有争论，目前，比较有代表性的有：

---

① 资料来自 www.bis.org。

（1）巴塞尔委员会对操作风险的界定。巴塞尔委员会将操作风险定义为"由不完善或有问题的内部程序、人员及系统或外部事件造成损失的风险"。这一定义强调了银行内部人员操作和业务系统因素所导致的操作风险，基本涵盖了商业银行的所有业务线。根据巴塞尔新资本协议的内容，操作风险事件包括以下七项内容：内部欺诈；外部欺诈；就业政策和工作场所安全性；客户、产品及业务操作；实体资产损坏；业务中断和系统失败；执行、交割及流程管理。

（2）英国银行家协会（British Banker Association，BBA）对操作风险的界定。英国银行家协会按照人的因素、流程、系统和外部事件等操作风险产生的四个主要来源对操作风险进行了界定。

（3）全球风险专业人员协会（Global Association of Risk Professionals，GARP）对操作风险的界定。GARP认为操作风险是与业务操作相联系的风险，可以分为两个部分：操作失败风险和操作战略风险。操作失败风险来自操作业务过程中，操作战略风险则来自于一些环境因素。

以上三种界定方式的核心是一致的，但又有所不同。参考国际经验，结合我国实际情况，可以对操作风险进行如下定义①（参见表11-2）。

表11-2 适用于我国商业银行的操作风险定义

第一层：分类	第二层：因素	第三层：详细界定
内部因素	人	操作失误
		违法行为（员工内部欺诈/内外勾结）
		越权行为（超越权限）
		违反用工法（劳动法、合同法）
		关键人员流失
	流程	流程设计不合理
		流程执行不严格（增加不必要流程、遗漏或忽略流程）
	系统	系统失灵（如系统升级）
		系统漏洞
外部因素	外部事件	外部欺诈
		突发事件（自然灾害、抢劫、工作场所安全性等）
		经营环境的不利变化（政策、监管环境等）

二、操作风险度量

1. 操作风险量化特征

信用风险与市场风险基本符合正态分布特征（即"钟形曲线"），对这些风险可以用风险概率分布方式进行量化。操作风险则不同，其分布是一种"U形曲线"。这是因为，新业务刚开展或新系统刚上线时，由于规章制度不完善、员工操作经验不足、管理上存在

---

① 张吉光. 商业银行操作风险识别与管理［M］. 第一版. 北京：中国人民大学出版社，2005：19.

漏洞等因素，操作风险出现的频率较高。随着这些问题的逐步解决，操作风险出现的频率就会降低。不过，当已有的系统开始老化或不再适用于已经发生变化的运营环境时，操作风险频率又重新上升。

2. 操作风险的度量方法

按照巴塞尔新资本协议的规定，度量操作风险的量化方式有三种：基本指标法、标准法和高级度量法。

（1）基本指标法（Basic Indicator Approach）。基本指标法最初的算法是用总收入乘以 α（取值15%）来确定操作风险对应的资本金。在新资本协议中，计算公式改为：

$$K_{BIA} = \frac{\left[\sum (GI_{1 \cdots n} \times \alpha) \right]}{n}$$

其中，K_{BIA} 是根据基本指标法计算的资本要求，GI 为前三年每年的总收入，n 为前三年总收入为正数的年数，α 仍取值15%。基本指标法虽然简单易行，但它是按商业银行的业务规模来测量操作风险的，风险敏感度较低，并且没有考虑商业银行之间的风险管理水平，不能起到激励银行提高操作风险管理水平的作用。此外，基本指标法不太适用于大规模或比较活跃的商业银行。

（2）标准法（Standardised Approach）。标准法下，商业银行按照巴塞尔委员会制定的标准划分业务线，度量每个业务线的操作风险，再把风险进行加总，具体公式如下：

$$K_{TSA} = \frac{\left\{ \sum_{1-3年} \max \left[(GI_{1-8} \times \beta_{1-8}), 0 \right] \right\}}{3}$$

K_{TSA} 是标准法下的总资本要求，GI_{1-8} 是 8 类业务线①中每个业务线过去三年中某年的总收入。β_{1-8} 是巴塞尔委员会分别对 8 类业务线设定的百分数。

（3）高级度量法（Advanced Measurement Approaches，AMA）。高级度量法是指银行可以依靠其内部系统决定针对操作风险的资本要求。高级度量法的目的在于发挥银行本身的积极性，鼓励银行在操作风险管理方面的创新，同时对银行的管理、数据、人员等厘定更高的风险防范标准。

高级度量法的具体方法有内部衡量法、损失分布法和记分卡法。

①内部衡量法。内部衡量法下，商业银行先对业务种类进行划分，再在每个业务种类中定义不同的风险类型。对不同业务种类与不同风险类型的组合规定相应的风险暴露指标（EI）及预期损失和非预期损失的转换系数（γ），并利用银行自己的内部数据计算损失概率（PE）和损失程度（LGE）。操作风险资本的公式为：

风险资本 $= \sum i \sum i \left[\gamma(i,j) \times EI(i,j) \times PE(i,j) \times LGE(i,j) \right]$

其中 i 表示业务种类，j 表示风险类型。

具体操作中，银行将各种处理环节细分为一系列具体步骤，每一个步骤出错的历史资料作为出现错误的概率，亏损历史资料作为每种错误产生的预期亏损程度，将各处理环节汇总，就得出整体预期亏损。因此，内部衡量法对银行收集整理内部数据，建立损失数据库的能力要求较高。

②损失分布法。操作风险引起的损失可以通过两个独立的随机变量来衡量，即损失发

---

① 即公司融资、交易和销售、零售银行业务、商业银行业务、支付和清算、代理服务、资产管理和零售经纪。

生的频率与损失严重程度。其中，损失发生的频率是对某一时期内损失事件发生次数的衡量，损失严重程度则是对损失影响的衡量。只要风险管理者估计出损失频率和损失严重程度的概率密度函数，就可以得出操作风险的损失数额。损失分布法有别于内部衡量法之处在于，损失分布法直接评估未预期损失，而不是通过假设预期损失和未预期损失之间的相关性来评估未预期损失，因此，不需要确定转换系数 γ。

③记分卡法。记分卡法的实质是商业银行对操作风险进行自我评估，并赋予每个操作风险损失事件一个数值，或者是损失事件的影响值，或者是损失事件发生的可能性。记分卡法的关键在于找出与操作风险相关的风险因素，然后设计出一系列衡量操作风险影响或发生可能性的指标，在此基础上由专家对这些指标打分，最终估计出操作风险的影响或发生频率。按照评估对象的不同，记分卡法又分为影响记分卡和频率记分卡。

基本指标法、标准法和高级度量法，其复杂性和风险敏感度依次上升。越复杂的度量方法得出的资本金要求就越精确，但要实施标准法和高级度量法，商业银行必须满足巴塞尔委员会制定的相关条件。

3. 保险缓释

商业银行可以通过购买保险来控制和转移某些类型的操作风险。鉴于此，巴塞尔委员会赋予了保险风险缓释的功能。也就是说，商业银行在计算操作风险资本金时可以从中扣减与购买的操作风险保险等值的数额，但最高比例不超过操作风险资本要求的20%。只有采用高级度量法且符合一定标准的商业银行，才被允许将保险作为操作风险的缓释工具，所以保险缓释的适用面并不广。

三、操作风险管理

1. 操作风险管理原则

巴塞尔委员会提出了10项管理操作风险的原则：

（1）董事会应该意识到银行操作风险是管理的主要内容，应该批准、定期复议银行操作风险管理框架。

（2）董事会应该保证由操作上独立的、受过训练的、有经验的人员对管理操作风险的架构进行有效、全面而独立的审计。内部审计部门不应直接对操作风险管理部门负责。

（3）高级管理人员有责任实施董事会批准的操作风险管理框架。

（4）银行应该对所有重要的产品、业务活动、管理过程、管理体系内在的操作风险进行确定和评估。

（5）银行应该对操作风险和重大损失进行日常监控，对高级管理人员和董事会进行日常报告。

（6）银行应该有政策、过程和程序来控制或分散重大的操作风险。

（7）银行应有应急方案和持续经营计划，以确保在业务发生困难时保证持续经营。

（8）银行监管部门应要求银行具备有效的风险管理策略，并将其作为风险管理整体框架的一部分。

（9）银行监管当局应对银行操作风险管理的相关战略定期进行独立评估。

（10）银行应充分、公开披露相关信息，使市场参与者了解其操作风险管理状况。

2. 操作风险管理框架

一个完整、全面的操作风险管理框架包括四个方面：风险战略、流程、基础设施和环境。

（1）风险战略。制定风险战略是董事会和高级管理层的责任，风险战略具体包括业务目标、风险偏好和风险政策。①业务目标。风险管理的作用在于帮助商业银行更好地实现业务目标，因此，操作风险管理战略应该和业务目标保持一致。②风险偏好。风险偏好是指商业银行的风险承受水平，是风险战略的核心内容。③风险政策。风险政策是对操作风险管理中各相关部门所负有的职责、所采用的技术和方法等问题的具体规定。

（2）流程。操作风险管理活动从开始到结束所经历的完整过程就是操作风险流程。如图 11 -9 所示，一个有效的操作风险流程应包括风险识别、风险评估、控制/管理、检测/度量、风险报告五个环节。

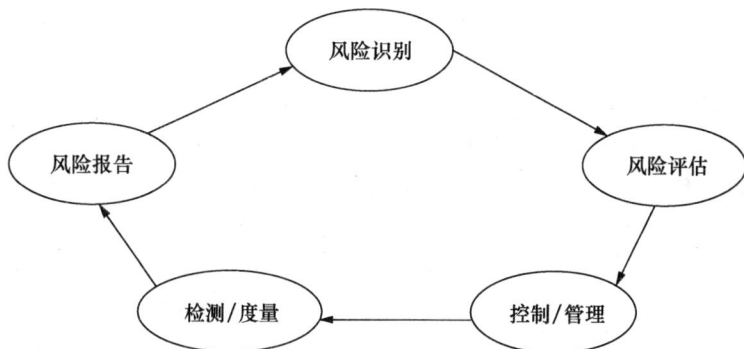

图 11 -9　操作风险流程

（3）基础设施。操作风险基础设施是操作风险管理活动赖以开展的前提条件，为操作风险管理提供组织、数据、方法、操作和系统支持。操作风险管理基础设施包括以下内容：①一个完整且权责明确的风险管理组织结构，该结构中应该包含一个独立的操作风险管理部门。②真实、准确的风险数据和信息。③一致的风险测量和管理方法。④广泛的管理报告交流风险情况。⑤风险管理所需要的信息技术。

（4）环境。操作风险管理环境是指操作风险管理活动所影响的范围或风险管理行为所面临的境况，分为内部环境和外部环境。其中，风险管理文化是内部环境最重要的组成部分，内部环境还包括交流与沟通、责任与意识、人员培训等。外部环境包括银行面临的竞争对手的状况、客户的水平及需求、外部监管者的监管要求等。

本章案例

美国储贷协会破产案

美国储贷协会建立于20 世纪30 年代，其职能是吸收公众的短期储蓄存款，向当地购房者提供20 年和30 年的固定利率抵押贷款。为了规范储贷协会的运作，美国国会创建了联邦住宅贷款银行委员会（FHLBB）及其附属机构联邦储贷保险公司（FSLIC），该保险公司为储贷协会的存款提供保险。20 世纪30 ~ 60 年代，美国的市场利率低且稳定，长期抵押贷款利率高于短期存款利率，因此，储贷协会的收益曲线总是向上倾斜的。处于稳定经济环境中的储贷协会经营方式简单，但收益颇丰。有人甚至戏称储贷协会经理的经营方式是3—6—3方式，即以3%的利率吸收存款，以6%的利率发放贷款，每天下午3点打高尔夫球。

然而，从20世纪70年代开始，美国的宏观经济环境发生了变化，变化之一是价格水平开始持续上升，而此时，美国的商业银行仍受Q条例存款利率上限的约束。通货膨胀和利率管制的双重作用使得商业银行存款的实际利率变为了负值。例如，70年代后期，美国的通货膨胀率为8%~12%，而Q条例规定的银行储蓄存款利率上限为5.25%，银行储蓄存款的实际利率在-6.75%~-2.75%。此外，这一时期，美国的货币市场互助基金得到了迅猛发展。互助基金既可以为客户赢得较高的投资收益率，又可以为客户提供类似于银行活期存款的支取便利，因此，大量银行储户将资金转而投向了货币市场共同基金。为了缓解这一资金的非中介化现象，美国立法当局通过了HR4986法案，该法案的内容之一就是授权取消Q条例对银行存款利率上限的限制。

就储贷协会而言，其资产几乎全为利率固定的长期住房抵押贷款。存款利率上限取消后，储贷协会为了和其他银行和金融市场证券竞争资金来源，不得不大幅、持续地提高短期存款利率。短存长贷的经营模式及市场利率的不断上升使储贷协会面临越来越严重的流动性风险及利率风险。虽然，这些风险并不是不可控制的，但稳定经济环境下造就的陈旧经营观念和落后经营手段使储贷协会忽视了对这些风险的管理。随着存款利率的不断上升，储贷协会的存贷利差开始出现倒挂现象，即贷款利率小于存款利率。1981年，整个储贷协会行业亏损了60亿美元。到1982年底，大约有1/4或800家在20世纪70年代还在经营的储贷协会或者倒闭，或者被并入其他金融企业。储贷协会行业的净值从1979年的大约320亿美元，降低到1982年底的40亿美元。

当然，储贷协会的破产还有其他原因，如存款保险制度引起的道德风险问题等，但主要的原因还是早期的利率管制和稳定的利率水平使储贷协会忽视了资产负债中的潜在风险，并且当这种风险变为现实时，储贷协会也没有采取有效措施对之进行积极的规避和管理。

思考题及答案要点

1. 如何理解商业银行风险的特殊性？
答案要点：客观性、可控性、隐蔽性、传染性和相关性。
2. 全面风险管理组织框架的基本原则有哪些？
答案要点：全面风险管理原则；集中管理原则；垂直管理原则；独立性原则。
3. 内部评价法中，计算风险加权信用资产最为关键的风险指标有哪些？
答案要点：违约概率、违约风险暴露、违约损失率和有效期限。
4. 简述市场风险的度量方式。
答案要点：敏感性分析、情景分析、风险价值、压力测试。
5. 描述操作风险管理框架。
答案要点：一个完整、全面的操作风险管理框架包括四个方面：风险战略、流程、基础设施和环境。

推荐读物

1. 亨利·范·格罗，索尼亚·布雷约维克·布拉塔诺维克．银行风险分析与管理 [M]．第二版．北京：中国人民大学出版社，2006.

2. 杨凯生．银行风险防范和危机化解 [M]．北京：中国金融出版社，2000.

3. 张吉光．商业银行操作风险识别与管理 [M]．北京：中国人民大学出版社，2005.

4. 章彰．解读巴塞尔新资本协议 [M]．北京：中国经济出版社，2005.

第十二章 高技术企业的风险管理

本章提要

高技术产业的具体内容，随着时代的发展而有所不同，但有一点是相同的，即相对于当时的科技生产力水平来说，高技术产业是技术含量高的产业。从风险管理的角度，高技术企业具有以下特点：①高收益、高风险；②发展的阶段性与风险决策的动态序列性；③人力资本更加重要。与此相对应，高技术企业的风险衡量也具有一些特殊性，比如，无形资产和技术创新价值比重大，有形资产比重小；许多高技术企业缺乏传统风险衡量方法所需要的数据；风险衡量对象的期权特征突出等。衡量高技术企业的风险，一般使用因素型指标打分法和实物期权法两种模型。此外，本章还说明了，为了更好地进行风险管理，高技术企业如何从策略上完善知识管理体系，构筑战略联盟，设计富有弹性的组织结构和工作方式等内容。

章首案例

微软（Microsoft）：全球高技术企业的典范

微软公司成立于1975年，1981年正式更名为微软。经过30年的发展，微软公司在个人计算和商业计算软件，服务和互联网技术方面都是全球范围内的领导者，公司在78个国家和地区开展业务，全球的员工总数超过50000人，目前公司市值超过3100亿美元。2006财政年度，微软公司的销售收入超过440亿美元，拥有近350亿美元的现金储备。毫无疑问，微软公司是当今全球最具投资价值的高技术企业之一。

作为一家软件企业，微软有一个"离公司倒闭永远只有18个月"的风险管理理念，因为信息革命后，科技的成长往往会呈现出指数增长的趋势。在信息技术方面，过去10年中人类获得的知识和经验毫无疑问已远远超过了过去100年的积累。在这样的大环境中，微软公司总是把技术研发摆在关键地位，并将技术看作公司唯一可长期延续的财富和优势。当微软公司在早期的Basic产品中获得成功后，开始投入DOS的研发。DOS成功后，微软立即将资金和人力投入到新技术的研发中，并成功推出了Office系列软件产品。随后，微软又利用Office等软件获得的积累，开始了Windows NT、Windows 2000、Windows XP等新一代操作系统的研发。当Internet浪潮到来时，微软不失时机地跻身网络研发领域，并不断推出新的产品。今天，微软又把大量的资源投入到"无缝计算"的核心方向，在发展 MSN、移动软件、数字电视、XBOX、高可信度计算、自然用户界面等方面不断创新。例如，微软在 2005 财政年在研发领域投入大约 85 亿美元，超过其营业额的 1/5，这个比例在"世界财富 500 强"的企业中居首位。

微软公司还是一家专注于软件技术和软件产品研发的公司。微软公司虽然也投资于 MSN 等内容服务和 XBOX 等硬件产品，这些产品的最终目的还是推进软件和软件平台。微软公司的主体始终是软件，微软绝大部分的销售收入也是由软件创造的。微软公司对自己的定位是，在信息产业的整个生态系统中，专注于扮演纯粹的软件提供商的角色，其他的角色由戴尔、HP、Accenture 等公司扮演。只有这样，微软才能把自己的专长做到最好，以保持在软件领域的领先地位。

微软公司把重视人才的管理理念视为公司的核心财富。因为在工业时代里，一个优秀技工和一个普通技工的效率差异可能是 30%，但在信息时代里，一个高级程序员和一个普通程序员的效率差异可能高达 10 倍以上。微软把与人才相关的工作视为公司最重要的任务之一。不但真正做到以人为本，以"三顾茅庐"的精神去挖掘人才，用长远的眼光培养人才，而且建立了完善的人才管理、评估、培养的制度，职业管理人才机制，为技术人才提供了"双轨道"的提升机制，还设计了非常有吸引力的人才激励机制，利用股票期权等机制将员工与公司的长期利益联系在一起。微软公司 1982 年首次公开发行股票以来，股票期权已经使其数千名员工跻身百万富翁之列。2003 年，根据公司股价的变化情况，微软决定不再提供股票期权，取而代之的将是股份奖励，以保护员工的利益。

一个视技术创新为希望之光的微软，一个专注于软件的微软，一个以人为本的微软，成为了全球高技术企业的典范，也为高技术企业的风险管理指出了成功的方向。

第一节　高技术企业的界定及其特点

一、高技术企业的界定

高技术产业的具体内容，随着时代的发展而有所不同。19 世纪末 20 世纪初，铁路、钢铁、石油、玻璃等行业属于高技术产业；20 世纪 50 年代，探勘、地球物理、深海技术、雷达信号处理等国防工业属于高技术产业；70 年代以来，半导体、计算机、电信、资料通信、医学设备、生物制药、精密仪器等属于高技术产业；20 世纪末至今，主要指电子信息、软件、互联网、个人电脑硬件、电脑服务业、半导体、数据网络系统、企业数据储存等。尽管内容随时代发展不断变化，但有一点是相同的，即相对于当时的科技生产力水平来说，高技术产业是技术含量高的产业。

目前，国际上对于高技术企业及其产品并无统一的界定标准。联合国教科文组织将高技术企业细分为信息、生命、新能源、新材料、空间科技和海洋科技等门类的企业。美国政府根据企业产品中知识和技术所占比重与材料和劳动力成本所占比重的标准来界定科技企业。日本长期信用银行将"能节约资源和能源，技术密集程度高，技术创新速度快，且由于增长能力强在将来拥有一定市场规模和能对相关产业产生较大波及效果的产业"定义为高技术产业。经济合作与发展组织（OECD）提出高技术产业的5个特征是：①强化研究与开发工作；②对政府具有重要战略意义；③产品与工艺老化快；④资本投入风险大、数额高；⑤研究与开发的生产及其国际贸易具有高度的国际合作与竞争性。我国原国家科学技术委员会1991年公布的《国家高技术产业开发区高技术企业认定的条件和办法》把高技术的范围规定为微电子技术与电子信息技术、空间科学与航空航天技术等共11类新的科学与技术。

划分高技术企业的具体标准方面，一般包括以下几个标准：企业每年用于研究开发（R&D）的经费占企业销售额的比重；从事高技术产品生产或服务的人员占企业职工总数的比重；企业产品的主要技术必须包括领域内处于技术前沿的工艺或技术突破；等等。在实际操作中常常按照技术密集程度测算来划分高技术企业，因为反映技术密集程度的研究与开发统计有统一的国际规范。OECD将发展组织R&D强度作为界定高技术企业的主要指标，不仅考虑直接R&D经费，同时也考虑间接R&D经费，对R&D强度，分别选用R&D总经费（直接R&D经费和间接R&D经费之和）占产值比重、直接R&D经费占产值比重和直接R&D经费占增加值比重3个指标，由于其明确合理，因而为许多国家所采用。

比如，我国对高技术企业的认定主要是根据以下几个方面的指标：从事高技术认定范围内的一种或多种高技术及其产品的研究开发、生产和技术服务，单纯的商业贸易除外；具有大专以上学历的科技人员占企业职工总数的30%以上，其中从事高技术产品研究开发的科技人员应占企业职工总数的10%以上，从事高技术产品生产或服务为主的劳动密集型高技术企业具有大专以上学历的科技人员应占企业职工总数的20%以上；企业每年用于高技术及其产品研究开发的经费应占本企业当年总销售额的5%以上，等等。美国科学基金会提出按每千名员工拥有25名以上科学家和工程师，净销售额的3.5%以上用于研究开发的标准划分高技术企业；美国劳工部普查局提出按研究开发人员占员工比重以及研究开发费用占销售额比重高于制造业平均水平一倍以上的标准划分高技术产业。OECD在20世纪80年代按照研究开发费用占总产值高于4%的标准划分高技术产业，80~90年代中期使用的高技术产业统计分类见表12-1。90年代后期，OECD又根据成员国产业技术集约程度的变化情况，重新测算调整了高技术产业的统计分类（见表12-2）。

表 12 - 1　1980 年 OECD 对高技术产业统计分类表

单位:%

高技术产业名称	研究开发费用占总产值比重
航天航空制造业	14.1
计算机与办公设备制造业	9.0
医药制造业	7.6
电子与通信设备制造业	8.4
科学仪器仪表制造业	3.6
电气机械业	3.5

资料来源：王忠波. 高科技企业估值方法研究［R］//深圳证券交易所综合研究所研究报告，2001.

表 12 - 2　20 世纪 90 年代后期 OECD 的高技术产业统计分类表

单位:%

高技术产业名称	研究开发费用占总产值比重
航天航空制造业	15.0
计算机与办公设备制造业	11.5
医药制造业	10.5
电子与通信设备制造业	8.0

资料来源:王忠波.高科技企业估值方法研究 [R] //深圳证券交易所综合研究所研究报告,2001.

二、高技术企业的特点

从风险管理的角度,与传统企业相比,高技术企业具有以下特点:

1. 高收益、高风险

(1) 高收益。高技术企业的产品/服务往往有着极高的利润率和增长速度,从而给投资者带来远远超出传统企业的收益率。这一点充分反映在股票市场上:在美国专门进行高技术股票交易的纳斯达克市场上,微软、美国在线(AOL)等高技术企业的股票市值和市盈率是有相近经营历史和有形资产额的传统企业的数倍甚至数十倍。

(2) 高风险。高收益总是伴随着高风险。对于高技术企业来说,技术、市场和组织本身都存在巨大的不确定性。首先,高技术本身是一个动态概念,由于新技术、新产业不断涌现,知识更新速度加快,产品的生命周期缩短,高技术产业和产品都是建立在全新的科学研究成果和新技术应用的基础上,是前所未有的事业,具有很大的不稳定性。其次,高技术企业具有不同于传统企业的成长模式和发展特点,知识的不可储存性和创新效益的溢出效应,使高技术企业的投资风险大大增加,收益的不确定性增强。最后,高技术企业的成功率要比其他企业低得多,有数据显示,在风险投资所投资的高技术企业中,真正能够存活下来的不到 10%。

2. 高技术企业发展的阶段性与风险决策的动态序列性

美国学者伊查克·麦迪思在其著作《企业生命周期》中提出:生命周期的概念不只适用于生命体,而且也适用于企业这样的组织;一般来说,一个企业的生命周期包括 10 个阶段,即孕育期、婴儿期、学步期、青春期、盛年期、稳定期、贵族期、官僚化早期、官僚期、死亡,而这 10 个阶段又可分为两个大的阶段,即成长阶段和老化阶段,二者以盛年期和稳定期为分水岭。①

根据高技术企业的特点,结合企业生命周期理论的基本思想,从企业风险管理的角度可以把高技术企业的生命周期分为三个阶段:初创期、成长期、成熟期。更进一步,每个阶段的特征可简化为:

(1) 初创期:此时企业尚未取得产品销售或服务现金流,企业资产完全由专利或专有技术组成,企业管理团队为企业创始人及其少数几个合作伙伴。

(2) 成长期:企业取得一定产品销售或服务收入,且增长速度非常高,但此时研发投

①　[美] 伊查克·麦迪思.企业生命周期 [M].赵睿,等,译.北京:中国社会科学出版社,1997:1,97 - 100.

入较大，导致净现金流不一定为正，企业管理团队开始走向职业化。

（3）成熟期：企业产品销售或服务收入、净现金流量呈稳定增长态势，企业拥有了一定的知名度或品牌，研发投入与销售收入比例也逐渐趋向某一固定数值，企业管理团队完全职业化。

换句话说，一项新的科技成果转化为一种新产品，中间要经过工艺技术研究、产品试制、中间试验和扩大生产、上市销售等多个阶段，每一个后续阶段的开始要以前一阶段的成功为前提。由此导致高技术企业的另一个重要特征，即是风险决策的动态序列性，投资者可以根据前一阶段的研究成果和对最新市场信息的把握，不断地调整预期，重新对科研成果的经济价值进行评估并做出新的决策。科研成果研究开发成功后，如果市场有利，则追加科技成果商品化所需的后续投资（相当于执行期权合约）；如果市场前景不看好，则暂时不追加后续投资，而是等待投资时机的到来，这样就可以把风险锁定在研究开发费用的范围内。

3. 人力资本更加重要

传统企业的竞争力主要来自其规模经济性和品牌影响力，而高技术企业的竞争力却往往与人力资本相联系：一方面，企业能否拥有先进的技术取决于企业能否拥有一支优秀的技术人才队伍，人工成本是企业成本费用的主要构成部分；另一方面，实践已经证明，高技术企业成功的关键之一是企业领导团队的素质。因此，人力资本在高技术企业中居于核心地位，是最稀缺的资源和风险管理中最重要的影响因子。

第二节　高技术企业的风险衡量

一、高技术企业风险衡量的特殊性

由于高技术企业的鲜明特点，其在风险衡量方面也具有一些特殊性：

1. 无形资产和技术创新价值比重大，有形资产比重小

与传统企业相比，高技术企业的无形资产和不间断的创新活动在企业的盈利活动中起着更为重要的作用，无形资产的时效性以及企业的创新能力对企业经济效益影响显著。从风险衡量角度看，无形资产是高技术企业的主要资产形态之一，其重要性超越了货币资本和实物资产，甚至有些高技术企业的账面价值是微不足道的，同时，与技术创新活动相关联的研发费用的处理方式对企业盈利指标有巨大影响，从而也对如何衡量企业的风险有巨大影响。

2. 许多高技术企业缺乏传统风险衡量方法所需要的数据

（1）一部分高技术企业缺乏历史盈利记录。根据纳斯达克市场、纽约证券交易所以及美国证券交易所中 2149 家科技类企业中 1775 家的 2000 年 4 月 23 日的市盈率数据进行分析可以发现：美国股市中的科技类上市企业存在经营亏损问题，932 家企业无盈利。这意味着无法根据现在的盈利来估计盈利增长率、历史增长率，无法使用传统的风险衡量模型，风险的度量模型也变得更加复杂。

（2）企业经营历史短，大部分新成立的高技术企业缺乏历史财务数据。而在风险衡量

中，往往利用企业过去的数据来测算和估计当前的输入变量，比如说估算公司的风险系数（β 值），风险衡量者多半是采用该公司 5 年以上的历史数据进行回归分析得出估计，至少也要 2 年的数据回归。此外，在风险衡量中很多其他的数据也要根据历史数据的平均值来预测和推断，如每年的营运资本、销售额、经营成本、管理费用等。

（3）缺乏可比企业。由于高技术的千差万别，一般很难找到行业、技术、规模、环境及市场都类似的可比企业，缺乏这方面的信息给风险衡量增加了难度。

（4）收入确认困难。由于高技术企业产品和服务的特殊性，有时其账面收入与实际收入相差很大，按传统会计准则无法准确确认收入状况，给风险衡量带来困难。

（5）缺乏对高技术企业风险有效计量的前提。传统风险衡量方法一般是基于现有的高技术企业可以持续经营下去的假设，但前已提及，从历史上看，大部分新兴的高技术企业最终被市场淘汰，10 年后仍能生存的只有一两家企业。

对高技术企业股票的实证研究证明了这一点：据深圳证券交易所综合研究所的研究报告显示[1]，在互联网科技股的股价决定因素中，除每股盈余外（其决定程度也降低了），传统的风险衡量模型中常用的有关指标几乎不起作用。

3. 风险衡量对象的期权特征突出

按照期权思想，高技术企业/资产具有明显的期权特征[2]。第一，高技术企业的无形资产（其主要资产）是一种或有债权，拥有在未来追加投资以获利的权利而非义务，并且实物期权拥有者只有在回报大于成本（追加投资）时才会行使这种权利，如果放弃追加投资，损失将锁定在该无形资产的研究开发费用等（相当于期权买入费用）的范围内；第二，高技术企业投资的成本收益高度不对称：高技术企业所拥有的知识产权、研发项目等，虽然目前不能带来或只能带来少量现金流，但是一旦与补充性资产和市场机遇相结合，就能带来巨大收益；第三，高技术企业发展的阶段性与决策的动态序列性要求制定管理决策时应相机而动，说明不确定性越大，管理灵活性的价值越高；等等。

二、高技术企业风险衡量的指标体系

对于高技术企业风险衡量指标体系的选择，由于衡量主体、衡量目标的不同以及高技术企业风险衡量的特殊性，目前的研究成果并没有统一的结论，在各种观点中比较有代表性的有：

1. STAR（Strategic Technology Assessment Review）指标体系

该指标体系由 Rita Gunther McGrath 和 Ian C. MacMillan 提出。[3] 他们认为，衡量高技术企业/项目的指标包括：潜在收入的规模和可持续性、市场接受的速度或延迟状况、发展成本、商业化和进入市场的成本、公司实力、竞争对手的反应、对标准的依赖程度、不确定性程度。针对每一个指标都要设计一些问题，用于衡量项目风险及制定相应的处理方案（当然这些指标的衡量结果有时会导致放弃或重构项目）。总体上，可以把评价指标分成积极因素和消极因素两大类，分别表示有利的机会与不利的风险[4]。这种方法的主要优势在

① 陈斌. 美国股市科技公司发展综合分析［R］//深圳证券交易所综合研究所研究报告, 2000.
② 当然，广义上说，所有管理决策都是期权决策。
③ Rita Gunther McGrath, Ian C. MacMillan. Assessing Technology Projects Using Real Options Reasoning［J］. Research Technology Management, 2000, 43（4）: 35-49.
④ 李洪江，曲晓飞. 高技术项目的实物期权评价方法［J］. 科研管理, 2003（1）.

于能够把技术衡量和战略思考融合起来。

2. 普华永道的观点

普华永道会计师事务所通过调研得出的影响高技术企业风险的前十个指标为：收益、现金流量、毛利、策略经营方向、管理团队的素质/经验、产品上市的速度、市场竞争、市场规模、市场成长和市场占有率，前三项为财务指标，其余七项均为非财务指标。

3. Tyebjee – Bruno 风险企业评价模型①

该模型的指标分成四类：市场吸引力、产品差异度、管理能力和对环境威胁的抵制能力。市场吸引力指标包括市场规模、市场需求、市场增长潜力和进入市场的渠道；产品差异度指标包括产品唯一性、技术能力、利润边际和产品的专利化程度；管理能力指标包括管理技能、市场营销能力、财务技能和企业家风范；对环境威胁的抵制能力指标包括防止竞争者进入的能力、防止产品老化的能力、风险防范的能力和经济周期的抵制能力。并且，四类指标之间存在以下逻辑关系：市场吸引力和产品差异度主要决定了风险项目的期望回报率，并且市场吸引作用要强于产品差异度；管理能力和对环境威胁的抵制能力主要决定了风险项目的可预风险，管理能力影响大于对环境威胁的抵制能力。期望回报率和可预见风险的比较决定了最终的投资决策。

4. 从高技术项目特性出发的指标体系

该指标体系由宋逢明、陈涛涛提出②。他们认为，评估高技术项目的风险，可以先从"项目特性"入手，即假设评估项目时项目处于抽象状态，与某一特定企业无关，这时可以用"项目特性"下的各级指标对此抽象项目进行评估。项目投资后具体的企业将进行实际生产，此时再用"企业能力"描述不同企业的各方面能力对同一项目的不同影响。其中，"项目特性"指标有：技术因素，包括有效性、适用性、可靠性、复杂性、先进性、可替代性、易模仿性；产品因素，包括功能独特性、质量可靠性、产品创新度、产品概念的激发原因、顾客对产品特性的识别、技术服务；市场因素，潜在顾客的需求量、市场份额、竞争情况、新产品导入频率、市场进入障碍、有关法规对此市场的影响；获利性，包括投资规模、经济评价、回收速度。"企业能力"指标有：销售能力，包括营销渠道及人员考察、企业营销预算、成本；管理能力，包括管理层支持、项目管理者经验、员工士气；生产能力，包括生产设备、人员素质、生产经验、生产资源、标准化程度及生产批量；技术能力，包括技术人员素质、后续开发能力；资金能力；风险承担能力，包括风险分散程度、退出障碍、企业战略一致性。此外，宏观环境指标（在该文的指标层次体系中处于最上层），如景气程度、社会、文化、心理等因素，对项目风险衡量也有一定的影响。

综合分析以上观点，可以得到三点主要结论：

（1）上述观点中的指标可以分为财务指标和非财务指标两大类。在风险衡量的过程中，如果把财务指标（即可以用标准的财务报表直接得出的指标，如现金流量、利润等）视为"客观"指标，那么非财务指标可以视为"主观"指标，前者可以用财务风险衡量

---

① Tyebjee 和 Bruno 在 1983 年调查了 90 家风险投资公司，获得了风险投资公司在对风险企业评估时考虑的 23 个因素，最终根据实际操作中的主要环节分析了影响投资决策的 16 个主要因素。转引自尹淑娅. 风险投资中的创业企业价值评估模型及其运用［J］. 中国软科学, 1999（6）.

② 宋逢明，陈涛涛. 高科技投资项目评价指标体系的研究［J］. 中国软科学, 1999（1）.

技术定价，后者的量化结果主要依赖于评估人员或有关专家的主观判断。

（2）对于非财务指标，尽管每种观点构造的指标名称及详细程度不同，但按照指标所依附的对象，大体上都可以归结为与市场（企业外）相关的指标、与企业管理水平（企业内）相关的指标、与产品/技术风险（项目或资产的"自然"属性）相关的指标三大类。

（3）上述观点中的指标基本为因素型指标，虽然使用该类指标的客观原因在于风险衡量高技术企业时缺乏足够的财务指标，但是该类指标的分类及内容过于依赖评估人员的观点和能力，导致指标体系的构成及量化结果主观性较强，而且不同指标之间有时相互交叉难以明确区分。

三、基于实物期权法的高技术企业风险衡量

1. 实物期权与高技术企业风险衡量

期权是两个投资者之间的合同。期权的买主是被合同赋予一定权利（即期权）的当事人。最普通的两种期权合同是买方期权和卖方期权。买方期权对买拥有期权，而卖方期权对卖拥有期权。买方期权的所有者被称为拥有多头。当持有人执行期权时，买方期权的创造者（卖主）负有一定的金融债务。期权的卖主被称作拥有空头。

为了与以金融资产为标的物的金融期权相区别，人们把企业经营管理中形成的以非金融资产为标的物的期权称为实物期权（Real Options，国内也译作"真实期权"、"实际期权"、"现实期权"等）。从狭义上讲①，实物期权是金融期权理论在实物（非金融）资产期权上的扩展。

借助于现代期权理论的发展，基于实物期权法可以给或有债权定价，并且在定价过程中反映了市场的判断。如果把实物期权法和高技术企业风险衡量指标体系结合起来，就会发生显著变化——可以通过把因素型指标转换为资产/项目型指标来估价高技术企业，因为对于有期权特性的资产/项目，可以用实物期权法"客观"定价并且反映、量化某些因素型指标的价值，而不再单纯依赖评估人员或有关专家的主观判断。既然能给出高技术企业的"客观"价值，其风险的衡量也就更加"客观"了。

引入实物期权法后，可以把高技术企业价值评估指标分为3类：第一类为能产生现金流量的资产/项目（估价此类资产/项目可以使用传统估价方法，但应充分考虑其实物期权价值）；第二类为能产生或有收益的资产/项目指标，如知识产权等；第三类为不能明确反映在资产/项目中的指标，在此简化为"管理团队素质"。

基于以上观点，可以得到基于实物期权法（在某一特定时点上）的高技术企业估价框架：

（1）根据企业的业务特点、发展战略、不确定性来源等因素把企业的资产和项目划分为相对独立的估价单元，估价单元包括3类：能产生现金流量的估价单元；能产生或有收益的估价单元；不能明确反映在前两类估价单元中的估价单元。

（2）计算各个估价单元的输入参数。其中：

能产生现金流量的估价单元价值＝该估价单元的 DCF 价值＋实物期权价值

---

① ［美］马莎·阿姆拉姆，纳林·库拉蒂拉卡. 实物期权：不确定性环境下的战略投资管理［M］. 张维，等，译. 北京：机械工业出版社，2001：7.

能产生或有收益的估价单元价值＝该估价单元的实物期权价值

不能明确反映在前两类估价单元中的估价单元价值＝评估人员或有关专家的经验或主观判断价值

（3）计算各个估价单元的价值。

（4）加总各个估价单元的估价结果，得到企业价值。

（5）使用前述经过调整的传统估价方法计算企业价值。

（6）与第（4）步的结果进行对比分析、修正，得到最后结果。

可以把该框架用图 12 - 1 表示。

此处的高技术企业估价框架有以下特点：

（1）强调了企业中的"能产生或有收益的估价单元"和"不能明确反映在前两类估价单元中的估价单元"。

（2）从一开始就须计算"不能明确反映在前两类估价单元中的估价单元"。

（3）更加强调了实物期权定价。

这些特点是与前文提到的高技术企业"无形资产和技术创新价值比重大"、"有些高技术企业缺乏传统风险衡量方法所需要的数据"、"高技术企业/资产具有明显的期权特征"等风险衡量特点相适应的。

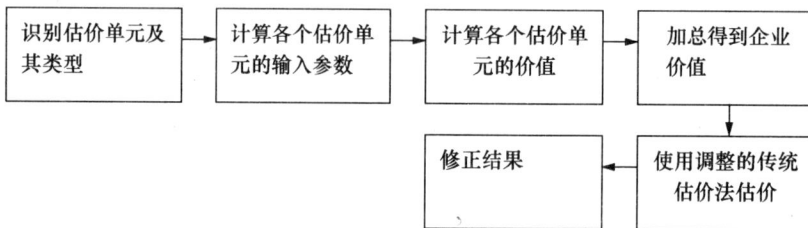

图 12 - 1　基于实物期权法的高技术企业估价框架

2. 高新技术企业的主要的实物期权类型及其定价

我们可以把高新技术企业中的实物期权分为三类，并且给出其定价方法：

（1）以能产生现金流量的资产/项目为标的资产的实物期权。通过以确定性等值（Certainty - equivalent）现金流（期望现金流减去风险补偿）代替期望现金流①，可以用风险中性折现率给基于一项资产（无论能否交易）的任何或有债权定价（如下式所示）。

$$PV_t = \frac{e_t}{\prod_{i=1}^{t}(1 + r_i)} = \frac{E(c_t)}{\prod_{i=1}^{t}(1 + k_i)}$$

式中，$r_i = i$ 年的无风险利率；

$k_i = i$ 年的资本成本或风险调整折现率；

$E(c_t) = t$ 年的期望净现金流；

$c_t = t$ 年的确定性等值净现金流；

$t =$ 项目或资产的寿命。

① Sick G. A Certainty - Equivalent Approach to Capital Budgeting [J]. Financial Management, 1986, 15 (4): 23 - 32.

（2）以能产生或有收益的资产/项目为标的资产的实物期权。根据前面讨论的高新技术企业的估价特点，研发（R&D）项目对高新技术企业价值有巨大影响，同时，企业拥有的专利权、专有技术、许可证等无形资产也是研发活动的结果或衍生产品，因此，从这个角度，假定这类估价单元可以简化为企业拥有的专利权（包括专有技术、许可证）和研发项目。

①专利权估价。

$$C = Se^{-yt}N(d_1) - Xe^{-rt}N(d_2)$$

$$d_1 = \frac{\ln(S/X) + \left(r - y + \frac{1}{2}\sigma^2\right)t}{\sigma\sqrt{t}}$$

$$d_2 = d_1 - \sigma\sqrt{t}$$

式中：

S：标的资产的当前价值。对于专利权，标的资产即为产品本身。标的资产的当前价值等于现在就生产该产品的预期现金流的现值，可通过标准的现金流量折现法得到。

σ^2：标的资产价值的方差。一般来讲，由于产品潜在市场规模的不确定性以及技术进步对产品成本结构和损益状况的影响，专利权标的资产价值的方差较大。估计方差的方法有：一是计算已有的类似产品的现金流量的方差，作为该专利权的方差。二是估计各种市场状况下的现金流量和概率，运用数学方法计算方差。三是利用与该待评估专利权的产品处于同一行业的上市公司或行业的价值的方差。

X：期权的执行价格。期权的执行价格即企业使用专利权生产、销售产品时的投资成本。当然，这里假定投资成本是不变的，任何与专利产品相关的不确定性都反映在产品现金流量的不确定性中。

t：期权的有效期限。期权的有效期限即专利权保护期。

r：无风险利率。选择专利权保护期内相应的无风险利率（通常为同期国债利率）。

y：红利收益率。由于法律规定专利权有一定的期限，因此，期权执行延迟一年就相当于损失了一年的超过资本成本的价值的现值。如果现金流量是均匀分布的，专利有效期为 n 年，则：

年延迟成本 $=1/n$。

相当于存在固定红利率的情形。

因此，把以上各变量的值代入考虑长期红利支付时的 Black-Scholes 期权定价模型，就可以得到专利权的价值。即

$$C = Se^{-yt}N(d_1) - Xe^{-rt}N(d_2)$$

$$d_1 = \frac{\ln(S/X) + \left(r - y + \frac{1}{2}\sigma^2\right)t}{\sigma\sqrt{t}}$$

$$d_2 = d_1 - \sigma\sqrt{t}$$

②估价研发项目。由于研究开发是高新技术企业在激烈的市场竞争中求得生存和发展的基本手段，研究开发费用是高新技术企业总成本的主要构成部分。因此，使用何种方法估价研发项目对高新技术企业价值甚至企业竞争力的培育有重要影响。

Faulkner 指出①，在估价研发项目时广泛使用 DCF 法导致美国公司过分强调短期利润、忽视长期利益，是美国公司相比日本公司处于劣势地位的关键原因之一。因为高新技术的市场回报是高度不确定的，未来的回报取决于产品的成本/效能特征，同时研发项目的结果也是不确定的。在这种情况下，把期权思维应用于研发项目会明显改变 DCF 法对不确定性的看法：有时不确定性是有益的，因为不确定性越大，创造价值的机遇越大，不确定性是取得未来收益的机会而非只能导致损失的风险。如果管理者关注未来的不确定性，鼓励根据未来情况的变化采取适应性观点和灵活的处理方式（如推迟、放弃等），则会极大地改善项目管理水平。基于这样的理念，越来越多的美国公司认为，更多地把期权定价法应用于研发项目是企业重获竞争优势的重要步骤。

Faulkner 还指出，尽管把期权法用于研发项目会使估价结果发生明显改变，但并不是说期权分析的结果总是大于 DCF 分析的结果。在下列情形中，期权分析的结果会明显大于 DCF 分析的结果：①未来的商业化过程所需投资（期权执行价格）远大于研发项目的初始投资②；②未来收益（资产价值）存在巨大的不确定性；③研发项目持续时间较长并且未来成果不确定；④可以期望通过获取未来信息来削减部分不确定性（比如，市场需求、竞争对手的动向等）。

研发项目的价值来源于两个方面或者其价值实现有两个过程：一是 R&D 活动本身，它使企业可享有以较低的商业化投资成本获取较高收益的机会，此时 R&D 活动的成败是影响企业价值获取的重要来源，这个过程可称为"期权的创造过程"；二是企业 R&D 活动如果获得成功，则可享有一定时期的垄断使用权（成果保护期），企业可据外部环境的变化，选择适当的时机进行商业化投资，这个过程可称为"期权享有过程"，此时保护期的时限 t 和外界环境条件变化的范围 σ^2 成为价值评估的主要影响因素。

在评估一个研发项目的价值时，如果同时考虑上述两个过程，则可将研发项目创造的商业化投资机会与看涨期权进行类比，如表 12-3 所示。

表 12-3 研发项目创造的商业化投资机会与看涨期权的类比③

R&D 活动	变量	金融看涨期权
商业化投资的期望收益折现值	S	股票价格
商业化投资的期望成本折现值	X	期权执行价格
R&D 成果的期望保护期限	t	期权到期时间
R&D 活动及外界环境的不确定性	σ^2	股票回报的方差
资金的时间价值	r	无风险利率

与专利权不同，研发项目商业化投资回报不仅仅取决于保护期内环境因素的变化，而主要取决于 R&D 开发过程，风险主要取决于 R&D 活动的成败、保护期内投资回报变化

---

① Faulkner. Applying "Options Thinking" to R&D Valuation [J]. Research Technology Management，1996：50-56.
② R&D 活动与商业化投资的比例为 1：10 左右，数据来自张志元. 发展我国高技术产业化风险投资的难点及对策 [J]. 科学学与科学技术管理，1998（6）.
③ 引自赵国忻. R&D 投资的期权创造和期权享有过程价值研究 [J]. 科研管理，2000（5）. 本书根据前文内容对乘数名称和形式做了处理。

率。上述 5 个变量中，除 r 的含义不变之外，S、X、t 分别指在 R&D 活动成功的前提下，商业化投资的期望收益折现值、投资成本的期望折现值（均折现到 R&D 投资决策时）和 R&D 成果的期望保护期限，而不确定性 σ^2 等于 R&D 成果期望保护期限内投资收益变化率的方差与 R&D 成果变化率的方差之和。

根据这一思路，则存在以下公式[①]：

$$V = p \times V_0$$

式中，V 为研发项目在评估时的价值；p 为研发项目成功的概率；V_0 为研发项目成功后的价值。

关于参数 p 的取值，如果相关的统计数据比较充分，可以计算出"客观"概率；如果缺乏有关数据，则可使用德尔菲法得出"主观"概率。

关于 V_0，如果研发项目成果取得专利权，则可使用前面讨论的方法计算结果；如果未取得专利权，可以使用"近似专利权"法，即估计竞争对手开发出同类技术或产品所需的时间 t_0，替代 R&D 成果的期望保护期限 t，用期权定价模型计算出近似的结果。

（3）增长期权的估价。对于高新技术企业的产业自身特点所产生的实物期权，可以把它简化为增长期权。但是需要指出，"增长期权是指企业通过预先投资作为先决条件或一系列相互关联项目的联结，获得未来成长的机会（如新产品、新市场、新流程、新的商业模式等），而拥有在未来一段时间进行某项经济活动的权利"。与前两类实物期权不同，增长期权的标的资产不是单个项目/资产而是多个项目/资产的组合，换句话说，增长期权会由于企业的不同甚至同一企业中不同管理者的决策行为的不同而不同，从而使估价对象和方法变得缺乏统一性。比如，Michael S. Long 等通过对一个制造企业的增长期权现值（Present Value of Growth Options，PVGO）的研究发现[②]：PVGO 与企业 R&D 投入、过去的销售额增长率、现金流量波动性成正比，并且资本密集型产业的 PVGO 较高而业务分散的公司 PVGO 较低；Kester 指出[③]，一个项目的增长期权的价值取决于项目可以延迟的时间长度、项目的风险、无风险利率水平、期权拥有者执行期权的排他性程度。增长期权的定价，需要在特定环境中进行。

3. 高技术企业风险的计算

在上述假定条件下，应有：

（1）对于初创企业：

$$V_1 = V_{10} + V_{11}$$

式中，V_1 为初创期企业价值；V_{10} 为企业拥有的专利权价值；V_{11} 为管理团队评估价值。

（2）对于处于成长期的企业：

$$V_2 = V_{20} + V_{21} + V_{22}$$

式中，V_2 为处于成长期的企业的价值；V_{20} 为企业此时拥有的能产生现金流量的资产（由专利权转化而来）价值；V_{21} 为管理团队评估价值；V_{22} 为研发项目评估价值。

（3）对于处于成熟期的企业：

① 关于参数计算方法，赵国忻提供了另外的方法，参阅赵国忻. R&D 投资的期权创造和期权享有过程价值研究 [J]. 科研管理，2000（5）.

② Michael S. Long, John K. Wald, Jingfeng Zhang. A Cross-sectional Analysis of Firm Growth Options [J]. Rutgers Business School-Newark and New Brunswick Working Paper.

③ Kester. Today's Options for Tomorrow's Growth [J]. Harvard Business Review, 1984（2）: 153－160.

$$V_3 = V_{30} + V_{31} + V_{32}$$

式中，V_3 为处于成熟期的企业的价值；V_{30} 为企业此时拥有的能产生现金流量的资产（由专利权转化而来）价值；V_{31} 为企业拥有的其他无形资产（如品牌）的评估价值，可以认为，由于这一时期的高新技术企业已经拥有了知名度或品牌，企业发展不再依赖特定个人，因此，应该以"企业拥有的其他无形资产（如品牌）的评估价值"代替"管理团队评估价值"；V_{32} 为研发项目评估价值。

同理，对于特定阶段的高技术企业，其风险可以由下式得出：

$$V = I - V_i (i = 1, 2, 3)$$

式中，V 为风险值；I 为投资；V_i 为特定阶段的高技术企业的价值。

第三节 高技术企业的风险管理策略

高技术企业的不确定性和复杂性，使得管理人员需要从超越单个公司的、更广阔的视角看待公司管理：一方面，高技术公司的成功不再仅仅取决于单个公司的能力，而在很大程度上依赖于与之有密切联系的战略联盟群；另一方面，"以人为本"的管理理念不应该仅仅是一种理念，而应当体现在公司管理的每一个细节上，因为高技术对传统的组织结构具有彻底的破坏力，但是，这种破坏力是导致机构失调还是带来更大的灵活性和创新，很大程度上取决于管理人员的反应方式。

一、构筑合适的知识管理体系

按照 OECD 的定义，知识可分为四大类：知道是什么即知事（Know - What，又称事实知识）、知道为什么即知因（Know - Why，又称原理知识）、知道怎样做即知窍（Know - How，又称技能知识）和知道谁有知识即知人（Know - Who，又称人力知识）。其中前两类知识即事实知识和原理知识是可以用系统化、正式的语言表述出来的知识，即显性知识，而后两类知识即技能知识和人力知识则难以用文字明确表述，即隐性知识。相对来讲，显性知识易于管理，而隐性知识则较难以管理。对显性知识的管理主要是编码化、数据库化；而对隐性知识的管理则主要是显性化。然而，并不是所有的显性知识都应该进行编码，也不是所有的隐性知识都应该显性化。

因此，可以利用三个特征指标把知识进行分类：隐含性（Tacitness）——知识被解码化的程度，即知识被清晰地，以书面、口头形式描述的程度；情境依赖性（Contextspecificity）——知识对所在环境的依赖程度，尤其是环境中那些未被识别的方面；分散性（Dispersion）——知识在多大程度上存在于个人的头脑之中，还是存在于很多人的头脑之中。

通常以隐含性、分散性为两个维度可以把知识分为 4 类，如图 12 - 2 所示。

一般来讲，隐性知识比显性知识更完善、更能创造价值，隐性知识的挖掘和利用能力，将成为个人和组织成功的关键，更具体地，在所有的知识中，集体隐性知识是最具有战略意义的知识。

隐含性

| 显性 | 隐性 |

个体显性知识	个体隐性知识
集体显性知识	集体隐性知识

个体 集体   分散性

图 12 - 2　知识的分类框架

资料来源：程兆谦，徐金发. 资源观理论框架的整理［J］. 外国经济与管理，2002（7）.

所谓企业知识管理，就是以企业知识为基础和核心的管理，是对企业生产和经营依赖的知识及其收集、组织、创新、扩散、使用和开发等一系列过程的管理，也是对各种知识的连续过程管理，以满足企业现有和未来的需要，确认和利用已有的和获取的知识资产，实现最大价值。企业知识管理力图能够将最恰当的知识在最恰当的时间传递给最恰当的人，以便使他们能够做出最好的决策。

M. T. Hansen 则把企业知识管理战略分为编码化（Codification）战略和个人化（Personalization）战略两种基本类型。所谓编码化战略是指通过实现知识与知识开发者的分离，以达到知识独立于特定的个体或组织的目的，而后知识再经仔细地提取进而汇编并存储于数据库中，以供人们随时反复调用的策略。所谓个人化战略则是指知识与其开发者紧密地联结在一起，知识主要通过直接的面对面的接触来进行共享。在这类公司使用计算机的目的是帮助人们更好地沟通知识，而不是储存。

高技术企业选择知识管理战略并不能随心所欲，在确定主导知识管理策略时，应进一步考虑如下几个问题：

（1）公司提供的是标准化的产品还是个性化的产品？如果提供的是标准化的产品，使用的知识内容相同，大量生产这种产品意味着知识的重复利用，那么主导知识管理策略就应是编码化战略；如果出售的是个性化的产品与服务以满足用户的独特需要，那么编码化战略的效用就很有限。

（2）公司提供的是成熟产品还是创新产品？产品进入成熟期意味着，其中包含的知识成分、这些知识的结构趋于明晰和稳定，这使得编码成为可能；创新产品往往是一个人的不同知识相互交融，拥有不同知识的人相互交流的结果。个人化管理模式为这种交融和交流提供了机会。因而，这两种产品应分别对应编码管理模式和个人化管理模式。

（3）员工靠显性知识还是隐性知识解决问题？显性知识是指可以编码的知识，如简单的软件代码和市场数据。如果企业员工依靠显性知识完成工作，"人员到文档"的方法最有效。相反，隐性知识很难用书面形式表述，需要通过个人经历来获取。它包括科学专长、操作诀窍、对行业的洞察力、商业判断力以及技术专长。如果人们最常利用隐性知识解决问题，人与人直接交流的方式绝对有效。

确定合适的知识管理战略后，高技术企业还应该从两个方面着手实施：

（1）建立强有力的企业知识主管制度，负责制定企业整个并购过程中的知识政策，提供决策支持和帮助员工成长。

（2）建立切实可行的知识管理计划，包括战略实施时间、企业高层管理者的职责、知识管理者的职责、企业文化、信息技术、报酬制度、业绩考核系统以及培训制度等。

二、通过战略联盟谋取竞争优势

所谓战略联盟是指两个或两个以上的企业出于对整个市场的预期目标和企业自身总体经营目标的考虑，通过某种契约而结成的优势相长、风险共担、要素双向或多向流动、组织松散结合的一种新型经营方式。

战略联盟主要通过合同的形式在相关的成员企业之间建立合作关系，各合作企业保持了产权的相对独立地位，无须重新进行资产重组。在保留企业机制优势的同时，有效地克服了企业机制的不足。同时，战略联盟还降低了各成员企业市场风险损失的可能性。在信息时代，客户的需求变化多样，市场机会处于不断的动态变化之中。基于某一市场机会建立实体企业，一旦客户需求发生变化，可能使得企业失去生存和发展的市场基础，使专有性资产蒙受损失。而以合同为纽带、以项目为合作基础的战略联盟在这种不断变化的市场环境中则具有较大的灵活性，随市场机会的出现而建立、随市场机会的消亡而解散，无须重新购置专有性资产，可以降低市场风险导致的损失。

目前，战略联盟的运作方式主要有以下几种：

1. 虚拟制造

虚拟制造是战略联盟最基本的运作方式。企业将其产品的直接生产功能弱化，以外包的形式转移到别的企业去完成，而自己只留下最具优势并且附加值最高的开发和营销功能，并强化对这些功能的组织管理。这种利用非自身企业加工的虚拟制造，又称为贴牌生产（OEM）。

2. 虚拟开发

虚拟开发是指几家各自拥有相对优势和不同的关键资源，而它们之间的市场又无尖锐矛盾，且彼此的市场存在一定程度的区隔的企业，为了各自的利益，联合进行有关产品或技术的开发，以减少开发风险，加快开发速度，取得共同的市场优势，实现所有企业的共赢。

3. 虚拟销售

虚拟销售有两种模式：一种是企业把其下属的销售网络从公司总部独立出来进行运作；另一种是企业不单独组建自己的销售网络，而将销售业务交由专业销售公司去做。

在第一种模式下，公司总部对下属的销售网络给予自主权，"解放"产权关系，使其成为拥有独立法人资格的销售公司。这样，可使公司总部不必再为下属的销售办事处或销售分公司支付管理成本，也不负担市场开拓费用。独立的销售公司可利用关系网在社会上积极募股，使原有销售网络迅速扩张。同时，这种方式通过投资入股可吸引大量销售人才，网罗有能力的实干人才，在更大的范围内开辟市场。

将销售业务交由专业销售公司去做，可以使企业集中有限的资源搞好产品的开发和生产，尤其对于资金和人力都不具有优势的中小企业而言，更加有效。

虚拟销售的前提是企业必须拥有市场前景大的产品，并能凭借自身的品牌和技术优势保持与各销售公司的稳定关系，防止销售公司另觅高枝。

4. 虚拟管理

为节约管理费用开支，提高管理效率，企业将某些职能部门虚拟掉，将其职能交给外部专业公司来承担。比如，将人力资源交给专业的人才交流中心进行管理，由中心负责人员调动、职称评定等工作。

虚拟管理可为新组建的、缺乏管理经验和管理人才、规模较小的企业提供较大的帮助。

5. 虚拟服务

企业将部分服务功能委托给专业化公司去经营,以接近产品消费区域,提高服务水平和服务速度,同时减少企业的费用开支。

三、设计富有弹性的组织结构和工作方式

1. 高技术企业组织结构变革:业务流程再造与构建学习型组织

信息技术的发展使市场环境的3C(顾客 Customer、竞争 Competition、变化 Change)特征日益明显,凸显了传统的业务职能导向组织结构不能适应高技术企业的管理需要:分工过细使完成工作流程需要横向贯穿多个职能部门,使组织内各部门间的交流、协调等与提高实际生产率无太大关系的工作量加大,还使信息传递线路延长,信息失真的可能性增加,导致企业决策准确性低下,对市场变化反应缓慢;部门本位主义造成服务质量下降;员工技能单一,适应性差[1];组织机构臃肿,官僚作风严重。

在这种状况下,通过业务流程再造——基于信息技术,对组织运作过程进行再设计,最大限度地发挥过程的增值作用,减少不必要的浪费,从而更好地服务顾客需要,这是高技术企业组织变革的必然趋势。

迈克尔·哈默(M. Hammer)和詹姆斯·钱皮(J. Champy)在《再造企业——工商业革命宣言》(*Reengineering The Corporation——A Manifesto For Business Revolution*)中总结了业务流程再造的特点:向基本信念挑战,即对长期以来公司的经营中所遵循的基本信念(如分工思想、规模经营、标准化生产和官僚体制等)进行重新思考,这就需要打破原有的思维定势,进行创造性思维;彻底性,再造企业不是对组织进行修修补补,只在管理制度和组织形式方面进行小改小革对根除企业管理的顽疾无济于事,它需要企业从头做起,彻底改造,使企业管理来个"脱胎换骨";大跃进式的发展,哈默为"显著改善"制订了一个目标:周转期缩短70%,成本降低40%,顾客满意度和企业收益提高40%,市场份额增长25%;从业务流程着手,业务流程是企业以输入各种原料为起点到企业创造出对顾客有价值的产品(或服务)为终点的一系列活动。

与业务流程再造理论注重过程不同,学习型组织理论描绘了企业组织变革的理想模型。彼得·圣吉说:学习型组织是指这样一种组织,在其中,大家得以不断突破自己的能力上限,创造真心向往的结果,培养全新、前瞻而开阔的思考方式,全力实现共同的抱负,以及不断一起学习如何共同学习。他认为,判断一个组织是否是学习型组织,有以下四条基本标准:①人们能不能不断检验自己的经验。②人们有没有生产知识。③大家能否分享组织中的知识。④组织中的学习是否和组织的目标息息相关。

构建学习型组织是高技术企业管理的重要目标:一方面,学习型组织概念的提出源于高技术企业对管理的整体性、系统性的重视;另一方面,高技术企业具备学习型组织实践

---

① 根据克里斯·阿吉里斯在《人性与组织:系统与个体间的冲突》的观点,正式的组织有四种基本特性使得个体不成熟并有悖于自我实现:劳动的专业化要求个体只利用其部分能力;各种各样的指令使得个体依赖于领导并变得被动;统一指挥规律意味着通向目标的路是受领导指挥和控制的;最后,控制幅度规律的前提就是下属的不成熟,因此鼓励更为严密的控制。

的基础，比如，通过投资信息技术，企业可以将实践经验、市场信息等知识提取、汇编并存储于数据库中，供人们随时反复调用，从而实现知识共享，知识共享是成为学习型组织的基础之一。

2. 工作方式：时间弹性化和地点分散化

为了能以较低成本高效完成工作信息交换，传统的工作方式（主要指非直接从事制造工作的管理人员和服务业工作人员）要求工作时间上的相对统一和工作地点上的相对集中。然而，这种要求在使资源配置效率大大提高的同时，也使人们把大量时间消耗在上下班的路上，既浪费了宝贵的社会资源又忽视了人们在时间管理上的个性化诉求。在这个意义上，随着信息技术的发展特别是网络的普及，工作时间弹性化和工作地点分散化将成为工作方式变革的主要趋势。近年来，高技术企业普遍采用虚拟团队（Virtual Group）为代表的，包括弹性工作制、在家办公、网上办公、电视电话会议等工作方式已经说明了这一点。

所谓虚拟团队是指由分散在不同地方甚至是不同大陆的，以任务为中心，以 Internet 等信息技术为主要沟通手段，密切配合共同进行工作的人们组成的契约式的策略联盟群体。就组织成员构成而言，可以在一个组织内部，也可以跨越组织边界（其成员可以来自单个组织，也可以来自多个组织）；就时间而言，可以是短暂、长期或永久性的；就目标而言，可以是为了解决一个问题，也可以是为了完成一个重大项目。

虚拟团队与传统意义上的实体团队（Physical Team）相比，有作为团队的一些共性，如柔性（Flexibility）、空间和时间上较大的运作自由度、鼓励授权（Decentralization）等。但是，二者的差异也是非常显著的：

（1）团队成员的邻近程度不同。实体团队一般由相距较近的成员组成，成员间空间的限制较小。而虚拟团队成员往往分散在世界各地，空间距离很大，面对面交往的机会较少。

（2）互动特征不同。实体团队成员通常有许多机会分享与工作有关或无关的信息。而虚拟团队交流的大多是与工作有关的正式信息，而与工作无关的非正式信息的交流较少。

（3）资源利用上的区别。实体团队由于成员相距较近，就增加了诸如对技术、人力、经济等资源的配置和分享的机会。而虚拟团队由于成员地理位置上的分散性和在不同地域工作的特性，往往不得不配置相似的技术及非技术基础设施，这导致了资源的重复供应。

（4）控制和责任上的不同。实体团队成员及其与管理者的相邻性为管理者持续控制成员行为和与工作相关的活动提供了良好的条件，而这种持续控制有利于对团队目标要求及时做出回应。而虚拟团队由于成员的分散性，使其控制力度和及时程度有所减弱，容易造成工作不能及时完成，或不符合相应要求。因此，虚拟团队特别强调成员个体对项目或任务协调者所负的责任，以使项目或任务得以及时并按标准完成。在这个意义上，虚拟团队是基于"个人主义"基础上的协作关系，强调个人责任、尊重个人的工作方式，认可他人个性特征及行为方式，保护知识产权，尊重个人观点。

（5）工作过程互动上的区别。实体团队在工作过程中，成员间能够及时、充分地进行交流沟通，有利于及时解决工作中出现的问题。而虚拟团队，则由于成员间及时沟通和互动存在障碍，而不能尽快交换有关工作的建议和观点，易造成严重的后果。

（6）文化和教育背景不同。实体团队成员往往来自同一组织，并且通过了相同的招聘和甄选程序，所以他们一般具有极为相似的文化及教育背景，因此容易协调与工作有关的活动。而虚拟团队，其成员往往在教育、文化、语言、时间方位及其专业上存在较大差异，所以在个体与个体间，个体目标与组织目标间容易发生冲突。

（7）技术差异。实体团队由于在同一个组织内工作，所以，在产品设计和开发上面对较小的技术体制的不一致性。而在虚拟团队前景下，在不同组织间技术体制的不一致问题就显得较为突出。因此，虚拟团队在开展工作前就应该解决技术体制的差异问题，或将其标准化，这样才有利于产品的设计和开发。除此之外，虚拟团队还应在技术开发上预先沟通，以防止不一致问题的出现。

（8）工作方式。实体团队一般采用传统的办公室工作方式，而虚拟团队往往有多种工作模式，如远程办公模式、旅馆办公工作模式、链式办公工作模式、在家办公工作模式、完全流动工作模式等。

总之，虚拟团队作为一种更加网络化的组织结构形式，可以根据需要跨越组织边界或地域边界，实现人才的"不求所有、但求所用"，促进人才来源的更加多元化，并切实规避人力投资的风险，因此，必然能够更有效地利用、整合社会甚至世界范围内的人力资源，进一步提升高技术企业的资源配置能力。

本章案例

索尼公司的风险管理[①]

索尼公司是世界上生产视频设备的最大厂商，其产品主要比例：视频设备占23%、录像机占25%、通信设备占8%、电子元件及其他产品占23%。2001年，公司为了适应互联网社会发展的需要，宣布将实行向"个人宽带网解决方案公司"全面转型。长期以来，索尼公司一直成为日本文、理科大学毕业生就职的首选目标企业。作为一家高技术企业，面对激烈的全球竞争，索尼之所以能够聚集人气，在电子产品方面能够形成自己独特的竞争能力，是因为该公司有非常优秀的风险管理体系。

一、明确的核心能力发展战略

成功的高技术企业大都有明确的发展战略，每当环境发生急剧的变化或企业发展面临新的转折点，索尼公司的最高管理层就会拿出应变措施，制定新的发展战略，为企业的发展指明方向。

在公司成立初期，由于人才少、资金缺乏，公司无力与大企业竞争。为了公司的生存他们什么都干。先是修理无线电，其后研究电饭煲、电热毯之类的小家电产品。公司早期的《成立意向书》中明确反映了这一点："如果我们和大公司做同样的事情，是无法与其匹敌的。但是，未被开发的技术比比皆是。我们要做大公司做不了的事情，以技术力量为祖国振兴添砖加瓦。"公司的定位——做人家不做的事情，大胆开发新的事业——从此被确定下来。

---

① 部分资料摘编自韩中和. 组合资源　不断创新——索尼公司建立核心能力案例分析［J］. 研究与发展管理，2001（6）.

原公司总经理盛田在20世纪50年代初期访问荷兰的飞利浦公司，他对荷兰这么一个小小的农业国能够出现一个世界著名的电子企业飞利浦震动很大。从此，盛田把世界市场作为公司的市场。在公司改名之际，之所以取名索尼（SONY），是它能使一般的消费者容易记忆，也使全世界的人容易发音的缘故。1955年，美国的布洛巴公司要求索尼为其OEM生产10万只半导体收音机，尽管当时索尼非常渴望得到这笔交易，赚取外汇，然而为了维护自己的品牌，索尼公司还是果断地拒绝了。

20世纪80年代初期，索尼公司出现了首次减收减益的情况，为了打破公司内部郁闷气氛，公司推出了包括录像机最强、磁产品最强、消费品的强化、生产销售决策程序重组等六大重点方针。为了确保战略的连贯性和企业的凝聚力，有利于改革的顺利进行，根据索尼核心技术和各事业部部长的提案，决定了9大项目，其核心内容有：光盘、新媒体、通信系统、OA、计算机WS系统、软件、半导体、FA、显示器、计算机周边产品、部件、HDTV等，使公司发展战略最大限度化为企业发展的具体业务。

20世纪80年代末，随着索尼国际化的发展，1988年，盛田及时地提出了新的发展战略，即"全球—地方化战略"。在索尼打出这个新战略之前，20世纪70年代索尼已在纽约、伦敦、阿姆斯坦达等地成为上市公司，在美国的圣地亚哥、英国的不列颠等地开设了工厂，大举推行海外投资和本土化的建设。从发展趋势来看，传统的海外战略，商品从先进国流向发展中国家，而现在一个热门商品，几乎是全球同时兴起，不存在先后问题。为此，要从根本上改变公司的思维定势，要根据全球经济一体化的变化制定自己的发展战略。公司管理层认为，企业家必须具备全球经营意识，不从各个具体的市场出发、不实现地方化，就不可能实现真正的全球化。企业不仅仅要取得经营上的成功，还要成为各个国家受尊敬的企业。

20世纪90年代初，在新的形势下，盛田又提出了AV&CCC（Computer、Communication、Component）的发展战略，展示了索尼公司面向21世纪发展的新目标。公司的战略从AV向AV&CCC多媒体事业领域的开拓和发展，保持视频领域第一位，向3C发展，力争做第一流的企业，消费品与非消费品50:50的比率，强化软件业务，从而指出了公司变革的方向，明确了公司的战略愿景。

进入21世纪，随着互联网的发展，索尼公司紧紧抓住消费者需求这个主题，不断调整自己的战略。索尼公司宣布将实行向"个人宽带网解决方案公司"全面转型。其目的是进一步加深与全球用户的互动关系，并为全球用户提供能够在宽带网社会充分享用丰富的产品与服务。索尼决定，在未来的发展战略中，战略性地重整索尼整体资源和电子、娱乐、游戏、互联网及通信服务和金融服务这五大业务领域的业务活动，以创造集团新的整体价值。在新的战略构想中，它将通过开发能在在线网络条件下具备互动交流功能的硬件产品来产生一大批相互紧密相连并可联网的电子设备，以提升电子业务利润率的推动力。同时，索尼音乐和电影等娱乐内容将通过宽带网开展数字发行业务，这项业务与传统发行方式一起构筑新的发行业务模式。在金融服务方面，索尼正在开发全面向个人的金融服务。随着宽带网时代的到来，索尼保险公司已经开始通过互联网进行直接销售。

二、积极构筑战略联盟，引进外部技术资源

发展成长的高技术企业都非常注意和重视外部的技术资源，只要有机会，就可能引进这种技术资源，索尼公司也不例外。20世纪50年代初期，当井深在一个偶然的机会，看

到驻日美军使用的录音机，他马上看到了其商品价值，立即着手从当时的安立电气公司引进高频偏压方式的专利。不久，成功地研制出日本第一台录音机。虽然这个录音机非常笨重，重达 45 公斤，价格也不菲，16 万日元。然而这种成功地引进技术、开发新产品使索尼公司尝到了甜头。

随着索尼公司的发展，从外部引进技术的做法越来越得到重视。原公司总经理盛田说过，在技术进步这么快的今天，一个企业要全揽某一方面的技术是不可能的。要尽可能利用各种关系，引进自己所需的技术。在这种思想指导下，只要是公司的发展需要，索尼公司不断引进新的技术。例如，与 IBM 联盟，生产计算机用磁带；与飞利浦联盟，共同开发CD 光盘；与微软、苹果公司合作，共同开发软件等。虽然在引进技术合作的过程中，也有失败的教训，但对索尼公司来说，密切关注外部技术变化，及时引进消化吸收的做法对索尼的发展起到非常积极的作用。

三、重视知识管理，培养独创性技术能力

索尼公司在成立初期，就确立了公司的经营理念。在早期的《成立意向书》中，就明确宣言：享受有益于公众的技术进步、技术应用和技术革新带来的真正乐趣；弘扬日本文化，提高国家地位；做开拓者，不模仿别人，努力做别人不做的事情；尊重和鼓励每个人的才能和创造力。

索尼公司在引进技术，开发新产品之际，非常注重开发、培养自己的核心技术。每当出现新的技术，只要与自己的研究、生产活动相关，就马上抓住机会，迅速应用到自己公司产品中来。有些技术，在欧美刚刚出了实验室，索尼就开始考虑购买其专利，实现商品化。新产品不断打破日本或世界纪录，成为日本或世界首创的产品。在索尼发展史上，仅仅在 20 世纪 50～60 年代，就成功地开发了 5 个日本首创、16 个世界首创的产品（见表12-4），研究员江崎还由于在半导体隧桥技术方面的突破，获得诺贝尔奖。

表 12-4 部分索尼首创产品

年份	产品	年份	产品
1950	磁带录音机（日本）	1961	盒式录音机（世界）
1954	半导体（日本）	1962	微型电视机（世界）
1955	晶体管收音机（日本）	1964	台式计算器和家用录音机（世界）
1957	袖珍式晶体管收音机（世界）	1966	手提式录音机、IC 收音机（世界）
1958	FM/AM 式晶体管收音机（世界）	1968	单枪三束彩色电视机（世界）
1959	晶体管电视机（世界）	1969	彩色录像系统（世界）

在生产实践的活动过程中，索尼公司逐步掌握了一些核心技术，如半导体技术、生产技术、材料技术、通信技术、信号处理能力、信息处理能力、系统技术、部件生产能力，在视频设备生产方面，成为一个掌握了核心技术的企业，被公认为富于创新的企业。

四、致力于学习型组织的建立

为了及时收集最新的技术信息和知识，使公司的技术始终保持领先地位，索尼公司内部举行各种技术学术交流活动，参加的成员从公司董事长到一般技术员，也有子公司和分

公司的人员，或邀请学者参加，其目的是加强相关技术的交流，促进组织学习。主要的交流研讨会有以下几种：研究报告会（每个月举行，董事长、总经理、董事、有关研究、开发、设计部门的部长级人物、负责人总共70名左右）；技术交流会（每年秋季举行，索尼公司所有部门、索尼的子公司、关联公司、协作单位）；索尼调研论坛（论文交流，按不同主题把参加会议的人员分为3~4组，在此发表的论文，将汇编为公司论文集）。1996年索尼论坛收到论文236篇，采用187篇。

这些交流内容都是当时最前沿的技术课题，通过这种广泛的交流和组织学习，使企业的技术人员和管理人员都有机会了解世界技术变化的动态，学习和汲取其中对自己有益的东西。同时，技术员能够通过这种机会，充分研讨自己感兴趣的问题，通过各种不同人员的知识碰撞，产生新的知识和灵感，有利于组织的研究开发。举办各种各样的交流会和演讲会，索尼公司建立了一个真正的跨部门、跨专业的学习型组织。

五、案例分析

索尼公司案例告诉我们，成功的高技术企业对环境的变化和企业内部能力的提升，都以非常积极的姿态去对待。例如，索尼公司早期的市场定位非常明确，按照自己的资金和技术实力，不与大企业平起平坐，只做它们不愿做的。公司早期的发展过程显示了索尼公司定位的正确性，并决定了公司今后的发展方向，形成了今天索尼公司的个性。索尼公司的成功之处还在于它不仅仅是在市场上独特的定位，而是从这种定位出发，生产自己独特的产品，并在发展过程中提升自己独特的技术。索尼公司的发展经历表明，人舍我取，人有我优，进入补缺市场，再到差异化生产和营销，逐步建立、形成了小型化的技术和市场领先的企业特性，从而进一步形成了自己的核心能力。

在索尼公司的发展过程中，最高管理层的作用是非常突出和重要的。无论是公司成立初期，还是在遇到挫折、碰到困难之际，或是在形势大发展的时代，最高管理层制定的发展战略，能够给企业指明发展目标，拨正企业发展方向。索尼公司在成立初期、20世纪80年代、90年代或者最近的互联网时代打出的战略，无不说明了公司战略的重要性。在核心技术方面，索尼公司充分吸收世界科技最新成果，紧紧围绕为消费者创造更高价值这个主题，勇于创新，大胆实践，创造了多次日本首创或世界首创，成为创新企业的典范。这种成功不仅在于公司贴近消费者，还在于公司为实现这种理念建立了相应的机制，为研究人员吸收新的科技知识创造了良好的氛围，在公司内部建立学习型组织。

思考题及答案要点

1. 高技术企业风险衡量的特殊性是什么？
答案要点：
（1）无形资产和技术创新价值比重大，有形资产比重小。
（2）许多高技术企业缺乏传统风险衡量方法所需要的数据。
（3）风险衡量对象的期权特征突出。
2. 与传统风险衡量方法相比，实物期权法的特点是什么？
答案要点：实物期权法可以"客观"定价并且反映、量化某些因素型指标的价值，而不再单纯依赖评估人员或有关专家的主观判断。既然能给出高技术企业的"客观"价值，其风险的衡量也就更加"客观"了。

3. 高技术企业对企业组织结构设计有哪些要求？

答案要点：（1）通过业务流程再造——基于信息技术，对组织运作过程进行再设计，最大限度地发挥过程的增值作用，减少不必要的浪费，从而更好地服务顾客需要。

（2）构建学习型组织。

推荐读物

1. ［美］乔治·戴，保罗·休梅克. 沃顿论新兴技术管理［M］. 石莹，等，译. 北京：华夏出版社，2002.

2. ［美］休·考特尼等.《哈佛商业评论》精粹译丛：不确定性管理［M］. 北京新华信商业风险管理有限责任公司，译校. 北京：中国人民大学出版社，2000.

3. ［美］彼得·伯恩斯坦. 与天为敌：风险探索传奇［M］. 毛二万，张顺明，译. 北京：清华大学出版社，1999.

4. ［美］詹姆斯·林. 企业全面风险管理：从激励到控制［M］. 黄长全，译. 北京：中国金融出版社，2006.

5. ［美］COSO. 企业风险管理——整合框架/公司治理内部控制前沿译丛［M］. 方红星，王宏，译. 大连：东北财经大学出版社，2005.

6. ［美］COSO. 企业风险管理：应用技术［M］. 张宜霞，译. 大连：东北财经大学出版社，2006.

7. 郑子云，司徒永富. 企业风险管理［M］. 北京：商务印书馆，2002.